中国高等职业技术教育研究会推荐

面向21世纪机电类专业高职高专规划教材

汽车使用与技术管理

主　编　边　伟

副主编　谢　剑

参　编　郭兆松　韩　星　蒋浩丰
　　　　边　侃　杨　柳

主　审　黄银娣

西安电子科技大学出版社

内容简介

本书较系统地介绍了汽车使用和技术管理的相关知识。本书在基础理论方面以必要够用为度，以概念和应用为重点，突出对学生实践能力的培养，内容全面，实用性强。

本书共分12章，内容包括汽车使用条件和运行工况、汽车主要技术数据和识别代码、汽车的主要性能、汽车运行材料的合理使用、汽车的正确使用与护理、汽车公害的控制、汽车维修生产劳动过程管理、汽车维修企业生产技术管理、汽车维修设备的管理、汽车配件的管理、汽车的保修索赔服务工作、汽车维修收入与维修合同。每章均有知识目标、复习思考题，以便于学生对基础知识的掌握和运用，有利于理论与实践相结合。

本书可作为高等职业技术教育汽车运用与维修专业的教学用书，也可供汽车维修服务企业的工作人员参考。

★本书配有电子教案，需要者可与出版社联系，免费提供。

图书在版编目（CIP）数据

汽车使用与技术管理 / 边伟主编. —西安：西安电子科技大学出版社，2007.3(2009.8重印)

中国高等职业技术教育研究会推荐. 面向21世纪机电类专业高职高专规划教材

ISBN 978-7-5606-1780-0

Ⅰ. 汽… Ⅱ. 边… Ⅲ. ① 汽车—使用—高等学校：技术学校—教材

② 汽车—技术管理—高等学校：技术学校—教材 Ⅳ. U472

中国版本图书馆CIP数据核字（2007）第013275号

策　　划　毛红兵

责任编辑　王　瑛　毛红兵

出版发行　西安电子科技大学出版社(西安市太白南路2号)

电　　话　(029)88242885　88201467　　邮　　编　710071

网　　址　www.xduph.com　　电子邮箱　xdupfxb001@163.com

经　　销　新华书店

印刷单位　陕西华沐印刷科技有限责任公司

版　　次　2007年3月第1版　2009年8月第2次印刷

开　　本　787毫米×1092毫米　1/16　印张20.625

字　　数　484千字

印　　数　4001～8000册

定　　价　25.00元

ISBN 978-7-5606-1780-0/TK・0002

XDUP 2072001-2

序

进入21世纪以来，随着高等教育大众化步伐的加快，高等职业教育呈现出快速发展的形势。党和国家高度重视高等职业教育的改革和发展，出台了一系列相关的法律、法规、文件等，规范、推动了高等职业教育健康有序的发展。同时，社会对高等职业教育的认识在不断加强，高等技术应用型人才及其培养的重要性也正在被越来越多的人所认同。目前，高等职业教育在学校数、招生数和毕业生数等方面均占据了高等教育的半壁江山，成为高等教育的重要组成部分，在我国社会主义现代化建设事业中发挥着极其重要的作用。

在高等职业教育大发展的同时，必须重视内涵建设，不断深化教育教学改革。根据市场和社会的需要，不断更新教学内容，编写具有鲜明特色的教材是其必要任务之一。

为配合教育部实施紧缺人才工程，解决当前机电类精品高职高专教材不足的问题，西安电子科技大学出版社与中国高等职业技术教育研究会在前两轮联合策划、组织编写了“计算机、通信电子及机电类专业”系列高职高专教材共100余种的基础上，又联合策划、组织编写了“数控、模具及汽车类专业”系列高职高专教材共60余种。这些教材的选题是在全国范围内近30所高职高专院校中，对教学计划和课程设置进行充分调研的基础上策划产生的。教材的编写采取在教育部精品专业或示范性专业(数控、模具和汽车)的高职高专院校中公开招标的形式，以吸收尽可能多的优秀作者参与投标和编写。在此基础上，召开系列教材专家编委会，评审教材编写大纲，并对中标大纲提出修改、完善意见，确定主编、主审人选。该系列教材着力把握高职高专“重在技术能力培养”的原则，结合目标定位，注重在新颖性、实用性、可读性三个方面能有所突破，体现高职高专教材的特点。第一轮教材共36种，已于2001年全部出齐，从使用情况看，比较适合高等职业院校的需要，普遍受到各学校的欢迎，一再重印，其中《互联网实用技术与网页制作》在短短两年多的时间里先后重印6次，并获教育部2002年普通高校优秀教材奖。第二轮教材共60余种，在2004年已全部出齐，且大都已重印，有的教材出版一年多的时间里已重印4次，反映了市场对优秀专业教材的需求。本轮教材预计2006年全部出齐，相信也会成为系列精品教材。

教材建设是高职高专院校基本建设的一项重要工作，多年来，各高职高专院校都十分重视教材建设，组织教师参加教材编写，为高职高专教材从无到有，从有到优、到特而辛勤工作。但高职高专教材的建设起步时间不长，还需要做艰苦的工作，我们殷切地希望广大从事高职高专教育的教师，在教书育人的同时，组织起来，共同努力，为不断推出有特色、高质量的高职高专教材作出积极的贡献。

中国高等职业技术教育研究会会长 李宗尧

2005年10月

面向21世纪
机电类专业高职高专规划教材
编审专家委员会名单

前　言

由于经济的高速发展，我国对技术型人才的需求大量增加，因此推进和发展高等职业教育的力度应当加大。为适应高等职业教育教学的要求，在中国高等职业技术教育研究会和西安电子科技大学出版社的组织下，编者在长期从事专业理论及实践教学的基础上编写了本书。

“汽车使用与技术管理”是汽车类专业教学体系中一门重要的专业课，它通过对汽车性能与使用的分析，研究和探讨汽车服务维修企业生产管理的特征和规律，为汽车维修企业更好地制定和调整生产技术管理提供了依据。本书内容全面、实用性强，努力反映当代较新的技术管理理念，以适应汽车行业发展的需要。

本书由边伟任主编，谢剑任副主编，其中第7章、第8章、第11章由边伟编写，第1章、第2章由郭兆松编写，第3章由边侃和杨柳编写，第4章、第9章由韩星编写，第5章、第6章由蒋浩丰编写，第10章、第12章由谢剑编写。全书由南京林业大学黄银娣老师主审。

本书在编写过程中参考了有关汽车使用和汽车技术管理的各类书籍与资料，在此，谨向原作者表示谢意，并感谢所有支持本书编写和出版的各界人士。

本书可作为高等职业教育汽车运用与维修专业的教学用书，也可供汽车维修服务企业的工作人员参考。

由于时间仓促，加之编者水平有限，书中难免有不妥之处，恳请使用本书的师生、读者及有关专家批评指正。

编　者

2006年11月

目　录

第 1 章　汽车使用条件和运行工况

知识目标：

(1) 熟悉汽车使用条件的主要内容。

(2) 了解汽车运行工况的调查和分析。

1.1　汽车使用条件

汽车使用条件是指影响汽车完成运输工作的各类外界条件。它主要包括气候条件、道路条件、运输条件和汽车安全运行技术条件等。

汽车是在复杂的外界条件下工作的。这些外界条件随时间和空间而变化，并影响汽车的使用效果。汽车的效率取决于驾驶员的操作水平、汽车性能以及汽车与外界的适应性，即汽车的主要技术经济指标也随外界条件而变化。(在汽车运行过程中，汽车必须不断地调节自身的使用性能，以适应外界条件的变化。)例如，在恶劣的道路条件下，通过换低挡来降低汽车的运行速度。此外，汽车的运行速度、燃料经济性、总成和轮胎的可靠性、耐久性以及驾驶员的疲劳程度等，都与汽车的使用条件有关。

1.1.1　气候条件

我国幅员辽阔，各地的气候条件差异很大。北方寒冷、干燥，南方高温、潮湿。大多数地区一年四季的温差和湿度有很大差别。例如，东北北部地区的最低气温可达－40℃，南方炎热地区夏季气温高达 40℃以上，而西北、西南地区的气候条件变化又极为复杂。

环境温度对汽车特别对发动机的热工况影响很大。在寒冷地区，发动机起动困难，运行油耗增加，机件磨损严重；风窗玻璃容易结霜、结冰；冰雪道路容易发生交通事故。在寒冷气候条件下，为了保证驾驶员适当的工作条件、乘客的舒适和安全、货物的防冻，需要在结构上对汽车采取相应的措施。

在炎热地区，发动机容易过热，充气系数下降，燃料消耗增加；燃料供给系易过热，形成气阻；蓄电池电解液蒸发过快，导致故障。高温可能造成润滑脂溶化而挤出，增加机件磨损，导致故障。高温还会使制动液粘度下降，在制动系中形成气阻，导致制动故障。高温也会加速非金属零件的老化及变形。另外，高温会影响驾驶员的工作条件，从而影响行车安全。

在气候干燥、风沙大的地区，汽车及其各总成的运动副易因风沙侵入而加剧磨损。

在气候潮湿的沿海地区和雨季较长的地区，如果发动机、驾驶室、车厢的防水和泄水不良，则将引起零件锈蚀，以及因潮湿而使电气系统工作不可靠。另外，大气湿度过高，会降低发动机气缸的充气效率，使发动机的动力性和燃料经济性下降。

在高原地区，空气稀薄，气压低，水的沸点下降，且一日内温差大，由此使发动机的混合气过浓，真空点火提前调节器失效，冷却水易沸腾，气压制动系统气压不足，以及使驾驶员体力下降。

上述的不同气候条件对车辆的结构和使用提出了不同的要求，因而，应针对具体的气候和季节条件，使用相应的变型汽车或对标准型汽车进行改造，以提高车辆对气候的适应程度。汽车运输企业还应针对当地的气候特点，合理地选用汽车，并制定相应的技术措施，克服或减少由气候条件造成的各种困难，只有这样才能做到合理使用，取得最佳的使用效果。

1.1.2 道路条件

道路条件是指由道路状况决定的，并影响汽车运行的因素。它是汽车使用指标好坏的直接影响因素。汽车的结构、运行工况、技术状况都与汽车运行的道路条件密切相关。

汽车运行对道路的要求是：在充分发挥汽车速度特性的情况下，保证车辆的安全行驶；能满足该地区对此道路所要求的最大通行能力；车辆通过方便，乘客有舒适感；车辆运行材料消耗量最低，零件的损坏最小。

道路条件的主要特征指标是车辆的运行速度和通行能力，它们是确定道路等级、车道宽度、车道数、路面强度以及道路纵断面和横断面的主要依据。

道路条件对汽车的运行速度、行驶平顺性及装载质量利用程度的主要影响来自道路等级和道路养护水平。例如，汽车在良好的路面上行驶，可获得较高的车速和良好的燃料经济性；汽车在崎岖不平的道路上行驶，平均技术速度低，需要进行频繁的换挡和制动操作，加剧了零件的磨损，增加了油耗和驾驶员的工作强度；路面不平也使零部件的冲击载荷增加，加剧了汽车行驶系的损伤和轮胎的磨损。

1. 道路等级

根据公路的任务、功能和适应的交通量，我国将公路分为高速公路、一级公路、二级公路、三级公路和四级公路五个等级。

(1) 高速公路：是专供汽车分向、分车道高速行驶并全部控制出入的干线公路。四车道高速公路一般能适应按各种汽车折合成小客车的远景设计年限的年平均昼夜交通量为 25 000～55 000 辆；六车道高速公路一般能适应按各种汽车折合成小客车的远景设计年限的年平均昼夜交通量为 45 000～80 000 辆；八车道高速公路一般能适应按各种汽车折合成小客车的远景设计年限的年平均昼夜交通量为 60 000～100 000 辆。

(2) 一级公路：一般能适应按各种汽车折合成小客车的远景设计年限的年平均昼夜交通量为 15 000～30 000 辆，是连接高速公路、大城市结合部、开发区经济带以及边远地区的干线公路，可供汽车分向、分道行驶并部分控制出入的公路。

(3) 二级公路：一般能适应按各种车辆折合成中型载货汽车的远景设计年限的年平均昼夜交通量为 3000～7500 辆，是连接中等城市的干线公路或通往大工矿区、港口的公路，或交通运输繁忙的城郊公路。

(4) 三级公路：一般能适应按各种车辆折合成中型载货汽车的远景设计年限的年平均昼夜交通量为 1000～4000 辆，是沟通县及城镇的集散公路。

(5) 四级公路：一般能适应按各种车辆折合成中型载货汽车的远景设计年限的年平均昼

夜交通量为 1500 辆以下，是沟通乡、村等地的地方公路。

《公路工程技术标准》为每级公路规定了相应的技术标准，如车道宽度、车道数、最小停车视距、纵坡、平曲线半径和路面等级等(见表 1-1)。标准中规定的路线参考取值，均在保证设计车速的前提下，考虑了汽车行驶的安全性、舒适性以及驾驶员的视觉和心理反应。

表 1-1　我国各级公路的主要技术指标

公路等级		高速公路						一		二		三		四	
行车速度/(km/h)		120			100	80	60	100	60	80	40	60	30	40	20
车道数		8	6	4	4	4	4	4	4	2	2	2	2	1 或 2	
路基宽度/m	土路肩	0.75			0.75	0.75	0.50	0.75	0.5	1.5	0.75	0.75	0.75	0.50 或 1.50	
	右侧硬路肩	3.25 或 3.50			3.00	2.75	2.50	3.00	2.50						
	右侧路缘带	0.75			0.75	0.50	0.50	0.50	0.50						
	行车道	2×15.0	2×11.25	2×7.50	2×7.50	2×7.50	2×7.00	2×7.50	2×7.00	9.00	7.0	7.0	6.0	3.50 或 6.00	
	左侧路缘带	0.75			0.75	0.50	0.50	0.50	0.50						
	中央分隔带	3.00 (2.00)			2.00 (1.50)	1.50	1.50	2.00 (1.50)	1.50						
路基总宽/m	一般值	42.50	35.00	27.50	26.00	24.50	22.50	25.50	22.50	12.00	8.50	8.50	7.50	6.50	
	变化值	40.50	33.00	25.50	24.50	23.00	20.00	24.00	20.00	17.00				4.50 或 7.00	
最小平曲线半径/m	极限最小半径	650			400	250	125	400	125	250	60	125	30	60	15
	一般最小半径	1000			700	400	200	700	200	400	100	200	65	100	30
	不设超高的最小半径	5500			4000	2500	1500	4000	1500	2500	600	1500	350	600	150
凸形竖曲线半径/m	极限最小值	11 000			6500	3000	1400	6500	1400	3000	450	1400	250	450	100
	一般最小值	17 000			10 000	4500	2000	10 000	2000	4500	700	2000	400	700	200
凹形竖曲线半径/m	极限最小值	4000			3000	2000	1000	3000	1000	2000	450	1000	250	450	100
	一般最小值	6000			4500	3000	1500	4500	1500	3000	700	1500	400	700	200
最小竖曲线长/m		100			85	75	50	85	50	70	35	50	25	35	20
行车视距/m	停车视距	210			160	110	75	160	75	110	40	75	30	40	20
	超车视距									550	200	350	150	200	100
最小缓和曲线长/m		100			85	70	50	85	50	70	35	50	25	35	20
最大纵坡/(%)		3			4	5	5	4	6	5	7	6	8	6	9
最小坡长/m		300			250	200	150	250	150	200	120	150	100	100	60

目前，我国的公路尚不能满足汽车运输的发展需要，至 2006 年底，全国公路通车里程为 3 480 000 km(其中高速公路 45 400 km)。我国已经制定了宏伟的公路发展规划，它的实现将使我国的道路现状发生根本性的改变，对我国汽车运输业的发展和现代化建设将起到巨大的推动作用。

2. 公路的技术特性

影响公路使用质量和车辆使用效率的公路的主要技术特性，在水平面内是曲线段的平曲线半径，在纵断面内是纵坡、纵坡长度、竖曲线半径，在横断面内是车道宽度、车道数、路肩宽度等。

汽车在弯道行驶时，受离心力的作用可能会引起侧滑，严重时可能翻车；弯道也会恶化汽车的操纵性，降低乘员的舒适性。在窄而平的曲线半径行驶的车辆轮胎侧向变形增大，磨损增加，车辆油耗增加。曲线路段影响驾驶员的视线，夜间行车光照距离在曲线段也比直线段短，对行车安全不利。但直线路段很长时对行车安全也不利，容易使驾驶员产生枯燥感，丧失警惕，所以高速公路都避免采用长距离的直线路段，一般都尽量采用大于或等于表 1-1 所列的最小平曲线半径。当条件不许可时，可设超高或缓和曲线。缓和曲线可使作用在汽车上的离心力逐渐变化，以便于驾驶员平缓地操纵转向盘转向，保证行车安全。

公路的纵坡使汽车动力消耗增大，燃料消耗增加。另外，公路的凸形变更，也影响驾驶员的视距。《公路工程技术标准》规定了各级公路纵坡的许用值。

路面质量对汽车的运行工况和安全性有重要的影响。路面应具有足够的强度、很高的稳定性、良好的平整度以及适当的粗糙度，以保证汽车的附着条件和最小运行阻力。

路面平整度是路面的主要使用特性之一。它影响汽车允许运行速度(见图 1-1)、动载荷、轮胎磨损、货物完好性及乘员舒适性，从而影响汽车的利用指标和使用寿命。

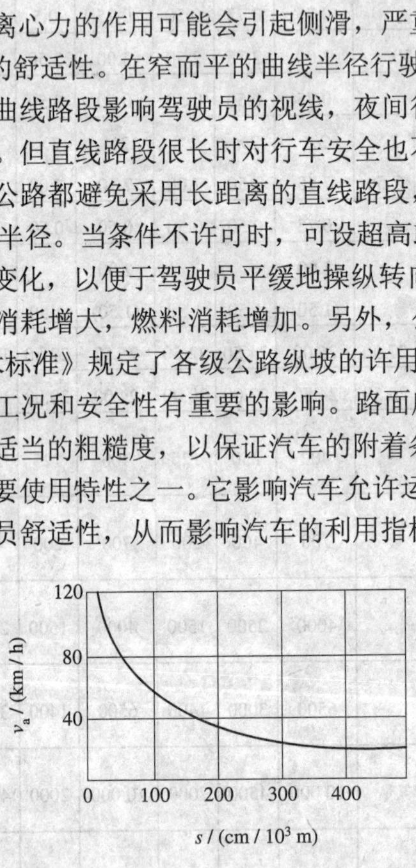

图 1-1　汽车允许运行速度(v_a)和路面平整度(s)的关系曲线

图 1-1 中路面平整度指标为用测震仪测得的汽车公里行程的震动累计值，其单位可为 cm/10^3m 或 m/10^3m。

3. 道路景观

现代道路，除了要满足交通要求外，还要求其线形和谐优美，与环境相互融合。

道路线形的设计准则是根据汽车的动力特性以及舒适安全的要求而确定的，但如果仅按照有关标准和公式设计道路路线，未必会产生所需要的效果。设计高质量的线形不仅要理解汽车的动力特性，还要理解驾驶员对线形质量的评价。

随着道路等级和车速的提高，要获得最佳的设计效果，应该重视道路的线形要素之间的组合以及路线平纵之间的配合。路线设计的目的就是要使路线各个要素融为一体，使得驾驶员体验到一条在视觉上连续不间断的自由流动与和谐的形体。例如，应避免长直线间夹一短的圆曲线，可通过缓和曲线从比较平顺的圆曲线逐步过渡到陡的圆曲线。

在道路上以一个较快的速度行驶，所感受到的周围景观和静止状态时所看到的是不同的。人的视觉有以下几个方面的特性：

(1) 当车速增加时，驾驶员的注意力应增加，速度越快越要注意道路前方，虽然道路应是丰富多彩的，但是，太细的枝节会分散驾驶员的注意力。

(2) 当车速增加时，驾驶员的注意力集中点伸向远方，驾驶员要从足够远的前方观察道路，以便能在必要时做出回避动作，在行进中从反应到采取制动车辆驶过的距离增加。

(3) 当车速增加时，驾驶员动视减小，视力主要集中在道路的轴线上，如果在这个狭窄的视野中路线的景观不发生变化，譬如沿着一条长直线路段行驶，将会使驾驶员变得迟钝，失去对速度的感觉和应变的警觉，从而失去采取回避动作的时间和距离。

(4) 当车速增加时，景观的细部开始模糊，前面的物体向后飞逝得很快，驾驶员必须向更远处看才能得到清晰的景象，因此，道路景观的细部对高速行驶的驾驶员已无价值。

道路的环境应把驾驶员的需要放在首位，即应把驾驶员的视线直接引向道路路线的方向。要将道路的远景和近景互相融合，既要有吸引人的远景，也要有同样吸引人的近景。依次相接的景观的出现和消失，车辆运行变化的速度、方式以及远近景的配合都是影响道路节奏韵律的要素。在小半径的弯道，景观的变化频繁而强烈，将会加快道路的节奏；在大半径或长直线上，宽广不变的远景则会减少节奏；竖曲线的灵活运用可以充分展示景观，特别是远景很容易获得最佳视觉效果。

4. 公路养护水平

公路养护水平的两个评定指标是“好路率”和“养护质量综合值”。根据交通部颁布的《公路养护质量检查评定暂行办法》，将现有公路养护质量分为优、良、次、差四个等级。评定项目包括路面平整、路拱适度、行车顺适、路肩整洁、变坡稳定、标志完善鲜明、行道树齐全等。满分为 100 分，其中路面、路基和其他分别为 50、20 和 30 分。公路养护等级评分值见表 1-2。

表 1-2 公路养护等级评分值

公路养护等级	优	良	次	差
总 分	＞90	＞75	＞60	＜60
路 面	＞45	＞38	—	—

若已知某公路的总里程 L、优等里程 L_Y、良等里程 L_L、次等里程 L_C、差等里程 L_{CH}，则好路率 Q 的计算式为

$$Q=\frac{L_Y+L_L}{L}\times 100\% \tag{1-1}$$

养护质量综合值 P 的计算式为

$$P=\frac{4L_Y+3L_L+2L_C+L_{CH}}{L} \tag{1-2}$$

好路率和养护质量综合值都与车辆运行无关，但它们与直接影响汽车速度、平顺性和总成使用寿命的路面平整度的评分有关。因而，它们可粗略地表征道路状况，并可用于粗略地评价道路对汽车运行的影响。

5．公路养护水平对汽车使用性能的影响

我国河北和吉林两省根据试验统计数据，得出了公路养护状况与汽车运行油耗、维护费用、大修间隔里程之间的关系。

1) 油耗

为了确切地描述路面质量对汽车百公里油耗的影响，选择典型路段进行试验。测取在不同路段的路面分值和汽车的百公里油耗，回归分析得到指数方程：

$$Q=a\mathrm{e}^{-bx} \tag{1-3}$$

式中：Q——一定车速下汽车的百公里油耗(L/100 km)；

x——路面分；

a、b——回归系数。

路面分与汽车油耗的关系的指数回归见表 1-3。

表 1-3　路面分与汽车油耗的关系的指数回归

车速/(km/h)	a	b	相关系数 R	车速/(km/h)	a	b	相关系数 R
50	34.1376	0.004 83	−0.7191	30	30.0541	0.003 23	−0.8117
40	29.9342	0.002 87	−0.7461	20	28.1121	0.003 23	−0.8602

在车速为 50 km/h 的情况下，试验路段的路面分依次为 18 分和 49 分时，油耗分别为 28.43 L/100 km 和 26.01 L/100 km，即路面分从 18 分增至 49 分后，油耗将下降 8.5%。

2) 维护费用

对吉林和河北两省一些地区2000年时的车辆维护费用和道路养护综合值的关系进行统计分析，可得到表 1-4 的统计结果。对其进行回归分析，可得：

$$Y=0.2265-0.1586\ln X \tag{1-4}$$

式中：Y——每公里维护费用(元/km)；

X——道路养护综合值。

由表 1-4 可知，道路养护综合值由 2.48 提高到 2.78，车辆维护费用约可减少 24.2%，即加强道路的养护，便可大幅度地减少车辆的损坏，节约车辆的维护费用。

表 1-4　车辆维护费用和道路养护综合值

养护综合值	2.48	2.51	2.53	2.58	2.63	2.0	2.78
维护费用/(元/km)	0.091	0.082	0.073	0.070	0.073	0.067	0.069

3) 大修间隔里程

河北省公路好路率与汽车大修间隔里程统计数据列于表 1-5 中。

表 1-5　河北省某年的好路率(%)和大修间隔里程(10^4 km)

地　区	石家庄	唐　山	秦皇岛	邯　郸	邢　台	保　定	承　德	沧　州
好路率	72.4	76.2	73.3	64.3	68.5	71.0	64.9	73.8
大修间隔里程	15.91	19.64	14.76	12.07	16.64	15.23	9.15	17.09

通过相关分析可知，好路率与汽车大修间隔里程存在下式关系：

$$Y=-29.909+0.637X$$

式中：Y——汽车大修间隔里程(10^4 km)；

X——好路率(%)。

6．汽车高速公路的使用条件

自 1984 年开通沈大高速公路以来，我国高等级公路的建设进入了高速发展期，1997 年底已修建高速公路 4735 余千米。高速公路的设计车速一般为 100～120 km/h。高速公路与高速运输是密切相关的。高速运输的最显著特点就是运输车辆持续高速运行。高速运输对汽车的动力性、制动性、操纵稳定性、加速性、舒适性的要求更加严格，许多在普通公路上运行不存在的问题，在高速行驶中却变得至关重要。

据统计，国外高速公路死亡事故率仅为普通公路的 1/3～1/2，一般性事故率是普通公路的 1/5～1/3。而我国情况则相反，1995 年高速公路仅为公路总里程的 0.2%，但交通事故却占 1.5%，死亡人数占 1.36%，直接经济损失占 4.36%。有关资料表明：在高速公路上发生的交通事故中，汽车机械故障造成的比例逐年升高。例如，在京石高速公路河北段双幅路开通后不到两年的时间里，因机械故障引发的交通事故就达 96 起，其中制动失效和不良的就有 58 起。

1) 高速公路行驶的安全条件

为了避免发生追尾事故，汽车间应保持一定的行车间距。当车辆行驶速度为 100 km/h 时，行车间距至少应为 100 m；当车速为 70 km/h 时，应至少保持 70 m 的行车间距。在潮湿的路面上行驶时，应保持 2 倍以上的上述行车间距。当遇有大风、雨、雾或路面积雪、结冰时，应以更低的速度行驶，以保证行驶安全。

高速公路行驶对车速也有限制。因我国汽车总体技术水平与国外相比有一定的差距，在连续高速行驶的情况下容易发生交通事故，故《高速公路交通管理办法》规定，车辆在高速公路上行驶，最低车速不得低于 50 km/h，轿车等小型车辆最高车速不得超过 110 km/h，大型客车和货车车速不得超过 90 km/h。也有的高速公路或路段最高车速限制为 100 km/h、80 km/h，甚至 60 km/h。

高速公路行驶的主要问题是安全问题，因此应注意如下事项：

(1) 要严格遵守交通法规，按照规定的限速行驶。

(2) 为了防止汽车在高速公路上发生故障，妨碍交通，在进入高速公路前要对汽车的燃料、润滑油、冷却液、转向器、制动器、灯光、轮胎等部件以及汽车的装载和固定情况进行仔细地检查，以使车况处于最佳状态。

(3) 车辆进入高速公路后应使车速达到 50 km/h 以上。通过匝道进入高速公路的汽车须在加速车道提高车速，并在不妨碍主车道其他车辆行驶的情况下，驶入主车道。

(4) 在正常情况下，汽车应在主车道上行驶，只有当前方有障碍物或需要超越前车时，方可变换到超车道上行驶；通过障碍物或超越前车后，应驶回主车道。车辆不准在超车道上长时间行驶或骑、压车道分界线行驶。

(5) 为了减轻碰撞时的人员伤亡，配有安全带的汽车的前排司乘人员应佩带安全带。货运汽车除驾驶室外，其他部位一律不得载人。大型客车的乘客不许站立于汽车中。

(6) 车辆在高速公路上行驶时，不允许随意停车。为了防止追尾或侧滑的危险，当发生故障时，汽车不得采取急制动，而应立即打开右转向灯，将车停放在右侧紧急停车带或右侧路肩。停车后无关人员应迅速撤至护栏外侧。当故障排除重新行驶时，应及时将车速提高到 50 km/h 以上，然后在不影响其他车辆行驶的情况下驶入主车道。当车辆因故障或事故无法离开主车道时，须开启车辆危险报警闪光灯，夜间还应开启示宽灯和尾灯，并在车后 100 m 外设置故障警告标志，同时应利用路旁的紧急电话或其他通信设备通知有关管理机构，不得随意拦截车辆。

(7) 当交通受阻时，要按顺序停车，等待有关人员处理，不得在路肩上行驶，以免影响救护车、公安交通和管理巡逻车的通行。

(8) 在高速公路上汽车不许掉头、倒车和穿越中央分隔带，不许进行试车，也不许在匝道上超车和停车。

(9) 当遇有大风、雨、雾或路面积雪、结冰时，要注意可变交通标志或临时交通标志，遵守公安交通和管理部门采取的限速或封闭车道的管制措施。

2) 高速公路行驶条件下轮胎的使用

由于子午线轮胎具有使用寿命长、滚动阻力小、附着性能好、缓冲性能好和负荷能力大等特点，因此在高速公路行驶条件下，应选用子午线轮胎，并且最好选用无内胎轮胎。选用轮胎时应注意轮胎的花纹和速度级别，区别轿车轮胎和轻型载重胎，注意载重轮胎的层级和负荷，轮胎认证权威机构的认可标志，轮胎的磨耗、牵引、温度标志和级别。

1.1.3　运输条件

运输条件是指由运输对象的特点和要求所决定的、影响车辆运用的各种因素。汽车运输可分为货运和客运。货运条件主要包括货物的类别、货运量、货物运距、货物装卸条件、货物运输类型及组织特点等。客运对汽车使用性能的最基本的要求是为旅客提供最佳的方便性。

1. 货物的类别

货物是指从接受承运起到送交收货人止的所有商品或物资。通常根据汽车运输过程中的货物装卸方法、运输和保管条件以及批量对货物进行分类。

1) 按装卸方法分类

货物按装卸方法可分为堆积、计件和罐装三类。

对于没有包装的、用堆积装卸的货物(如煤碳、砂、土和碎石等)和按体积或质量计量的货物宜于采用自卸汽车运输。

对于可计个数，并按质量计量装运的货物，如桶装、箱装、袋装的包装货物及无包装货物，可采用普通栏板式货车、厢式货车及保温厢式货车运输。

对于无包装的液体货物，通常采用自卸罐车运输。

2) 按运输和保管条件分类

按运输和保管条件分，货物可分为普通货物和特殊货物。前者是指在运输过程中无特殊要求，可用普通车厢运输的货物。后者是指在运输过程中必须采取特别措施，才能保证完好无损地承运货物。

特殊货物包括特大、长型、沉重、危险和易腐的货物。特大货物是指标准车厢不能容纳的货物。长型货物通常是指其长度超过标准车身长度 1/3 以上的货物。沉重货物是指单件质量大于 250 kg 的货物。危险货物是指在运输和保管过程中，可能使人致残或破坏车辆、建筑物和道路的货物。易腐货物是指在运输和保管过程中，需专门的库房和车辆来维持一定温度的货物。

运输特殊货物，需要选用大型或专用汽车。但是，汽车总体尺寸受国家标准的限制(见国家标准 GB1589—79《汽车外廓尺寸的界限》。

3) 按货物批量分类

按一次托运货物的数量，货物可分为小批和大批货物。小批货物又称为零担货物，如食品、邮件和行李等个别少量运输的货物。大批货物指大批量运输的货物，又称大宗货物。

货物批量是选用车辆类型的主要依据。货物运输汽车的车厢构造和尺寸都应同装运的货物相适应。

2. 货运量

在汽车运输中，完成或需要完成的运输数量称为货运量，通常以吨(t)为计量单位。

在汽车运输中，完成或需要完成的货物运输工作量，即货物的数量与运输距离的乘积称为货物周转量，它以复合指标吨·公里(t·km)为计量单位。

货运量和货物周转量统称为货物运输量。

按托运货物的批量，货运量可分为零担和整车两类。在我国，凡是一次托运货物在 3t 以上为整车货物，不足 3t 为零担货物。需要较长时间和较多车辆，才能运完的整车货物为大宗货物，而短时间内或少数车辆即能全部运完的货物为小宗货物。

货物批量取决于国民经济的发展水平。货物批量的形成受多种因素的影响，如托运单位的发货条件、货物形成工艺、货物集聚时间、货物价值和经济上合理的集聚量等；客户要求的交货速度、数量和用货条件等；运输组织、道路条件和货物集散时货物批量合并的可能性等。因此，货物不可能都是大宗的。但是，因工业结构的变化，专业化、协作化的生产，要求及时、快速地运送货物。商品经济的发展，人民生活水平的提高，都需要快速运输生活日用品及农副产品，这些货物的特点是批量小、运距短、批次多。显然这类小批量货物适宜轻型汽车运输，而大宗货物采用大型车辆运输时运输经济效益高，因此，应尽可能地组织大宗货物运输。所以运输行业应配备不同吨位的车辆，才能合理地组织运输，提高运输经济效益。

3. 货物运距

货物运距是指货物由装货点至卸货点间的运输距离。货物运距在很大程度上影响运输车辆利用效率指标，并对车辆的结构和性能提出不同的要求。当运距较短时，要求车辆结构能很好地适应货物装卸的要求，以缩短车辆货物的装卸作业时间，提高车辆短运距的生产率。长途运输车辆运输生产率随车辆的速度性能提高和载质量的增大而显著增加(见图 1-2 和图 1-3)。因此，随着运距的增加，要求增加汽车的吨位，但汽车的最大轴重受到国家法规的限制。

图 1-2 和图 1-3 中，L 为货物运距，且 $L_3 > L_2 > L_1$。

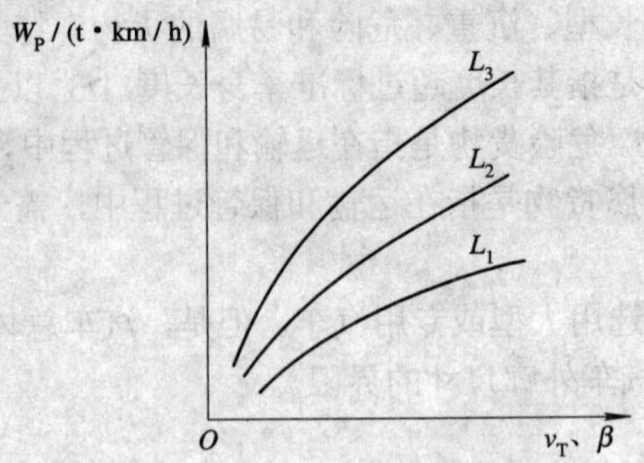

图 1-2　车辆运输生产率(W_P)与车辆的技术速度(v_T)和行程利用率(β)的关系曲线

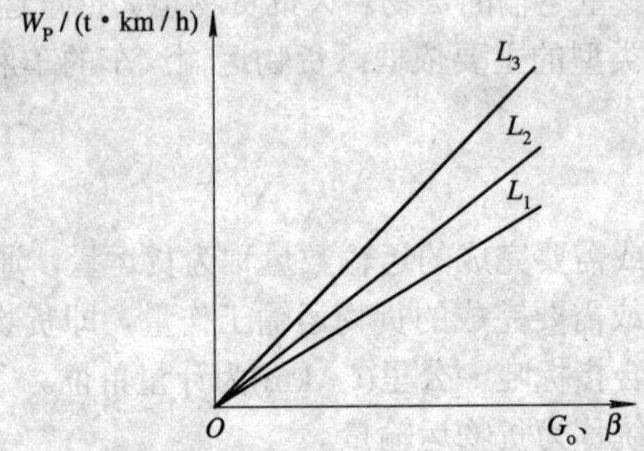

图 1-3　车辆运输生产率(W_P)与车辆载质量(G_o)和行程利用率(β)的关系曲线

4．货物装卸条件

货物的装卸条件决定了汽车装卸作业的停歇时间、装卸货的劳动量和费用，从而影响汽车的运输生产率及运输成本。运距越短，装卸条件对运输效率的影响越明显(见图 1-4)。

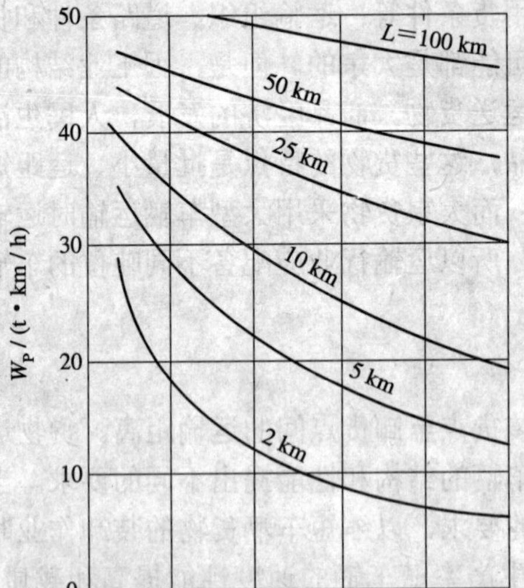

图 1-4　载质量 4 t 的货车运输生产率(W_P)与车辆每运次装卸货停歇时间(t)的关系曲线

图 1-4 中，L 为货物运距。

装卸条件受货物类别、运量、装卸点的稳定性、机械化程度以及装卸机械等诸多因素的影响。

一定类别和运量的货物要求相应的装卸机械，也决定了运输车辆的结构特点。如运输土、砂石、煤炭等堆积货物的车辆，要考虑铲斗装卸货物时，货物对汽车系统及机构的冲击载荷，以及汽车的装载质量和车厢容积与铲斗容积的一致，才能保证获得最高的装运生产率。

带自装卸机构的汽车可缩短汽车装卸作业时间，但是，自装卸机构使汽车的成本及装载质量比相同吨位的汽车的小。实践表明，只有在短运距运输时，自装卸汽车才能发挥其优越性(见图 1-5)。

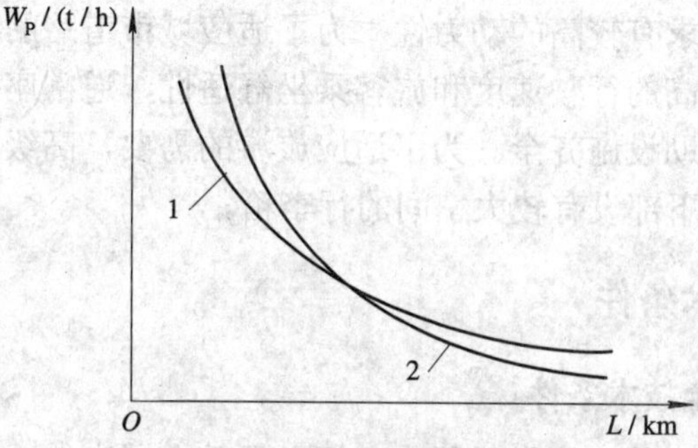

1—通用车辆；2—自装卸车辆

图 1-5　车辆运输生产率(W_P)

5. 货物运输类型及组织特点

货物运输类型有多种分类方法，如短途货运、长途货运、城市货运、城间货运、营运货运、自用货运、分散货运、集中货运等。

自用货运是指车辆拥用单位的车辆完成本单位的货物运输工作。

分散货运是指在同一运输服务区内，若干汽车货运企业或有车单位各自独立地调度车辆，分散地从事货运工作。显然分散货运的车辆、里程、载质量利用率都降低，从而降低了汽车运输生产率，增加了运输成本。

集中货运是指在同一运输服务区内的车辆和完成某项货运任务的有关单位车辆，集中由一个机构统一调度，组织货物运输工作。这种运输类型可提高车辆的载质量利用率和时间利用率，从而有利于提高汽车运输生产率，降低运输成本。

运输组织特点主要取决于车辆的运行路线。由于货运任务的性质和特点不同，道路条件不同，以及所用车辆类型不同，因此，在相同收发货点间完成同样的货运任务，可采用不同的运行路线方案，并产生不同的运输效益。

货运车辆的运行路线可分为往复式、环形式和汇集式。往复式运行路线是指货运车辆多次重复于两个货运点间行驶的路线。环形式运行路线是指将几个货运方向的运行路线依次连接成一条封闭的路线。车辆沿环形式路线运行时，每个运次是运输同一起迄点的货物。汇集式运行路线是指车辆沿运行路线上的各个货运点依次分别或同时装卸货物，并且每次运量都小于一整车时的运行路线。

货运车辆结构应与选用的路线相适应，长运距的往复式运行路线，宜使用速度性能优良、载质量大的车辆。为了提高车辆运输的时间利用率，牵引车驾驶室设有卧铺，便于两个驾驶员轮班休息，以减少因停车休息而延长路线的运行时间；也可在中途设站更换驾驶员驾驶。

用于环形式或汇集式运行路线的车辆，其载质量应与每运次的运量相适应，其结构还应便于途中装卸货物。

6. 客运的基本要求

客运分为市内客运和公路客运，各种客运应配备不同结构型式的客车。市区公共客车采用车厢式多站位车身，站位与座位之比为 2∶1，通道很宽，车门数目多，车厢地板较低。在国外，为方便残疾人轮椅上下，车门踏板采用自动升降结构。市区公共汽车为了适应乘客高峰满载的需要，要求有较高的动力性。为了适应城市道路的特点，还要求汽车操纵方便。城间客车要求有较高的行驶速度和旅客乘坐舒适性，通常座位宽大舒适，椅背倾斜可调，车门数少，其他辅助设施齐全。为了适应旅游的需要，高级旅游客车还配备卫生间、微型酒吧以及汽车两侧下部设有较大空间的行李箱。

1.1.4　汽车运行技术条件

1. 机动车运行安全技术条件

为保证车辆的安全行驶、可靠运行，车辆必须符合国家关于《机动车运行安全技术条件》(GB7258—1997)的规定。其主要技术条件如下：

车辆外观整洁，装备齐全，紧固可靠，各部件应完好，并具有正常的技术性能。

发动机动力性能良好，运行平稳，不得有异响，燃润料消耗正常，无漏油、漏水、漏气、漏电现象。

底盘各总成连接牢固，无过热，无异响，性能良好，各润滑部位不缺油，钢板弹簧无断裂或错开现象；轮胎气压正常；汽车、挂车连接和防护装备齐全、可靠。

转向轻便灵活，转向节及转向节臂、横直拉杆及球销不得松旷，性能良好；前轮定位符合要求；车辆制动性能符合规定，挂车与牵引车意外脱离后，挂车应能自行制动，牵引车的制动仍然有效。

客车车厢、货车驾驶室内应不进尘土、不漏雨；门窗关闭严密、开启灵活；挡风玻璃视线清晰；客车坐椅齐全整洁、牢固；货车车箱无漏洞，栏板销钩牢固、可靠。

车辆的噪声及废气排放应符合有关规定。

灯泡、信号、仪表和其他电气设备应配备齐全，工作正常、可靠。

2. 汽车危险货物运输规则

车辆运载具有易爆、易燃、有毒、放射性等危险货物时，必须符合《汽车危险货物运输规则》的规定。其主要技术条件如下：

车辆的车厢、底板平坦良好，栏板牢固，衬垫不得使用松软易燃材料。

运载危险货物的车辆左前方悬挂黄底黑字“危险品”字样的信号标志。

根据车内装运危险货物的性质，车辆必须配备相应的消防器材等用具。

车辆行驶和停车必须严格遵守交通、消防、治安等法规要求。

必须指派熟悉车内危险物性质的人员担任押运人员，严禁搭乘无关人员。

车辆总质量超过桥梁、渡船标定的承载质量和车辆装载超高、超宽、超长时，应报请当地交通、公安主管部门采取安全有效的措施。未经允许，不得冒险通过。

3．特种货物运输运行技术条件

车辆装载散装、粉尘、污秽货物时，应使用密闭车厢或加盖篷布，以免货物洒漏，污染环境。

4．特殊条件下车辆运行技术条件

车辆在等外道路、危险渡口和桥梁上通过时及在遇有临时开沟、改线、水毁、塌方、冰坎、翻浆等情况时，必须采取确实有效的技术措施，以保障行车安全。

另外，汽车驾驶操作水平明显地影响汽车零件磨损、燃料经济性和污染物排放率。熟练的驾驶员在平路、下缓坡等有利条件下，经常保持车速稳定或滑行状态，很少采取紧急制动。熟练的驾驶员不仅能保证汽车安全运行，而且能提高汽车行驶的技术速度15%～20%，延长汽车大修间隔里程 40%～50%，在相同的交通和道路条件下可节约燃料20%～30%。

汽车维护费用占汽车运输成本的 15%～20%。但我国目前因维护市场放开，一些地区宏观管理混乱，在维护工作中手工作业占有相当大的比例，加之配件质量不稳定，检验设备少，诊断技术尚未真正用于控制汽车技术状况，由此导致汽车维护质量低下，降低了汽车利用的经济效益。高水平的汽车维护标志是：汽车完好率达 0.9～0.93，总成大修间隔里程较定额高 20%～25%，配件消耗减少 15%～20%，燃料、润滑材料的消耗减少 20%～30%。

1.2　汽车运行工况

汽车是在一定的道路和交通条件下完成运输任务的。为了提高汽车运输生产率，降低运输成本，必须研究汽车在所运行的交通和道路条件下的运行状况。

为了研究汽车与运行条件的适应性，通常采用多参数描述汽车的运行状况，并称之为汽车运行工况。即汽车在使用条件下，汽车驾驶员以其自己的经验、技艺操纵车辆，完成一定任务时，汽车及其各零部件、总成的各种参数变化及技术状态。

汽车运行工况的参数包括汽车速度、变速器的挡位、发动机转速、节气门开度、制动频度等。在特定的汽车运行工况研究中，还包括发动机曲轴瞬时转速、输出功率、输出转矩、油耗、冷却液温度、各总成润滑油温度、各挡使用频度、离合器结合频度等。

汽车运行工况的调查内容可根据研究任务的需要而增减。通过测试数据的统计分析，求得汽车运行工况参数样本的分布规律及其数学特征，进而在无偏性、一致性和有效性的原则下，推断出参数的总体分布和数学特征。

汽车运行工况是个随机过程，受到许多因素的影响，如道路状况、交通流量、气候条件以及汽车自身技术性能的变化等。

运行工况的研究常采用测试统计方法和计算机数字仿真方法。

1.2.1　汽车运行工况调查

在汽车运行工况研究中，工况调查是首先要进行的工作。通过运行工况调查，掌握在特定的使用条件下，表征汽车运行状况的各参数变化范围和变化规律，为评价车辆的合理运用以及车辆性能、结构能否满足使用要求提供基础资料。

汽车运行工况测试是汽车运行工况调查的重要步骤。通过汽车运行试验及试验后的数据处理和统计分析完成运行工况调查。

汽车运行工况调查的内容有：选择反映汽车运行状况，具有代表性的路线，并取得道路资料和交通状况的调查数据；同步测取汽车行驶中的车速、发动机转速、油耗、节气门开度及挡位使用和变化情况；调查路线(或路段)内的累积停车次数和累积制动次数等。必要时还要记录交通流情况，如交通量、交通构成等。

在汽车运行试验中，主要使用非电量的电测法，即在测量部位安装将非电量状态参数转换为电信号的传感器，将信号直接或经放大后传送至测量仪表和记录器(如磁带机、光线示波器、*X*–*Y* 记录仪)，以供统计分析使用。

在进行汽车运行工况测试时，风速、气温、海拔高度等试验条件应符合有关规定，或对测试参数进行修正。汽车运行试验所用车辆必须符合国家标准规定。

运行试验中所做的记录称为汽车运行记录。图 1-6 为载货汽车在市区行驶时的运行记录。图 1-7 为某市区公共汽车运行的速度记录。

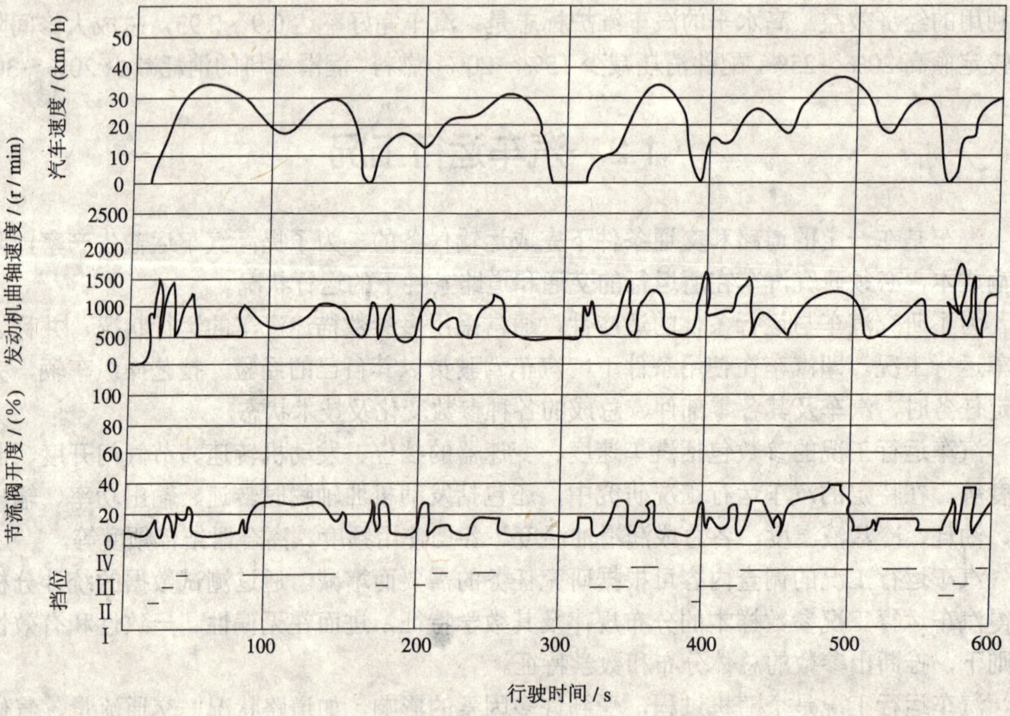

图 1-6　载货汽车在市区行驶时的运行记录

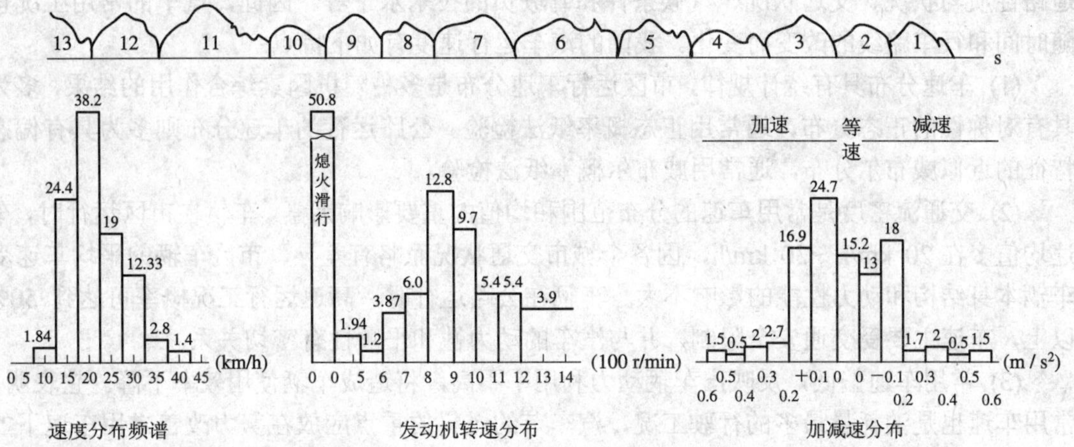

$\overline{v} = \frac{1}{T}\Sigma v_i t_i = 22.42\ \text{km/h}$

$v_{\max} = 32.85\ \text{km/h}$

图 1-7　公共汽车运行的速度记录

运行工况的计算机数字仿真是采用数学模型方法，将汽车运行工况看成由汽车动力传动系模型、道路模型、驾驶员模型及交通流干扰模型组成的系统的输出。输入有关道路及设施数据、发动机数据、汽车传动系数据、轮胎数据、气温、风速、驾驶员习惯、换挡过程时间分布、自由行驶—跟驰行驶—超车行驶的概率，在计算机上模拟汽车的运行，并统计出反映汽车运行状态的各个参数。

在汽车运行试验中得到的试验数据必须经处理后，才能得到汽车运行工况的统计特征和分布。根据记录介质为纸带(光线示波器)或磁带的不同，数据的处理方法也不同。对于纸带记录必须用手工处理，因为这种记录和处理方法精度差，工作量大，目前已经很少使用。磁带记录数据信息量大，可采用计算机进行处理，数据精度高，结果准确，是现在普遍使用的方法。

在汽车运行记录中的速度、转速、节气门开度、曲轴转矩等模拟量曲线首先需要进行数字化处理，然后才能进行分布及统计特征分析。

速度模拟量数据处理的基本步骤为：模拟量速度曲线的离散化，即根据香农(Shannon)采样定理确定取样间隔 t；判别并剔除异常数据；求均值；求频率分布，并绘制频率分布图。

通过频率分布图可了解运行工况样本的一些分布特征，例如，数据的密集位置、离散程度以及分布的大体情况等。这样，就可对汽车运行工况记录中的挡位使用情况，发动机转速变化情况及节气门开度变化情况等进行数据处理了。在工况调查中，当有特殊要求时，除了要按需增加测量参数之外，在数据处理时，还可进行数学特征计算、区间估计和分布检验，以便对运行工况进行定量分析。

1.2.2　汽车运行工况分析

汽车运行工况数据主要用于确定汽车的常用工况及其特征。汽车运行工况数据可与汽车的结构性能相结合，用以评价汽车常用工况的合理性及其影响因素。

汽车运行中经常出现的工况称为常用工况。影响汽车行驶的因素很多，如车辆的性能、道路性质与状况、交通状况、气候条件和驾驶员的技术水平等。因此，汽车的常用工况也随时间和行车路线的改变而变化。我国的汽车运行速度有如下特点：

(1) 车速分布具有统计规律，市区运行车速分布是多种随机因素综合作用的结果，多为具有对称性的正态分布，通常用正态概率纸法检验。公路运行的车速分布则多为具有偏态特征的近似威布尔分布，通常用威布尔概率纸法检验。

(2) 交通流密度是常用车速的分布范围和均值的重要影响因素。车辆在市区运行时，车速均值多在 20 km/h～30 km/h，因各个城市交通状况而略有差异，市区车辆的平均车速受车辆本身结构和动力性能的影响不大。车辆在公路运行时，高速运行工况概率可达到 50%以上，车速主要受交通安全限制，并与汽车的动力性和平顺性有密切关系。

(3) 常用车速偏低，反映出车辆动力利用率不高，将造成车辆使用效率下降。它表明，常用车速也是油耗量最多的行驶工况，汽车节约燃料的重点应放在努力改善常用车速下的燃料经济性。

(4) 按时间统计，在公路上行驶的车辆的高挡利用率可达到 92%～96%，低挡只占1%～2%。而在市区运行时，车辆的低挡利用时间略有增加。

(5) 公共汽车受市区道路的运行方式影响，空挡的利用时间约占 50%，而最高挡的利用率明显低于在公路上行驶的利用率，其他各挡的利用率高于在公路上行驶的利用率。

因此，在城市行驶的车辆的低速挡齿轮和离合器片磨损高于在公路上行驶的车辆。由于连续起步、加速、等速滑行，因此要重视改善公共车辆发动机过渡工况的燃料经济性，并注意改善驾驶操作条件和提高驾驶技术。

(6) 据统计分析，汽车行驶的道路条件越差，功率利用率越低，节气门开度经常处于不稳定工况，油耗比稳定工况高。

汽车的运行工况在外界条件不变的情况下，还会因自身的装载或拖载质量的改变而发生变化。汽车拖挂运行试验表明，当拖载质量增加时，汽车运行中换挡次数将增加，直接挡使用的时间相对减少，节气门开度加大，发动机功率利用率增加。

在同样的使用条件下，即使同类汽车完成同样的运输任务，运行的效果却有很大差异，如果车型不同，则差异会更大。例如：是否保证货物完整、旅客舒适；车辆运输能力是否得到充分利用；每百吨公里或每百车公里的平均油耗量的高低；是否安全行驶；车辆是否正常磨损，有无过度磨损和早期损坏等。

复习思考题

1. 何谓汽车使用条件？主要包括什么内容？
2. 汽车使用的道路条件主要包括哪些？
3. 简述车辆在高速公路上行驶应当注意的事项。
4. 机动车运行安全技术条件主要有哪些？
5. 汽车危险货物运输安全技术条件主要有哪些？
6. 简述特殊条件下车辆运行的技术条件。
7. 简述我国汽车运行速度的特点。

第 2 章　汽车主要技术数据和识别代码

知识目标：

(1) 熟悉汽车主要技术数据。

(2) 熟悉 VIN 码的功用。

(3) 掌握 VIN 码的组成。

(4) 熟悉国内典型 VIN 码的含义。

2.1　汽车主要技术数据

2.1.1　汽车的基本数据

汽车的基本数据是表明车辆总体尺寸、形状、重量、空间特征及相关的技术参数。它主要包括汽车的质量、几何参数、轮距与轴距、车辆通过性参数(最小离地间隙、纵向通过半径、横向通过半径、最小转向半径等)、风阻系数等数据。

1. 质量

汽车质量是汽车自身重量和承载能力的度量。它是设计车辆结构、车速和稳定性，安装各种附件和装置，计算运输工作量以及设计道路等级施工标准的依据之一。汽车质量还是我国汽车车型产品分类中载重车辆的重要分类参数。在汽车产品说明书中所标明的汽车质量主要包括：

(1) 整车整备质量。整车整备质量是指车身、全车电气设备和车辆正常行驶所需要的辅助设备，加足冷却液、燃料、润滑材料，带齐备用车轮及随车工具、标准备件及灭火器等完整车辆的质量。

(2) 最大装载质量。最大装载质量是指额定装载的最大限制重量。

(3) 最大总质量。最大总质量是指整车整备质量与最大装载质量的总和。它是限制装载重量和道路通行能力的主要依据。

(4) 最大轴载质量。最大轴载质量是指汽车车桥所允许的最大载荷重量。对于常见的双桥结构的汽车，可分为前桥最大轴载质量和后桥最大轴载质量。

2. 几何参数

几何尺寸是表达车辆所占有的空间几何形状和位置大小的尺寸。几何尺寸一般包括车辆的长、宽和高各方向的尺寸(见图 2-1)。

(1) 车辆长：垂直于车辆纵向对称平面，并分别抵靠在汽车前后最外端突出部位的两垂直面之间的距离 L(mm)。

(2) 车辆宽：平行于车辆纵向对称平面，并分别抵靠在车辆两侧固定突出部位(除后视镜、侧面标志灯、示宽灯、转向指示灯、挠性挡泥板、折叠式踏板、防滑链及轮胎与地面接触变形增大的部位)的两垂直平面间的距离 B(mm)。

(3) 车辆高：车辆在额定载荷及标定轮胎气压的条件下，车辆的支撑平面与车辆最高突出部位相抵靠的水平面之间的距离 H(mm)。

(4) 前悬：通过两前轮中心的垂面与抵靠在车辆最前端并垂直于车辆纵向对称平面的垂面之间的距离 K_1(mm)。

(5) 后悬：通过车辆最后车轮轴线的垂面与分别抵靠在车辆最后端并垂直于车辆纵向对称平面的垂面之间的距离 K_2(mm)。

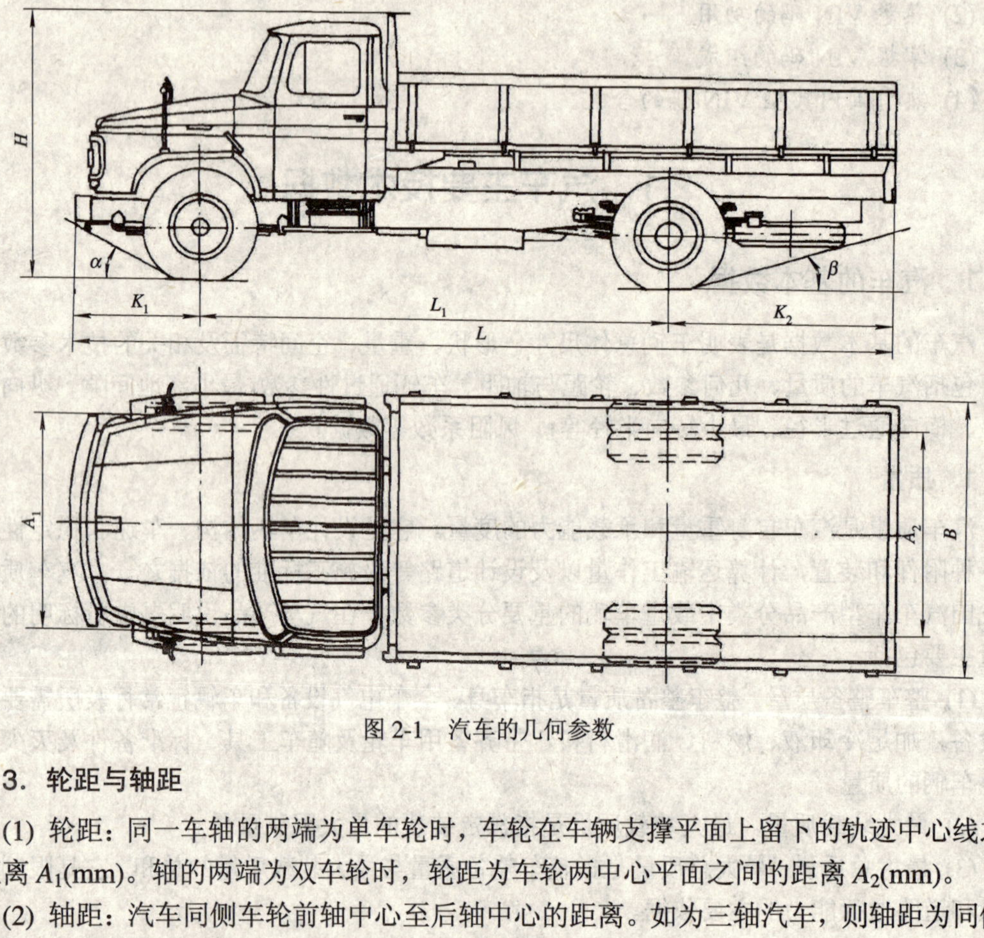

图 2-1　汽车的几何参数

3．轮距与轴距

(1) 轮距：同一车轴的两端为单车轮时，车轮在车辆支撑平面上留下的轨迹中心线之间的距离 A_1(mm)。轴的两端为双车轮时，轮距为车轮两中心平面之间的距离 A_2(mm)。

(2) 轴距：汽车同侧车轮前轴中心至后轴中心的距离。如为三轴汽车，则轴距为同侧车轮前轴中心至后两轴中点间的距离 L_1(mm)。

4．车辆通过性参数

(1) 接近角：汽车前端下部最低点向前轮外缘引的切线与地面的夹角 α(°)。

(2) 离去角：汽车后端下部最低点向后轮外缘引的切线与地面的夹角 β(°)。

(3) 最小离地间隙：在额定载荷和标定轮胎气压下，车辆支撑平面与车辆底盘突出部分最低点的距离 c(mm)(见图 2-2)。

(4) 纵向通过半径：在汽车侧视图上做出的与前轮、后轮轮胎及两轴间最低点相切圆的半径 R_1(m)。纵向通过半径表示汽车能够无碰撞的越过小丘、拱桥等障碍物的轮廓尺寸，纵向通过半径越小，通过性越好(见图 2-2)。

(5) 横向通过半径：在汽车后视图上做出的与左、右两车轮轮胎内侧及底盘最低处相切圆的半径 R_2(m)(见图 2-2)。

(6) 最小转向半径：转向盘转到极限位置时，外侧车轮轨迹上的切点到转向中心的距离。最小转向半径是汽车机动性的重要指标，表明汽车在最小面积内的回转能力和通过狭窄地带或绕过障碍物的能力。

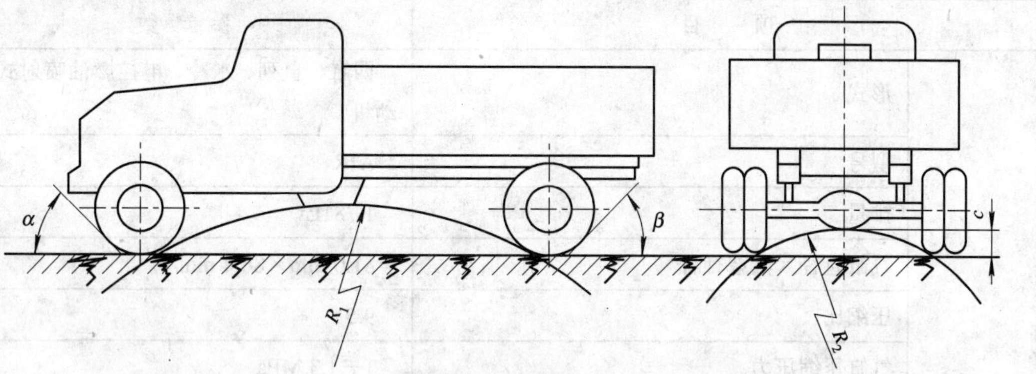

图 2-2　汽车通过性参数

5. 风阻系数

风阻系数是指空气与汽车以一定的相对速度流过车身表面轮廓时所受到的阻力大小的度量。风阻系数越小，汽车行驶中的空气阻力就越小。风阻系数是设计汽车，特别是轿车外形轮廓及其他相关结构的重要依据。

2.1.2　汽车的使用数据

汽车的使用数据是指车辆在运行的过程中应达到的技术要求或参数，主要包括动力性方面、经济性方面、制动性方面和污染排放方面的使用数据。现以桑塔纳 2000GSi 汽车为例，列举常见的汽车使用数据(见表 2-1)。

表 2-1　桑塔纳 2000GSi 汽车使用数据

项目		参数
动力性方面	最高车速	175 km/h
	原地起步连续换挡加速时间(0～80 km/h，半载)	≤9.0 s
	原地起步连续换挡加速时间(0～100 km/h，半载)	≤13.5 s
经济性方面	60 km/h 等速油耗	5.7 L/100 km
	90 km/h 等速油耗	6.8 L/100 km
	120 km/h 等速油耗	8.8 L/100 km
	15 工况城市循环油耗	11.21 L/100 km
制动性方面	初速度为 30 km/h 时的制动距离	≤5.8 m
	初速度为 50 km/h 时的制动距离	≤15 m
污染排放方面	CO(体积分数)	≤1.5%
	HC(体积分数)	＜0.06%
	车外加速噪声	≤79 dB(A)

2.1.3　汽车的结构数据

汽车的结构数据是指组成汽车各个系统、总成以及关键部件的类型、形式、结构特点的技术参数，体现汽车整体性能、档次、配置和特色的基础数据。现以桑塔纳 2000GSi 汽车为例，列举常见的汽车结构数据(见表 2-2)。

表 2-2　桑塔纳 2000GSi 汽车结构数据

项　目			参　数
发动机	形式		四缸、直列、水冷、电控燃油喷射式发动机
	型号		AJR
	排量		1.781L
	气缸直径×活塞行程		81.0 mm×86.4 mm
	压缩比		9.5
	气缸压缩压力		1—1.3 MPa
	最大功率/(转速)		74 kW/(5200 r/min)
	最大转矩/(转速)		155 N·m/(3800 r/min)
	怠速转速		(800±30)r/min
	最低燃油消耗率		≤278.5 e/(kW·h)
	润滑油消耗率		0.5 g/(kW·h)
	供油方式		M3.8.2 电控顺序多点燃油喷射系统
	点火次序		1→3→4→2
	点火提前角		12°±4.5°(不可调)
	配气相位(气门正时)	进气门开	上止点前 2°
		进气门关	下止点后 24°
		排气门开	下止点前 44°
		排气门关	上止点后 8°
	冷却液温度		＜105℃
离合器	形式		膜片弹簧单片式离合器
	操纵机构		液压操纵机构
	踏板总行程		131.8～139.1 mm
	踏板自由行程		15～25 mm
	从动盘直径×内径		ϕ210mm×ϕ134mm
	踏板力		122.2 N

续表一

项　目			参　数
变速器	形式		五挡全同步器手动变速器及主减速器、差速器在同一壳体内，变速器与主减速器统一润滑，前轮驱动
	型号		013 300 143B
	传动比	1 挡	3.455
		2 挡	1.944
		3 挡	1.286
		4 挡	0.969
		5 挡	0.800
		倒挡	3.167
		主减速器比	4.444
	润滑油规格		SAE75-90
传动轴	形式		等速万向节传动轴(包括 RF 节和 VL 节)
	外星轮外径		RF 节：ϕ90 mm；VL 节：ϕ100 mm
	驱动半轴最小圆柱直径		RF 节和 VL 节均为ϕ26 mm
	等速万向节最大摆角		RF 节：47°；VL 节：22°
	RF 节在 0°～10°范围内可传递的最大转矩		2600 N·m
	VL 节在 0°～10°范围内可传递的最大转矩		2100 N·m
前桥与前悬架	形式		由双向筒式减振器、螺旋弹簧、悬架柱焊接件等组成的可摆动的滑柱式独立悬架，带横向稳定杆
	前轮定位	总前束	8′±8′(0～1.6 mm)
		前轮外倾角	15′±15′
		右轮外倾角最大允差	10′
		主销后倾角(不可调整)	1°30′±30′
转向系	形式		自动调整间隙的齿轮齿条式动力转向系，转向齿轮与转向柱由安全联轴节连接
	转向盘直径		380 mm
	转向盘转向力矩		5.5 N·m
	转向传动比		22.4
	转向盘最小转动圈数		3.11
	动力转向系统的最大工作压力		10 MPa
	动力转向系统的工作压力		8 MPa
	内轮、外轮最大转角(空载)		44°18′、35°16′
	动力转向油泵	形式	叶轮式
		流量	6 L/min

续表二

项目			参数
制动系	制动器形式	前制动器	空心盘式制动器，制动盘直径为 ϕ256 mm，自动调整间隙，前制动钳为 FN54 型，制动轮缸直径为 ϕ54 mm
		后制动器	鼓式制动器，制动鼓直径为 ϕ200 mm，制动蹄宽度为 40 mm，自动调整间隙，制动轮缸直径为 ϕ17.46 mm
		驻车制动器	作用于后轮的机械式驻车制动器
	管路布置		对角线分布的液压双管路制动系统，带制动助力器
	踏板总行程		135 mm
	踏板自由行程		≤45 mm
	制动主缸直径		22.2 mm
	同步附着系数(在 ϕ=0.8 的路面上)		0.89(空载)、1.28(满载)
	防抱死制动系统		MK201 型
车轮	轮胎形式与规格		宽面无内胎子午线轮胎 195/60R14 85H
	轮辋形式		6JX 14ET38
	轮胎充气压力	前轮胎	180 kPa(空载) 190 kPa(满载)
		后轮胎	180 kPa(空载) 240 kPa(满载)
		备胎	250 kPa
	车轮动平衡量		1320.8 g · cm(在轮辋边缘上不大于 80 g)
车身			承载式整体封闭式全金属结构，整车采用安全玻璃，前风窗采用夹层玻璃，其余采用钢化玻璃
电器设备	线路电压		12 V
	蓄电池规格		12 V　54 A · H　265 A
	发电机		上海法雷奥汽车电器系统有限公司生产的$A13VI 型
	起动机		长沙汽车电器厂生产的 QDl229 型或上海汽车电机厂生产的 QDl225 型
	点火系		微机控制电子点火系
	空调系统		采用 HFCl34a 制冷剂的空调系统

2.1.4　汽车的容量数据

汽车的容量数据是指汽车各种燃、润料和工作液在标定状况下所占有的空间，它是保障车辆正常运行的重要技术参数。现以桑塔纳 2000GSi 汽车为例，列举常见的汽车容量数据(见表 2-3)。

表 2-3　桑塔纳 2000GSi 汽车容量数据

项　目		参数/L	项　目	参数/L
燃油箱		60	变速器及主减速器、差速器	2.0
冷却系(带储液罐)		6.0	制动系	2.5
润滑系(换油量)	不换滤清器	2.5	每个制动轮缸的制动液	0.5
	换滤清器	3.0	行李箱容积	625
风窗清洗器储液罐		1.8		

2.2　汽车识别代码

目前世界各国汽车公司所生产的绝大部分汽车都使用了汽车识别代码(简称 VIN 码)。对于汽车识别代码的作用及其重要性，被越来越多的人们所认识和重视。无论是汽车整车及配件营销人员、汽车维修工、车辆保险人员、二手车的评估人员，还是车辆交通管理人员以及与汽车相关的其他人员，对于汽车规格参数和性能特征等信息的了解、认识和掌握，汽车识别代码都是必不可少的信息工具。

汽车识别代码(Vehicle Identification Number，VIN)是汽车制造厂为了识别一辆汽车而规定的一组字码，它由一组英文字母和阿拉伯数字组成，共 17 位，故又称为 17 位码。如美国福特汽车公司轿车的 17 位码为 1LNLM81w6PJl06235。

17 位 VIN 码的每一位代码都代表着汽车某一方面的信息参数。我们从该码中可以识别出车辆的生产国家、制造公司或生产厂家、车辆的类型、品牌名称、车型系列、车身形式、发动机型号、车型年款(属于哪年生产的年款车型)、安全防护装置型号、检验数字、装配工厂名称和出厂顺序号码等信息。

2.2.1　汽车识别代码的意义和功用

VIN 码具有全球通用性、最大限度的信息承载性和可检索性。它已成为全世界识别车辆惟一准确的“身份证”。17 位码经过特定的排列组合可以保证每个制造厂在 30 年之内生产的每辆汽车识别代号具有惟一性，不会发生重号或错认。由于现代汽车车辆的使用周期在逐年缩短，一般 6～10 年就会被淘汰，因此 VIN 码已足够应用。

当每辆车打上 VIN 码后，其代号将伴随车辆的注册、保险、年检、保养、修理直至回收报废。在办理车辆牌照、处理交通事故、查获被盗车辆、侦破刑事案件、保险索赔、车辆维修与检测、汽车营销、进出口贸易等方面，17 位 VIN 码都具有十分重要的作用。

(1) 车辆管理部门通过对 VIN 码的统一管理，能够实现车辆管理的规范化，保证车辆登记状况的准确性，使车辆年检和报废管理体系更加完善。如果推行条码化 VIN 管理，则可以大大提高车辆登记和年检的效率与准确性。工作人员只要利用条码读取设备就能够快速获得车辆信息，减少人工输入。到目前为止，国内厂家已有上海大众和长安汽车采用了“条码化”的 VIN。因此，交管部门可以在年检标签中打印车辆的 VIN，这将为日后车辆管理工作提供极大的方便。

(2) 各大保险公司通过车辆的 VIN，结合车辆管理部门提供的车辆登记和使用记录，就可以分析车辆的盗抢、交通事故情况等，估计车辆承保的风险程度，从而能够针对不同的车辆制定相应的保险制度。这对当前保险公司推行的浮动车险费率制度至关重要。

(3) 整车制造厂通过车辆的 VIN，结合车辆制造档案就可以明确各批次车辆及零部件的去向和车辆的生产、销售及使用状况，对进行调整生产、改进售后服务和实行汽车召回具有重大的指导意义。

(4) 维修企业通过车辆的 VIN 和查询相关的 VIN 规则说明，可以准确确定车辆的车型年款以及相应的配置状况，从而选择合适的仪器设备和相关的车型维修资料，正确地进行故障诊断和车辆维修。另外，配件订购也离不开车辆的 VIN，因为不同批次的同一车型选用的配件也不尽相同，通过 VIN 就能明确车辆的配置及其生产年限、批次，从而找到正确的零件。

(5) 在二手车市场上，车辆的 VIN 也是大有作为。通过它，可以了解车辆的生产年份、产地、车型、车身形式、发动机配置等，将这些数据与实际车辆对比，再听听卖家的介绍，就心中有数了，是诚信还是奸商，不辨自明。

(6) 了解 VIN 的相关知识，广大车主也能对爱车了如指掌，在维修、配件采购及其他相关环节做到心中有数。对于广大准车主，特别是准备购买进口汽车的人，通过解读车辆的 VIN，能了解到车辆的产地、配置、年款、装配厂等信息，明明白白地消费。就拿奔驰汽车来说，它的产地分布在世界各地，不同地域的车辆等级和品质差异是客观存在的，顾客可不想拿买德国本土出产奔驰的价钱买一辆印度或越南组装的产品。此外利用 VIN 码还可以鉴别出拼装车和走私车，因为拼装的进口汽车一般是不按 VIN 码规定进行组装的。

总而言之，利用 VIN 码这一车辆识别代号进行车辆各相关环节的管理，充分体现了车辆管理制度的严谨性、科学性，实现了车辆管理手段的国际化、现代化，在日常车辆管理工作中必将取得事半功倍的效果。

有的国家规定没有 17 位识别代码的汽车不准进口和销售。所以，现代汽车若没有 VIN 码是卖不出去的。我国于 1999 年 1 月 18 日由机械工业部发布了《车辆识别代码(VIN)管理规则》，并规定：1999 年 1 月 1 日后，适用范围内的所有新生产的车辆必须使用汽车识别代码。

2.2.2　汽车识别代码的组成及规定

世界各国政府以及各汽车公司对本国或本公司生产的汽车的 17 位识别代码(VIN)的编码都有具体的规定。各国的技术法规一般只规定车辆识别代码的基本要求，如对字母和数字的排列位置、安装位置、书写形式和尺寸都有相应的规定等，并应保证 30 年内不会重号。

除对个别符号的含义有统一要求外，其他不做硬性规定，而是由生产厂家自行规定其代码的含义。

各国有关车辆识别代码的技术法规各有所异，但也有共同之处，如汽车识别代码的第 9 位必须是工厂检查数字代码。对于 VIN 码在汽车上的安装位置，各国汽车生产厂家的各类车型也不尽相同。如美国规定 VIN 码应安装在汽车仪表板左侧，在车外透过挡风玻璃可以清楚地看到而便于检查，而欧洲共同体则规定 VIN 码应安装在汽车右侧的底盘车架上或标写在厂家铭牌上。我国《车辆识别代码(VIN)管理规则》规定：汽车识别代码应尽量位于车辆的前半部分、易于看到且能防止磨损或替换的部位。对于小于或等于 9 人座的乘用车和最大总质量小于或等于 3.5 t 的载货汽车，车辆识别代码应位于仪表板上靠近风窗立柱的位置，在白天日光照射下，观察者不需移动任一部件从车外即可分辨出车辆识别代码(见图 2-3)。

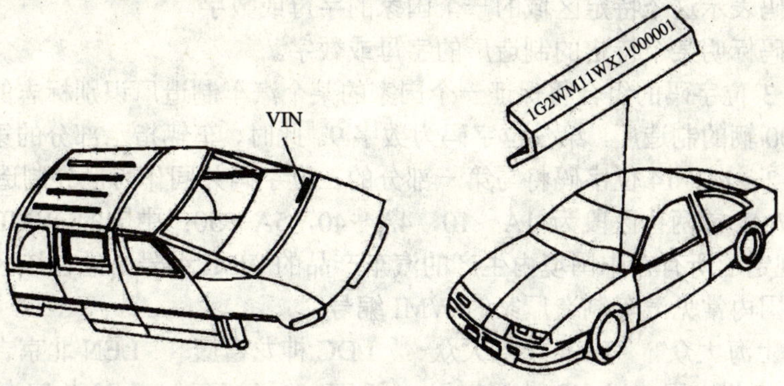

图 2-3　常见 VIN 码的安装位置

我国规定汽车识别代码由三个部分组成，对于年产量大于等于 500 辆的汽车制造厂，汽车识别代码的第一部分为世界制造厂识别代码(WMI)；第二部分为车辆说明部分(VDS)；第三部分为车辆指示部分(VIS)(见图 2-4)。

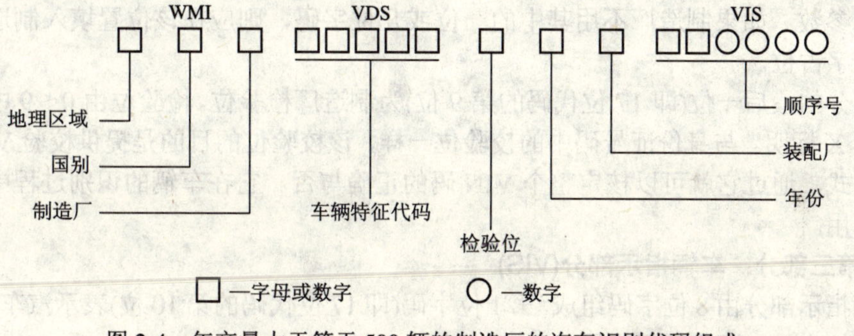

图 2-4　年产量大于等于 500 辆的制造厂的汽车识别代码组成

对于年产量小于 500 辆的制造厂，汽车识别代码的第一部分为世界制造厂识别代码(WMI)；第二部分为车辆说明部分(VDS)；第三部分的第 3、4、5 位字码同第一部分的三位字码一起构成世界制造厂识别代号(WMI)，其余五位字码为车辆指示部分(VIS)(见图 2-5)。

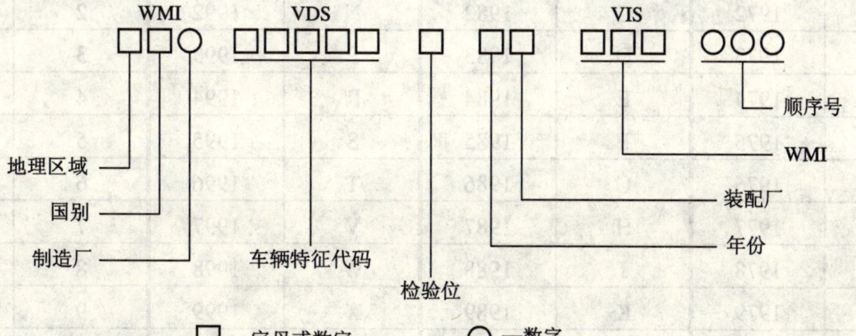

图 2-5　年产量小于 500 辆的制造厂的汽车识别代码组成

1．第一部分：世界制造厂识别代码(WMI)

世界制造厂识别代码是由三位字母或数字组成的，它们必须经过申请、批准和备案后方能使用。

第 1 位字码标明一个地理区域的字母或数字。

第 2 位字码表示这个特定区域的一个国家的字母或数字。

第 3 位字码标明某个特定的制造厂的字母或数字。

第 1、2、3 位字码的组合将保证一个国家的某个汽车制造厂识别标志的惟一性。对于年产量小于 500 辆的制造厂，第 3 位字码为数字 9。此时，车辆指示部分的第 3～5 位字码，即 17 位码的 12、13、14 位字码将与第一部分的三位字码共同作为世界制造厂识别代码。

美国的 WMI 前两位区段为 1A～10，4A～40，5A～50；中国的 WMI 前两位区段为 LA～L0，它规定了所有在中国境内生产的汽车产品的 WMI 编号必须在该区段内。

以下就是国内常见汽车制造厂家的 WMI 编号：

LSV 上海大众	LFV 一汽大众	LDC 神龙富康	LEN 北京吉普
LHG 广州本田	LHB 北汽福田	LKD 哈飞汽车	LS5 长安汽车
LSG 上海通用	LNB 北京现代	LNP 南京菲亚特	LFP 一汽轿车

2．第二部分：车辆说明部分(VDS)

车辆说明部分由六位字码组成，分别由制造厂用不同的数字或字母标明车辆形式或品牌、车辆类型、种类、系列、车身类型、发动机或底盘类型、驾驶室类型以及汽车车辆的其他特征参数。如果制造厂不用其中的一位或几位字码，则应在该位置填入制造厂选定的字母或数字占位。

该部分的最后一位(即 17 位代码的第 9 位)为制造厂检验位。检验位由 0～9 中的任一数字或字母 X 标明。与身份证号码中的校验位一样，该校验位的目的是提供校验 VIN 编码正确性的方式，通过它就可以核定整个 VIN 码的正确与否。它在车辆的识别过程中起着极其重要的作用。

3．第三部分：车辆指示部分(VIS)

车辆指示部分由 8 位字码组成。第 1 位字码(即 17 位代码的第 10 位)表示汽车生产年份，年份代码按表 2-4 规定对照使用。

表 2-4　我国 VIN 码中的年份代码

代码	年份	代码	年份	代码	年份	代码	年份
1	1971	B	1981	M	1991	1	2001
2	1972	C	1982	N	1992	2	2002
3	1973	D	1983	P	1993	3	2003
4	1974	E	1984	R	1994	4	2004
5	1975	F	1985	S	1995	5	2005
6	1976	G	1986	T	1996	6	2006
7	1977	H	1987	V	1997	7	2007
8	1978	J	1988	W	1998	8	2008
9	1979	K	1989	X	1999	9	2009
A	1980	L	1990	Y	2000	A	2010

第 2 位字码(即 17 位代码的第 11 位)用来指示汽车装配厂，若无装配厂，制造厂可规定其他的内容。

对于年产量大于等于 500 辆的制造厂，此部分的第 3～8 位字码(即 17 位代码的第 12～17 位)表示生产顺序号；对于年产量小于 500 辆的制造厂，该部分的第 3～5 位字码与第一部分的三位字码共同表示一个车辆制造厂，最后三位字码表示生产顺序号。

2.2.3 VIN 码中各代码的含义举例

1. 上海大众集团 VIN 码含义

某一上海大众集团 VIN 码如图 2-6 所示。

L	S	V	H	H	1	3	3	0	2	2	2	0	4	3	2	1
1	2	3	4	5	6	7	8	9	10	11	12	13	14	15	16	17

图 2-6　某一上海大众集团 VIN 码

第 1～3 位：世界制造厂识别代码。

LSV——上海大众汽车有限公司

第 4 位：车身形式代码。

A——四门折背式车身　　B——四门直背式车身

F——四门短背式车身　　H——四门加长型折背式车身

K——二门短背式车身

第 5 位：发动机/变速器代码。

车型系列：上海桑塔纳轿车、上海桑塔纳旅行轿车、上海桑塔纳 2000 轿车。

A——JV(026A)/AHM　　B——JV(026A)＋LPG/AHM

C——JV(026A)/2P　　D——JV(026A)＋LPG /2P

E——JV(026A)＋CNG /2P　　F——AFE(026N)/2P

G——AYF(050B)/QJ　　H——AJR(06BC)[AYJ(06BC)] /2P

J——AYJ(06BC)/FNV　　K——AFE(026N)＋LPG /2P

L——AYF(050B)＋LPG /QJ　　M——AYJ(06BC)＋LPG /2P

车型系列：上海帕萨特轿车 PASSAT。

A——ANQ(06BH)/DWB(FSN)　　B——ANQ(06BH)/DMU(EPT)

C——AWL(06BA)/EZS　　D——AWL(06BA)/EMG

E——BBG(087.2)/EZY　　L——BGC(06BM)/EZS

M——BGC(06BM)/ EMG

车型系列：上海波罗轿车 POLO。

A——BBC(036P)/GET(FCU)

B——BBC(036P)/GCU(ESK)

C——BCD(06A6)/GEV(FXP)

车型系列：上海高尔轿车 GOL。

A——BHJ(050.C)/GPJ

第 6 位：乘员保护系统代码。

0——安全带

1——安全气囊(驾驶员)

2——安全气囊(驾驶员和副驾驶员、前座侧面)

3——安全气囊(驾驶员和副驾驶员、前后座侧面)

4——安全气囊(驾驶员和副驾驶员)

5——安全气囊(驾驶员和副驾驶员、前后座侧面、头部)

6——安全气囊(驾驶员和副驾驶员、前座侧面、头部)

第 7 位和第 8 位：车辆等级代码。

33——表示上海桑塔纳轿车、上海桑塔纳旅行轿车、上海桑塔纳 2000 轿车

9F——上海帕萨特轿车　　9J——上海波罗轿车

5X——上海高尔轿车

第 9 位：工厂检验代码。

第 10 位：生产年份代码。

2——生产年份为 2002 年

第 11 位：生产装配工厂。

2——上海大众汽车有限公司

第 12～17 位：工厂生产顺序号代码。

注：上海大众集团的 VIN 码含义是按车辆生产年份分别定义的，以上仅适用于 2001～2003 年产的车辆。

2. 美国福特汽车公司(FORD MOTOR COMPANY)轿车 VIN 码含义

某一美国福特汽车公司轿车 VIN 码如图 2-7 所示。

1	L	N	L	M	8	1	W	6	P	J	1	0	6	2	3	5
1	2	3	4	5	6	7	8	9	10	11	12	13	14	15	16	17

图 2-7　某一美国福特汽车公司轿车 VIN 码

第 1 位：生产国别代号。

1——美国　2——加拿大　3——墨西哥　6——澳大利亚

J——日本　K——韩国　L——中国　W——德国

第 2 位：生产或归口部门代码。

F——FORD 福特车部　L——LINCOLN 林肯车部

M——MERCURY 水星车部　N——CONTINENTAL 大陆

Z——PROBE 探测器

第 3 位：车型类别代码。

A——福特轿车　B——大陆轿车　D——开发车型

E——水星轿车　J——不完整汽车　M——多用途车

N——轿车　4——货车

第 4 位：乘员安全保护装置代码。

B——主动安全带　C——主动安全带及驾驶员安全气囊

D——前排主动安全带　P——前排被动式安全带

L——主动安全带及驾驶员/前排乘员安全气囊

第 5 位：车型系列代码。

M——林肯/水星　P——福特　T——海外生产车型

第 6 位和第 7 位：车身类型代码。

01——CAPRI 双门活动顶篷

03——CAPRI 双门活动顶篷 XR2 型

04——ESCORT 护卫者双门溜背式

81——LINCOLN TOWN CAR 林肯城市四门轿车

第 8 位：发动机型号代码。

A——2.0L 四缸/2.3L 四缸　B——2.5LV6/3.3L 六缸

C——2.2L 四缸/3.8LV6 增压　D——2.3L 四缸/2. 5L 四缸

E——5.0LV8 强输出发动机　W——4.6LV8

第 9 位：VIN 检验数代码。

第 10 位：车型年款代码。

A——1980　B——1981　C——1982　D——1983

G——1986　H——1987　J——1988　K——1989

M——1991　N——1992　P——1993　R——1994

第 11 位：总装工厂代码。

C——Chicago 芝加哥　K——Kansas 堪萨斯

Y——Wixom　5——FaltRock

6——KIA 起亚　J——LOSANGELES 洛杉矶

第 12～17 位：出厂顺序代码。

复习思考题

1. 汽车质量参数主要有哪些？
2. 汽车几何参数主要有哪些？
3. 汽车通过性参数主要有哪些？
4. 汽车使用数据主要包括哪些？
5. 何谓 VIN 码？它由什么组成，包括哪些部分？
6. 简述 VIN 码的主要功能。
7. 简述常见 VIN 码在车辆上安装的部位。
8. VIN 码中第 10 位表示的含义是什么？若第 10 位为“4”，则表示的含义是什么？

第 3 章　汽车的主要性能

知识目标：

(1) 掌握汽车动力性的含义和评价指标。

(2) 掌握汽车燃油经济性的含义和评价指标。

(3) 掌握汽车制动性的含义和评价指标。

(4) 熟悉汽车通过性的含义和影响因素。

(5) 熟悉汽车舒适性的含义和影响因素。

本章介绍汽车的主要性能，包括汽车的动力性、汽车的燃油经济性、汽车的制动性、汽车的通过性以及汽车的舒适性等几方面的性能参数、工作要求、评价指标及其影响因素。

3.1　汽车的动力性

汽车的动力性是指汽车在良好的路面上直线行驶时，克服各种行驶阻力所能达到的平均行驶速度。汽车运输效率的高低、平均技术速度的高低，在很大程度上取决于汽车的动力性。所以，动力性是汽车性能中最重要、最基本的性能。

3.1.1　汽车动力性的评价指标

汽车的平均行驶速度是汽车动力性的总指标。从获得尽可能高的平均行驶速度的观念出发，汽车的动力性主要由三方面的指标来评定，即最高车速、加速性能和上坡性能。

1. 汽车的最高车速

最高车速是指满载的汽车行驶于平直良好路面(混凝土或沥青)上所能达到的最高行驶速度。它对于长途运输车辆的平均行驶速度影响较大。

2. 汽车的加速性能

汽车的加速性能是指汽车在各种使用条件下迅速增加行驶速度的能力。它对于市区运行车辆的平均行驶速度影响很大，特别是轿车对加速时间尤为重视。加速能力在理论分析中用加速度来评定，而在实际试验中常采用下列两种方法评定。

(1) 最高挡或次高挡加速性能，也称超车加速性能。它是通过汽车用最高挡或次高挡由某一预定中速全力加速至另一预定高速时所经过的时间或距离来评定的。这段时间越短，超车加速能力越强，从而可以减少超车过程中的并行时间，有利于保障行车安全。

(2) 起步连续换挡加速性能，也称原地起步加速性能。它是通过汽车以起步挡起步，并以大的加速度且选择恰当的换挡时刻逐步换至最高挡后，加速到某一高速(80%v_{max} 以上)所需时间与距离来评定的。原地起步加速时间是衡量高挡次轿车动力性能的重要指标。一般认为高速轿车的 0～100 km/h 的加速时间应在 10 s 以内，跑车或竞赛汽车的加速时间可达 4 s 左右。

3. 汽车的上坡性能

汽车的上坡性能通常用最大爬坡度来评定。最大爬坡度 i_{max} 是指满载的汽车用变速器最低挡位在良好路面上等速行驶时所能克服的最大道路纵向坡度。它对于山区行驶车辆的平均行驶速度有很大影响。轿车一般不强调爬坡能力，因为轿车最高车速大，加速时间短，经常在较好的道路上行驶；货车则不同，它需要在各种地区的各种道路上行驶，所以必须具有足够的爬坡能力。一般最大爬坡度在 30%，即 16.7° 左右。需要进一步加以说明的是：i_{max} 代表了汽车的极限爬坡能力，它应比实际行驶中遇到的道路最大坡度超出很多，这是因为应考虑到在实际坡道行驶时，在坡道上停车后顺利起步加速、克服松软坡道路面的大阻力、克服坡道上崎岖不平路面的局部大阻力等要求的缘故。越野汽车要在坏路或无路条件下行驶，因而爬坡能力是一个很重要的指标，它的最大爬坡度可达 60%或更高。

3.1.2　汽车的驱动力和行驶阻力

确定汽车的动力性，需要掌握沿汽车行驶方向作用于汽车的各种外力，即驱动力与行驶阻力。根据这些力的平衡关系，建立汽车行驶方程式，就可以估算汽车的最高车速、加速能力和上坡能力。

汽车行驶时，其驱动力一定要克服行驶阻力，其行驶方程式为

$$F_t = \sum F$$

式中：F_t——驱动力(N)；

$\sum F$——行驶阻力之和(N)。

1. 汽车的驱动力

1) 驱动力的产生

汽车发动机的转矩经传动系传至驱动轮，驱动轮便产生一个作用于路面的圆周力 F_0，路面则对驱动轮产生一个反作用力 F_t(F_t 与 F_0 大小相等，方向相反)，即驱动汽车的外力，称为汽车的驱动力(如图 3-1 所示)，其数值为

$$F_t = F_0 = \frac{M_t}{r} \tag{3-1}$$

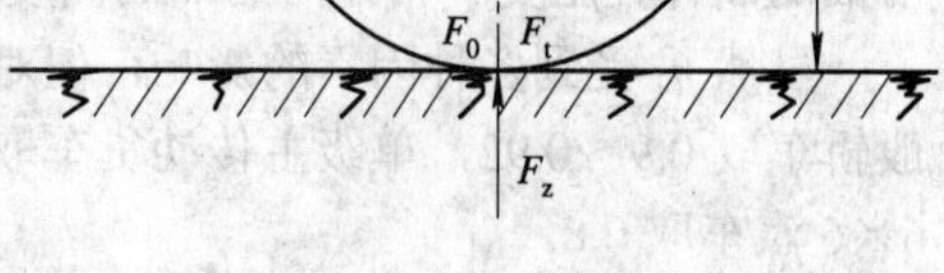

图 3-1　汽车驱动力的产生

式中：M_t——作用于驱动轮上的转矩(N·m)；

r——车轮半径(m)。

作用于驱动轮上的转矩 M_t 是由发动机产生并经传动系传至驱动轮上的，由传动过程可知

$$M_t = M_e i_k i_0 \eta_T \tag{3-2}$$

式中：M_e——发动机的有效转矩(N·m)；

i_k——变速器的传动比；

i_0——主减速器的传动比；

η_T——传动系的机械效率。

将式(3-2)代入式(3-1)中，得

$$F_t = \frac{M_e i_k i_0 \eta_T}{r}$$

由上式可知，汽车的驱动力与发动机的转矩、传动系各挡的传动比及传动系的机械效率成正比，与车轮半径成反比。

因为

$$M_e = \frac{9550\,P_e}{n}$$

式中，P_e是发动机在转速为 n(r/min)时的功率(kW)，所以有的

$$F_t = \frac{9550 P_e i_k i_0 \eta_T}{nr}$$

2) 传动系的机械效率

发动机输出的功率 P_e经传动系传至驱动轮的过程中，部分功率用于克服传动系各部件中的摩擦，因而消耗了一部分功率。驱动轮得到的功率仅为($P_e - P_T$)，P_T 表示传动系中损失的功率，则传动系的机械效率为

$$\eta_T = \frac{P_e - P_T}{P_e} = 1 - \frac{P_T}{P_e}$$

传动系内损失的功率 P_T是在离合器、变速器、万向传动机构、主减速器、驱动轮轴承等处损失功率的总和。离合器在不打滑的情况下，其功率损失很小。万向传动机构的传动效率取决于两传动轴间的夹角，现代汽车的这个夹角很小，如果滚针润滑正常，则功率损失很小。当汽车各部轴承润滑调整正常时，功率损失也很小。

传动系的功率损失主要在变速器和主减速器这两个部位上。损失的功率可分为机械损失功率和液力损失功率两大类。

机械损失是指齿轮传动副、轴承、油封等处的摩擦损失，与传动副的数量、机械制造质量及传递的转矩有关。

液力损失是指消耗于润滑油的搅动、润滑油与旋转零件表面的摩擦等功率损失，与润滑油的品种、温度、箱体内的油面高度以及齿轮等旋转零件的转速有关。

虽然 η_T受到多种因素的影响，但对汽车进行初步的动力性分析时可把它取为常数。一般轿车取 0.9～0.92，单级主传动货车取 0.9，双级主传动货车取 0.85，4×4 汽车取 0.85，6×6 汽车取 0.8。

传动系的机械效率可在专门的试验台上测出。

2. 汽车的行驶阻力

汽车在水平道路上匀速行驶时必须克服来自地面的滚动阻力 F_f和来自空气的空气阻力 F_w。当汽车在坡道上上坡行驶时，还必须克服重力沿坡道的分力 F_i，称为上坡阻力。汽车加速行驶时还需要克服其惯性力 F_j，称为加速阻力。因此，汽车行驶的总阻力为

$$\sum F = F_f + F_w + F_i + F_j$$

上述诸阻力中，滚动阻力和空气阻力是在任何行驶条件下均存在的，上坡阻力和加速

阻力仅在一定行驶条件下存在。在水平道路上等速行驶时就没有上坡阻力和加速阻力。

1) 滚动阻力

汽车车轮在滚动时，由于车轮与地面的变形以及两者之间的相互作用所产生的能量损失称为滚动阻力。滚动阻力产生的原因主要有如下几个方面：

(1) 道路塑性变形损失。车轮滚动时会推移土壤，轮胎与路面之间产生摩擦，土壤受挤压产生塑性变形等都要消耗一定的能量。

(2) 轮胎弹性迟滞损失。汽车行驶时，轮胎在径向、切向及侧向都会产生变形，并处于变形、恢复的循环中，其中有一部分能量要消耗在轮胎组织的内摩擦(称为弹性迟滞损失)上，使轮胎发热，并向大气散出热量。

(3) 其他损失。汽车行驶时，还包括从动轮轴承、油封处的损失，悬架零件间的摩擦和减振器内的损失等。

滚动阻力的大小一般用下列公式计算：

$$F_f = Gf$$

式中：G——汽车重力(N)；

f——滚动阻力系数。

滚动阻力系数 f 表示单位车重的滚动阻力。汽车在不同路面或不同的运行条件下行驶时的滚动阻力系数是不一样的。滚动阻力系数的大小由试验确定。其影响因素主要有以下几个方面：

① 路面的类型、平整度、坚硬程度和干燥状况。表 3-1 是车速在 50 km/h 以下时，不同路面上的滚动阻力系数 f 的数值。

表 3-1　不同路面上的滚动阻力系数 f 的数值

路面类型	滚动阻力系数	路面类型	滚动阻力系数
良好的沥青或混凝土路面	0.010～0.018	压紧土路(雨后的)	0.050～0.150
一般的沥青或混凝土路面	0.018～0.020	泥泞土路(雨季或解冻期)	0.100～0.250
碎石路面	0.020～0.025	干沙	0.100～0.300
良好的卵石路面	0.025～0.030	湿沙	0.060～0.150
坑洼的卵石路面	0.035～0.050	结冰路面	0.015～0.030
压紧土路(干燥的)	0.025～0.035	压紧的雪道	0.030～0.050

② 轮胎的结构。在保证轮胎有足够的强度和寿命的前提下，减少帘布层数，可以使胎体减薄，从而减小滚动阻力系数；子午线轮胎比普通轮胎的滚动阻力系数小，而且车速的变化对它的影响较小；胎面花纹磨损的轮胎，比新轮胎的滚动阻力系数小。

③ 轮胎的气压。气压降低时，在硬路面上轮胎变形大，滚动阻力系数增大；气压过高，在软路面上行驶时，路面产生很大的塑性变形，并会留下轮辙，也使滚动阻力系数增大。

④ 行车速度。车速在 50 km/h 以下时，滚动阻力系数变化不大；在 100 km/h 以上时，滚动阻力系数增长较快。当车速达某一高速，如 150～200 km/h 左右时，滚动阻力系数迅速增长，因为这时轮胎将出现驻波现象，即轮胎周缘不再是圆形而呈明显的波浪状。这时车辆的滚动阻力会显著增加。

此外，前轮定位失准以及车轮受到侧向力作用时，地面会对轮胎产生侧向反作用力，引起轮胎的侧向变形。例如，在转弯行驶时，滚动阻力系数将大幅度增加。

2) 空气阻力

汽车是在空气介质中行驶的。汽车相对于空气运动时，空气作用力在行驶方向上的分力称为空气阻力，用符号 F_w 表示。空气阻力可分为摩擦阻力和压力阻力两大部分。

(1) 摩擦阻力是由空气的粘性在车身表面产生的切向力的合力在行驶方向上的分力。摩擦阻力与车身表面粗糙度及表面积有关，其大小约占空气阻力的 8%～10%。

(2) 压力阻力是作用在汽车外形表面上的法向压力的合力在行驶方向上的分力。它主要包括形状阻力、干扰阻力、诱导阻力和内循环阻力。

根据空气动力学原理，在汽车行驶速度范围内，空气阻力 F_W 数值的大小通常用下列公式计算：

$$F_W = \frac{C_D A v_a^2}{21.15}$$

式中：C_D——空气阻力系数，是单位动压在每平方米迎风面积上产生的空气阻力；

A——汽车的迎风面积(m^2)；

v_a——汽车与空气的相对速度(km/h)。

上式表明：空气阻力的大小与空气阻力系数 C_D 及迎风面积 A 成正比。因为 A 值受到使用空间的限制，不易进一步减少，所以降低 C_D 是降低空气阻力的主要手段。C_D 值的大小与汽车外形有很大的关系，良好的流线型对于高速行驶的汽车至关重要。目前轿车的 C_D 值已降至 0.30 左右，预计在不久的将来可降至 0.2。C_D 值可通过风洞试验来测定。

3) 上坡阻力

当汽车上坡行驶时，汽车的重力在平行于路面方向的分力，称为汽车的上坡阻力，如图 3-2 所示。

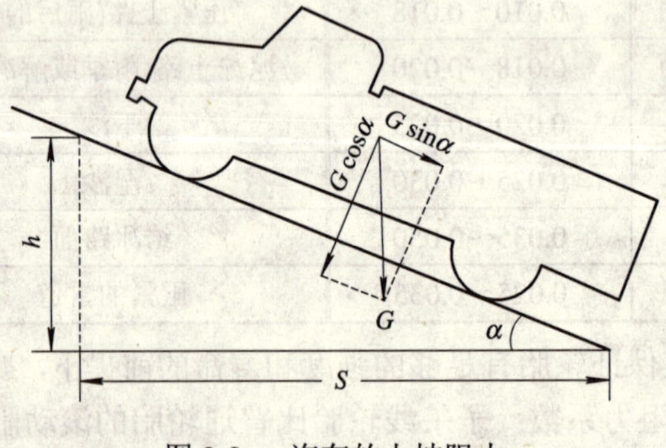

图 3-2　汽车的上坡阻力

上坡阻力 F_i 的大小可由下列公式计算：

$$F_i = G\sin\alpha$$

式中：G——车辆重量(N)；

α——行驶路面与水平路面的夹角(°)。

道路坡度 i 常用坡高与底长之比的百分数来表示，即

$$i = \frac{h}{S} \times 100\% = \tan\alpha$$

当 $\alpha < 10^\circ \sim 15^\circ$ 时，$\sin\alpha \approx \tan\alpha$，故

$$F_i \approx G\tan\alpha = Gi$$

由于滚动阻力 F_f 和上坡阻力 F_i 均与道路条件有关，而且均与车重成正比，因此常把这两种阻力合在一起称为汽车的道路阻力。

4) 加速阻力

汽车加速行驶时，需要克服其质量加速运动时的惯性力，就是加速阻力 F_j。通常把汽车的质量分为平移的质量和旋转的质量两部分。加速时不仅平移的质量产生惯性力，旋转的质量还要产生惯性力偶矩。为便于计算，一般把旋转质量的惯性力偶矩转化为平移质量的惯性力，并以系数 δ 作为计入旋转质量惯性力偶矩后的汽车质量换算系数，因而汽车加速阻力 F_j 可写成

$$F_j = \delta \frac{G}{g}\frac{dv}{dt}$$

式中：δ——旋转质量换算系数($\delta>1$)；

G——汽车总重力(N)；

g——重力加速度($g=9.8\ m/s^2$)；

dv/dt——行驶加速度(m/s^2)。

δ 主要与飞轮的转动惯量和车轮的转动惯量以及传动系的传动比有关。

3.1.3　汽车行驶的驱动条件和附着条件

1．汽车行驶的驱动条件

汽车行驶的过程中，受到各种行驶阻力的作用，为保证汽车的正常行驶，必须有一定的驱动力，以克服各种行驶阻力。表示汽车驱动力与行驶阻力之间关系的等式，称为汽车的驱动力平衡方程，即

$$F_t = F_f + F_w + F_i + F_j$$

上式说明了汽车行驶中驱动力与各行驶阻力的平衡关系，若平衡关系不同，则汽车的运动状态不同。

当 $F_j = F_t - (F_f + F_w + F_i) > 0$，即 $F_t > F_f + F_w + F_i$ 时，汽车将加速行驶。

当 $F_j = F_t - (F_f + F_w + F_i) = 0$，即 $F_t = F_f + F_w + F_i$ 时，汽车将等速行驶。

当 $F_j = F_t - (F_f + F_w + F_i) < 0$，即 $F_t < F_f + F_w + F_i$ 时，汽车将无法起步或减速行驶直至停车。

可见，汽车行驶的必要条件是：

$$F_t \geqslant F_f + F_w + F_i$$

上式为汽车的驱动条件，它反映了汽车的行驶能力，但还不是汽车行驶的充分条件。

2．汽车行驶的附着条件

可以采用增加发动机转矩和加大传动比等措施来增大汽车的驱动力。但是这些措施只有在驱动轮与路面之间不发生滑转现象时才有效。如果驱动轮在路面滑转，则增大驱动力只会使驱动轮加速旋转，地面切向反作用力并不会增加。这种现象说明地面作用在驱动轮上的切向反作用力受地面接触强度的限制，并不能随意加大，即汽车行驶除受驱动条件制

约外，还受轮胎与地面附着条件的限制。

地面对轮胎切向反作用力的极限值称为附着力 F_{φ}，在硬路面上附着力取决于轮胎与路面间的相互摩擦，它与驱动轮法向作用力 F_Z 成正比，常写成

$$F_{\varphi}=F_z\varphi$$

式中，φ 称为附着系数，表示轮胎与路面的接触强度，反映了轮胎与路面的摩擦作用。

附着系数 φ 与光滑表面间的摩擦系数不同。当轮胎与路面接触时，路面的坚硬微小凸起能嵌入变形的轮胎中，增加了轮胎与路面的接触强度，对轮胎在接地面积内的相对滑动有较大的阻碍作用，轮胎与地面间的上述作用，通常被称为附着作用。

在松软路面上，例如车轮在比较松软的干土路面上滚动时，土壤的变形比轮胎的变形大，轮胎胎面花纹的凸起部分嵌入土壤，这时附着系数 φ 值，不仅取决于轮胎与土壤间的摩擦作用，同时还取决于土壤的抗剪切强度。因为只有当嵌入轮胎花纹沟槽的土壤被剪切脱开基层时，轮胎在接地面积内才产生相对滑动，车轮发生相对滑转。

显而易见，地面的切向反作用力不得大于附着力，否则会发生驱动轮滑转，即

$$F_t \leqslant F_{\varphi}$$

上式称为汽车的附着条件。

驱动轮的附着条件还可以写为

$$F_t \leqslant F_Z\varphi$$

如将汽车的驱动条件和附着条件联系在一起，可得出

$$F_f+F_w+F_i \leqslant F_t \leqslant F_Z\varphi$$

上式即为汽车行驶的驱动-附着条件，也是汽车行驶的充分和必要条件。

3.1.4 影响汽车动力性的主要因素

1. 发动机参数的影响

(1) 发动机最大功率的影响。发动机最大功率越大，汽车的动力性越好，最高车速、加速能力、爬坡能力必然也越好，但发动机功率不宜过大，否则在常用条件下，会因发动机负荷率过低而导致油耗的增加。

单位汽车质量所具有的发动机功率称为比功率或功率利用因数。比功率与汽车的类型有关。

(2) 发动机最大转矩的影响。发动机最大转矩越大，i_k、i_0 一定时，汽车的加速和上坡能力就越强。

2. 主减速器传动比的影响

主减速器传动比 i_0 对汽车的动力性的影响，可利用汽车在直接挡时的功率平衡图来分析。图 3-3 所示是汽车主减速器传动比变化时的功率平衡图，图中的三条等高曲线表示在三个不同主传动比的情况下，发动机功率与车速的关系。由于主传动比不同，故这三条功率曲线的形状和对应速度区域不同，但三条功率曲线的起始点、结束点及最大值点的高度对应相等，总阻力功率曲线$(P_f+P_w)/\eta_T$ 是不变的，因为它只与汽车总重力、流线型、车速及道路阻力的大小有关。

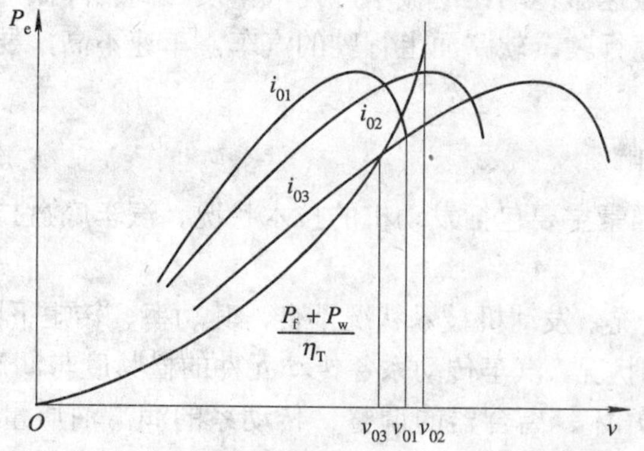

图 3-3　主减速器传动比变化时的功率平衡图

从图 3-3 所示的三种情况看，i_0 应与汽车的行驶阻力相适应，如果主减速器的传动比选 i_{02}，阻力功率曲线与发动机功率曲线交在其最大功率点，则发动机在最大功率条件下工作。在这种特殊条件下，汽车的最高车速为 v_{02}，它等于发动机最大功率时的车速。当 $i_0>i_{02}$ 或 $i_0<i_{02}$ 时，由于 $(P_f+P_w)/\eta_T$ 曲线与 P_e 曲线相交在功率较低点，故最高车速均较低。

当 $i_{01}>i_{02}$ 时，发动机的功率曲线位置向左移，虽然最高车速降低，但后备功率却有较大增加，汽车加速与上坡能力增强；当 $i_{03}<i_{02}$ 时，发动机功率曲线右移，最高车速降低，后备功率减少，故汽车的动力性较差。

3．传动系挡数的影响

无副变速器和分动器时，传动系挡数即为变速器前进挡的挡数。变速器的挡数增加时，发动机在接近最大功率工况下工作的机会增加，发动机的平均功率利用率高，后备功率增大，有利于汽车加速和上坡，提高了汽车中速行驶时的动力性。挡数多，可选用最合适的挡位行驶，使发动机尽可能在大功率工况下工作，提高了功率利用的平均值。

4．变速器传动比的影响

变速器的传动比对汽车的动力性影响最大。变速器的 I 挡传动比 i_{k1} 与主减速器的传动比 i_0 的乘积，决定了传动系的最大传动比。I 挡的传动比越大，汽车的牵引能力和爬坡能力就越强。只有在附着条件的限制之内，汽车的动力性才能充分发挥。

变速器其余各挡的传动比应按等比级数分配，以保证汽车在换挡加速过程中功率利用程度最高。

5．汽车流线型的影响

汽车流线型影响汽车的空气阻力系数，对汽车的动力性也有影响。因为空气阻力和车速平方成正比，克服空气阻力消耗的功率和车速的立方成正比，所以汽车的流线型对汽车的最高车速有很大影响。

6．轮胎尺寸与形式的影响

汽车的驱动力与驱动轮的半径成反比，而车速与驱动轮的半径成正比。因此，轮胎半径对与动力性有关的驱动力和车速是矛盾的。在良好路面上行驶的汽车，由于附着力较大，故允许用小直径的轮胎，可得到较大的驱动力。车速的提高可以用减小主减速器传动比来解决。轮胎尺寸和主减速器传动比的减小，使汽车质心高度降低，提高了汽车行驶的稳定性，有利于汽车的高速行驶。软路面上行驶的汽车，车速不高，要求轮胎半径大些，主要是为了增加附着系数。

7. 使用因素的影响

影响汽车的使用因素主要包括发动机的技术状况、汽车底盘技术状况、驾驶技术、汽车运行条件等。

(1) 发动机技术状况。发动机技术状况不良，其功率、转矩下降，汽车动力性下降。

(2) 汽车底盘技术状况。汽车传动系各传动元件的松紧度与润滑、前轮定位的调整、轮胎气压、制动性能的好坏、离合器的调整、传动系的润滑油质量等都直接影响汽车的动力性。

(3) 驾驶技术。熟练的驾驶操作、适时迅速地换挡以及正确选择挡位，对发挥和利用汽车动力性均有很大影响。

(4) 汽车运行条件的影响。气候温度过高和过低，容易造成发动机过热和过冷，使发动机的功率下降；当汽车在高原地区行驶时由于空气稀薄使发动机的充气量和压缩压力降低，导致发动机功率下降；汽车在使用过程中，道路条件的不断变化，如遇泥泞土路和冰雪路面等，车轮的滚动阻力增加，附着系数减小，因而也使发动机的功率大大降低。

3.2 汽车的燃油经济性

汽车的燃油经济性是汽车的主要性能之一。在保证动力性的条件下，汽车以尽量少的燃油消耗量经济行驶的能力，称为汽车的燃油经济性。燃油经济性好，可以降低汽车的使用费用，节省石油资源；同时降低发动机产生的废气的排放量。

3.2.1 汽车燃油经济性的评价指标

汽车的燃油经济性常用一定运行工况下汽车行驶百公里的燃油消耗量或一定燃油量能使汽车行驶的里程来衡量。

在我国及欧洲，燃油经济性指标的单位为 L/100 km，即每行驶 100 km 所消耗的燃油升数。它的数值越大，汽车燃油经济性越差。美国和日本均采用哩/加仑(mile/gal)作为燃油经济性的单位，即一加仑燃油所能行驶的英里数。这个数据愈大，汽车燃油经济性能愈好。

等速行驶百公里燃油消耗量是常用的一种评价指标，它是指汽车在一定载荷(我国标准规定轿车为半载，货车为满载)下，以最高挡在水平良好路面上等速行驶 100 km 的燃油消耗量。通常是测出每隔 10 km/h 或 20 km/h 速度间隔的等速百公里燃油消耗量，然后在图上连成曲线，作为等速百公里燃油消耗量曲线，并用它来评价汽车的燃油经济性，如图 3-4 所示。

但是，等速行驶工况并没有全面反映汽车的实际运行情况，特别是在市区行驶中频繁出现的加速、减速、怠速、停车等行驶工况。因此，在对实际行驶车辆进行跟踪测试统计的基础上，各国都制定了一些典型的循环行驶试验工况来模拟实际汽车运行状况，并以其百公里燃油消耗量来评定相应行驶工况的燃油经济性。

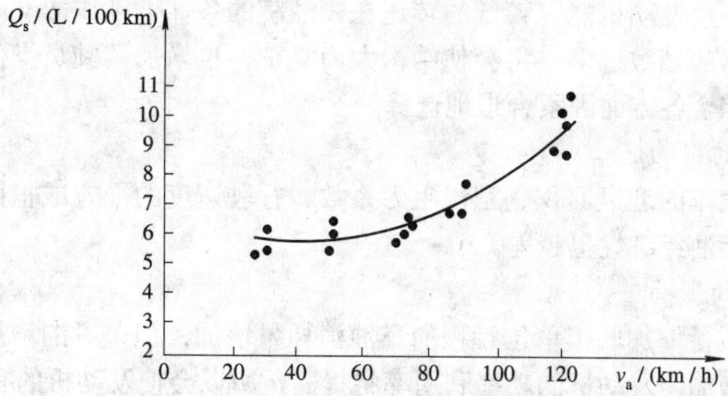

图 3-4　汽车等速百公里燃油消耗量曲线

循环工况规定了车速——时间行驶规范，例如，何时换挡、何时制动以及行车的速度和加速度等数值。由于它在路上试验比较困难，一般多规定在室内汽车底盘测功机上进行试验，而规定在路上进行试验的循环工况均很简单。

3.2.2　影响汽车燃油经济性的因素

我们知道，汽车燃油经济性主要取决于汽车的行驶阻力和发动机的有效燃油消耗率。影响汽车燃油经济性的因素主要有汽车的结构因素和使用因素。

1. 汽车结构因素的影响

1) 发动机方面的影响

发动机方面影响燃油经济性的主要因素有发动机的种类、压缩比、发动机的功率利用率和发动机燃烧过程等。

(1) 发动机的种类的影响。目前常用的发动机主要有汽油机和柴油机。由于柴油机的热效率高，其有效燃油消耗率比汽油机的低 30%～40%，因此汽车发动机采用柴油机的逐渐增多。

(2) 压缩比的影响。提高压缩比是提高汽油机燃油经济性的主要措施，但压缩比过高会引起爆燃和表面点火，特别是排气污染增加。因此，在允许的条件和范围内提高压缩比，可以改善燃油经济性。

(3) 发动机的功率利用率的影响。发动机的功率利用率对汽车燃油经济性影响很大，试验资料表明，一般发动机在中等转速、较高负荷率下工作时，其经济性较好。

(4) 发动机燃烧过程的影响。改进燃油供给系和燃烧室的形状及进、排气系统的结构，使燃油得到良好的汽化和雾化，并且与空气混合均匀，就能改善燃烧过程，从而提高燃油经济性。目前广泛采用的电喷发动机及稀薄燃烧技术一般能节油 5%～20%。

2) 传动系方面的影响

传动系的效率越高，损失于传动系的能量越少，燃油经济性就越好。

当发动机的功率一定时，传动系的传动比越小，汽车的燃油经济性越好。所以采用超速挡和减小主传动比，均可减少燃油消耗。但主传动比不可太小，否则在汽车行驶中当遇到的阻力稍大时，便会感到驱动转矩不足，因而经常要换用变速器的中间挡位，这样反而增加了燃油消耗，使汽车的燃油经济性变坏。变速器的挡位越多，越容易根据行驶条件选择较小的传动比，使发动机能以较低的转速在较经济的条件下工作，从而改善汽车的燃油经济性。但变速器的挡数过多，将会使结构大为复杂，也增加驾驶员操作的负担。因此，变速器的挡数应综合各方面因素合理地选择。

3) 空气阻力的影响

空气阻力与汽车的迎风面积、空气阻力系数、行驶速度的平方成正比。车速越高，阻力越大。汽车的燃油经济性也越差。

4) 汽车质量的影响

当汽车的总质量增加时，单位行程的燃油消耗量增加，但二者的增加量不成正比。因为随着载质量的增加，发动机的功率利用率将提高，所以会使发动机的有效燃油消耗率 g_e 有所降低，汽车单位运输工作量的燃油消耗量减少。所以减轻汽车的自身质量和增大汽车的载质量，都能改善汽车的燃油经济性。

2. 使用方面因素的影响

对于一定的车型而言，一般通过改善汽车的技术状况、提高驾驶员的操作技术水平、选择良好的运行条件等手段可达到提高汽车燃油经济性的目的。

1) 汽车的技术状况

为保持汽车的技术状况良好，必须正确执行汽车的维护制度、正确地维护和调整，特别是对燃油消耗量影响最大的燃油供给系和点火系，要经常保持良好的工作状况。在汽车底盘方面，首先是要保持正常的润滑，以减少传动系和行驶系中的摩擦阻力。另外，还要保证前轮定位的正确性和正常的轮胎气压，以减少燃油消耗。但要注意的是，燃油和润滑油的质量对汽车的燃油消耗量也有很大的影响。

2) 驾驶员的操作技术水平

良好的驾驶技术可以大大降低汽车的燃油消耗量。不同技术水平的驾驶员在相同的使用条件下驾驶同一类型的汽车，其燃油消耗量可相差 20%～40%。降低燃油的消耗除了合理起动，预热保温，平稳起步，缓慢加速，安全、合理地使用制动外，对挡位的选择也有一定的要求。即：使汽车以接近于各挡的经济车速行驶，在条件允许的情况下，尽量采用高速挡行驶等。

3) 运行条件的影响

汽车在不好的路面上行驶时，油耗量将明显增加。在高原山区工作的汽车，由于空气稀薄，充气量不足，故发动机功率下降，油耗量也将增加。这就说明运行条件对汽车的油耗量的影响很大。随着运行条件的不同，克服行驶阻力所消耗的功率以及发动机的工况都将随之发生变化。

3.3　汽车的制动性

汽车的制动性是汽车的重要性能之一。制动性的好坏直接影响行车安全，也关系到汽车动力性的有效发挥。我们把汽车行驶时能在短距离内停车且维持行驶方向稳定性和在下长坡时能维持一定车速的能力，称为汽车的制动性。

重大交通事故往往与制动距离太长、紧急制动时发生侧滑等情况有关，故汽车的制动性是汽车安全行驶的重要保障。只有在保证行车安全的前提下才能充分发挥汽车的其他使用性能。

3.3.1　汽车制动时车轮受力分析

要使行驶中的汽车降低车速或停车，必须使汽车受到与行驶方向相反的外力。这种外力只能由地面和空气提供。我们知道，一般情况下空气阻力相对较小，所以实际上外力主要是由地面提供的，这种力称为地面制动力。地面制动力越大，制动减速度越大，制动距离也越短，所以地面制动力对汽车制动性具有决定性影响。

下面分析一个车轮在制动时的受力状况，以说明影响汽车地面制动力的主要因素。

[redacted] F_{xb}

[redacted]车在良好的硬路面上制动时车轮的受[redacted]力偶矩和减速时的惯性力、惯性力偶矩[redacted]不计。T_u 是车轮制动器中摩擦片与制动鼓或制动盘相对滑转时的摩擦力矩，单位为 N·m；F_{xb} 是地面制动力，单位为 N；W 为车轮垂直载荷，T_P 为车轴对车轮的推力，F_z 为地面对车轮的法向反作用力，它们的单位均为 N。

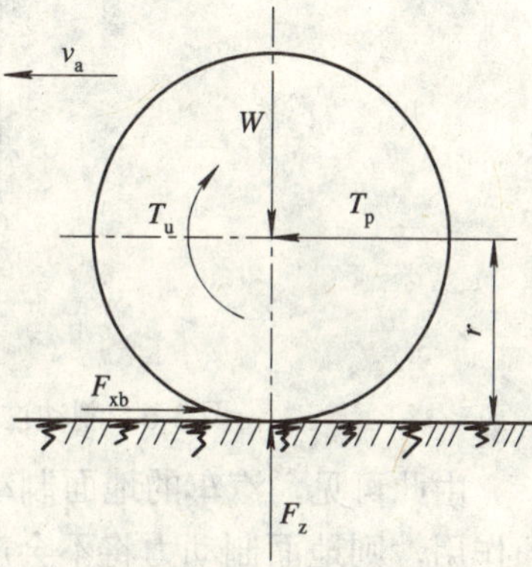

图 3-5　车轮在制动时的受力情况

显然，从力矩平衡得到

$$F_{xb}=\frac{T_u}{r}$$

式中：r——车轮半径(m)。

地面制动力 F_{xb} 是使汽车制动而减速行驶的外力，其大小取决于两个摩擦副的摩擦力：一是制动器内制动摩擦片与制动鼓(或制动盘)间的摩擦力；另一个是轮胎与地面间的摩擦力(即附着力)。

2．制动器制动力 F_u

在轮胎周缘克服制动器摩擦力矩所需的力称为制动器制动力，用符号 F_u 表示。它的测得方法是：将汽车架离地面，并踩住制动踏板，在轮胎周缘沿切线方向推动车轮直至它能转动所需的力。

制动器制动力不仅由制动器结构参数所决定，即取决于制动器的形式、结构尺寸、制动器摩擦副的摩擦面数以及车轮半径，还与制动踏板力，即制动系的液压或空气压力成正比。

3．地面制动力、制动器制动力与附着力之间的关系

在制动时，当制动踏板力较小时，制动器摩擦力矩 T_u 不大，地面制动力 F_{xb} 足以克服制动器摩擦力矩而使车轮滚动。车轮滚动时的地面制动力就等于制动器制动力，并随踏板力的增长成正比地增长(见图 3-6)，此时

$$F_{xb}=F_u=\frac{T_u}{r}$$

但由于地面制动力是滑动摩擦的约束反力，其值不能超过附着力，即

$$F_{xb} \leqslant F_{\varphi} = F_z \varphi$$

当制动踏板力或制动系液压力上升到某一值时，地面制动力 F_{xb} 达到附着力 F_{φ} 的值，车轮将抱死不转而出现拖滑现象。而制动器制动力 F_u 随制动踏板力的上升将继续上升，地面制动力 F_{xb} 在达到附着力 F_{φ} 的值后就不再增加了。

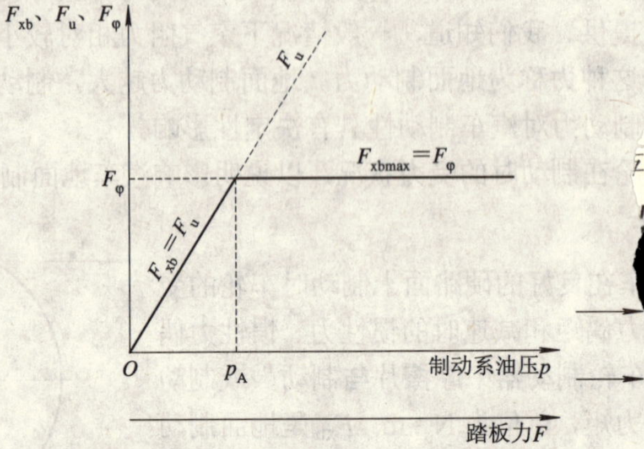

图 3-6　制动过程中地面制动力、制动器制动力及附着力的关系

由此可见，汽车的地面制动力 F_{xb} 首先取决于制动器制动力 F_u，若没有制动器制动力的作用，则地面制动力将不会产生，但同时又受地面附着条件的限制。所以只有当汽车具有足够的制动器制动力，同时地面又能提供高的附着力时，才能获得足够的地面制动力。

3.3.2　汽车制动性的评价指标

汽车的制动性的优劣主要从汽车的制动效能、制动效能的恒定性和制动时汽车方向的稳定性三个方面来评价。

1．汽车的制动效能

汽车的制动效能是指汽车迅速降低车速直至停车的能力，一般用制动距离和制动减速度来评价。

(1) 制动距离：指汽车速度为 v_0 时，从驾驶员脚踏制动踏板开始到汽车停止行驶为止所经过的距离。它与汽车的行驶安全有直接的关系。制动距离与制动踏板力、车辆载荷、制动器起作用的时间、路面附着条件、制动的起始车速、发动机是否结合等许多因素有关。

在测试制动距离时，应对踏板力或制动系压力、路面附着系数、起始车速以及车辆的状态加以规定。制动距离与制动器的热状况也有密切关系。若无特殊说明，一般制动距离是在冷试验的条件下测得的。起始制动时制动器的温度在 100℃以下。

在制动过程中实际测得的制动踏板力与制动减速度及制动时间可用如图 3-7 所示的汽车制动过程曲线图来表示。该图是经简化后的曲线，它反映了从驾驶员接受紧急制动信号开始，到制动结束的全过程。其中包括驾驶员反映时间 t_1、制动系协调时间(制动器的作用时间)t_2、持续制动时间 t_3 和释放时间 t_4。

(2) 制动减速度：是检验汽车制动效能的最基本的指标之一，其大小直接影响制动距离的长短。制动减速度的大小反映了地面制动力的大小，因此它与制动器制动力(车轮滚动时)及地面附着力(车轮抱死拖滑时)有关。

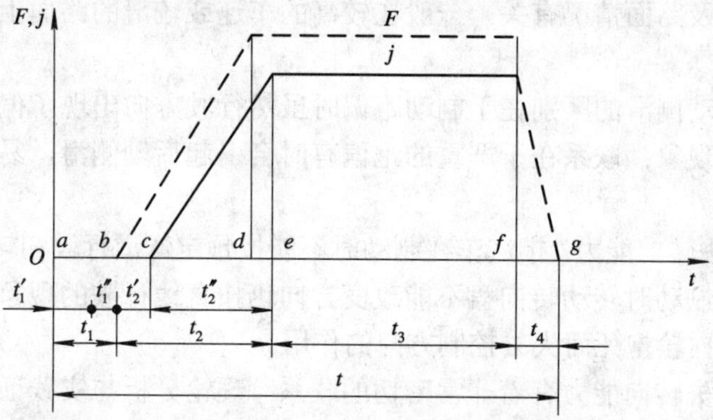

图 3-7　汽车的制动过程曲线图

2. 制动效能的恒定性

以上所述的制动效能是指汽车行车制动系在冷制动的情况下(即制动器起始温度在100℃以下)的制动效能。汽车在高速制动、短时间重复制动或下长坡连续制动时，制动器的温度常在 300℃以上，有时高达 600～700℃，使摩擦片内的有机物发生分解，产生气体和液体，在摩擦表面形成有润滑作用的薄膜，此时制动器摩擦系数下降，摩擦力矩会显著减小，从而使制动效能显著下降，这种现象称为制动器的热衰退。制动效能的恒定性主要指的是行车制动系统抗热衰退的性能。

抗热衰退的性能与制动器摩擦副材料及制动器结构有关，热衰退是目前制动器不可避免的现象，只是程度上有所差别。衡量抗热衰退性能一般用连续制动时制动效能占冷制动效能的百分数作为评价指标。ISO/DIS6597 规定，被试车辆以一定的车速连续制动 15 次，每次的制动强度为$-3\ m/s^2$，最后的制动效能应不低于冷试验制动效能的 60%。对于山区行驶的货车和高速行驶的轿车，对抗热衰退性能有较高的要求。一些国家规定，大型货车必须装备辅助制动器，以保持山区行驶的制动效能。盘式制动器由于有较好的散热效果和良好的制动稳定性，因而在高速轿车中广泛应用。

当汽车涉水后，制动器被水浸湿，制动效能也会降低，这种现象称为水衰退现象。为保证行车安全，汽车涉水后应踩几次制动踏板，使制动蹄和鼓摩擦生热迅速干燥，制动效能才会恢复正常。

3. 制动时汽车方向的稳定性

所谓制动方向的稳定性，是指汽车在制动过程中维持直线行驶的能力，或按预定弯道行驶的能力。一般试验中常规定一定宽度(指 1.5 倍的车宽或 3.5m)的试验通道，制动时方向稳定性合格的车辆，一般不允许产生不可控制的效应使它离开这条通道。

制动方向的稳定性可用制动时不应发生制动跑偏、侧滑以及失去转向能力的性能来衡量。

(1) 制动跑偏：指制动时原期望汽车按直线方向减速停车，但有时汽车却自动向左或向右偏驶的现象。跑偏的现象多数是由于技术状况不佳而造成的，经过维修、调整是可以消除的。

(2) 制动侧滑：指汽车制动时某一轴的车轮或者两轴的车轮发生横向滑动的现象。侧滑与车辆设计、车速及路面情况有关。一般在较高的车速或较滑的路面上制动时，也可能发生后轴侧滑。

制动跑偏和制动侧滑的区别在于制动跑偏时虽然行驶方向出现了偏离，但车轮与地面没有产生相对滑移现象；联系在于严重的跑偏有时会引起后轴侧滑，易于发生侧滑的汽车也有加剧跑偏的趋势。

(3) 制动时失去转向能力：指汽车在制动时不能按预定弯道行驶和转向，而沿切向方向驶出，或直线行驶制动时转动转向盘不能改变方向仍按直线行驶的现象。制动时丧失转向能力主要是由于转向轮抱死而失去控制方向的作用。

制动侧滑与丧失转向能力有着非常密切的联系。理论分析与实践证明，制动过程中若是只有前轮抱死或前轮先抱死拖滑，汽车基本能维持直线减速行驶或停车，不会产生严重的侧滑现象，但此时驾驶员转动方向盘无效，失去控制方向的能力，这对在弯道行驶的汽车是十分危险的。若后轮比前轮提前一定时间先抱死拖滑，则汽车在轻微侧向干扰力作用下就会引起后轴侧滑，特别是高速制动，易产生剧烈的回转运动，即制动“甩尾”现象。路面越滑、制动距离和制动时间越长，后轴侧滑就越剧烈。

采用自动防抱死装置和制动力自动分配装置的控制系统可以有效地防止或减少上述三种情况的出现，从而使汽车在紧急制动时保持良好的方向稳定性。

3.4　汽车的通过性

汽车的通过性又称越野性，是指汽车能以足够高的平均车速通过各种坏路及无路地带的能力，如通过松软地面(松软的土壤、沙漠、雪地、沼泽地)、坎坷不平地段和各种障碍(陡坡、侧坡、灌木丛、壕沟、台阶)等。

3.4.1　汽车通过性的间隙失效与几何参数

1. 汽车通过性的间隙失效

汽车通过性的间隙失效是指汽车与地面间的间隙不足而被地面托住，无法通过的现象。间隙失效可分为以下几种情况：

(1) 顶起失效。顶起失效指因车辆中间底部的零部件碰到地面而被顶起的现象。

(2) 触头失效与托尾失效。因车辆前端触及地面而使汽车不能通过的现象，称为触头失效；因车辆后端触及地面而使汽车不能正常通行的现象，称为托尾失效。

2. 汽车通过性的几何参数

汽车通过性的几何参数主要包括最小离地间隙、接近角、离去角、纵向通过半径、横向通过半径、最小转弯半径和内轮差等。这些几何参数因汽车的类别、结构、运行条件的差异而有所不同，表 3-2 所列举的是不同类型的汽车对部分几何参数的要求。

表 3-2　不同类型的汽车对部分几何参数的要求

汽车类型	最小离地间隙/mm	接近角/(°)	离去角/(°)	纵向通过半径/m
4×2 轿车	150～220	20～30	15～22	3.1～8.3
4×4 轿车、吉普车	210～370	45～50	35～40	1.7～3.6
4×2 货车	250～300	25～60	25～45	2.3～6
4×4、6×6 货车	260～350	45～60	35～45	1.9～3.6
4×2 客车	220～370	10～40	6～20	4～9

3.4.2　汽车通过性的影响因素

影响汽车通过性的主要因素包括结构因素和使用因素两个方面。

1. 结构因素

结构因素主要包括以下几个方面：

(1) 发动机的因素。汽车通过坏路或无路地带时，要克服较大的道路阻力。要提高汽车的通过性，就必须提高单位汽车重力发动机扭矩或功率。

(2) 传动系传动比。要提高动力因数，需增大传动系传动比，以此来达到增大驱动力的目的。以越野车为例，一方面将设有副变速器或分动器；另一方面增大传动系的总传动比来降低最低稳定的车速，减小车轮对松软路面的冲击，减少由此引起的土壤剪切破坏的概率，提高越野车通过坏路或无路地段的能力。

(3) 液力传动。装有液力变矩器或液力偶合器的汽车，起步时转矩增加平缓，避免了对路面的冲击。同时，不用换挡也能提高转矩，可以有效地提高汽车的通过性。

(4) 差速器。普通锥齿轮式差速器具有在驱动轮间平均分配转矩的特性，当一侧车轮出现滑转时，另一侧车轮只能产生与滑转车轮相等的驱动力，使总驱动力降低而不能克服行驶阻力，汽车无法正常行驶。采用高摩擦差速器，可以使转得较慢的车轮得到较大的驱动力，从而使总驱动力增加，有利于提高汽车的通过性。若采用差速锁，两边车轮的驱动力可以按各自的附着力来分配，改善通过性的作用更明显。

(5) 涉水能力。为了提高汽车的涉水能力，应注意发动机的分电器、火花塞、蓄电池、曲轴箱通风口、机油尺等处的防水密封，并保证空气滤清器不进水。

(6) 前后轮距。若前、后轴采用相同的轮距，且轮胎宽度相同，则后轮可以沿前轮压实的轮辙行驶，从而使全车的行驶阻力减小，以提高通过性。

(7) 驱动轮的数目。增加驱动轮的数目，可以提高相对附着重量，获得较大的驱动力。越野汽车均采用全轮驱动。

2. 使用因素

使用因素主要包括以下几个方面：

(1) 轮胎气压。汽车在松软路面上行驶时，为了使轮胎与路面的接触面积增加，降低轮胎对路面的压力，使路面变形和轮胎受到的道路阻力减少，可采用降低轮胎气压的方法。

而在硬路面上行驶时，应适当地提高轮胎气压，这样可以减小轮胎变形，使行驶阻力减小。因此有的越野汽车装有中央充气系统，驾驶员在驾驶室内可根据路面情况调整轮胎气压。

(2) 轮胎花纹。轮胎花纹对附着系数影响很大。越野汽车应选用具有宽而深花纹的轮胎，这是因为在松软路面上行驶时，轮胎花纹嵌入土壤，使附着能力提高；而汽车在潮湿路面上行驶时，只有花纹的凸起部分与路面接触，提高了单位压力，有利于挤出水分，提高附着系数。

(3) 拱形轮胎。在专用越野汽车上，不少使用了超低压的拱形轮胎。在相同轮辋直径的情况下，超低压拱形轮胎的断面宽度比普通轮胎要大 2～2.5 倍，轮胎气压很低(只有 29.4～83.3 kPa)。若用这种轮胎代替并列双胎，则其接地面积比普通轮胎的接地面积可增加到 3 倍。拱形轮胎在沙漠、雪地、沼泽、田间行驶有良好的通过性，但在硬路面上行驶，会使行驶阻力增加，且易损坏轮胎。

(4) 驾驶技术。驾驶技术对汽车通过性影响很大。为提高通过性，应注意以下几点：

① 汽车通过松软地段时，应尽量使用低速挡，以便汽车具有较大的驱动力和较低的行驶速度，尽量避免换挡和加速，保持直线行驶。

② 驱动轮是双胎的汽车，如因双胎间夹泥而滑转，则可适当提高车速，以甩掉夹泥。

③ 若传动系装有强制锁止式差速器，应在汽车进入车轮可能滑转地段之前挂上差速锁。如果已经出现滑转再挂差速锁，则土壤表面已被破坏，附着系数下降，效果会显著下降。当汽车离开坏路地段时，应及时脱开差速锁，以免影响转向。

④ 汽车通过滑溜路面时，可以在驱动轮轮胎上套上防滑链条，以提高车轮的附着能力。

3.5　汽车的舒适性

汽车的舒适性是指行驶中的汽车对其成员身心影响程度的评价。长期以来，各汽车厂家都在积极采取改进措施，以提高汽车的舒适性。汽车的舒适性的好坏，主要取决于行驶平顺性、噪声、空气调节和居住性等因素。

3.5.1　汽车行驶平顺性及其影响因素

1. 汽车行驶平顺性

汽车行驶平顺性是指保持汽车在行驶过程中乘员所处的振动环境具有一定舒适度的性能，对于载货汽车还包括保持货物完好的性能。由于汽车的行驶平顺性主要是根据乘客的舒适程度来评价的，因此又称为乘坐舒适性。行驶平顺性既是决定汽车舒适性最主要的方面，也是汽车性能的主要指标。

2. 振动及其传递途径

汽车行驶时的振动问题可以用图 3-8 所示的框图来分析。行驶中的汽车是一个复杂的“振动系统”，振动的发生源主要有凹凸不平的路面、不平衡轮胎的旋转、不平衡传动轴的旋转以及发动机的扭矩变化等。这些因素引起的振动又大多与车速相关，尤其是凹凸不平路面引起的振动，随着车速的变化，振动的频率和强弱会产生相应的变化。

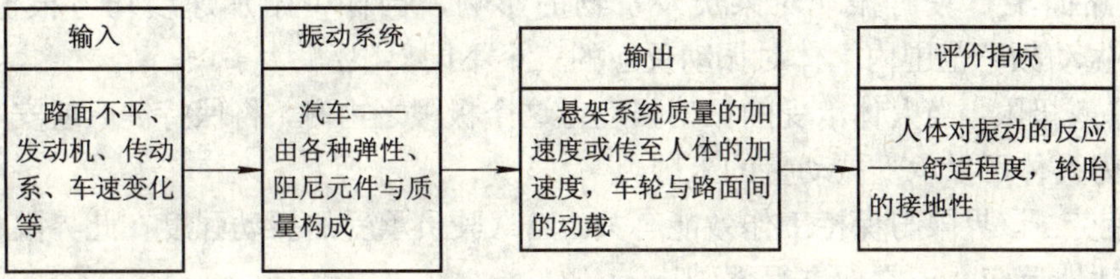

图 3-8　汽车振动系统框图

上述诸多“信号”不断地“输入”行驶中的汽车，而汽车又可以看做是由轮胎、悬架、坐垫等弹性、阻尼元件和悬架质量及非悬架质量构成的“振动系统”。各种“输入”信号沿不同的路径传至乘员人体，其主要传递路径如图 3-9 所示。

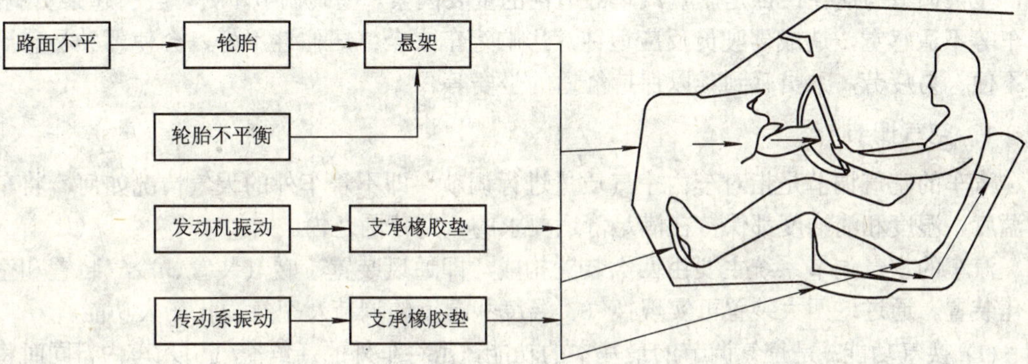

图 3-9　汽车行驶振动传递路径示意图

因路面、轮胎而产生的振动，先传到悬架，受悬架自身的振动特性影响后再传给车身，通过车身传到乘客的脚部。同时通过座椅传给乘客的臀部和背部，还通过转向系，以转向盘抖动的形式传到驾驶员手部。

因发动机、传动系而产生的振动，通过支承发动机、变速器和传动轴的缓冲橡胶垫，经衰减后传给车身，再经上述途径传至人体各个部位。

当振动频率超过 40 Hz 时，便形成噪声传进人的耳朵。作为系统的“输出”，使人体或货物受到的振动，其中最重要的是振动的频率和振动加速度。由物理学知识可知，任何一个“振动系统”均有一个“固有频率”。当外界激振信号的频率接近或等于“固有频率”时，将出现“共振”现象，产生剧烈的振动。研究汽车行驶平顺性，实际上要解决两方面的问题：一是如何避免汽车这个“振动系统”的“共振”现象，这既要影响汽车的操纵稳定性，也要影响行驶平顺性；二是使“振动系统”输出的振动频率避开人体敏感的范围，振动加速度不超过人体所能承受的强度。

3．人体对振动的反应

人体是一个复杂的机械振动系统，人体对振动的反应既与振动频率及强度、振动作用方向和暴露时间有关，也与人的心理、生理状态有关。

4．行驶平顺性的评价

我国参照 ISO2631 制定了《汽车平顺性随机输入行驶试验方法》，用于测定汽车在随机不平的路面上行驶时振动对乘员及货物的影响，国标中用加速度均方根值给出了在1～80 Hz 振动频率范围内人体对振动反应的三个不同界限：

(1) 暴露极限：当人体承受的振动强度在这个极限之内时，将保持健康或安全。通常把此极限作为人体可以承受振动量的上限。

(2) 疲劳：该界限与保持工作效能有关。当驾驶员承受的振动强度在此界限之内时，能准确、灵敏地反应并正常地进行驾驶。

(3) 舒适降低界限：此界限与保持舒适有关，在这个界限之内，人体对所暴露的振动环境主观感觉良好，能顺利地完成吃、读、写等动作。

3.5.2 空气调节与居住性

空气调节与居住性都是影响汽车舒适性的重要因素。空气调节不好，会引起乘员胸闷、晕车等不适感觉，造成驾驶员反应迟钝，影响行车安全；居住性不好，会使驾驶员感到操作不便、易疲劳，乘员感到难以保持舒适的坐姿等。

1. 空气调节

汽车的空气调节是指对车内空气质量进行调节，即不管车外的天气情况如何，将车内的温度、湿度和清洁度都保持在满足舒适要求的一定范围之内。

汽车的空气调节系统主要由四大装置构成，即通风装置、暖气装置、冷气装置和空气净化装置。通过这四大装置可实现换气、温度和湿度的调节及空气净化三大功能。

(1) 换气功能：是空气调节的最基本的功能，是将车外的新鲜空气引入车内，同时将车内气体排到车外，以保持车内二氧化碳浓度不超过规定值。为组织好换气，提高换气质量和效率，合理布置空气的出、入口非常重要。汽车设计和试制阶段，一般要进行风洞试验，测定车身表面空气压力的分布，将空气入口设置在正压力大的部位，车内气体的出口设置在负压力大的部位。轿车的进气口一般开在前挡风玻璃下的机罩上，排气口开在后排座位的车侧。

(2) 温度和湿度的调节：包括冬季的加温除湿，夏季的降温除湿，使车内保持适宜的温度和湿度。

冬季要求满足以下几点：

① 脚下左右部位的温差尽可能小。

② 头部的温度比脚部低 2～5℃，即所谓“头凉脚热”。

③ 前后座位温差要小，特别是后排座位脚部，应有充足的热风流通。

夏季制冷时则要求尽可能保持上下身相同的温度。

(3) 空气净化：在使用当中一定要注意对空气进、出口，通道进行清洁维护，以免影响换气的质量。要保持车内二氧化碳浓度在规定范围内，同时保持每个乘员应有 0.3～0.5 m^3/min 的换气量。

2. 居住性

汽车的居住性主要是指车内空间的分配、布置如何适应各种人体特征的要求，以使驾驶员和乘员经长时间行驶而不感到疲劳。

1) 驾驶员的居住性

为了使驾驶员长时间驾驶而不感到过度疲劳，对汽车的居住性要求应满足下列条件：

(1) 各操纵机构布置应合理，便于操作。

(2) 各类操纵机构需要的操作力要适度。

(3) 驾驶员座椅高度、前后位置等能适度调整，以满足不同体形驾驶员的需要和保证使驾驶员获得与各操纵机构相协调的位置和舒适的坐姿。

(4) 保证良好的视野，以便于获取道路状况、各种信号标志和周围行车情况等必需的外部信息。

(5) 易于辨认的仪表和警示灯等，以便及时发现汽车各装置的工作状况和行驶状况的信息等。

2) 乘员的居住性

为了使乘员长时间乘坐汽车而不感到乏力和疲劳，必须给乘员提供能够随意选择乘坐姿势的宽敞室内空间和舒适可靠的座椅。

汽车的外形尺寸有限，要给乘员提供宽敞的室内空间，应注意以下两方面：一方面是要在有限的外形尺寸内，制造出必要的空间；另一方面是要合理安排居住空间的形状，以便更有效地发挥有限居住空间的功效。

车辆室内容积的确定，首先应考虑人体尺寸的参差不齐。通常是从成年女子 5%分布值开始，到成年男子 95%分布值之间(所谓 5%分布值，以身长为例，是指不超过此高度的人占 5%。95%分布值的含义与此相同)，对人体的身长、坐高等尺寸进行测量，然后以被测对象的尾椎点为基准，考虑适于汽车各种用途的坐姿以及供身体转动的足够空间，还要考虑不致因振动而令乘客触及车内装备件而受伤等因素，由这些因素决定车室空间的长、宽、高度尺寸。

在汽车横截面积不变的情况下，采用发动机前置前轮驱动以及减少轮胎装置空间等可以扩大室内有效空间；采用曲面玻璃可以扩大乘员肩部空间。

要使座椅舒适可靠，首先是座椅的长、宽、高基本尺寸与人体尺寸相适应，能按照乘员的体型进行尺寸调整。大多数汽车座椅靠背的倾角调整范围为 3°～8°，长途客车的座椅靠背要求可以倾斜到 25 以上，以便乘客休息。座椅靠背的结构采用头枕式，以提高其舒适性。要进一步提高座椅的舒适性，还需对座椅的振动特性进行测试，使其共振频率避开人体和悬架的共振频率。

另外，座椅蒙皮的触感、室内装饰件的色彩、乘员的视野等也影响其居住性。

复习思考题

1. 何谓汽车动力性？简述其评价指标。
2. 汽车行驶的驱动力是如何产生的？行驶阻力主要包括哪些？
3. 简述汽车行驶的驱动条件和附着条件。
4. 简述影响汽车动力性的主要因素。
5. 简述汽车燃油经济的含义及其主要表示方法。

6. 简述影响汽车燃油经济性的主要因素。
7. 汽车制动时车轮制动器制动力和地面制动力分别是如何产生的？
8. 画简图并简述地面制动力、制动器制动力与附着力之间的关系。
9. 何谓汽车制动性？简述其主要评价指标。
10. 何谓汽车的制动效能？简述其主要评价指标。
11. 何谓汽车制动跑偏、侧滑？
12. 简述汽车通过性的含义和影响因素。
13. 简述汽车舒适性的含义和影响因素。

第 4 章　汽车运行材料的合理使用

知识目标：

(1) 了解燃料的成分，掌握燃料的使用性能及其评价指标。

(2) 了解汽车工作液体的技术要求、使用性能及选择方法。

(3) 掌握轮胎的类型和结构特点，了解轮胎规格的表示方法及轮胎的使用和维护方法。

4.1 汽车燃料

4.1.1 燃料的成分

汽车所用的燃料几乎都是由石油经现代提炼技术加工而成的，其主要成分是碳氢化合物 C_mH_n，通常称为烃。通过对石油逐步加温，在不同的温度范围可得到不同的馏分，其主要成分依次为轻馏分(汽油)、中馏分(轻柴油)、重馏分(润滑油的原料)和沥青等石油产品。

随着燃料中 C 含量的减少，H 含量的增加，燃料的质量变轻，并呈气态。当 C 含量增加，H 含量减少时，则成为重质燃料；当 n 近似为零时，便成为煤炭。燃料中 H 的质量分数大，燃烧污染低；H 的质量分数小，燃烧污染高。不同的燃料分子组合，确定了燃料的不同特性。

汽车所用燃料中，主要含有烷烃、烯烃和炔烃等成分。

(1) 烷烃。烷烃是饱和的链式结构，分子式用 C_nH_{2n+2} 表示。正烷烃是直链式结构，异烷烃是分支结构。由于异烷烃分子结构紧凑，故其着火性比正烷烃差，抗爆性比正烷烃好。异辛烷的抗爆性最好，定为 100%。

(2) 烯烃。烯烃由两个或多个 C 原子构成，C 原子间至少有一个双链连接，属于不饱和结构。烯烃也有异构体，正烯烃与正烷烃相比，正烯烃具有更高的抗爆性。常温下稳定性差，易生成胶质，高温下形成过氧化物的倾向较小。

(3) 环烷烃。环烷烃为环形单键相联的碳氢化合物，介于正烷烃和异烷烃之间，形成过氧化物的倾向较小。

(4) 芳香烃。以双键相联的环状结构称之为芳香烃，其结构紧凑，性能最稳定，不易着火，抗爆性强。

4.1.2　燃料的使用性能

1. 汽油的使用性能

汽油的使用性能包括挥发性、抗爆性、腐蚀性、清洁性和氧化安定性。

1) 挥发性

挥发性是指液体由液态转化为气态的性质。汽油是由多种碳氢化合物组合而成的，因而其沸点不像单一化合物那样是确定值，而是一个范围。常用馏程来评价汽油的挥发性，即10%、50%、90%蒸发温度。

(1) 10%蒸发温度。对100 mL汽油在规定条件下蒸馏时，得到10%汽油馏分的温度叫做10%蒸发温度，它表示汽油中含轻质馏分的多少。10%蒸发温度低，起动性好，但蒸发温度太低了容易引起气阻，在油箱和化油器中蒸发损失增加。10%蒸发温度太高，则冷起动困难。

(2) 50%蒸发温度。50%蒸发温度标志燃油的平均挥发性。50%蒸发温度低，对汽油机的加速性、工作稳定性及起动后迅速升温(暖机)有利；50%蒸发温度高，当汽油机由低速骤然变为高速时，节气门突然开大，由于汽油蒸发量少，会使可燃混合气变稀，汽油机不能发出需要的功率，运转不平稳，加速时间长，加速时车辆出现抖动现象。

(3) 90%蒸发温度。90%蒸发温度标志燃油中所含重质成分的多少。90%蒸发温度高，燃油中重质成分多，在燃烧室内易形成杂质，并稀释润滑油。

若汽油的挥发性不好，将有部分汽油以液体进入气缸，液体汽油在气缸内不能正常燃烧，并会造成点火不良、润滑破坏、有害排放物增加、发动机功率下降、油耗增加等现象。反之，若汽油的挥发性好，则汽油机的低温起动性能好、预热时间短、加速灵敏、运行稳定。但也有缺点：夏季燃油系统易产生气阻，存放时的挥发损失大。

2) 抗爆性

抗爆性表示汽油在气缸中燃烧时防止爆燃的能力。汽油机爆燃燃烧是一种不正常燃烧现象。

汽油机正常燃烧时，火焰以火花塞为中心、向燃烧室周围均匀传播，因此温度上升均匀，汽油机工作柔和，动力性能得到充分发挥。而爆燃是在正常的火焰前锋到达之前，由于火焰前锋的压缩和热辐射作用，导致混合气自燃着火，因而形成多个火焰中心，使得火焰的传播速度及局部区域的瞬间压力急剧升高，高压燃气撞击气缸壁产生尖锐的敲击声，并引起发动机振动。爆燃导致发动机功率下降，油耗增加，严重时会使活塞、活塞环、气门等机件烧毁，轴承和其他零件受到损坏。

汽油抗爆性的评定指标是辛烷值，汽油的牌号是按辛烷值划分的。所谓辛烷值，是按不同的体积分数，将正庚烷(辛烷值为 0)和异辛烷(辛烷值为 100)混合，组成标准燃料，其中异辛烷的含量便是“标准”燃料的辛烷值。然后，在专用可变压缩比单缸试验机上，与待测燃料进行对比试验。当两者具有相同的抗爆性时，“标准”燃料的辛烷值就是待测燃料的辛烷值。辛烷值的测定方法分为研究法(RON)和马达法(MON)两种。使用不同的测定方法和规范，同一燃料的辛烷值不同。

汽油的抗爆性在很大程度上取决于碳氢燃料的结构。闭链结构比开链结构燃料的抗爆性强，不饱和结构比饱和结构燃料的抗爆性强，分支结构比直链结构燃料的抗爆性强。

3) 腐蚀性

汽油对储油容器和机件应无腐蚀，但当汽油中所含的有害元素如硫、活性或非活性硫化物、水溶性酸或碱等超过一定限制时，就会对金属产生直接或间接腐蚀作用。

汽油中的硫在燃烧后生成二氧化硫，遇到冷凝水或水汽时会形成亚硫酸和硫酸，对工作温度较高的气缸、排气管具有强烈的腐蚀作用，同时，硫的含量过高还会降低汽油的辛烷值，因此要严格控制汽油中硫的含量。

汽油腐蚀性的评定指标是硫含量、酸度、铜片腐蚀试验、水溶性酸或碱。

4) 清洁性

汽油的清洁性用汽油中含有机械杂质和水分的多少表示。

汽油在生产、运输、灌注、储存和使用过程中，受到机械杂质(锈、灰尘、各种氧化物等)和水分的污染；机械杂质会使化油器量孔、喷嘴、汽油喷射系统的喷油器和汽油滤清器堵塞。机械杂质进入燃烧室，又会使燃烧室积炭增多，引起气缸壁、活塞和活塞环的加速磨损。水分在低温下易结冰，会堵塞油路，并能加速汽油的氧化，加速腐蚀作用，所以车用汽油应严格控制机械杂质和水分的混入。

汽油清洁性的评定指标是机械杂质和水分。

5) 氧化安定性

汽油的氧化安定性是指热稳定性，即防止生成高温沉积物的能力。

从化油器(或喷油器)、进气门到燃烧室，汽油所处的温度越来越高，汽油烃类的氧化深度也随温度升高而增加，生成燃烧室沉积物和进气门沉积物等，使化油器变脏、电喷发动机喷油器结胶堵塞、进气门粘着关闭不严等，因此使化油器或电喷系统不能正常工作，排气污染物浓度增加。

影响汽油氧化安定性的因素主要是汽油的烃组成和性质，沉积物一般随烯烃含量、芳烃含量、胶质和 90%蒸发温度的升高而增加。

汽油氧化安定性的评定指标一般是实际胶质和诱导期。

2．车用汽油牌号、规格及选用

车用汽油牌号中的数字表示辛烷值的含量的高低。牌号的数字越大，其辛烷值越高。汽油的质量水平主要体现在辛烷值、铅含量、硫含量、苯含量、蒸气压及烯烃、芳烃含量等各种指标上，其中铅、硫及烯烃含量是最重要的指标。

我国最早的无铅汽油标准是石化行业标准“SH0041—93”。该标准控制铅含量已达到 20 世纪 90 年代国际水平，但硫含量较美、日两国颁布的无铅汽油规格偏高。为适应汽车技术水平的发展和环保标准的要求，1999 年 7 月 1 日，我国颁布车用无铅汽油国家标准 GB 17930—1999(见表 4-1)，对含铅量、含硫量及烯烃含量提出了严格的要求。规定每升汽油铅含量不大于 0.005 g、硫含量不大于 0.08%(m/m)、烯烃含量不大于 35%(V/V)。上述指标要求，从 2000 年 7 月 1 日至 2003 年在全国范围内，分地区、分阶段地实施。目前我国车用无铅汽油的规格按研究法辛烷值(RON)分为 90 号、93 号和 95 号 3 个牌号。

表 4-1　车用无铅汽油国家标准(GB 17930—1999)

项　目	质量指标			试验方法
	90 号	93 号	95 号	
抗爆性：				GB/T5487
研究法辛烷值(RON)不小于	90	93	95	GB/T503
抗爆指数(RON+MON)/2 不小于	85	88	90	GB/T5487
铅含量(g/L)不大于		0.005		GB/T8020
馏程：				GB/T6636
10%蒸发温度(℃)不高于		70		
50%蒸发温度(℃)不高于		120		
90%蒸发温度(℃)不高于		190		
终留点(℃)不高于		205		
残留量(%(V/V))不大于		2		
蒸气压(kPa)：				GB/T8017
从 9 月 16 日至 3 月 15 日不大于		88		
从 3 月 16 日至 9 月 15 日不大于		74		
实际胶质(mg/100 ml)不大于		5		GB/T8019
诱导期(min)不小于		480		GB/T8018
硫含量(%(m/m))不大于		0.08		GB/T380
硫醇(需满足下列条件之一)：				
博士试验		通过		SH/T0174
硫醇硫含量(%(m/m))不大于		0.001		GB/T1792
铜片腐蚀(50℃，3h)(级)不大于		1		GB/T5096
水溶性酸或碱		无		GB/T259
机械杂质及水分		无		目测
苯含量(%(V/V))不大于		2.5		
芳烃含量(%(V/V))不大于		40		GB/T11132
烯烃含量(%(V/V))不大于		35		GB/T11132

汽油选用时，需注意以下事项：

(1) 根据汽车使用说明书的要求，按汽车的压缩比选用汽油牌号，以汽油机在正常条件下运行不发生爆燃为原则。压缩比高的发动机应选择高标号的汽油；压缩比低的发动机应选择低标号的汽油。依据压缩比选择车用汽油标号见表 4-2。

表 4-2　依据压缩比选择车用汽油标号

压缩比	车用无铅汽油标号			
	90 号	93 号	95 号	97 号以上
7.5～8.0	√	√		
8.0～8.5		√	√	
8.5～9.0			√	
9.0～9.5				√
9.5～10.0				√

注：“√”表示理想的车用无铅汽油。

(2) 在汽油的供应上，若一时不能满足需要，可以用牌号相近的汽油暂时代用，但必须对汽油机进行适当的调整。当用辛烷值较低的汽油代替辛烷值较高的汽油时，应适当推迟点火提前角；相反，当用辛烷值较高的汽油代替辛烷值较低的汽油时，则应适当提前点火。

(3) 在高原山区条件下使用汽油时，由于大气压力小，空气稀薄，汽油机工作时爆震倾向减小，可以适当降低汽油的辛烷值，一般海拔每上升 100m，汽油辛烷值可降低约 0.1 个单位。

(4) 经常在大负荷、低转速下工作的汽油机，应选择较高辛烷值汽油。

(5) 长期使用发动机，会因燃烧室积碳、水套积垢等而使发动机缸压升高、导致爆震。因此，这类汽车在维护后应该燃用高一级的汽油。

(6) 汽油的蒸发性受季节、温度影响，差异较大，汽油的供应部门应根据季节变化，认真做好汽油供给工作。

3. 柴油的使用性能

柴油的馏分较重，柴油机混合气在气缸内形成，压燃着火，燃烧过程包括着火延迟期(滞燃期)、速燃期、缓燃期、后燃期四个阶段，不正常燃烧主要是粗暴。这些特点使柴油的使用性能与汽油有许多不同。柴油的使用性能有低温流动性、燃烧性、雾化和蒸发性、安定性、无害性，最突出的是低温流动性和燃烧性。

1) 低温流动性

柴油的低温流动性是指柴油在低温条件下具有一定流动状态的性能。通常在柴油中含有一部分石蜡，当温度降低时，石蜡结晶析出，使流体流动阻力增加，甚至失去流动性。

柴油低温流动性的评定指标是凝点、浊点和冷滤点等。我国只采用凝点和冷滤点。

凝点是指油品在规定的试验条件下冷却，将试管倾斜 45°，保持 1 min，液面不能移动时的最高温度。我国轻柴油的牌号是按凝点划分的。

2) 燃烧性

柴油的燃烧性主要是指抗粗暴的能力。若着火延迟期过长，则在气缸内积聚并完成燃烧准备的柴油就多，以致造成大量的柴油同时燃烧，使气缸压力急剧升高，发动机运转不平稳，发出异响，这种不正常燃烧现象，叫做粗暴。柴油机工作粗暴的后果与汽油发动机爆燃一样。

柴油应具有良好的燃烧性。柴油的燃烧性也包括柴油的自燃能力。燃烧性好的柴油，其自燃点低，在滞燃期内，燃烧室的局部易形成高密度的过氧化物而成为火焰中心。滞燃期短，气缸压力升高平缓，工作柔和。

柴油燃烧性的评定指标是十六烷值。十六烷值高的柴油，其自燃性好，柴油机工作柔和；反之，十六烷值低的柴油，易使柴油机工作粗暴。十六烷值对柴油机的起动性也有一定影响。

3) 雾化和蒸发性

柴油的雾化和蒸发性，决定了混合气形成的质量和速度。因此，柴油应具有较好的雾化和蒸发性。如果柴油的雾化和蒸发性差，则可能产生的后果是：未蒸发的柴油在高温、高压条件下分解析出炭粒，使排气产生黑烟，并增加了油耗和排放污染物；未分解和燃烧的柴油经气缸壁渗入油底壳，稀释发动机油，影响正常润滑，加剧发动机零件磨损；柴油馏分重，粘度必然大，使喷雾质量降低；混合气不均匀，产生后燃现象，使发动机过热，功率下降，发动机难以起动。但是，柴油的雾化和蒸发性过强，不仅储存和运输中蒸发损失大，而且安全性差。

柴油雾化和蒸发性的评定指标是运动粘度、馏程、闪点。

(1) 运动粘度。运动粘度表示液体在重力作用下流动时，内摩擦力的量度。其值为相同温度下液体的动力粘度与其密度之比，单位为 m^2/s。

(2) 馏程。柴油馏程采用 50%蒸发温度、90%蒸发温度和 95%蒸发温度。

50%蒸发温度越低，说明柴油轻质馏分多，蒸发速度越快，柴油机就越易起动。

90%蒸发温度和 95%蒸发温度越低，说明柴油中重质馏分少，混合气燃烧完全，能提高柴油机动力性，减少机械磨损，还能避免过热，降低油耗。

(3) 闪点。闪点表示柴油的蒸发性，同时也能说明柴油使用的安全性。

闪点低，说明柴油中轻质馏分多，蒸发性好，但闪点过低，则蒸发过快，会造成气缸压力突然上升，引起柴油机工作粗暴，使用不安全等。

4) 安定性

柴油的安定性是指柴油在运输、储存和使用过程中保持颜色、组成和使用性能不变的能力。柴油应具有良好的安定性。

柴油的安定性不好，就会氧化结胶，在燃烧室内生成积炭、胶状沉积物，附在活塞顶和气门上，甚至造成气门关闭不严；堵塞燃油滤清器，在喷油器针阀上生成漆状沉积物，造成针阀粘滞，形成积炭，使喷雾恶化，甚至中断供油，干扰正常燃烧，从而使排放污染增加。

影响柴油安定性的主要因素是柴油中所含的不安定组分，主要是二烯烃、烯烃等不饱和烃。柴油的馏分过重，环烷芳烃和胶质含量增加，安定性也变差。

柴油安定性的评定指标是碘值、色度、氧化安定性、实际胶质、10%蒸余物残炭和喷油器清洁度。

5) 无害性

柴油中的芳烃含量、硫含量对柴油发动机的排放污染影响很大，特别是多环芳烃含量对柴油发动机颗粒物的排放影响最大。试验表明，柴油发动机的颗粒物排放随芳烃增加而急剧上升。因为芳烃是以苯环为基础的牢固结合体，它不仅含碳量高，而且化学结构牢固不易燃烧，故容易形成碳烟微粒。

4. 车用柴油牌号、规格及选用

目前，我国没有车用柴油的标准，车用柴油套用轻柴油国家标准，该标准规定十六烷值不低于 45、硫含量优级品控制不大于 0.2%，一级品控制不大于 0.5%，合格品控制不大于 1.0%；实际胶质不大于 70 mg/100 mL。该标准将柴油按凝点分为 10、0、－10、－20、－35 和－50 六种牌号。1998 年在此标准的基础上进行了修订，不再按硫含量分优级品、一级品和合格品，并要求硫含量控制为不大于 0.2%。

2000 年，中国石化集团发布了《城市车用柴油技术要求》Q/SHR 006—2000(见表 4-3)，并规定从 2000 年 4 月 1 日起执行，该标准要求硫含量控制为不大于 0.05%，氧化安定性总不溶物不大于 2.5 mg/100 mL，十六烷值不小于 48。该标准按凝点分为 10 号、5 号、0 号、－5 号、－10 号、－20 号六个牌号城市车用柴油。

表 4-3　城市车用柴油技术要求(Q/SHR 006—2000)

项　目	质　量　指　标						试验方法
	10 号	5 号	0 号	－5 号	－10 号	－20 号	
色度(号)不大于	3.5						GB/T6540
氧化安定性(mg/100 mL)不大于	2.5						SH/T0175
硫含量(质量百分数)(%)不大于	0.05						GB/T380
酸度(mgKOH/100 mL)不大于	7						GB/T258
10% 蒸余物残炭(质量百分数)(%)不大于	0.3						GB/T268
灰分量百分数(%)不大于	0.01						GB/T506
铜片腐蚀(50℃，3h)(级)不大于	1						GB/T5096
水分(体积分数)(%)不大于	痕迹						GB/T260
机械杂质	无						GB/T511
运动粘度(20℃)(mm²/g)	3.0～8.0				2.5～8.0		GB/T265
凝点(℃)不高于	10	5	0	－5	－10	－20	GB/T510
冷滤点(℃)不高于	12	8	4	－1	－5	－14	SH/T0248
闪点(闭口)(℃)	55						GB/T261
十六烷值不小于	48						GB/T386
馏程: 50%回收温度(℃)不高于 90%回收温度(℃)不高于 95%回收温度(℃)不高于	 300 355 365						GB/T6536
密度(20℃)(kg/m³)	实测						GB/T1884 GB/T1885

轻柴油的选择就是按照风险率为 10%的最低气温进行牌号的选择。

部分地区风险率为 10%的最低气温见表 4-4。某月风险率为 10%的最低气温值，表示该月中最低气温低于该值的概率为 0.1，或者说该月中最低气温高于该值的概率为 0.9。掌握本地区风险率为 10%的最低气温不仅是选择轻柴油牌号的依据，也是选择发动机油、车辆齿轮油和制动液的依据。

表 4-4　部分地区风险率为 10%的最低气温　　单位：℃

	1月	2月	3月	4月	5月	6月	7月	8月	9月	10月	11月	12月
河北	−14	−13	−5	1	8	14	19	17	9	1	−6	−22
山西	−17	16	−8	−1	5	11	15	13	6	−2	−9	−16
内蒙古	−43	−42	−35	−21	−7	−1	1	1	−8	−19	−32	−41
黑龙江	−44	−42	−35	−20	−6	1	7	1	−6	−20	−35	−43
吉林	−29	−27	−17	−6	1	8	14	12	2	−6	−17	−26
辽宁	−23	−21	−12	−1	6	12	18	15	6	2	−12	−20
山东	−12	−12	−5	2	8	14	19	18	11	4	−4	−10
江苏	−10	−9	−3	3	11	15	20	20	12	5	−2	−8
安徽	−7	−7	−1	5	12	18	20	20	14	7	0	−6
浙江	−4	−3	1	6	13	17	22	21	15	8	2	−3
江西	−2	−2	3	9	15	20	23	23	18	12	4	0
福建	−1	−2	3	8	14	18	21	20	15	8	1	−3
台湾	3	0	2	8	10	16	19	19	13	10	1	2
广东	1	2	7	12	18	21	23	23	20	13	7	2
广西	3	3	8	12	18	21	23	23	19	15	9	4
湖南	−2	−2	3	9	14	18	22	21	16	10	4	−1
湖北	−6	−4	0	6	12	17	21	20	14	8	1	−4
河南	−10	−9	−2	4	10	15	20	18	11	4	−3	−8
四川	−21	−17	−11	−7	−2	1	2	1	0	−7	−14	−19
贵州	−6	−6	−1	3	7	9	12	11	8	4	−1	−4
云南	−9	−8	−6	−3	1	5	7	7	5	1	−5	−8
西藏	−29	−25	−21	−15	−9	−3	−1	0	−6	−14	−22	−29
新疆	−40	−38	−28	−12	−5	−2	0	−2	−6	−14	−25	−34
青海	−33	−30	−25	−18	−10	−6	−3	−4	−6	−16	−28	−33
甘肃	−23	−23	−16	−9	−1	3	5	5	0	−8	−16	−22
陕西	−17	−15	−6	−1	5	10	15	12	6	−1	−9	−15
宁夏	−21	−20	−10	−4	2	6	9	8	−3	−4	−12	−19

轻柴油牌号的选择一般应使最低使用温度等于或略高于轻柴油的冷滤点。

10 号轻柴油：适合于有预热设备的柴油机。

5 号轻柴油：适合于风险率为 10%的最低气温在 8℃以上的地区使用。

0 号轻柴油：适合于风险率为 10%的最低气温在 4℃以上的地区使用。

−5 号轻柴油：适合于风险率为 10%的最低气温在−1℃以上的地区使用。

−10 号轻柴油：适合于风险率为 10%的最低气温在−5℃以上的地区使用。

－20 号轻柴油：适合于风险率为 10%的最低气温在－14℃以上的地区使用。

－35 号轻柴油：适合于风险率为 10%的最低气温在－29℃以上的地区使用。

－50 号轻柴油：适合于风险率为 10%的最低气温在－44℃以上的地区使用。

轻柴油使用前要进行沉淀和滤清。

4.2　发动机润滑油

发动机润滑油也称发动机油，简称“机油”，是保证发动机正常运行的重要材料，具有润滑、冷却、密封、清洗、防腐、降噪、减磨等功能。

4.2.1　发动机润滑油的使用性能

发动机润滑油的工作条件很恶劣，因此对其使用性能也有很高的要求，具体有以下一些要求。

1．润滑性

在各种条件下，发动机油降低摩擦、减缓磨损和防止金属烧结的能力，叫做发动机油的润滑性。发动机油应具有良好的润滑性。

机油是通过吸附在零件的表面形成一定强度的油膜来减少摩擦面相对运动的阻力和防止摩擦面金属靠近的。粘度大的机油，其油膜强度较好，因此润滑油的粘度性能和化学性质对发动机零件在不同润滑状态的润滑作用有重要影响。

粘度是评定润滑性的重要指标。

2．低温操作性

发动机润滑油能够保证发动机在低温条件下易起动和可靠供油的性能，叫做发动机油的低温操作性。发动机油应具有良好的低温操作性。

机油粘度随气温降低而增加，使得发动机低温起动时转动曲轴的阻力矩增加，曲轴转速下降，从而造成发动机起动困难。

发动机润滑油低温操作性的评定指标主要有低温动力粘度、边界泵送温度和倾点等。

(1) 低温动力粘度也称为表观粘度。机油的粘度在低温条件下与剪切速率有关，低温条件下机油的低温动力粘度随剪切速率升高而减小。低温动力粘度是划分冬季发动机润滑油粘度级号的依据之一。

(2) 边界泵送温度是指能将机油连续地、充分地供给发动机机油泵入口的最低温度。它是衡量在起动阶段发动机油是否易于流到机油泵入口并提供足够压力的性能。边界泵送温度也是划分冬用发动机润滑油粘度级号的依据之一。

(3) 倾点是指机油在规定条件下冷却时，能够流动的最低温度。发动机润滑油规格均采用倾点作为评定机油低温操作性的指标之一。

3．粘温性

温度对油品粘度的影响很大。温度升高，粘度降低；温度降低，粘度升高。润滑油这种因温度升降而改变粘度的性质称为粘温性。发动机油应具有良好的粘温性，即粘度随温度的变化程度要小。

粘温性的评定指标是粘度指数。

粘度指数是指将试验油的粘温性与标准油的粘温性进行比较所得出的相对数值。粘度指数越高，粘温性越好。

4. 清净分散性

发动机润滑油能抑制积炭、漆膜和油泥生成或将这些沉积物清除的性能，叫做发动机油的清净分散性。发动机润滑油应具有良好的清净分散性。

清净分散性良好的机油能使各种沉积物悬浮在油中，通过机油滤清器将其滤出，从而减少发动机气缸壁、活塞及活塞环等部件上的沉积物，防止出现因机件过热而烧坏活塞环，引起气缸密封不严、发动机功率下降、油耗增加等异常情况。

5. 抗氧性

发动机油与氧相互反应生成氧化产物的过程，叫做发动机油氧化。发动机油抵抗氧化的能力叫做发动机油抗氧性。发动机油应具有良好的抗氧性。

机油在使用和储备过程中，一旦与空气接触，在适当条件下，会发生化学反应，产生诸如酸类、胶质等氧化物。氧化物聚集在机油中会使其颜色变暗、粘度增加、酸性增大。机油抗氧性不好，在使用中容易变质、生成沉积物，对零件造成腐蚀和破坏。

6. 抗腐蚀性

发动机油抵抗腐蚀性物质对金属腐蚀的能力，叫做发动机油的抗腐蚀性。

发动机油抗腐蚀性的评定指标是中和值，同时通过相应的发动机试验来评定。

中和值是指中和 1g 试油中含有的酸性或碱性组分所需的碱量。

7. 抗泡沫性

发动机油消除泡沫的性质，叫做发动机油的抗泡沫性。

当发动机油受到激烈搅动，将空气混入油中时，就会产生泡沫。泡沫如果不及时消除，则会产生气阻、供油不足等故障。因此，发动机油应具有良好的抗泡沫性，在出现泡沫后能及时消除，以保证正常工作。

发动机油抗泡沫性的评定指标是泡沫性。

泡沫性是指油品生成泡沫的倾向和生成泡沫的稳定性能。泡沫性的表示与其测定方法有关，按照 GB/T12579—1992《润滑油泡沫特性测定法》的规定，泡沫性测定方法是：在 1000 mL 量筒中注入试验油 190 mL，以 94±5 mL/min 的流量用特制的气体扩散头将空气通入试油中，经过 5 min 后，记下量筒中泡沫的体积，即为泡沫倾向；量筒静止 5 min 后，再记下泡沫体积，即为泡沫稳定性。泡沫性用分数形式表示，分子是泡沫倾向，分母是泡沫稳定性。

4.2.2 发动机润滑油的分类、规格和牌号

发动机油的分类包括使用性能分类和粘度分类两个方面。

发动机油的使用性能分类，是根据发动机油在发动机台架试验中所得到的润滑性、清净分散性、抗氧抗腐性等确定其等级。目前发动机油使用性能分类方法很多，有美国石油学会(API)、国际润滑油标准化和认可委员会(ILSAC)、欧共体市场车辆制造委员会(CCMC)、

欧洲汽车制造商协会(ACEA)、日本汽车标准组织(JASO)的发动机油使用性能分类法。

世界上粘度分类则广泛采用美国汽车工程师学会(SAE)的发动机油粘度分类法。

我国发动机润滑油采用 API 使用性能分类法和 SAE 粘度分类法。

API 使用性能分类是根据产品特性、使用场合和使用对象确定的。机油牌号中第一个字母 S 表示汽油机油；C 表示柴油机油，并根据使用特性和使用场合分别设有若干个等级，如 SC、SD、SE、CC、CD、CE 等。表 4-5 所示为 API 汽油机油的使用性能分类，表 4-6 所示为 API 柴油机油的使用性能分类。

表 4-5　API 汽油机油的使用性能分类

API 级	质量水平
SA	用于运行条件非常缓和的老式汽油机和柴油机，不含添加剂
SB	用于中等运行条件下的老式汽油机，加少量的抗氧剂，具有轻微的抗氧性和抗磨性
SC	用于 1964～1967 年生产的汽油机，具有清净分散性和抗腐蚀性
SD	用于 1968～1971 年生产的汽油机，具有比 SC 级更好的清净分散性和抗腐蚀性
SE	用于 1972～1979 年生产的汽油机，具有比 SD 级更好的清净分散性和抗腐蚀性，并具有高温抗氧化性
SF	用于 1980～1988 年生产的汽油机，具有比 SE 级更好的抗磨、抗腐蚀、清净分散性和高温抗氧化性
SG	用于 1989～1993 年生产的汽油机，具有比 SF 级更好的抗磨、抗腐蚀、清净分散性
SH	用于 1994 年后生产的汽油机，具有比 SG 级更好的抗磨、清净分散性和高温抗氧化性
SJ	用于 1997 年后生产的汽油机，具有比 SH 级更好的清净分散性和高温抗氧化性，并具有更长的使用寿命

表 4-6　API 柴油机油的使用性能分类

API 级	质量水平
CA	用于燃料含硫量低的轻负荷柴油机，具有防止轴承腐蚀和高温沉积物的性能
CB	用于 1949～1960 年生产的燃料含硫量高的中等负荷、非增压柴油机，在使用高硫燃料的情况下，具有防止轴承腐蚀和高温沉积物的性能
CC	用于 1961 年后生产的中、高负荷的增压柴油机和高负荷汽油机。对于柴油机，具有防止高温沉积物的性能；对于汽油机，具有防锈、抗腐蚀和防止高温沉积物的性能
CD	用于高速、高功率的增压柴油机，具有优良的防止高温沉积物和抗腐蚀性，具有防止轴承腐蚀的性能
CE	用于 1983 年后生产的增压重负荷柴油机，具有优良的防止高、低温沉积物、抗磨损和抗腐蚀性
CF-4	用于 1991 年后生产的现代重负荷增压柴油机，符合 1991 年的美国排放法规，具有优良的防止高温沉积物、抗磨损和防轴承腐蚀性
CG-4	用于 1995 年后生产的使用低硫燃料的现代增压柴油机，符合 1994 年的美国排放法规，具有更好的防止高温沉积物和抗磨损的性能

从1911年首次制定发动机油SAE粘度分类以来，已经多次修订，目前执行的是SAEJ300—1987《发动机油粘度分类》(见表4-7)。该分类标准采用含字母W和不含字母W两组粘度系列。粘度等级号的划分，前者以最大低温粘度、最高边界泵送温度以及100℃时的最小运动粘度划分，后者仅以100℃时运动粘度划分。粘度等级以6个含W的低温粘度级号(0 W、5 W、10 W、15 W、20 W、25 W)和5个不含W的100℃运动粘度级号(20、30、40、50、60)表示。

表4-7　发动机油SAE粘度分级法

SAE粘度等级	最大低温粘度		最高边界泵送温度/℃	最大稳定倾点/℃	100℃运动粘度/(mm^2/s)	
	MPa · s	℃			最小	最大
0 W	3250	−30	−35		3.8	
5 W	3500	−25	−30	−35	3.8	
10 W	3500	−20	−25	−30	4.1	
15 W	3500	−15	−20		5.6	
20 W	4500	−10	−15		5.6	
25 W	6000	−5	−10		9.3	
20					5.6	<9.3
30					9.3	<12.5
40					12.5	<16.3
50					16.3	<21.9
60					21.9	<26.1

一个完整的发动机润滑油牌号应当标明机油的质量等级和粘度等级，例如SF10W/30、CD15W/40等。

粘度牌号有单级油和多级油之分。发动机润滑油的低温性能指标和100℃运动粘度仅满足冬用润滑油或夏用润滑油粘度分级之一者，称为单级油；如果它的低温性能指标和100℃运动粘度能同时满足冬、夏两种粘度分级要求，则称为多级油。

在单级冬季油中，符号W前的数字越小，说明其低温粘度越小，低温流动性越好，适用的最低气温越低。在单级夏季用油中，数字越大，其粘度越大，适用的最高气温越高。对多级油来讲，其代表冬季用部分的数字越小，代表夏季用部分的数字越大，说明其粘温性越好，适用的气温范围越大，如5 W/50。

4.2.3　发动机润滑油的使用注意事项

发动机润滑油的选择应兼顾使用性能级别选择和粘度级别选择两个方面。

1．汽油机润滑油的选择

汽油机润滑油主要依据发动机的结构特点、使用条件、气候条件等选择润滑油的质量等级和粘度级别。

根据发动机的结构性能和使用条件选择相应的润滑油质量等级，再根据使用地区的气温选择润滑油粘度级别。有汽车使用说明书的用户，依据说明书要求选取；无使用说明书时，汽油车可以按照发动机设计年代、发动机的压缩比、曲轴箱是否安装正压通风装置

(PCV)、是否安装废气循环装置(ECR)和催化转化器等因素选取润滑油。

一般情况下，发动机装有 PCV 阀，可选用 SD 以上的汽油机润滑油；安装了 EGR，可选用 SE 级润滑油；发动机装有催化转化器，可选用 SF 级润滑油。例如，桑塔纳 2000GSi—AT 轿车(AJR 型发动机)用发动机润滑油必须使用 API 标号 SF 级、SG 级机油或改良机油(VW 50000)，不可使用低级别的机油，也不可混合使用不同牌号的机油。

选择汽油机润滑油的粘度主要根据发动机工作的环境温度，一般常以汽车使用地区的年最高、最低气温选择润滑油的粘度等级。如我国北方温度不低于－15℃的地区，冬季用 SAE20；夏季用 SAE30 或全年通用 SAE20W/30；低于－15℃的地区，全年通用 SAEl5W/30 或 SAE10W/30；严寒地区用 SAE5W/20；南方最低气温高于－5℃的地区全年通用 SAE30，广东、广西、海南可用 SAE40。表 4-8 列出了发动机润滑油粘度等级与使用环境温度范围的参考值。

表 4-8　发动机润滑油粘度等级与使用环境温度范围

粘度等级	使用温度/℃	粘度等级	使用温度/℃
5 W	－30～－10	5 W/30	－30～30
10 W	－25～－5	10 W/30	－25～30
20 W	－10～30	10 W/40	－25～40
30 W	0～30	15 W/40	－20～40
40 W	10～50	20 W/40	－15～40

2．柴油机润滑油的选择

同样，依据汽车使用说明书，在没有使用说明书时，也可根据柴油机的强化系数确定柴油机润滑油的质量等级，然后根据汽车使用地区的气候确定润滑油的粘度级别。

柴油机强化系数代表其热负荷和机械负荷，强化系数越大，表明发动机的热负荷和机械负荷越高，而且对油品的质量要求也越高。柴油机的强化系数用 K 表示，计算式为

$$K = P_{me} C_m Z$$

式中：P_{me}——气缸平均有效压力(MPa)；

C_m——活塞平均速度(m/s)；

Z——冲程系数(四冲程取 5)。

P_{me} 的计算式为

$$P_{me} = \frac{30 P_e Z}{Vn}$$

式中：P_e——发动机有效功率(kW)；

V——发动机排量(L)；

n——发动机转速(r/min)。

C_m 的计算式为

$$C_m = \frac{Sn}{30}$$

式中：S——活塞行程(m)。

强化系数在 30～50 之间的柴油机，选择 CC 级柴油润滑油；强化系数大于 50 的柴油

机，选择 CD 级柴油润滑油。

选好润滑油的质量等级后，还应根据汽车实际工作条件的苛刻程度，适当升降润滑油的质量等级。工作条件缓和时可降低一级质量；反之，可升高一级质量，在无级别可提高时，应缩短换油周期。

柴油机润滑油粘度选择原则与汽油机润滑油的相同，考虑到柴油机工作压力比汽油机大、但转速又较汽油机低的特点，在选择粘度时应略比汽油机高一些。

3. 发动机润滑油的使用

选择了合适的润滑油质量等级和粘度级别后，还要注意正确的使用方法，如果使用不恰当，则会出现发动机磨损加剧，甚至拉缸、烧轴瓦的故障。因此，机油使用应注意以下几点：

(1) 同一级别的国内外润滑油使用效果一致，国产长城牌 SJ5W/30 受到国际认可，是目前国产高品质的润滑油，适用所有高档车。

(2) 级别低的润滑油不能用于高性能的发动机，以防润滑不足，造成磨损加剧；级别高的润滑油可以用于稍低性能的发动机，但不可降档太多。

(3) 在保证润滑条件下，优选粘度低的润滑油，可以减少机件的磨擦损失，提高功率，降低燃料消耗。若发现所用润滑油粘度太高，切不可进行自行稀释，正确的方法是放掉发动机内所有润滑油(包括滤清器内的润滑油)，换用粘度适当的润滑油。

(4) 保持正常油位，常检查，勤加油。正常油位应位于油尺的满刻度标志和 1/2 刻度标志之间，不可过多或过少。

(5) 不同牌号的润滑油不可混用，同一牌号不同生产厂家的润滑油也尽量不混用。

(6) 注意识别伪劣润滑油，不要迷信国外品牌润滑油，选取润滑油时，切勿一味相信广告和维修人员推荐。应检查是否经权威检测单位检测，问清检测结果。买油时到信誉好的大中型汽配商店选购。

(7) 定期更换润滑油并及时更换润滑油滤芯，换油时，一定要在热车时进行。油温高不仅容易从放油孔流出而且油中的杂质可随旧油一起排出，加入新油后应着车数分钟，停机 30 min 后，再检查油面。

4.3　车辆齿轮油

车辆齿轮油主要用于变速器、分动器、主减速器、转向机等传动机件摩擦处。与发动机润滑油的工作条件相比，齿轮油的工作温度不很高，但油膜承受的单位压力很大，且齿轮还在速度变化大的工作条件下工作，因而对车辆齿轮油使用性能的要求与发动机润滑油的有所区别。

4.3.1　车辆齿轮油的使用性能

车辆齿轮油在齿轮传动中的主要作用是减少摩擦、降低磨损、冷却零部件；同时，还可以缓和振动、减少冲击、降低噪声、防止锈蚀以及清洗摩擦表面。

车辆齿轮传动装置的工作条件是：接触压力为 2.5～4.0 GPa，圆周速度为 5～10 m/s，滑动速度为 2～10 m/s，油温为 65～180℃。其中双曲线齿轮传动的工作条件最苛刻，是对汽车齿轮油使用性能要求最高的齿轮传动。双曲线齿轮齿面接触压力极高(如东风 EQ1090E 型汽车双曲线齿轮传动为 3.0 GPa，为普通螺旋锥齿轮的 4～6 倍)；齿面间滑动速度大(如东风 EQ1090E 型汽车双曲线齿轮传动约为 1.5～8 m/s)；油温高，一般高达 120～130℃，最高可达 180℃(齿面间的滑移可使齿面瞬时温度高达 600～800℃)。因此，对双曲线齿轮传动，除制造装配和调整有特殊技术要求外，使用中必须选择专用双曲线齿轮油，润滑油中加有硫、磷等元素极压添加剂。在苛刻的工作条件下，这些添加剂元素与金属表面产生复杂的物理和化学变化，生成高强度的反应膜，从而保证正常润滑，防止齿面擦伤。

齿轮的损坏形式主要有磨损、擦伤、点蚀和断裂，它们会在不同的工作条件下发生(见图 4-1)。

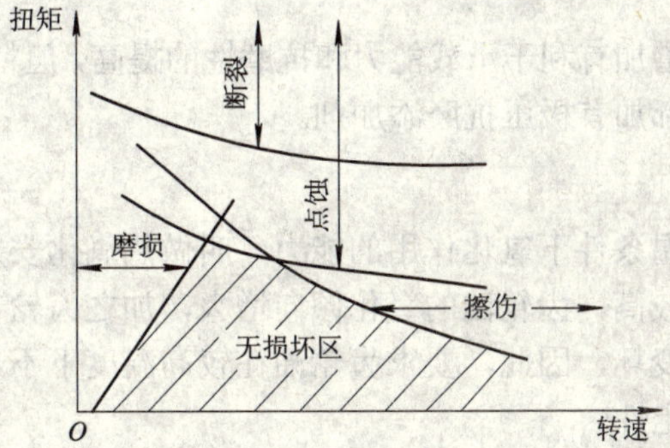

图 4-1　齿轮的损坏形式与工作条件的关系

磨损主要与形成润滑的条件有关。粘度太低或负荷过大，则不能形成油膜，使磨损加剧。

擦伤是一种较严重的粘着磨损。发生这种损坏一般是由于润滑油的承载能力与苛刻的工作条件不适应造成的。双曲线齿轮式主减速器用错润滑油的典型损坏形式就是齿面擦伤，轻者成条状的擦痕，重者使轮齿磨成刀口般的尖刃。超载也会产生这种损坏形式。润滑油的承载能力主要与添加剂和粘度有关。

点蚀和断裂均属于疲劳破坏，主要与材料有关，与润滑油的影响不大。

除上述的齿轮损坏的主要形式外，还有磨料磨损和腐蚀磨损等。避免磨料磨损的措施是保持润滑油的清洁。润滑油的防锈抗腐性和工作环境条件是影响腐蚀磨损的主要因素。

基于上述工作要求，车辆齿轮油应具备以下性能。

1．润滑性和低温操作性

为使车辆齿轮油的润滑性和低温操作性良好，齿轮油应具有适当的粘度和良好的粘温性。粘度不能过低，以保证形成油膜，实现液体润滑状态。为带走摩擦产生的热量和在低温时迅速供油，齿轮油的粘度又不能过大，否则会加大传动负荷，使机械效率降低。为了保证车辆齿轮油具有良好的低温操作性，规定了倾点、成沟点、粘度指数、表观粘度达 150 Pa·s 时的温度等评价指标。

试验证明，对双曲线齿轮式主减速器，齿轮油表观粘度小于 150 Pa • s，汽车起步后能在 15 s 内流进小齿轮轴承而保证其正常润滑，这个粘度是汽车低温起步的极限粘度。因此，汽车齿轮油规格中均规定了“粘度达 150 Pa •s 时的最高温度”这一指标。“粘度达 150 Pa •s 时的最高温度”是车辆齿轮油 SAE 粘度分类的依据之一。

2. 极压抗磨性

车辆齿轮油的极压抗磨性是指油中的极压抗腐剂在高压、高速、高温的苛刻的工作条件下，能在齿轮齿面上与金属发生化学反应生成反应膜，防止齿面擦伤或烧结的性质。

在正常工作条件下，齿轮处于弹性流体动力润滑状态，但当汽车在重载荷起动、爬坡或遇到冲击载荷时，齿面接触区有相当部分处于边界润滑状态，汽车双曲线齿轮的齿面负荷高达 1.7 GPa，冲击载荷高达 2.8 GPa，因此，齿轮油要求在较高的负荷下能保持有足够厚的油膜。

通常齿轮油的粘度增加有利于承载能力和抗磨性的提高，但粘度过大会增加摩擦损失，所以汽车齿轮油中一般都加有极压抗磨添加剂。

3. 热氧化安定性

车辆齿轮油抵抗高温条件下氧化作用的能力，叫做热氧化安定性。由于汽车主减速器使用的齿轮油工作温度较高，齿轮油的氧化倾向增大，加之齿轮箱中金属的催化作用，容易使齿轮油的使用性能变坏，因此，要求齿轮油在较高温度下不易氧化变质，车辆齿轮油应具有良好的热氧化安定性。

4. 抗腐性和防锈性

齿轮油在车辆齿轮传动装置的工作条件下防止齿轮、轴承腐蚀和生锈的能力，叫做抗腐性和防锈性。

齿轮传动装置可从外界渗入水分，工况变化、冷热交替也可能出现冷凝水分。油内的水分和氧化生成的酸性产物，是齿轮和轴承腐蚀、生锈的主要原因，此外，齿轮油内极压抗磨剂的作用实际上是一种控制性的腐蚀现象，对金属有一定的腐蚀作用。极压抗磨剂的活性越强，腐蚀作用越大，生锈和腐蚀将加速磨损，使材料强度降低。因此，齿轮油应该选择适当的极压抗磨剂和加入抗腐剂及防锈剂。

车辆齿轮油除上述要求的使用性能外，还有一些与发动机油相同的使用性能，例如抗泡沫性、清净分散性等。

4.3.2 车辆齿轮油的分类

车辆齿轮油的分类，包括使用性能分类和粘度分类两个方面。

1. 国外车辆齿轮油的分类

1) 车辆齿轮油的使用性能分类

世界上广泛采用美国石油学会(API)的车辆齿轮油使用性能分类法。根据其特性和使用要求等，划分为 GL-1、GL-2、GL-3、GL-4、GL-5 和 GL-6 六级(见表 4-9)。

表 4-9　车辆齿轮油 API 使用性能分类

分类	使 用 说 明	用 途
GL-1	在低齿面压力、低滑动速度下的汽车螺旋锥齿轮、蜗轮式驱动桥以及各种手动变速器规定用 GL-1 级齿轮油。直馏矿油能满足这类情况的要求，可加入抗氧剂、防锈剂和消泡剂改善其性能，但不加摩擦改进剂和极压剂	汽车手动变速器，包括拖拉机和载货汽车手动变速器
GL-2	汽车蜗轮式驱动桥规定用 GL-2 级齿轮油。这是因为其负荷、温度和滑动速度的状况，用 GL-1 齿轮油不能满足要求。通常都加有脂肪类物质	蜗杆传动装置
GL-3	滑动速度和负荷比较苛刻的汽车手动变速器和螺旋锥齿轮的驱动桥规定用 GL-3 级油。这种使用条件要求润滑油的负荷能力比 GL-1 和 GL-2 级油高，但比 GL-4 级油低	苛刻条件下手动变速器和螺旋锥齿轮的驱动桥
GL-4	在低速高扭矩、高速低扭矩下操作的各种齿轮，特别是客车和其他各种车用的双曲线齿轮，规定用 GL-4 级齿轮油。适用于其抗擦性能等于或优于 CRC RGO-105 参考油。该级油已做过各种试验，证明具有 1972 年 4 月 ASTM STP 说明的性能水平	手动变速器、螺旋锥齿轮和使用条件不太苛刻的双曲线齿轮
GL-5	在高速冲击负荷、高速低扭矩、低速条件下操作的各种齿轮，特别是客车和其他车用的双曲线齿轮，规定用 GL-5 级齿轮油。适用于其抗擦性能等于或优于 CRC RGO-110 参考油。该级油已做过各种试验，证明具有 1972 年 4 月 ASTM STP 说明的性能水平	适用于操作条件缓和或苛刻的双曲线齿轮及其他各种齿轮，也可用于手动变速
GL-6	在高速冲击条件下运转的轿车和其他车辆的各种齿轮，特别是大偏移距的双曲线齿轮，偏移距大于 50 mm 或接近大齿轮直径的 25%，规定用 GL-6 级齿轮油，其抗擦性能等于或优于 L-1000，该级油已做过各种试验，证明具有 1972 年 4 月 ASTM STP 说明的性能水平	

2) 车辆齿轮油的粘度分类

世界上广泛采用美国汽车工程学会(SAE)的车辆齿轮油粘度分类法。SAE J360—1991《驱动桥和手动变速器润滑油粘度分类》的规定见表 4-10。本标准采用含字母 W 和不含字母 W 的两组粘度等级系列。粘度等级代号由一组数字和字母 W(70 W、75 W、80 W、85 W 四种)或一组数字(90、140、250 三种)组成，共 7 种。含字母 W 的是冬用齿轮油，它是以低温粘度达到 150 Pa·s 时的最高温度和 100℃时的最低运动粘度划分的。不含字母 W 的是夏用齿轮油，它是以 100℃时的运动粘度范围划分的。

表 4-10　SAE 车辆齿轮油粘度分类

SAE 粘度级号	粘度达到 150 Pa · s 时的最高温度/℃	100℃时的运动粘度/(mm^2/s)	
		最 低	最高
70 W	−55	4.1	
75 W	−40	4.1	
80 W	−26	7.0	
85 W	−12	11.0	
90		13.5	<24.0
140		24.0	<41.0
250		41.0	

2. 我国车辆齿轮油的分类

1) 车辆齿轮油使用性能分类

我国汽车齿轮油 API 使用性能分类共有三级，即普通汽车齿轮油(GL-3)、中负荷汽车齿轮油(GL-4)、重负荷汽车齿轮油(GL-5)，通常后两种又称为双曲线齿轮油。

GB/T 7631.7《润滑剂和有关产品(L 类)的分类第 7 部分：C 组(齿轮)》指出：本分类目前只包括工业齿轮润滑剂，暂不包括发动机车辆齿轮润滑剂。在本标准的“附录 B　我国车辆齿轮油名称与 API(美国石油学会)汽车变速器和驱动桥润滑剂使用分类中各品种的对应关系”中，提出了我国车辆齿轮使用性能分类的参考件(见表 4-11)。

表 4-11　我国车辆齿轮油名称与 API(美国石油学会)使用分类中各品种的对应关系

我 国 油 名	API 的 品 种
普通车辆齿轮油(SH/T0350—1992)	GL-3
中负荷车辆齿轮油(GL-4)	GL-4
重负荷车辆齿轮油(GL-5)(GB13895—1992)	GL-5

2) 车辆齿轮油的粘度分类

GB/T 17477—1998《驱动桥和手动变速器润滑剂粘度分类》指出：本标准等效采用美国汽车工程师协会标准 SAE J306—1991《驱动桥和手动变速器润滑剂粘度分类》(见表 4-10)。

4.3.3　车辆齿轮油的使用注意事项

车辆齿轮油的选择应兼顾使用性能级别的选择和粘度级别的选择两个方面。

1. 使用性能级别的选择

车辆齿轮油使用性能级别的选择主要依赖于齿面压力、滑动速度和油温等工作条件。这些工作条件又取决于传动装置的齿轮类型。例如：双曲线齿轮主减速器工作条件苛刻，对齿轮油使用性能要求高，一般选用重负荷车辆齿轮油。

为减少用油级别，在汽车各传动装置对齿轮油使用性能级别要求相差不太大的情况下，可选用同一级使用性能的齿轮油。

2．粘度级别的选择

车辆齿轮油粘度级别的选择主要依赖于环境最低气温。例如：粘度级为 75 W、80 W 和 85 W 的双曲线齿轮油的最低使用温度分别是－40℃、－26℃和－12℃。也就是说，车辆使用地区的最低温度不应低于上述各所选齿轮油的温度。

3．车辆齿轮油的使用

使用车辆齿轮油时应注意以下几点：

(1) 性能级别低的齿轮油不可以代替高级别的齿轮油使用。例如：若将普通齿轮油加在双曲面齿轮驱动桥中，将使齿轮很快地磨损和损坏。性能级别较高的齿轮油可以用在要求较低的车辆上，但过多降级使用，经济上不合算。

(2) 使用粘度牌号较高的齿轮油，将使燃料消耗显著增加，特别是对高速轿车影响更大，应尽可能使用合适的多级齿轮油。

(3) 考虑齿轮油的使用寿命，如使用单级油，在换季维护时放出的旧油不到换油指标时可在再次换油时加入使用，按换油周期更换新油时，应趁热将旧油放净，并清洗齿轮箱。

4.4 汽车润滑脂

4.4.1 润滑脂的组成及使用特点

1．润滑脂的组成

润滑脂俗称黄油，是一种稠化了的润滑油。它是用一种(或多种)稠化剂稠化一种(或多种)润滑液体制成的，并根据需要加入各种添加剂。

润滑脂由基础油(润滑液体)、稠化剂和添加物(添加剂和填料)三部分组成。

1) 基础油

基础油含量一般占润滑脂质量的 70%～90%。基础油分为矿物油和合成油两大类。以矿物油为基础油的优点是：润滑性能好，粘度范围宽，但一般矿物油不能兼有高低温性能，而合成油则可兼有高低温性能。

2) 稠化剂

稠化剂是润滑脂的重要组分，它是在润滑脂中形成如海绵或蜂窝状的结构骨架，将润滑油包起来，使其失去流动性而成为一种膏状物质。稠化剂对润滑脂的性质有很大的影响，稠化剂的性质和含量决定了润滑脂的粘稠程度以及耐水、耐热等使用性能。

稠化剂含量占润滑脂质量的 10%～30%，主要有皂基稠化剂和烃基稠化剂。

3) 添加剂

添加剂是添加到润滑脂中改进其使用性能的物质，其含量占润滑脂质量的 5%以下。润滑脂常用的添加剂有胶溶剂，抗氧化剂，极压添加剂，防锈、防腐蚀剂，抗水剂，拉丝性增强剂。

4) 填料

填料是润滑脂中的固体添加物，大部分填料本身可作为固体润滑剂。将填料添加到润滑脂中，可提高对流失的抵抗和增强润滑能力。常见的填料有石墨、二硫化钼和炭黑。

2. 润滑脂的使用特点

润滑脂具有以下特点：

(1) 与相似粘度的润滑油相比，润滑脂有较高的承受负荷能力和较好的阻尼性。

(2) 由于稠化剂的吸附作用，故润滑脂的蒸发损失小，高温、高速下的润滑性好。

(3) 润滑脂易附着在金属表面，保护表面不锈蚀，并可防止滴油、溅油污染产品。

(4) 由于稠化剂的毛细作用，故润滑脂可在较宽温度范围和较长时间内逐步放出液体润滑油，起到了润滑作用。

(5) 轴承润滑中，润滑脂还可起到密封作用。

使用润滑脂的缺点是冷却散热作用差、起动摩擦力矩大及更换润滑脂比较复杂。

4.4.2 润滑脂的使用性能

润滑脂的使用性能主要包括稠度、胶体安全性、抗水性和氧化安定性。

1. 稠度

稠度是指润滑脂在受力作用时抵抗变形的能力。稠度大会增加机械运动阻力；稠度过小会因转速过高而被甩掉，因此，润滑脂应具有适当的稠度。

润滑脂稠度的大小取决于稠化剂的含量。稠化剂的含量越多，润滑脂的稠度越大。稠度的评价指标是锥入度。

2. 胶体安定性

胶体安定性是指润滑脂抵抗温度和压力的影响而保持胶体结构的能力，即基础油和稠化剂结合的稳定性。

胶体安定性的评定指标是滴点。滴点是指在规定的条件下加热，润滑脂达到一定流动性时的温度。

3. 抗水性

抗水性是指润滑脂遇水后抵抗结构和稠度等改变的性能。润滑脂的抗水性主要取决于稠化剂的抗水性。

4. 氧化安定性

氧化安定性是指润滑脂在储存和使用中抵抗氧化的能力。氧化安定性差，易生成有机酸，对金属构成腐蚀；同时，会使润滑脂的结构和使用性能也遭到破坏，因此润滑脂要求具有良好的氧化安定性。

4.4.3 润滑脂的使用注意事项

1. 润滑脂的选用

选用润滑脂应考虑工作温度、运动速度和承载的负荷。

汽车轮毂轴承是车用脂润滑的主要部位，一般地，轮毂转速为 300～500 r/min，轮毂轴承工作温度为 70～80℃，但轮毂轴承温度受道路条件影响很大，在山区行驶的汽车由于制动强度和次数的增加，轴承最高温度可达 130℃。同时，汽车在不平路面上行驶时轮毂轴承的负荷比在沥青路面高 3～4 倍。

工作温度高，应选用滴点高的润滑脂；反之，选用滴点低的润滑脂。运动速度大，应选用低稠度级别的润滑脂；反之，应选用高稠度级别的润滑脂。承载负荷大，应选用锥入度小的润滑脂，反之，则选用锥入度大的润滑脂。此外，还要考虑润滑部件的周围环境(如空气的湿度、尘埃以及是否有腐蚀气体等)，特殊环境选用特殊性能的润滑脂。

2．润滑脂的使用

使用润滑脂时应注意以下几点：

(1) 润滑轮毂轴承时宜于采用空毂润滑方法，采用传统的满毂润滑会增加摩擦阻力，耗脂量大，润滑效果与空毂润滑相同。

(2) 推广使用锂基润滑脂，采用锂基脂润滑底盘各润滑点，可以减少用脂品种和底盘润滑作业的劳动量。

(3) 尽量选用低稠度级别的润滑脂，低号脂的价格便宜，且摩擦损失小。

4.5　汽车用其他工作液体

4.5.1　汽车制动液

制动液(也叫刹车油)是汽车液压制动系中传递压力的工作介质，其性能对汽车的行驶安全性有很大的影响。

1．汽车制动液的技术要求

汽车制动液工作时应保持不可压缩性和良好的流动状态。具体的技术要求如下：

(1) 高沸点。现代高速汽车制动强度大，制动过程产生的摩擦热会使制动系温度升高，有时达 150℃以上。如果制动液沸点太低，则高温时蒸发成蒸气，使制动系管路产生气阻，会导致制动失效。

(2) 吸湿性小。水分的沸点低，容易在制动系产生气阻。

(3) 适宜的粘度。粘度合适可保持制动液具有良好的流动性和一定的润滑能力，使系统能顺畅工作，同时，要求制动液在很宽的温度范围内(−40～150℃)保持适当的粘度，使制动液能四季通用。

(4) 安定性好。制动液在高温条件下长期使用时不应产生热分解和缩合使粘度增加，也不允许生成胶质和油泥沉积物。

(5) 皮碗膨胀率小。制动液对橡胶零件有溶胀作用，将使皮碗的体积增加，导致制动失效。

(6) 腐蚀性小，要求制动液不腐蚀金属。

2．国产制动液的品种和牌号

制动液按原料的不同可分为醇型、合成型和矿油型三种。

(1) 醇型制动液。它是用精制的蓖麻油与醇类按一定的比例调合，经沉淀和过滤而制得的制动液，外观为浅绿或浅黄色透明体。该类制动液与合成型制动液相比，适用的温度条件是很低的，且易分层，性能不稳定，故逐步被合成型制动液所取代。

(2) 合成型制动液。它是以合成油为基础油，加入润滑剂和抗氧、防腐、防锈等添加剂制成的制动液。该类制动液具有性能稳定的特点，适合高速、重负荷的汽车使用。

根据美国联邦机动车辆安全标准(FMVSS)，合成型制动液分为 DOT-3、DOT-4、DOT-5 三个规格，这是世界公认的通用标准。美国汽车工程师协会也制定了合成型制动液标准。

我国合成型制动液的标准有 HZY2、HZY3 及 HZY4 三个规格，其沸点分别达 205℃、205℃、230℃以上，其中 HZY3、HZY4 稀释后的沸点分别达到 140℃、155℃以上，各方面指标已接近和达到了 DOT-3、DOT-4、DOT-5 的技术要求。

(3) 矿油型制动液。它以精制的轻柴油馏分为原料，经深度精制后加入粘度指数改进剂、抗氧剂、防锈剂等调合制成，具有良好的润滑性，对金属无腐蚀作用，但对天然橡胶有较强的溶胀作用，使用时必须换用耐矿物油的丁腈橡胶。符合该标准的车用制动液主要有 7 号矿油制动液。

3. 制动液的选择

一般推广使用合成型制动液，它适用于高速、重负荷和制动频繁的轿车和货车。醇型制动液可用于车速较低、负荷不大的轻型货车。矿油型制动液可在各种汽车上使用，但制动系统必须换用耐油橡胶。

4. 制动液的使用

各种制动液不能混用，否则会因制动液分层导致制动失效。更换制动液时必须将制动系统清洗干净，以防止混入水分和其他杂质。制动液在行车 4 万公里或一年应更换，在车辆检查换主泵和皮碗时，最好也更换制动液。制动液长期储存或更换时应注意防火。当制动液由于吸湿导致沸点下降而影响行车安全时，应及时更换制动液。

4.5.2 液力传动油

高档轿车和重载货车多采用自动液力变速器，其工作介质是液力传动油，又称为汽车自动变速器油。

液力传动油在自动变速器的液力变矩器和液力耦合器中作为传递动力的工作介质，同时还充当自动变速器操纵机构液压油和齿轮、轴承的润滑油。因此，它是一种多功能的汽车工作液，要求有全面的技术性能。

具体地说，对液力传动油的技术要求有：适当的粘度和优良的粘温性；良好的热氧化安定性；良好的抗泡沫性；对橡胶密封材料侵蚀小；良好的换挡性能；良好的防锈、抗腐蚀性。

液力传动油是在溶剂精制或加氢精制的基础油中加入多种性能改善添加剂制成的，其组成的复杂程度超过一般润滑油。加入的添加剂有抗氧剂、清净分散剂、金属纯化剂、粘度指数改进剂、抗磨剂、防锈剂、防腐剂、抗泡剂、抗橡胶溶胀剂及油性剂等。

使用液力传动油时，一定要按照汽车使用说明书的要求选用。

4.5.3 发动机冷却液

发动机在工作时，气缸内部要产生高温高压气体。为保证发动机正常工作，应对其进行冷却；同时，为防止发动机在严寒季节发生缸体、散热器和冷却系管道的冻裂，还应对发动机冷却系防冻；另外，还要求冷却系用冷却介质防腐蚀、防水垢等。所以，现代水冷发动机都应使用冷却液。

1．冷却液的使用性能

为保证汽车发动机正常工作和延长发动机使用寿命，要求汽车发动机冷却液应具备以下性能：

(1) 低温粘度小，流动性好。汽车发动机冷却液的低温粘度越小，说明冷却液流动性越好，其散热效果好。

(2) 冰点低。冰点是指液体冷却时所形成的结晶在升温时，其结晶消失一瞬间的温度，以℃表示。如果汽车在低温条件下停放时间较长，而发动机冷却液的冰点达不到应有的温度，则发动机冷却系就会被冻裂。因此，要求发动机冷却液的冰点要低。

(3) 沸点高。沸点是指在发动机冷却系的压力与外界大气压力相平衡的条件下，冷却液开始沸腾的温度，以℃表示。发动机冷却液在较高温度下不沸腾，可保证汽车在满载、高负荷等苛刻工作条件下工作时正常运行。同时，沸点高，蒸发损失也少。特别是对现代电控燃油喷射系统及电子控制点火的发动机来说，因为其燃烧温度高，所以对沸点的要求更高。

(4) 防腐性好。发动机冷却液在工作中，要接触多种金属材料，如果它对金属有腐蚀性，就会影响发动机正常工作，甚至造成事故。为使发动机冷却液有良好的防腐性，要保持冷却液呈碱性状态，冷却液的 PH 值在 7.5～11.0 之间为好。若超出该范围，则会对金属材料产生不利影响。

(5) 不产生水垢，不起泡沫。水垢对发动机冷却系的散热效果影响很大，试验表明，水垢的导热性比铸铁差得多，比铝就差得更多。所以，冷却液在工作中，应不产生水垢。

发动机冷却液若产生气泡，不仅会降低传热性，加剧气蚀，同时还会造成冷却液溢流而损失。另外，还要求汽车冷却液传热效果好，不损坏橡胶制品；热化学安定性好；蒸发损失少；热容量大；价廉、无毒。

2．冷却液的类型

冷却液的种类主要有酒精-水型、甘油-水型及乙二醇-水型等。冷却液的冷却效果主要与酒精、甘油及乙二醇的性质和配制比例有关。

酒精-水型冷却液的优点是流动性好、价格便宜、配制简单，缺点是酒精的沸点低(78.4℃)，蒸发损失大，易燃，蒸发后冰点升高，该冷却液目前已被淘汰。

甘油-水型冷却液的沸点高，蒸发损失小，甘油的冰点为－17℃，而与水混合后冰点更低，最低可达－46.5℃。因为甘油使冰点下降的效率低，不够经济，且甘油吸水性很强使保存密封要求很严等，所以也被淘汰。

乙二醇-水型冷却液(简称乙二醇冷却液)因具有冰点低、沸点高，在腐蚀抑制剂存在下能长期防腐、防垢，其性能远优于水、乙醇和甘油型冷却液而被广泛使用。乙二醇是一种无色粘稠液体，能与水以一定比例混合。其沸点为 197.4℃，相对密度为 1.113，冰点为－11.5℃，但与水混合后，其冰点可显著降低，最低可达－68℃。乙二醇冷却液的冰点与乙二醇含量的关系见表 4-12 所示。

表 4-12　乙二醇冷却液的冰点与乙二醇含量的关系

冰点/℃	乙二醇/%	相对密度(20/4℃)	冰点/℃	乙二醇/%	相对密度(20/4℃)
−10	28.4	1.0340	−35	50	1.0671
−15	32.8	1.0426	−40	54	1.0713
−20	38.5	1.0506	−45	57	1.0746
−25	45.3	1.0586	−50	59	1.0786
−30	47.8	1.0627	−11.5	100	1.1130

我国汽车发动机冷却液现行标准是 SH0521—1999《汽车及轻负荷发动机用乙二醇型冷却液》(代替 SH0521—1992)。本标准等效采用美国材料与试验协会标准 ASTM D3306—1994《轿车及轻型卡车用的乙二醇型发动机冷却液》。本标准规定了汽车和轻负荷发动机用乙二醇冷却液及其浓缩液的技术要求。本标准所属产品适用于汽车和轻负荷发动机冷却系，不适用于重负荷发动机冷却系。

乙二醇-水型冷却液按冰点分为−25 号、−30 号、−35 号、−40 号、−45 号和−50 号六种牌号，具有防腐、防冻、防沸及防垢等性能，属长效冷却液，四季通用。

3. 冷却液的选用

在选用冷却液时，选用冰点要比车辆运行地区的最低气温低 10℃左右。

关于乙二醇冷却液的最低和最高使用浓度，一般规定最低使用浓度为 33.3%(V/V)，此时冰点不高于−18℃，低于此浓度时，则冷却液的防腐蚀不够；最高使用浓度为 69%(V/V)，此时冰点为−68℃，高于此浓度时，则冰点上升。全年使用冷却液的车辆其最低使用浓度以 50%(V/V)左右为宜。

除选好冷却液外，使用时应特别注意以下几点：

(1) 加注冷却液前应对发动机冷却系进行清洗，最简单的方法是打开散热器放水阀，用自来水从加水口冲洗。

(2) 冲洗后，加注冷却液，并检查冷却液的密度(在散热器加水口就可以)。

(3) 乙二醇-水型冷却液在使用中蒸发的一般是水，应及时添加适量的水。但时间长了以后(如每年入冬前)应检查冷却液的密度，如密度变小，就说明乙二醇含量不足，冰点高，应及时加充冷却液(或浓缩型冷却液)。

(4) 在使用乙二醇-水型冷却液时，应注意乙二醇有毒，切勿用口吸。

(5) 冷却液在使用一定时间后，应更换。因为使用过程中要消耗冷却液中的添加剂。一般规定使用时间为 1～2 年，或按照冷却液使用说明执行。

(6) 不同牌号冷却液不可混用。

4.5.4　减振器油

减振器油是汽车减振器的工作介质，其主要作用是将振动能转变为热能，起到减振或阻尼的效果。

减振器油的主要技术要求是：适宜的粘度、低凝点，以适应在寒区的环境下使用；良好的粘温性，以保证在工作温度变化时能维持适当的粘度；良好的氧化安定性、防腐性和抗磨性。

减振器油按成分中基础油分类，可分为矿油型和硅油型，其质量指标相似。

目前，减振器油的品种不多，选用时应选具有优良性能的减振器油和选用符合质量要求的减振器油。车用减振器油属于特殊润滑剂，目前尚无专门的分类。

减振器在使用中要注意保持密封良好，无渗漏现象。当汽车行驶 40 000～50 000 km 时，应结合定期维护拆检减振器，同时更换减振器油。

4.5.5　汽车空调制冷剂

汽车空调制冷剂是空调装置的工作介质，其通过压缩和膨胀蒸发吸收热量，从而产生制冷效应。

1. 对汽车空调制冷剂的技术要求

汽车空调制冷剂的技术要求如下：

(1) 对人体无毒无害，泄露时能发出使人觉察的气味。

(2) 不易燃，不爆炸。

(3) 蒸发潜热大，且易于液化。

(4) 化学性质稳定，无腐蚀性，对金属零件、橡胶密封元件无侵蚀作用。

(5) 与润滑油无亲和作用，可与冷冻机油以任意比例相溶。

(6) 有利于环境保护。

2. 汽车空调制冷剂的品种

目前我国车用空调制冷剂尚无专门的分类，从环保无公害的角度看，汽车空调制冷剂主要分为两类：一类是对大气臭氧层有破坏作用的 R-12(CFC-12)；另一类是环保无公害的汽车制冷剂，主要有 R-134a(HFC-134a)。其中的 R 是制冷剂(Refrigerant)的第一个字母。

R-12 和 R-134a 都是氟利昂(CFCs)制冷剂。

R-12 制冷剂是早期广泛使用的制冷剂，具有制冷能力强、化学性质稳定、与冷冻机油相容性好及安全性好等优点。但是，研究表明，R-12 的组成元素内含氯，氯与大气中的臭氧(O_3)反应，导致大气中臭氧层被破坏，太阳紫外线辐射得不到节制，强度过高，对人类和生物带来危害，严重危害地球的生态环境。

R-134a 是 R-12 的替代产品，其分子组成中不含元素氯，是一种不破坏臭氧层的绿色环保的制冷剂。

使用 R-12 时应注意：制冷剂容器避免日光直射，火炉烘烤，以防发生意外；避免与人的皮肤直接接触，以防冻伤，尤其避免误入眼睛，以防失明；尽管 R-12 是无毒或低毒，但与火焰接触时，会产生毒气；操作现场应通风良好。

使用 R-134a 时，除了要注意上述问题外，还应注意：干燥剂应用 XH-7，并增加用量；冷冻机油应用适于 R-134a 的专用油；制冷系密封材料应用专用材料。

在进行维修或加注制冷剂时，要特别注意绝对避免 R-12 与 R-134a 混用。在使用新型制冷剂的汽车发动机和压缩机上必须以醒目的标记加以提示。新型空调系统的使用与维修也必须按照专门的操作规程操作。

我国有关部门对汽车空调制冷剂替代工作已有明确规定。到 2010 年以新的制冷剂 R-134a 全面淘汰 R-12 制冷剂，新的汽车空调装置制冷剂的加注接口采用不同规格的螺纹。

新制冷剂空调装置及其配件应采用绿色标志。

4.6 汽车轮胎

轮胎是汽车行驶系的主要组成部分之一。轮胎的合理使用，关系到汽车的安全、能源的节约和汽车运输成本的降低。轮胎的技术状况可使汽车油耗在 10%～15%范围内变化，轮胎费用约占汽车运输成本的 10%以上。

4.6.1 轮胎的类型和结构

按不同的用途，轮胎可分为轿车轮胎、货车轮胎、大客车轮胎和越野汽车轮胎；按胎体结构，轮胎可分为实心轮胎、充气轮胎和特种轮胎。

现代汽车广泛采用充气轮胎，按不同的分类方法，又有很多类型。

(1) 按照其不同的结构，又可分为有内胎轮胎和无内胎轮胎。

(2) 按充气压力的大小，又可分为高压胎(气压为 0.5～0.7 MPa)、低压胎(气压为 0.2～0.5 MPa)和超低压胎(气压为 0.2 MPa 以下)。

目前，轿车、载货汽车多采用低压胎，因为低压胎弹性好、断面宽，与道路接触面大，壁薄而散热性良好。这些特点可提高汽车的行驶平顺性和操纵稳定性。此外，还可以延长轮胎和道路的使用寿命。超低压胎适用于在坏路条件下行驶的越野汽车，能提高汽车的通过性。

(3) 按照胎面花纹，可分为普通花纹轮胎、混合花纹轮胎和越野花纹轮胎。

(4) 按照胎体中帘线排列方向，可分为普通斜交轮胎和子午线轮胎。

1. 有内胎轮胎的结构

有内胎轮胎由外胎、内胎和垫带等组成，如图 4-2 所示。

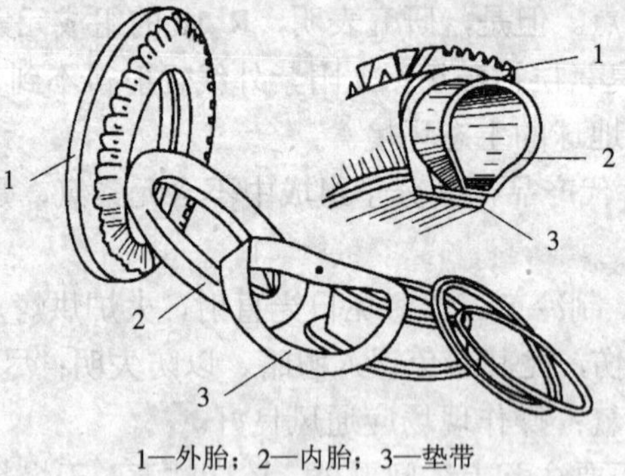

1—外胎；2—内胎；3—垫带

图 4-2　有内胎轮胎的结构

1) 外胎

外胎主要由胎面橡胶层、缓冲层或带束层、帘布层和胎圈等四部分组成。如果再细一些，则有胎面花纹、防擦线、胎踵、胎圈底面、胎趾等名称。外胎结构材料的名称有胎面、胎侧胶、帘布层、气密层、钢丝圈、胎圈包布、带束或缓冲层等。外胎的结构如图 4-3 所示。

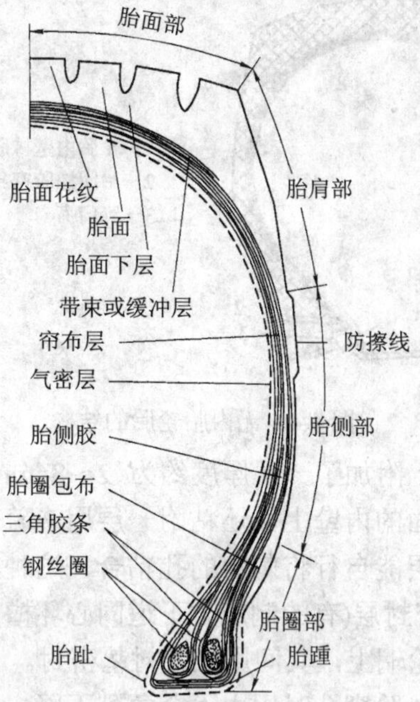

图 4-3　外胎的结构

胎面橡胶层是指保护轮胎外部的橡胶层，具体分为胎面部(胎冠)、胎肩部、胎侧部等。胎面部(胎冠)是与路面直接接触的部分；胎肩部是胎冠到胎侧的部分；胎侧部是胎肩到胎圈的部分。

普通斜交轮胎是胎冠到帘布层的部分，即缓冲层。其作用在于：一是由于帘布层较软，胎冠面较硬，则设置缓冲层可防止轮胎工作时胎肩帘布层变形时相差过大而剥离；二是能缓和路面冲击。子午线轮胎和带束斜交轮胎是胎冠到帘布层的部分，叫带束层，与胎面中心线交角较小，一般起缓冲作用。子午线轮胎还对帘布层起箍紧约束作用。

帘布层是由若干层帘线叠合而成，其作用是承受轮胎内部气压。帘布层帘线的排列方式对轮胎的性能影响很大。

胎圈是轮胎与轮辋直接配合的部分，胎圈的心部包裹着经过防锈处理的电镀钢丝卷制而成的钢丝圈。为防止外胎拆卸时被擦伤，在胎圈外层贴有胎圈芯包布。

2) 内胎

内胎是装在外胎里面的带有气门嘴的弹性橡胶管，作用是对压缩空气保持气密性。

3) 垫带

垫带是一个环形橡胶带，安装在内胎与轮辋之间，以防止内胎被轮辋和外胎的胎圈擦伤。

2. 无内胎轮胎的结构

无内胎轮胎没有内胎和垫带，空气直接充入外胎中，因此要求外胎和轮辋之间要有很好的气密性。无内胎轮胎的结构如图 4-4 所示。

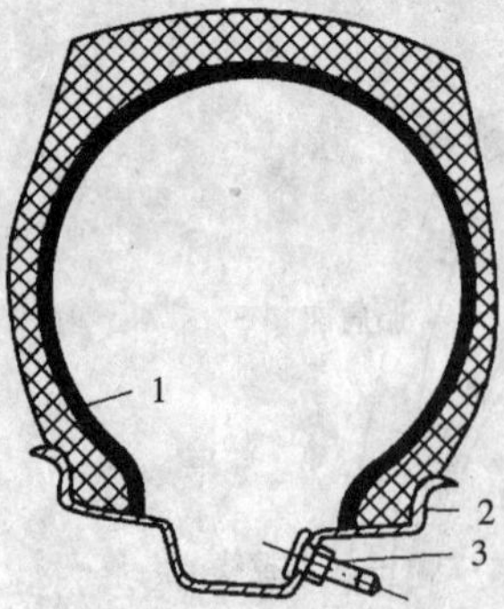

图 4-4　无内胎轮胎的结构

无内胎轮胎的外胎内壁上附加了一层厚度约为 2～3 mm 的专门用来封气的橡胶密封层，有的在密封层正对着胎面的内壁上，还粘附一层用未硫化橡胶的特殊混合物制成的自粘层。当轮胎穿孔时，自粘层能自行将刺穿的孔粘合，这种轮胎叫做有自粘层的无内胎轮胎。在胎圈外侧有一层橡胶密封层(有的制成若干道同心环槽)，用以增加胎圈与轮辋贴合的密封性。气门嘴直接固定在轮辋上，其间用橡胶衬垫密封。

无内胎轮胎的优点是：轮胎穿孔时压力不会急剧下降，能继续安全行驶；由于没有内胎，故摩擦生热少，散热快，工作温度低，使用寿命长，适宜高速行驶；结构简单，质量较小。

无内胎轮胎的缺点是：自粘层只有在穿孔尺寸不大时方能粘合；有自粘层的无内胎轮胎，当天气炎热时，自粘层可能软化而向下流动，从而破坏车轮平衡。

无内胎轮胎必须配用深槽式轮辋，在轿车上应用较多，奥迪 100、上海桑塔纳轿车都采用无内胎轮胎。

3．不同胎面花纹轮胎的特点

普通花纹有纵向花纹(见图 4-5(a))和横向花纹(见图 4-5(b))两种，其特点是花纹细而浅，花纹块接地面积大，适用于较好路面。纵向花纹轮胎的滚动阻力小，防侧滑和散热性好，噪声低，高速性能好，轿车和载货汽车均可使用。横向花纹轮胎的耐磨性能好，仅用于载货汽车。

混合花纹(见图 4-5(c)、(d))是介于普通花纹和越野花纹之间的胎面花纹，其花纹较普通花纹粗，通常在胎面中间为菱形花纹或纵向锯齿形花纹，两边为横向越野花纹。在良好沥青混凝土路面上行驶时，混合花纹的耐磨性比越野花纹的好；而在泥雪路面上行驶时，胎面两边的横向花纹沟有良好排泥性能，可保证良好的附着性。因此，混合花纹轮胎对不同路面的适应性强。

越野花纹(见图 4-5(e)、(f)、(g)、(h))的沟槽深而宽，花纹接地面积小，防滑性好，越野能力强，花纹有无向的马牙形(见图 4-5(f))和有向的人字形(见图 4-5(e))等。越野花纹轮胎适用于在矿山、建筑工地以及其他一些松软路面上使用的越野汽车。安装人字形花纹轮胎时，花纹“人”字尖端的指向要与汽车前进时车轮旋转方向一致，以提高排泥性能。越野花纹轮胎不易在较好路面上使用，否则行驶阻力加大，油耗增加，而且加速花纹的磨损。

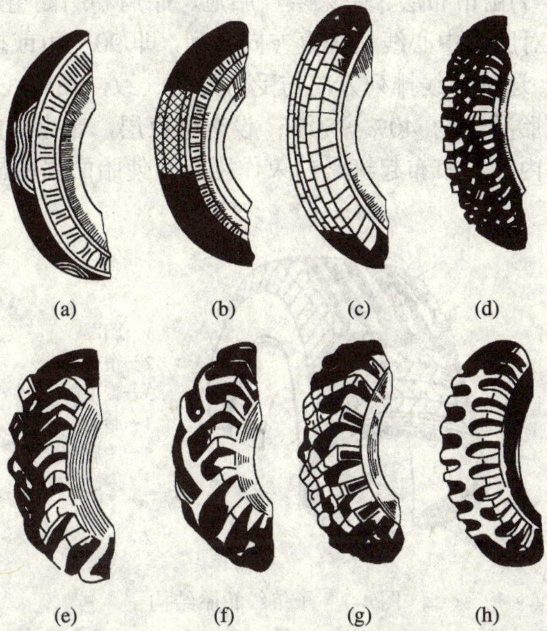

图 4-5　轮胎花纹

(a)、(b) 普通花纹；(c)、(d) 混合花纹；(e)、(f)、(g)、(h) 越野花纹

4. 不同胎体中帘线排列方向轮胎的特点

普通斜交轮胎如图 4-6 所示由胎面、帘布层、带束层等组成。用制作工艺说明此种轮胎的结构较易理解。此种轮胎的成形过程是：用细的横线与粗的纵向轮胎帘线织成布，并在布的两面薄薄地涂上生胶，这就称为帘布；再把此帘布斜方向剪断(斜切)，裁剪下来的布称为帘布层；将帘布层贴合于成型圆筒上，这样，轮胎的胎体部就形成了，称这种轮胎为斜帘布层轮胎，简称斜交轮胎，名称由此而来。

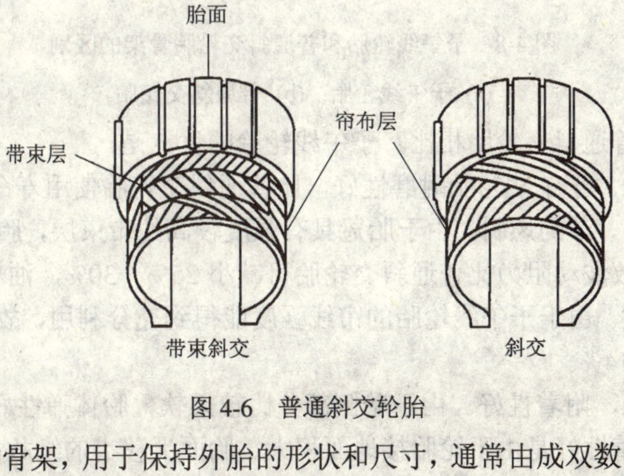

图 4-6　普通斜交轮胎

帘布层是外胎的骨架，用于保持外胎的形状和尺寸，通常由成双数的多层挂胶布(帘布)用橡胶贴合而成。帘布层的帘线与子午断面(即垂直胎面中心线的断面)的交角，叫做胎冠角。普通斜交轮胎的胎冠角为 52°～54°。普通斜交轮胎的胎体坚固，胎侧不易损坏，在低速行驶时乘坐舒适性好，价格较便宜，但其滚动阻力大，使用寿命短。

子午线轮胎(见图 4-7)由帘布层、带束层、胎冠、胎肩和胎圈组成，并以带束层箍紧胎体。胎体帘布层帘线相对胎面中心线呈垂直方向排列，即 90° 角(或接近 90° 角)。它的结构特点是：胎冠角为 0°，这种帘线排列方向与受力方向一致，使帘线强度能得到充分利用，帘布层数比普通斜交轮胎减少约 40%～50%；设有带束层，带束层的帘线与胎面中心线交角很小，一般在 20° 以内，对帘布起箍紧约束作用，并使胎面强度显著提高。

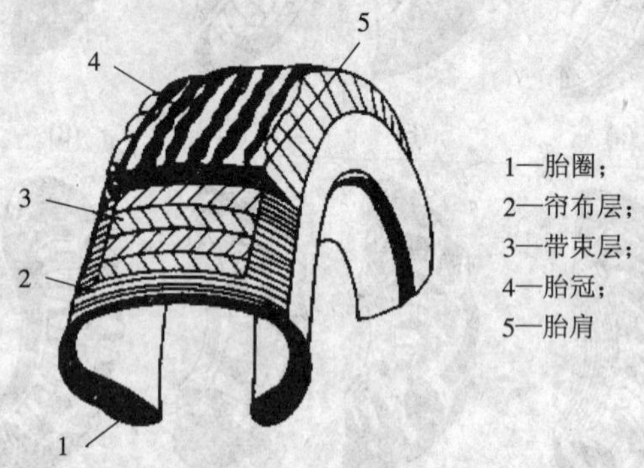

图 4-7　子午线轮胎结构

子午线轮胎和普通斜交轮胎骨架的区别见图 4-8。

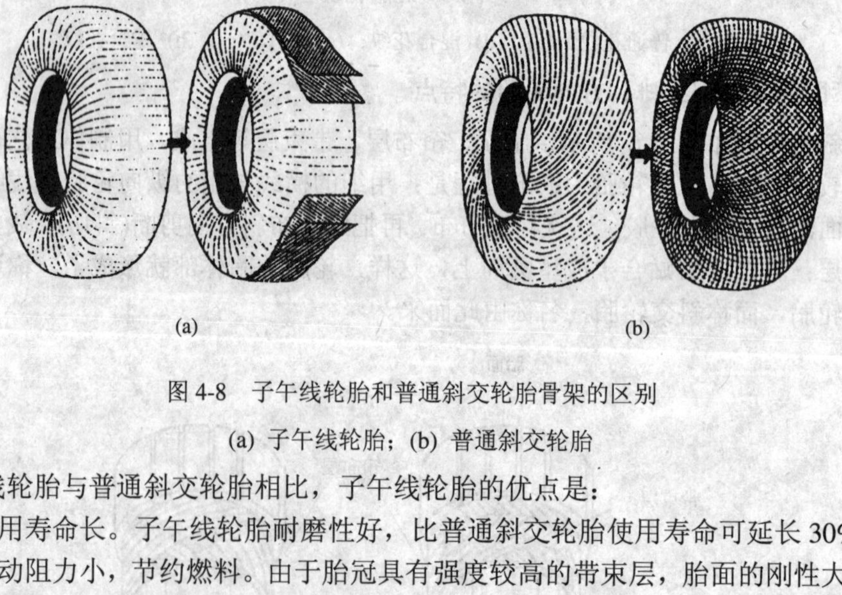

图 4-8　子午线轮胎和普通斜交轮胎骨架的区别

(a) 子午线轮胎；(b) 普通斜交轮胎

子午线轮胎与普通斜交轮胎相比，子午线轮胎的优点是：

(1) 使用寿命长。子午线轮胎耐磨性好，比普通斜交轮胎使用寿命可延长 30%～50%。

(2) 滚动阻力小，节约燃料。由于胎冠具有强度较高的带束层，胎面的刚性大，轮胎滚动时弹性变形小，故波动阻力比普通斜交轮胎可减小 25%～30%，油耗可降低 8%左右。

(3) 承载能力大。由于子午线轮胎的帘线强度能得到充分利用，故承载能力大，比普通斜交轮胎提高约为 14%。

(4) 缓冲能力强，附着性好。由于胎侧部分比较柔软，胎体弹性好，能吸收冲击能量，故缓冲能力强。附着性好是由于轮胎接地面积大、胎面滑移小的缘故。

子午线轮胎的缺点是：胎侧易裂口，制造技术要求高，成本高，翻新困难。

由于子午线轮胎的综合性能明显优越于普通斜交轮胎，因此，其应用前景将会越来越广阔，上海桑塔纳、奥迪、捷达、红旗和富康等轿车均装用子午线轮胎。

4.6.2　轮胎的规格及其表示方法

1．轮胎的主要尺寸

轮胎的主要尺寸(见图 4-9)包括轮胎断面宽度 B、轮辋名义直径 d、轮胎断面高度 H、轮胎外直径 D、负荷下静半径和滚动半径等。

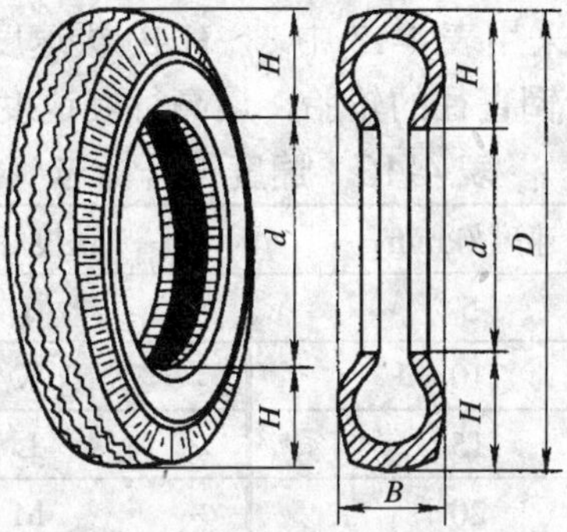

图 4-9　轮胎的主要尺寸

(1) 轮胎断面宽度 B：指轮胎按规定气压充气后，轮胎外侧面间的距离。

(2) 轮辋名义直径 d：指轮辋规格中直径大小的代号，与轮胎规格中相对应的直径一致。

(3) 轮胎断面高度 H：指轮胎按规定气压充气后，轮胎外直径与轮辋名义直径之差的一半。

(4) 轮胎外直径 D：指轮胎按规定气压充气后，在无负荷状态下胎面最外表的直径。

(5) 负荷下静半径：指轮胎在静止状态下只承受法向负荷作用时，由轮轴中心到支承平面的垂直距离。

(6) 滚动半径：指车轮旋转运动与平移运动的折算半径。滚动半径 r 按下式计算：

$$\mathrm{r}=\frac{S}{2\pi n_{\mathrm{w}}}$$

式中：S——车轮移动的距离(mm)；

n_{w}——车轮转过的圈数。

2．轮胎的高宽比和轮胎系列

轮胎的高宽比是指轮胎断面高度 H 与轮胎断面宽度 B 的百分比，表示为 H/B%。轮胎系列就是用轮胎的高宽比的名义值大小(不带%)表示的，例如“80”系列、“75”系列和“70”系列等。

3．轮胎的层级

轮胎的层级是表示轮胎承载能力的相对指数，主要用于区别尺寸相同但结构和承载能力不同的轮胎。轮胎的层级数与轮胎帘布层的层数是两个不同的概念，就是说轮胎的层级不代表轮胎帘布层的层数。轮胎层级常用 PR(PLA RATING)表示。

4．轮胎最高速度和速度级别符号

轮胎最高速度是指在规定条件(路面级别、轮辋名义直径)下，在规定的持续行驶时间(持续行驶最长时间为 1 h)内，允许使用的最高速度。

将轮胎最高速度(km/h)分为若干级，用字母表示，叫做速度级别符号。国际标准化组织(ISO)制定的速度符号标志(见表 4-13)的特点是对各种速度均给一个代号。该表规定的速度等级代号既适用于轿车轮胎，也适用于货车轮胎，但是它们的含义不完全相同。对于轿车轮胎(P 到 S 级)，是指不许超过的最高速度；对于货车轮胎(F 到 N 级)，是指随负荷降低可以超过的参考速度。我国采用国际标准化组织(ISO)规定的速度标志。根据 GB2978—89《轿车轮胎系列》规定，轿车轮胎采用表 4-13 中 L～H 10 级速度标志符号及对应的最高行驶速度。同时，还要求对于不同轮辋直径的轮胎，最高行驶速度应符合表 4-14 的规定。

表 4-13 速度符号标志

速度标志	速度/(km/h)	速度标志	速度/(km/h)
A_1	5	J	100
A_2	10	K	110
A_3	15	L	120
A_4	20	M	130
A_5	25	N	140
A_6	30	P	150
A_7	35	Q	160
A_8	40	R	170
B	50	S	180
C	60	T	190
D	65	U	200
E	70	H	210
F	80	V	240
G	90		

表 4-14 不同轮辋直径轮胎的最高行驶速度

轮胎结构	速度级别	不同轮辋直径轮胎的最高行驶速度/(km/h)		
		10	12	≥13
斜交轮胎	P	120	135	150
子午线轮胎	Q	135	145	160
子午线轮胎	S	150	165	180
子午线轮胎	H		195	210

5．轮胎负荷指数和轮胎负荷能力

轮胎负荷指数是指在规定条件(轮胎最高速度、最大充气压等)下轮胎负荷能力的数字符号。轮胎负荷指数用 LI 表示，轮胎负荷能力用 TLCC 表示。轮胎负荷指数目前有 0，1，2，…，279 共 280 个，表 4-15 摘录了一部分轮胎负荷指数(LI)与轮胎负荷能力(TLCC)的对应关系。

表 4-15　轮胎负荷指数(LI)与轮胎负荷能力(TLCC)的对应关系

轮胎负荷指数(LI)	轮胎负荷能力(TLCC)/N	轮胎负荷指数(LI)	轮胎负荷能力(TLCC)/N
79	4370	84	5000
80	4500	85	5150
81	4620	86	5300
82	4750	87	5450
83	4870	88	5600

6. 我国轮胎规格的表示方法

1) 轿车轮胎规格

GB9743—1997《轿车轮胎》和 GB/T2978—1997《轿车轮胎系列》均规定了轿车轮胎规格的表示方法。

(1) 斜交轮胎表示方法：

例：6.70-13-6PR

式中：6.70——轮胎层级(6 层级)；

13——轮辋名义直径(13 in)；

6PR——轮胎名义断面宽度(in)。

(2) 子午线轮胎表示方法：

例：185/70 R 13 86 T

式中：185/70——轮胎名义断面宽度(185 mm)；

70——轮胎系列(70 系列)；

R——子午线轮胎代号(英语单词“Radial”的缩写)；

13——轮辋名义直径(13 in)；

86——负荷指数(最大负荷为 530 kgf)；

T——速度级别(最高行驶速度为 190 km/h)。

2) 载货汽车轮胎规格

GB/T2977—1997《载重汽车轮胎系列》按照载货汽车类型规定了载货汽车轮胎规格新的表示方法。

(1) 微型载货汽车普通断面斜交轮胎表示方法：

例：4.5-12 ULT

式中：4.5——轮胎名义断面宽度(4.5 in)；

12——轮辋名义直径(12 in)；

ULT——微型载货汽车轮胎代号。

(2) 轻型载货汽车普通断面斜交轮胎表示方法：

例：6.50-15 LT

式中：6.50——轮胎名义断面宽度(6.5 in)；

15——轮辋名义直径(15 in)；

LT——轻型载货汽车轮胎代号。

(3) 轻型载货汽车普通断面子午线轮胎表示方法：

例：6.50R15 LT

式中：6.50——轮胎名义断面宽度(6.5 mm)；

R——子午线轮胎代号(英语单词“Radial”的缩写)；

15——轮辋名义直径(15 in)；

LT——轻型载货汽车轮胎代号。

(4) 轻型载货汽车斜交公制系列轮胎表示方法：

例：215/70 14 LT

式中：215——轮胎名义断面宽度(215 mm)；

70——轮胎系列(70 系列)；

14——轮辋名义直径(14 in)；

LT——轻型载货汽车轮胎代号。

(5) 轻型载货汽车子午线公制系列轮胎表示方法：

例：215/70R 14 LT

式中：215——轮胎名义断面宽度(215 mm)；

70——轮胎系列(70 系列)；

R——子午线轮胎代号(英语单词“Radial”的缩写)；

14——轮辋名义直径(14 in)；

LT——轻型载货汽车轮胎代号。

(6) 中型、重型载货汽车普通断面斜交轮胎表示方法：

例：9.00-20

式中：9.00——轮胎名义断面宽度(9 in)；

- ——低压轮胎代号；

20——轮辋名义直径(20 in)。

(7) 中型、重型载货汽车普通断面子午线轮胎表示方法：

例：9.00 R 20

式中：9.00——轮胎名义断面宽度(9 in)；

R——子午线轮胎代号(英语单词“Radial”的缩写)；

20——轮辋名义直径(20 in)。

(8) 中型载货汽车普通断面子午线轮胎无内胎轮胎表示方法：

例：8 R 22.5

式中：8——轮胎名义断面宽度(8 in)；

R——子午线轮胎代号(英语单词“Radial”的缩写)；

22.5——无内胎轮辋名义直径(22.5 in)。

(9) 中型载货汽车斜交无内胎公制系列轮胎表示方法：

例：245/75 22.5

式中：245——轮胎名义断面宽度(245 mm)；

75——轮胎系列(75 系列)；

22.5——无内胎轮辋名义直径(22.5 in)。

(10) 重型载货汽车子午线无内胎公制系列轮胎表示方法：

例：245/75 R 22.5

式中：245——轮胎名义断面宽度(245 mm)；

75——轮胎系列(75 系列)；

R——子午线轮胎代号(英语单词“Radial”的缩写)；

22.5——无内胎轮辋名义直径(22.5 in)。

7．美国轮胎规格的表示方法

美国汽车轮胎的规格用以下形式表示：

字母　数字/数字　字母　数字

式中：字母——轮胎用途(P 为轿车，T 为暂定，C 为商用运输)；

数字——轮胎名义宽度(mm)；

数字——轮胎系列；

字母——轮胎结构类型(R 为子午线，B 为带束斜交，D 为斜交)；

数字——轮辋名义直径(in)。

例：P 205/75 R15

式中：P——轿车轮胎代号；

205——轮胎名义断面宽度(205 mm)；

75——轮胎系列(75 系列)；

R——子午线轮胎代号(英语单词“Radial”的缩写)；

15——轮辋名义直径(15 in)。

8．欧洲轮胎规格的表示方法

欧洲轮胎轮辋标准化组织(EIRTO)规定轿车轮胎规格用以下形式表示：

数字/数字　R　数字　数字　字母

式中：数字——轮胎名义断面宽度(mm)；

数字——轮胎系列；

R——子午线轮胎代号(英语单词“Radial”的缩写)；

数字——轮辋名义直径(in)；

数字——负荷指数(见表 4-15)；

字母——速度标志(表 4-13)。

4.6.3　轮胎的使用与维护

1．影响轮胎的使用寿命的因素

轮胎气压、负荷、汽车行驶速度、气温、道路条件、汽车技术状况、驾驶方法、维修质量和管理水平等因素对轮胎使用寿命影响很大。

1) 轮胎气压的影响

“气压是轮胎的生命”，轮胎气压不同，所承受的负荷就不同。轮胎气压偏离标准是轮胎早期损坏的主要原因，尤以气压不足对轮胎的危害最大。

轮胎气压越低，胎侧变形越大，使胎体帘线产生较大的交变应力。由于帘线能承受较大的伸张变形，而承受压缩变形的能力较差，故周期性的压缩变形会加速帘线的疲劳破坏。轮胎以低压状态滚动时，除增大胎体的应力外，还因摩擦加剧而使轮胎温度升高，降低了橡胶和帘线的抗拉强度。

试验表明，轮胎气压降低 20%，轮胎使用寿命约降低 15%以上。

当轮胎气压过高时，造成轮胎接地面积小，增大了单位面积上的负荷，同时轮胎弹性小，因胎体帘线过于伸张，应力增大，由此造成胎冠磨损增加。如汽车在不良路面上行驶时，由于车轮承受的动负荷大，故易使胎面剥离或爆胎。气压过高对轮胎的磨损强度虽比气压不足时要小，但爆破的可能性却增大了。

2) 轮胎负荷的影响

轮胎所承受的最大负荷，设计时已经限定。超载时，外胎损坏特点与气压低时类似，胎侧弯曲变形大。但轮胎超载时受力和变形状态比气压低时更恶化，轮胎的损坏就更加严重。

3) 汽车行驶速度和气温的影响

汽车行驶速度过高，轮胎使用寿命缩短。其原因是：高速行驶时轮胎面与路面摩擦频繁，滑移量大，使胎体温度升高，结果导致轮胎气压增高；汽车高速行驶时，动负荷大，会造成轮胎的损伤。

气温对轮胎的使用寿命的影响也很大，尤其在气温和车速均高时，轮胎使用寿命会明显缩短，其根本原因都是轮胎气压急剧升高。

4) 道路条件的影响

影响轮胎使用寿命的道路因素主要是路面材料和平坦度。它们关系到摩擦力和动负荷的大小，由此影响轮胎的使用寿命。

5) 汽车技术状况的影响

汽车底盘(尤其是行驶系)的技术状况不良，会造成轮胎的异常磨损。如轮辋变形、轮毂轴承松旷、车轮不平衡会造成轮胎磨损成多边形或波浪形，轮辋偏心、轮毂与转向节轴偏心或转向节轴完全会造成轮胎一侧局部磨损等。

6) 驾驶方法的影响

轮胎的使用寿命与汽车驾驶方法紧密相关，例如起步过猛使驱动轮上的负荷骤然增加，轮胎与地面发生强烈的摩擦，并易发生滑转现象，增加轮胎磨损。紧急制动时，轮胎由滚动变为滑移，局部胎面受到剧烈摩擦产生高温，使胎面胶软化而加剧磨损。同时在缓冲层和帘布层中产生较大的剪切应力，会使胎面花纹发生崩裂，胎面胶脱或胎体脱层。转弯过急，使车轮侧向滑移，增加脸面磨损，并使胎侧过度变形，在胎圈部位产生很大应力，可使胎圈破裂，胎体脱层，甚至爆破。行驶中轮胎碰撞障碍物，使轮胎受到强烈冲击，引起过度变形，损坏帘布层。

7) 轮胎维护质量的影响

不认真执行轮胎强制维护的原则，就不能保持轮胎的良好技术状况，也会影响轮胎的使用寿命。

8) 轮胎管理技术的影响

不执行轮胎装运技术要求，轮胎保管条件不良或方法不当，也将引起轮胎早期损坏。

轮胎与矿物油、酸类物质和化学药品接触，会使橡胶、帘布层遭受腐蚀。保管期间受阳光照射，室温过度或空气过分干燥，会加速轮胎老化；空气中水分过多，轮胎受潮，会使帘布层霉烂变质。内胎折叠存放，会产生裂痕，外胎堆叠，将引起变形。

2. 汽车轮胎的正确使用

轮胎的合理使用是延长其使用寿命的根本途径，使用中应注意以下问题：

(1) 保持轮胎气压正常。

(2) 防止轮胎超载。

(3) 合理搭配轮胎。合理搭配轮胎的目的是使整个汽车上的几条轮胎尽量磨损一致，使其同等寿命。搭配轮胎的原则如下：装用新轮胎时，同一车轴上装配同一规格、结构、层级和花纹的轮胎；货车双胎并装的后轮，还需加上同一品牌。装用成色不同的轮胎时，前轮尽量使用最好的轮胎，备用轮胎使用较好的轮胎，直径较大的轮胎应该装在双胎并装的后轮外挡，翻新轮胎不得用于转向轮。

(4) 精心驾驶车辆。驾驶操作要领是：起步平稳，避免轮胎滑转；均匀加速，中速行驶，避免急加速和急减速；选择路面，避免在不良路面上行驶；转弯减速，避免高速转弯引起的轮胎横向滑移；以滑代制，避免紧急制动造成的轮胎拖磨。

(5) 保持良好的底盘技术状况。轮胎的异常磨损与底盘技术状况有关，如前轮定位中的前轮外倾与前轮前束配合不当、轮毂轴承松旷、转向传动机构间隙过大、车轮不平衡、轮辋变形、悬架与车架变形或制动技术状况不良等。

前轮外倾与前轮前束配合不当将产生侧向力，使轮胎横向滑移而引起磨损。

轮毂轴承松旷、转向传动机构间隙过大、车轮不平衡、轮辋变形等，会使汽车轮胎在行驶中发生纵向的跳动或横向的摆动，使车轮非正常磨损加剧。

悬架与车架变形，将使车轮定位发生变化，并使车轮着地位置发生变化或产生侧向力，引起轮胎的磨损。

车轮制动器调整不当，各轮制动力不均匀或制动力不易解除，会造成胎面磨损加剧。

(6) 做好日常维护。日常维护包括出车前、行车中和收车后的检视。日常维护主要是检视轮胎气压是否符合规定；检查轮胎螺母有无松动；清理轮胎夹石和有无不正常的磨损与损伤，并及时消除造成不正常磨损和损伤的因素。

3. 汽车轮胎的维护

要认真执行 GB/T9768—2000《轮胎使用与保养规程》、JT/T 303—1996《汽车轮胎使用与维修要求》和 JT/T242—1995《汽车运输业企业轮胎技术管理制度》等规定，切实做好汽车的维护工作。

汽车轮胎的维护包括一级维护和二级维护。

1) 一级维护

一级维护的内容有检查轮胎螺母是否紧闭、气门嘴是否漏气、气门帽是否齐全，如发现损坏，立即修理补齐；挖出夹石和花纹中的石子、杂物；检查轮胎气压，按标准补足；检查轮胎有无与其他机件刮碰现象，备胎架是否完好、紧固，如不符合要求应于排除，完成上述操作后应填写维护记录。

2) 二级维护

二级维护是指除执行一级维护的各项作业外，还应拆卸轮胎，按轮胎标准测量胎面花纹磨耗、周长及断面宽的变比，作为换位和拆卸的依据；进行轮胎解体检查，即检查胎冠、胎肩、胎侧及轮胎内有无内伤、脱层、起鼓和变形等现象，检查内胎、垫带有无咬伤、折皱现象，气门嘴、气门芯是否充好，检查轮辋、挡圈和锁圈有无变形、锈蚀，根据情况进行涂漆处理；检查轮辋螺栓孔有无过度磨损或损裂现象；排除解体检查所发现的故障后，进行装合和充气；高速车应进行轮胎的动平衡试验，并按规定进行轮胎换位；若发现轮胎有不正常的磨损或损坏，应查明原因，予以排除，完成后填写相应的维护记录。

复习思考题

1. 燃料的主要成分是什么？
2. 汽油和柴油的使用性能有哪些？如何选用汽油和柴油？
3. 发动机润滑油的使用性能有哪些？主要评价指标是什么？
4. 发动机润滑油使用时的注意事项有哪些？
5. 齿轮油使用时的注意事项有哪些？
6. 润滑脂的选用应注意什么问题？
7. 什么叫胎体的胎冠角？普通斜交胎的胎冠角一般为多少？子午胎的胎冠角为多少？
8. 汽车轮胎由哪几部分组成？各部分有何作用？
9. 汽车轮胎有哪些类型？各有何结构特点？
10. 我国轮胎规格是如何表示的？有哪些因素影响轮胎的使用寿命？

第 5 章　汽车的正确使用与护理

知识目标：

(1) 简单叙述汽车运行条件的含义及包含的主要内容。

(2) 正确描述汽车运行中的正确使用的注意事项。

(3) 掌握汽车在走合期、高温和低温条件下的使用特点及相应的技术措施。

(4) 了解汽车的应急救护措施。

(5) 了解汽车护理的意义和主要内容。

(6) 掌握发动机与底盘部分清洁护理的内容。

5.1　汽车的正确使用

5.1.1　一般运行条件下的合理使用

1. 汽车的运行条件

汽车的运行条件是指影响汽车完成运输工作的各类外界条件。它主要包括载荷与速度条件、燃料和润滑条件、气候条件、道路条件、驾驶技术和维修质量等。

汽车的运行效率取决于驾驶员的操作水平、车辆的技术性能以及汽车的外界条件。由于这些外界条件是随着时间和空间的不同而不断变化的，因此汽车的运行效果，即汽车主要技术经济指标也随外界条件变化而变化。所以，必须根据不同的运行条件，采取相应的技术措施，正确、合理地使用汽车，最大限度地发挥汽车的潜能，提高运输效率。

1) 载荷与速度条件

(1) 载质量。汽车的载质量不应超过制造厂规定的额定标准载质量。如果超载，则零件的磨损速度迅速上升。因为载质量增加，各总成的工作负荷增加，工作状态就会不稳定，发动机曲轴单位行驶里程的转数相应地增加，发动机处于高负荷且在不稳定情况下工作，造成冷却系水温和曲轴箱内的机油温度过高，热状况不良。这一切均使发动机磨损量增大。

(2) 行驶速度。汽车的行驶速度对发动机磨损的影响比载质量更为明显。当汽车的行驶速度过高时，发动机活塞的平均移动速度增高，气缸磨损也相应增大。但低速时，由于机件润滑条件不良，因而磨损同样加剧。汽车的高速行驶还会引起轮胎发热，影响行车安全。对于制动器的影响，主要是因高速行驶时汽车常需要急速制动。由于车轮制动蹄片的磨损一般与每平方厘米衬带面积所吸收的汽车动能量成正比，因此，高速行驶的汽车急速制动会使制动蹄片的磨损量迅速增加。

以加速滑行行驶比以稳定速度行驶时的发动机磨损量要增加 25%～30%。因此，起动次数多，并利用加速滑行行驶时，发动机磨损量增加。加速终了的速度越高，速度变化范围越大，发动机的磨损量亦越大。为了减少机件磨损，必须控制行车速度，正确选用挡位，中速行驶。

2) 燃料和润滑材料的品质

在使用中为保证汽车正常工作，应合理地选用品质合适的燃料与润滑材料。汽油机的燃料应保证发动机的正常工作需要，不发生爆燃；在储存和使用过程中不发生显著的质量变化；燃烧后无沉积物，不含有机械杂质及水分，对环境的污染少。柴油机的燃料应具有良好的流动性；能保证在各种使用条件下燃料顺利的供给；容易喷散、蒸发，形成良好的混合气；保证柴油机工作柔和，喷油器不结焦，不含机械杂质和水分。

现代高性能发动机的热负荷和机械负荷很高，对润滑油性能提出了很高的要求：能及时可靠地被输送到发动机各摩擦零件的表面，在各种不同的发动机工况下都能在摩擦面上形成足够牢固的油膜或抗磨保护膜，从而减少摩擦和磨损；及时导出摩擦生成的热，使机件维持正常的温度；本身没有腐蚀性，并且保持发动机零件不受外界介质的腐蚀。

3) 气候条件

我国地域宽广，北方寒冷、干燥，南方炎热、潮湿。很多地区一年四季的温度差别较大。环境因素对汽车发动机的工作性能影响很大。如在寒冷地区，发动机起动困难，油耗增加，机件磨损加剧；车窗玻璃容易结霜、结冰；冰雪路面附着系数下降，容易发生交通事故，因此为了保证安全的行车环境、驾驶员与乘客的舒适性以及运输货物的防冻等，需要在结构上对汽车加以改进。而在炎热地区行驶时，发动机则容易过热，导致充气系数下降，燃料消耗增加；燃料供给系易过热，燃油蒸发压力过高，形成气阻的倾向加大；高温还会使制动液粘度下降，在制动系中形成气阻，导致制动故障；高温还会加速非金属零件的老化及变形。此外，高温使驾驶员的工作条件变差，从而影响行车安全。

在气候干燥的北方地区，汽车及其各总成的部件容易因风沙侵入而加剧磨损。在气候潮湿的沿海地区，如果发动机、驾驶室、车厢的防水和泄水不良，则将引起零件锈蚀、电气系统中电路短路以及元件损坏。此外，大气湿度过高，也会降低发动机气缸的充气系数，使发动机的动力性和燃油经济性下降。

在高原地区，早晚温差大，而且空气稀薄，气压低，冷却液沸点下降，会使发动机的混合气过浓，冷却液易沸腾，气压制动系统气压不足，从而导致汽车燃油经济性和制动性能的降低。

因此，应根据具体的地理位置和气候条件对汽车进行相应的变形和改造，以提高汽车的适应能力。汽车使用者也要因地制宜，制定出相应的使用规范等。

4) 道路条件

道路条件是指由道路状况决定的，影响汽车运行的因素。它是汽车使用性能指标好坏的直接影响因素。

汽车运行对道路的要求是：在充分发挥汽车速度特性的情况下，保证车辆的安全行驶；能满足该地区对此道路所要求的最大通行能力；车辆通过方便，乘客有舒适感；车辆运行材料消耗量最少，零件的故障率及损坏率最低。

车辆的运行速度和通行能力是道路条件的主要特征指标，是确定道路等级、车道宽度、车道数、路面强度等的主要依据。

5) 驾驶技术

驾驶技术高超的驾驶员，经常采用诸如冷摇慢转、预热升温、轻踏缓抬、均匀中速、行驶平稳、及时换挡、爬坡自如、正确滑行，掌握温度与避免灰尘等一整套正确、合理的操作方法，使汽车经常处于良好的工作状态，从而使汽车各总成均能延长其使用寿命。据资料介绍，在同一道路域段上驾驶同类车辆的不同驾驶员，低速挡的使用率之差可达 2～3 倍，在燃料消耗上的差可达 27%，车轮制动器的平均效率几乎相差 25%，整个汽车的使用寿命有时也出现成倍的相差。

6) 维修质量

汽车的维修质量对于汽车的运行状况、使用寿命和原有使用性能的保持是极其关键性的因素。维修要及时并且保证质量就必须认真执行技术标准、操作规程和维修作业项目，特别是在进行作业中的过程检验，能保持完好的技术性能，减少零件的磨损，有效地延长车辆的使用寿命，最大限度地减少故障。汽车底盘各总成和机构应及时地进行润滑、检查、紧固、调整作业。这不仅能减少机件磨损，避免工作中发生异响，而且使之操作方便灵活，保证了行车安全。

维修质量与配件的质量也有密切关系。如在维修中更换了质量较差的气缸盖，使得各缸的容积差超出公差范围，装用后发动机会出现工作不稳定、无力或者爆燃等现象，影响了汽车的使用质量，增加了故障率。

近年来，在汽车维修中应用先进测试技术，采用新型电子设备诊断，在不解体的条件下，迅速反映汽车各机构系统、总成、零件的技术状况，不仅能查询车辆故障，而且还能进行技术预测，提高维修质量。

2. 汽车运行中的正确使用

1) 行驶注意事项

汽车行驶过程中，随着行驶里程的增加，各零部件将产生磨损、变形、疲劳、松动、老化和损伤，导致车辆技术状况变坏，使汽车的动力性下降，经济性变差，安全可靠性降低。为此，应坚持行车中观察，合理运用挡位，控制行驶车速，及时添加燃料、润滑油及工作液。

汽车行驶一段路程后，应停车进行检查。其主要项目包括：

(1) 检视各种仪表工作情况，检查有无漏水、漏油和漏气现象。

(2) 检查轮毂、制动鼓、变速器和差速器的温度，检查转向器、手制动器和离合器的工作是否可靠、有效。

(3) 检查汽车轮胎气压，清除双胎间和胎面花纹中的夹杂物。

(4) 检查各连接机件的螺栓、螺母的紧固情况及汽车各部有无异常。

(5) 检查装载物是否牢固。

2) 正确装载

汽车的装载是车辆的基本功能，也是车辆运输的具体内容。汽车的装载是否适当，对道路使用以及运输安全有着密切的关系。为了加强对车辆装载方面的管理，《道路交通管理条例》中对汽车的装载数额、体积和要求等方面都做出了明确的限定。

(1) 车辆载物。机动车载物不准超过行驶证上核定的载质量。因为行驶证上核定的载质量是根据发动机、牵引力、底盘、轮胎负荷四者中最弱的部分来确定的。汽车只有在规定的载重负荷下运行，机件技术状况才能得到良好的保持和发挥。如果车辆超载，则会使车辆发动机及轮胎负荷增大，加剧零部件磨损、变形，缩短车辆的使用寿命，使车辆的转向、制动性能受到很大影响，极易造成交通事故。

(2) 装载的均衡牢固。车辆装载一定要均衡平稳，捆扎牢固。装载容易散落、飞扬、流漏的物品，须封盖严密，以防造成环境污染。车辆装载的质量在车厢内前后左右的分布要均匀一致，如若装载偏于一侧，将严重影响车辆的横向稳定性，容易发生跑偏或侧滑等事故；若装载偏于前、后，将严重影响车辆转向性能，造成转向沉重和失控。容易产生滚动、窜动的货物要绑牢或用木垫卡紧。货物未固定或捆绑不牢，会因道路颠簸造成丢失及损坏，甚至砸伤行人，损坏道路设施。特别是高大货物倒塌还会砸坏车厢或驾驶室，危及驾驶员的安全。

(3) 装载物长、宽、高的限定。我国《道路交通管理条例》对汽车载物长、宽、高都有明确的限制规定。这是因为过高、过长、过宽地装载对安全行车影响很大。若装载过高，在通过有框大门或立交桥孔和隧道时，可能撞坏货物或建筑物，还会使车辆重心增高，当车辆行驶在横向或纵向坡道及转弯时，极易发生翻车事故。若装载过宽，在会车(两车迎面相遇)、超车以及通过狭窄的路段时，都有可能会发生擦碰及撞车等事故，尤其是在夜间行车，危险性更大。

(4) 车辆载人。机动车载人不准超过行驶证上核定的载人数。因为行驶证上核定的载人数是车辆管理机关根据车辆检验标准，按车辆制造厂规定的限额所规定的，这是车辆设计、制造和试验确定的安全可靠的科学数据。如果超载，则会影响车辆的正常行驶，危及乘客的人身安全。

3) 合理拖挂

合理拖挂是一种非常有经济价值的运输方式。目前，我国公路运输的发展趋势是以重型汽车列车为主，担任长距离运输。运输的经济距离一般都在 400 km 以上。如采用汽车列车，则可以提高公路运输的经济效益。汽车列车与单车相比，不仅载重量大、运输效率高，而且还能节约油料，车辆制造成本和使用成本相比都很低，并且对道路也没有更高的要求。因此，可以在少增加公路投资的情况下，大幅度地增加车辆的载质量。

5.1.2 汽车在特殊条件下的使用

我国幅员辽阔、气候多样，包括寒冷地带、温带、亚热带、高原、山区、沙漠以及各种复杂的地域等。汽车在上述不同的条件下使用，各部件或总成的工作状况常有显著变化，恶劣的气候条件和复杂的地域会导致汽车的使用性能变坏，因而必须对使用上的某些特殊情况，掌握其特点和采取相应的措施，以保证汽车的合理使用。

1. 汽车在走合期内的合理使用

走合期是指新车或大修后的车辆开始投入运行的最初阶段。此时汽车正处于磨合状态，还不能满足全负荷运行的需要。汽车的走合期实质上是为了使汽车向正常使用阶段过渡而进行的磨合加工的过程。在这个期间里，零件表面不平的部分被磨去，逐渐形成了比较光滑、耐磨而可靠的工作表面，以承受正常的工作负荷。同时，通过磨合可暴露出一些制造或修理中的缺陷并及时加以消除，以便使汽车在正常使用阶段时的故障率趋于较低水平。

1) 汽车在走合期内的特点

(1) 磨损速度快。两个相配合零件的磨损量与汽车行驶里程的变化规律称为磨损特性。两者的关系曲线称为磨损特性曲线。由图 5-1 配合件的磨损特性曲线可以看出，零件磨损规律可分为三个阶段：第一阶段是零件的走合期(一般为 1000～2500 km)，其特征是在较短的时间内，零件的磨损量增长较快，当配合件配合良好后，磨损量增长速度开始减慢；第二阶段为零件的正常工作期(K_1，K_2)，其特征是零件的磨损随汽车行驶里程的增加而缓慢增长；第三阶段是零件的加速磨损期，其特征是相配合零件的间隙已达到最大允许使用极限，磨损量急剧增加。

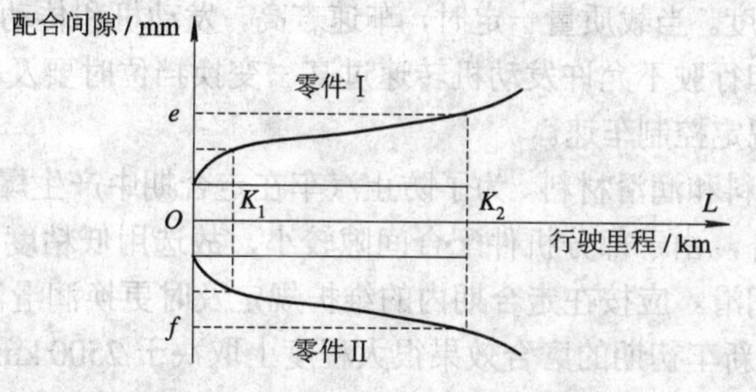

图 5-1　配合件的磨损特性曲线

走合期内磨损量增加较快的主要原因是，新车或大修竣工的汽车尽管在制造和装配中进行了磨合，但零件的加工表面总是存在着微观和宏观的几何形状偏差，尤其是受力的间隙配合零件间的表面粗糙度尚不适应工作要求，在总成及部件的装配过程中也有一定的允许误差。因此新配合件摩擦表面的单位压力要比理论计算值大得多。此时，汽车若以全负荷工作，零件摩擦表面的单位压力则很大，润滑油膜被破坏，造成半干或干摩擦。同时由于新装配零件间隙较小，故表面凸凹部分嵌合紧密。相对运动中，在摩擦力的作用下有较多的金属屑被磨落，进入相配合零件之间后又构成磨料磨损，使磨损加剧。由于间隙小，磨损过程中表面热量增大，因而使润滑油粘度降低，润滑条件变坏。由于上述原因，故使这一阶段零件磨损量增长较快。经过走合期后，可使相互配合件的摩擦表面进行一次走合加工，磨去表面不平的部分，逐渐形成比较光滑而又耐磨的工作表面，使之较好地承受正常的工作负荷。

(2) 油耗量高，经济性差。在走合期内，车速不宜过高，发动机负荷不宜过大，因此汽车难以达到经济运行速度，经常在中低负荷下工作，致使油耗量增加，经济性降低。

(3) 行驶故障较多。由于零件或总成加工装配质量问题以及紧固件松动，或者在这个阶段的使用不当，未能正确制订和执行走合规范，因此走合期故障较多，常出现拉缸、烧瓦、制动不灵等故障。

(4) 润滑油易变质。走合期内的零件表面比较粗糙，加工后的形状和装配位置都存在一定的偏差，配合间隙较小。此时，零件表面和润滑油的温度都很高，同时有较多的金属屑被磨落进入配合零件间隙中，然后被润滑油带进下曲轴箱中。这些金属屑起着催化作用，很容易使润滑油氧化变质。因此，走合期对润滑油的更换有较严格的规定，通常是行驶到 300 km、1000 km、2500 km 时分别更换发动机油底壳润滑油，如发现润滑油杂质过多或变质严重，应缩短更换里程。

2) 汽车在走合期内的主要规定

根据总成或部件在这个时期的工作特点，汽车在走合期内为减少磨损，延长机件的使用寿命，必须遵循的主要规定有：减轻载质量、限制行车速度、选择优质燃料和润滑材料及正确驾驶等。

(1) 减轻载质量。汽车载质量的大小直接影响机件寿命，载质量越大，发动机和底盘各部分受力也愈大，还会引起润滑条件变坏，影响磨合质量。所以，在走合期内必须适当地减载。各型汽车均有减载的具体规定，一般载质量不应超过额定载荷的 75%。走合期内汽车不允许拖挂或牵引其他机械和车辆。

(2) 限制行车速度。当载质量一定时，车速若高，发动机和传动机件的负荷也愈大，因此在走合期内起步和行驶不允许发动机转速过高。变换挡位时要及时、合理，各挡位应按汽车使用说明书的规定控制车速。

(3) 选择优质燃料和润滑材料。为了防止汽车在走合期中产生爆燃与加速机件磨损，应采用优质燃料。另外，由于部分机件配合间隙较小，故选用低粘度的优质润滑油可使摩擦工作表面得到良好润滑。应按在走合期内的维护规定及时更换润滑油。

(4) 正确驾驶。新车初期的磨合效果很大程度上取决于 2500 km 磨合期内的驾驶方式。起动发动机时不要猛踏加速踏板，而应严格控制加速踏板行程，以免因发动机起步过快而产生较大的冲击载荷。发动机起动后应低速运转，待水温升到 50～60℃再起步。为减少传动机件的冲击，行驶时要正确换挡。对车速表上设有换挡标记的车型，指针临近换挡标记时须及时换入临近高挡，切勿使发动机工作负荷过大。一旦发现发动机动力不足导致运转不平稳时，应立即换入较低挡位。要注意选择路面，不要在恶劣的道路上行驶，减少震动和冲击。要避免紧急制动、长时间制动和使用发动机制动。最初 200 km 内，新制动摩擦衬片经磨合方能达到最佳状态。在该阶段内，制动效能略有下降，可适当加大制动踏板力补偿制动效果。走合过程中，应对汽车各部件的技术状况及时检查和排除故障。

2. 汽车在高温条件下的正确使用

1) 高温条件对汽车性能的影响

炎热的夏季，因气温高、雨量多、灰尘大和热辐射强而使发动机技术状况受到一定程度的影响，会出现发动机温度过高、充气系数下降、燃烧不正常、润滑油变质、磨损加剧、供油系产生气阻等现象。

(1) 发动机充气系数下降。气温越高，冷却系散热效率越低，所以发动机罩内温度越高，空气密度减小，充气能力下降，导致发动机的功率下降。实验表明，当外界气温为 32～35℃时，若冷却系不沸腾，发动机的最大功率仅是在该转速下所能发出的最大功率的 34%～48%。如果气温为 25℃，则由发动机罩外吸入空气，可使发动机最大功率提高 10%。

(2) 燃烧不正常。由于发动机温度高，进气终了的温度也高，故使燃烧过程中产生的过氧化物活动能量增强，容易产生爆燃。

(3) 润滑油易氧化变质。在高温条件下，发动机的燃烧室、活塞和活塞环区域以及油底壳是引起机油性质发生变化的主要区域。这些区域的温度很高，加剧了润滑油的热分解、氧化和聚合过程。燃烧的废气窜入曲轴箱，不但使油底壳的温度升高，还污染了润滑油，而且温度越高，润滑油的变质越快。

在高温条件下运行的汽车，虽然起动过程磨损减少了，但行驶时间过长，尤其是超载爬坡或高速行驶时，润滑油温度更高。随着粘度的下降，润滑油的油性变差，机油压力降低，加速了零件的磨损。

(4) 供油系易产生气阻。汽车在炎热的夏天或高原山区行驶时，发动机罩内温度很高，油管中的燃油受热汽化，出现供油不足，甚至完全中断，致使汽车无法正常行驶。

(5) 轮胎易爆。在炎热的夏季，地面温度高，轮胎因升温而使胎体强度下降。如果汽车超载行驶，则容易产生胎面脱落和胎体爆破。轮胎的最高工作速度有统一规定，一般在子午线轮胎的胎侧都注有速度符号。同一规格轮胎可能有不同的速度标志，使用中应正确选用，不可超速行驶。

2) 高温行车的技术措施

(1) 加强季节维护。根据夏季气温高的特点，为了保障汽车正常运行的需要，在夏季来临以前，应结合二级维护对汽车进行一次必要的季节检查与调整。首先，加强对冷却系的维护，确保其散热效能的正常发挥。认真做好冷却系的全面检查。重点检查的项目是冷却系的密封情况、风扇运转是否正常及皮带的松紧度、节温器和冷却液的状况。清除冷却系(散热器、水套)的水垢。试验表明：水垢的导热率比铸铁小十几倍，比铅小 10～30 倍。加强冷却系水垢的清除对提高散热能力有重要作用。当发动机因过热而使水箱开锅时，应及时停车，怠速降温，且注意不要熄火，防止发动机内部过热而发生拉缸等机械事故。其次，采用粘度高牌号的润滑油并适当缩短换油周期。在炎热的夏季，发动机润滑油温度往往超过 120℃。大型载货(客)汽车变速器和差速器在高负荷连续行驶的条件下的齿轮油的温度也很高，为防止润滑油的早期变质，故应换用夏季厚质齿轮油，并适当缩短换油周期。轮毂轴承换用滴点较高的润滑脂，并应按规定周期进行检查与维护。制动液在高温下也可能产生气阻。在经常使用制动的情况下，制动液温度可达 80～90℃，甚至到 110℃。为了保证行车安全，应选用沸点较高的(不低于 115～120℃)制动液。第三，对采用电子控制汽油喷射发动机，可适当调整发动机的匹配参数，用以提高发动机的充气效率，保证混合气的质量和正常燃烧。最后，在夏季行车时，会出现蓄电池过充电、电解液蒸发快、极板损坏等故障，需检查电解液比重和液面高度。电解液的比重应比冬季使用时小些。由于外界气温较高，对于普通铅蓄电池要经常加注蒸馏水，并保持通气孔畅通。另外，应适当调整发电机调节器，减小发电机的充电电流。

(2) 防止爆震。为了防止爆震，应根据发动机压缩比选用相应辛烷值的汽油。当使用的汽油牌号低于要求时，可安装爆震限制器或在汽油中加入一定比例的抗爆添加剂。要保持发动机的正常工作温度，可适当推迟点火提前角和加浓混合气，调整点火系，增强火花塞的跳火能量，并应及时清除积炭。

(3) 防止气阻。对于使用中的汽车，防止气阻的主要措施是在原车的基础上改善发动机的散热和通风状况，以及隔开供油系的受热部分。具体措施有：

① 行车中发生气阻，可用湿布使汽油泵冷却或将汽车开到阴凉处，降温以减少和消除气阻。

② 改变膜片式汽油泵的安装位置，由原来靠近排气管后侧处移至排气管前面通风良好处，并在汽油泵与排气管之间加装一块隔热板，以防汽油泵受高温而影响正常工作。

③ 提高汽油泵的抗气阻能力。可在汽油泵进、出油阀上各加装一个旧单向油阀弹簧，用以消除气阻。

(4) 行车时轮胎防爆。长时间在高温条件下行驶的汽车极易出现爆胎事故，必须给予充分的重视，并应严格做到以下两点：

① 在运行中应随时注意轮胎的温度和气压，经常检查，保持规定的标准气压。

② 中午在酷热地区行车时，应适当降低行车速度，每行驶 40～50 km 应停车于阴凉地点，待轮胎温度降低后再继续行驶，不得中途采用放气或冷水冲浇轮胎的办法降低气压，以免加速轮胎的损坏。

(5) 在高温、多尘、多雨的条件下长期行车，劳动强度大，驾驶员容易感到疲劳，同时也影响乘客的舒适性。所以，应采用相应的措施，如在客车中装设空调设备，在货车上加装遮阳板，加强车厢、驾驶室的通风和防雨。

3. 汽车在低温条件下的正确使用

1) 汽车在低温条件下使用的特点

汽车在低温条件下使用的特点是：发动机起动困难，汽车总成磨损严重，燃料消耗量增加，零部件强度减弱，行车条件变坏等。

(1) 发动机起动困难。一般气温在－10～－15℃范围内，起动发动机问题不大，但气温再低时，冷车起动有一定困难，而当气温在－40℃时，如不经预热，则很难起动发动机。低温起动困难的主要原因是：发动机润滑油和齿轮润滑油的粘度变大，曲轴旋转阻力大；燃料的挥发性能变差，可燃混合气的质量差；蓄电池工作能力低等。

① 发动机曲轴旋转阻力大。如图 5-2 所示，曲线 1 为发动机起动的最低起动转速，曲线 2 为起动系统能带动发动机旋转的转速。曲线 1 与曲线 2 的交点对应的温度为－22℃。这个温度是发动机起动的最低温度。随着温度的下降，发动机起动的最低转速上升。这是因为随着温度的降低，发动机润滑油的粘度增大，润滑油内摩擦阻力增大，从而增加了曲轴的旋转阻力。

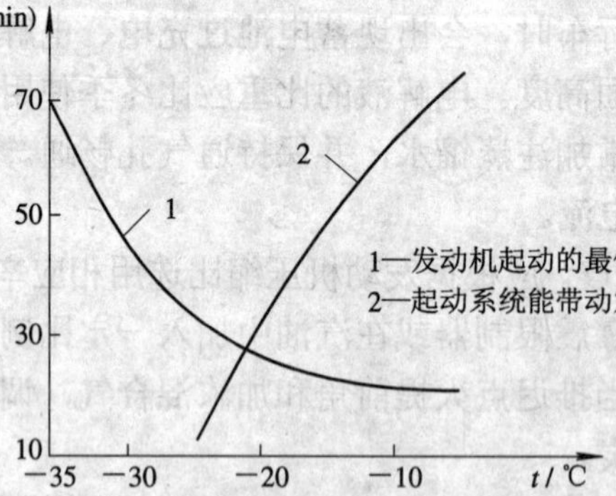

图 5-2　汽油发动机的起动特性

② 低温条件下的燃料汽化性能差，燃料燃烧释放的能量不足以维持发动机顺利起动的必要转速，这是导致发动机起动困难的主要原因。随着温度的降低，汽油的蒸发性变差、汽油的粘度和相对密度均增大。温度从 40℃降到－10℃时，汽油的粘度提高约 76%，相对密度提高 6%，这使汽油的流动性变差，导致汽化不良。

在低温条件下使用的柴油，要求其具有很好的流动性和较低的粘度。柴油粘度增大，引起柴油雾化不良，压缩终了的压力和温度低，燃烧过程变坏，使发动机起动困难。当温度进一步降低时，因燃料含蜡的沉淀物析出而使燃料的流动性逐渐丧失，从而导致无法起动。

③ 蓄电池在低温条件下输出的功率下降，不能满足起动机的工作要求。影响发动机正常起动的主要因素是起动机的起动转矩和火花塞的跳火能量。

(2) 汽车总成磨损严重，燃料消耗增加。汽车在低温条件下使用时，各主要总成磨损都比较大，尤其是发动机的磨损更为明显。在发动机使用周期内，50%的气缸磨损发生在起动过程，而冬季起动占起动磨损的 60%～70%。主要原因如下：

① 低温起动时，润滑油粘度大，流动性差，发动机转速低，机油泵不能及时地将润滑油压入各工作表面，使润滑条件恶化。

② 冷起动时，大部分燃料以液态进入气缸，冲刷了气缸壁的油膜。

③ 汽油的含硫量对气缸壁磨损的影响也很大，这是由于汽油在燃烧过程中产生的硫化物与凝结在气缸壁上的水滴化合成酸，从而引起腐蚀磨损。

④ 润滑油被窜入曲轴箱中的燃料稀释，燃料不完全燃烧而形成的碳化物也会同废气一起窜入曲轴箱，污染润滑油。

⑤ 在低温条件下，由于轴瓦的合金、瓦背与轴颈的膨胀系数不同，使配合间隙变小，而且很不均匀，因此加速了轴颈与轴瓦的磨损。

(3) 燃料消耗量增加。在低温使用中，因发动机升温过程长，工作温度低，摩擦损失大而使发动机输出功率下降，燃料消耗量增加。当发动机冷却液温度自 80℃降到 60℃时，耗油量增加约 3%；降到 40℃时，增加约 12%；降到 30℃时，增加约 25%。

(4) 零部件强度减弱、行车条件变坏。金属材料在低温条件下的物理和力学性能将会变差。例如：－30～－40℃或更低时，碳钢的冲击韧性急剧下降，硅、锰钢制的零件(钢板弹簧)、铸件(气缸盖、飞轮壳、变速器壳和主传动器壳)变脆，锡铝合金焊剂在－45℃或更低时，容易产生裂纹或成粉末状，从接头的地方脱落，汽车上的塑料制品将会出现裂纹，并可能从机体上脱落。在特别寒冷的情况下，橡胶轮胎逐渐变脆，受到冲击载荷时容易发生破裂。因此，在冬季行车时，应在汽车起步后的头几公里以低速行驶，并要平稳起步和越过障碍物。

2) 低温条件下行车应采取的主要措施

(1) 保温。对汽车发动机保温的目的是使发动机在正常状况下工作及随时可以出车。目前，在寒冷地区对发动机保温主要是对汽车发动机和水箱罩采用保温套。在－30℃气温下行驶时，发动机罩内温度可以保持为 20～30℃。停车后，发动机的冷却速度要比无保温套的减缓 6 倍。发动机的油底壳除了采用双油底壳保温外，有的还在油底壳外表面封上一层玻璃纤维。

蓄电池的保温一般采用木质的保温箱。保温箱做成夹层，在夹层中装有保温材料，使蓄电池处于温暖状态。

(2) 预热。在寒冷地区，汽车预热方法分为进气预热和发动机预热。汽车采用进气预热装置起动，称为“冷态起动”；采用发动机预热装置起动，称为“热态起动”。一般来说，环境气温低于－25℃时，推荐汽车采用“热态起动”；高于－25℃的低温环境时，推荐采用

“冷态起动”。

(3) 合理使用燃料和润滑材料。在低温下使用的燃料应具有良好的挥发性、流动性、低含硫量，以利于低温起动和减少磨损。

汽车冬季行车时，应对发动机、变速器、主减速器与转向器换用冬季润滑油，轮毂轴承使用低滴点润滑脂，并换用冬季用制动液、减震器液。目前在寒冷地区发动机采用稠化机油，这种油的特点是低温下粘度较低，温度升高后又能保证润滑。

(4) 改善混合气的形成。目前，在大多数的汽车发动机上都装有电子控制汽油喷射系统，使发动机在各种工况下都能获得最佳空燃比的混合气，以求得最佳的动力性、经济性及排放性，提高汽车的使用性能。

(5) 防止冷却系冰冻。防止发动机冷却系冰冻是低温条件下汽车使用的一项重要措施。一般在行车后露天停放时，要及时放水或采用防冻液，后者减轻驾驶员的劳动强度，减少了起动前的准备时间。

(6) 低温行车的措施。在寒冷地区行车时，挡风玻璃容易结霜；特别是在刮风飘雪时，驾驶员的视野变差，操作困难，给安全运行造成隐患。可在挡风玻璃上涂饱和盐水 30%加甘油 70%的溶液，以降低露水的凝点。由于冰雪路面附着系数小，汽车行驶时容易滑溜，因此可在行车时使用防滑链，并采取“两轻两少”的行车要领，即：轻踩油门，轻打方向；少换挡，少制动。

4. 汽车在高原或山区条件下的正确使用

1) *海拔高度对发动机动力性和经济性的影响*

汽车在山区和高原行驶时，由于海拔高、气压低、空气稀薄，故发动机充气量减小。如果行驶于坡度陡而长的地段，则发动机冷却系容易“开锅”，并导致动力性与经济性下降，行驶不安全，经常出现其他故障。

(1) 海拔高度对发动机动力性的影响。随着海拔升高，气压逐渐降低，空气密度减小，使充气量下降，发动机动力降低。海拔高度每增加 1000 m，大气压力下降约 11.5%，空气密度约减少 9%，功率下降 10%左右。海拔高度与大气压力、密度、温度及发动机功率的关系见表 5-1。海拔高度也影响汽车的加速性能。实验证明，每增高 1000 m，加速时间和加速距离加长 50%。海拔每增高 1000 m，最高车速降低约 9%，怠速降低 50 r/min。

表 5-1　海拔高度与大气压力、密度、温度及发动机功率的关系

海拔高度/m	大气压力/kPa	气压比例	空气温度/℃	空气密度/(kg/m³)	密度比	发动机功率/(%)
0	101.325	1	15	1.2255	1	100
1000	90.419	0.837	8.5	1.1120	0.9074	88.6
2000	79.487	0.7845	2	1.006	0.8215	78.1
3000	70.101	0.6918	−4.5	0.9094	0.7421	68.5
4000	61.635	0.6082	−11	0.8193	0.6685	59.8
5000	54.009	0.533	−17.5	0.7363	0.6008	51.7

(2) 海拔高度对发动机经济性的影响。发动机正常工作状况的喷油量和混合气浓度的设定一般是按海拔 1000 m 以下的条件设计的，但当汽车在高原地区使用时，空气密度变化很大，空燃比变小，混合气变浓，会使发动机的油耗上升。另外，在高原山区行驶时，坡度陡而长，经常用低挡行驶，发动机工作温度高，也会引起油耗增加。

在高原山区行驶时，大气压力降低，燃料的蒸发性变好。当大气压力从 101.33 kPa 降至 79.99 kPa(海拔高度约 2000 m)时，相当外界气温上升 8～10℃所造成的影响。因此，供油系容易发生气阻和渗漏。

2) 高原和山区行车对汽车制动效能的影响

在山区行驶的汽车，由于地形复杂，因此经常会遇到上坡、下坡、路窄、弯多等情况。影响山区行驶安全的主要问题是汽车的制动性能。

在山区行驶时，汽车需要经常制动减速，致使摩擦片和制动鼓经常处于发热状态，特别是下长坡时，制动鼓、摩擦片温度可高达 400℃左右。在这种情况下，摩擦片的摩擦系数急剧下降，严重时可能出现制动失效。

在山区行驶中使用气压制动时，特别是在高原山区，因空气稀薄，空气压缩机供气压力不足，再加上制动次数多，耗气量大，往往不能保证汽车，特别是汽车列车的制动可靠性。

在高原山区行驶的汽车，使用制动频繁，制动器因摩擦而生热，使制动系统温度升高。如果使用沸点低的制动液，则在高温时由于制动液的蒸发而产生气阻，从而引起制动失灵。

3) 汽车在高原和山区条件下的正确使用

(1) 采用辅助制动器。辅助制动器有电涡流、液体涡流和发动机排气制动等几种，前两种辅助制动器由于体积较大，结构复杂，因此多用于山区或矿用的重型汽车上，又称电力或油力下坡缓行器。发动机排气制动是一种有效而简便的措施，实际上它是在一般发动机制动的基础上，再在发动机排气管内装一个片状阀门，在汽车使用发动机制动的同时将阀门关闭，以增大发动机的排气阻力。

(2) 采用矿油型制动液。在高原使用时，因制动频繁，制动管路容易发生“气阻”现象，致使制动失灵，行车不安全。采用矿油型制动液，其制动压力传递迅速、制动效果好、不易挥发变稠，制动液消耗也较少。但使用矿油型制动液时必须换用耐矿物油的橡胶皮碗。

(3) 采用制动鼓淋水降温装置。在山区和高原地区下长坡行驶时，为了防止制动鼓过热，保持良好的制动效能，可采用制动鼓淋水降温装置。在下坡之前，驾驶员应提前把制动淋水开关打开，使水淋到每个制动鼓上，从而带走制动时所产生的热量。采用这种方法降温，虽然效果良好，但要根据行车的实际情况恰当运用，否则会带来不良后果。

(4) 发动机应采取良好的冷却与保温措施。由于高寒山区空气稀薄，发动机冷却强度有时和发动机负荷不相适应，低挡爬坡时，发动机易过热，停车时，发动机又很快冷却，因此发动机应采取良好的冷却与保温措施。

(5) 改善灯光，确保夜间行车安全。加宽汽车大灯照射角度，便于急转弯时可靠照明。大灯最好采用能随转向传动机构同步转动的装置。

(6) 汽车在高原和山区使用时，因换挡、制动和转弯次数多，道路崎岖不平，底盘的负荷大，轮胎磨损剧烈，所以维护周期应适当缩短。高原地区的冬季一般兼有寒区的低温特点，因而也要遵照寒冷地区的使用要求加以维护。

5. 汽车应急救护措施

当汽车在特殊地带遇险或无法正常运行时，可因地制宜采取一些特殊应急措施。

(1) 正确使用防滑链。在汽车驱动轮上装防滑链是提高车轮与路面附着系数的有效措施。防滑链的形式主要取决于路面状况和汽车行驶系结构。防滑链有普通防滑链和履带链。普通防滑链是带齿的(圆形、V 形或刀形的)链带，用专门锁环装在轮胎上。轮胎应在装上防滑链后再充气，使其拉紧，防止行车时出现响声。带齿的防滑链在冰雪路面和较薄松软层的土路上有良好的通过性。在粘土路上行驶时，若链齿塞满土，则使用效果显著下降。履带链能保证汽车在坏路上，甚至驱动轮陷入土壤或深雪地时仍具有较强的通过性，并具有防侧滑的能力。

防滑链的缺点是链条较重，拆装不方便，更重要的是带上防滑链，其动力性和经济性均下降，在硬路面上行驶时冲击大，使轮胎和后桥磨损增大，因而仅在特殊困难的道路行驶时使用。

(2) 正确驾驶车辆。通过泥泞或翻浆路时，最好一鼓作气地通过，途中不要换挡、不要停车。如果被迫停车，再起步时也不能挂最低挡，要轻踏加速踏板，使牵引力低于附着力，避免打滑。

松软道路附着系数很低，防止侧滑很重要，所以使用制动时要特别小心，不准使用紧急制动。转向也不能过急，以免发生侧滑。尤其是坡道或急弯行驶时更要注意。若出现侧滑，要立即抬起加速踏板，降低车速，并将方向盘向着车轮侧滑的方向转动(在通过路面允许的条件下)，以防止继续侧滑或发生事故。

当车轮已陷入泥泞道路空转打滑时，不可盲目加大加速踏板来强行驶出，以免越陷越深，或使传动系机件损坏。

(3) 合理调整装载质量和轮胎气压。汽车车轮对其通过性有决定性的影响。为了提高汽车的通过性，必须利用装载质量和正确选择轮胎气压、花纹、结构参数等，以减小汽车的行驶阻力，提高汽车附着力和特殊路段的通过能力。

在松软道路上，汽车轮胎单位面积的压力越大，滚动阻力就越大，汽车的通过性就越差，所以应适当降低轮胎气压，加大轮胎宽度，这样可以使滚动阻力下降，附着能力提高，进而改善行驶条件。当汽车出现车轮打滑或埋陷在泥泞路中时，为了减轻单位面积压力，卸下部分运载货物也是一种必要的措施。这同汽车打滑而未陷下时，有意增加后轴附近装载货物，改变汽车附着重量，达到提高附着力的目的是不矛盾的。另外，使用调压胎，驾驶员可以在驾驶室内调节轮胎从正常气压降到极低的气压 49～68.6 kPa 左右，轮胎印痕面积增大 2～3 倍，使汽车在松软和泥泞的道路上的行驶性能得到改善。

(4) 采用自救或他救的方法。车轮已经陷入坑中，根据具体情况，可采用自救或与其他车辆共同救护的方法，拖出被陷入的汽车。若车桥壳没有触地，则可将坑铲成斜面，垫上碎石、灰渣等，然后用汽车前进或后倒的方法将车驶出；若车桥壳触地，车轮悬空，则可先在车轮下面垫上木板、树枝、禾草或碎石等物，在其他车辆的拖曳协助下，以低速挡驶出。

如果驱动车轮滑转，则可将绳索一端固定在树干(或木桩)和驱动车轮上，用绞盘或加装绞鼓拉出汽车。

5.2 汽车的护理

5.2.1 车身的清洗

车身的清洗不仅仅是使汽车外表清洁亮丽、光彩如新，其主要目的在于保养护理。经常清洗车身可以减少外界有害物质的侵蚀，延长汽车的使用寿命，因此，车身的清洗是汽车保养护理最基本的工作。

1. 汽车外表的清洗

1) 车表污垢的组成

车表的污垢主要有外部沉积物、锈蚀物以及焦油、沥青、树汁、鸟粪、虫尸等附着物。这些污垢往往都具有很高的附着力，能牢固地附着在零件的表面，各有不同的性质，因此，从零件表面清除它们的难易程度也不同。

(1) 外部沉积物。外部沉积物可以分为尘埃沉积物和油腻沉积物。大气中经常含有一定数量的尘埃，在运动着的车辆附近，当尘埃的颗粒度为 5～30 μm 时，尘埃的含量就达到 0.05 g/m^3 左右。当尘埃颗粒的含量增加时，它在金属表面的凝聚和沉积也就加快。在潮湿的空气中，由于吸附的水膜会提高尘粒间的附着力，从而使尘粒加速凝聚，因此尘粒固着在表面上的牢固程度取决于表面的清洁程度、尘粒的大小和空气的湿度。油腻沉积物是由于污泥和尘埃落到被机油污染了的零件上而形成的，也可能是由于润滑油落到了污染了的表面上，此时润滑油浸透污泥。

(2) 锈蚀物。锈蚀物是由于金属和合金的化学或电化学被破坏而形成的。钢铁零件表面如果失去保护层，则长时间暴露在潮湿的空气中很容易形成微红褐色的物质——铁锈。铁锈能溶于酸中，微溶于碱和水中。铝制零件同样会产生锈蚀，它的锈蚀物是呈灰白色薄膜的氧化铝或氧化铝的水化物。

(3) 附着物。汽车在行驶中，由于周围环境的不同而容易粘上一些附着物，如行驶在维修的道路上容易粘上焦油、沥青等，行驶在乡间道路上容易粘上树汁、鸟粪、虫尸等。这些附着物能牢固地粘在车身表面，一般很难用水清洗干净，要用有机溶剂去除清洗。

2) 车身的清洗方式

清洗车身表面是汽车美容的基础。汽车的专业美容不同于一般的洗车打蜡，在做车身清洗时需要清洁的污物和部位有很多，而且每一种方式都应使用专业用品并采取专业的操作步骤进行。

在进行专业的车身表面清洗时，主要有四种方式：一是车身静电去除清洗；二是车身交通膜的去除清洗；三是除蜡清洗；四是深度增艳清洗。这四种清洗方式不仅使用的清洗用品不同，而且操作方式和要达到的目的也不同。

(1) 车身静电去除清洗。车辆在行驶过程中由于摩擦而产生强烈的静电层，静电对灰尘和油污的吸附能力很强，一般用水不能彻底清除，必须要用专用的清洗剂。只有把车身静电彻底清除掉，才能为下一步上蜡养护漆面打好基础。如果车身静电没有彻底清除掉就上蜡，则残留的车身静电荷被覆盖在车蜡下面，使车蜡的养护性能大大降低，并且其附着漆面的能力也会降低，时间不长车蜡就会脱落，从而失去上蜡保护的意义。

汽车美容护理用品中有专门用于清除车身静电的产品，如汽车专用清洁香波，这种清洗用品的 pH 值为 7.0，是一种绝对中性的车身清洁剂。它含有阴离子表面活性剂和其他有效清洁成分，将其喷涂于车身表面后会与车身自带的静电荷发生作用，将电荷从漆面彻底清除掉。使用前先用高压水将沾在车身表面的污物冲净，再将汽车专用清洁香波按使用说明的要求进行稀释，然后喷涂在车身表面上，或用海绵蘸上稀释的清洁液擦到车身表面。擦洗时要注意全车的范围，不要有遗漏的地方。保持片刻后用高压水把泡沫冲掉。

(2) 车身交通膜的去除清洗。汽车经过一段时间的行驶，由于车身静电吸附灰尘，时间久了形成一层坚硬的交通膜薄膜，使原来艳丽的车身变得暗淡无光。使用普通的清洁剂很难把交通膜清除掉。为此，美容护理用品厂家生产了专用的交通膜去除剂，清洗时按一定比例稀释后，将其喷到车身上，过一段时间后再用高压水冲干净就可以去除交通膜了，使用效果非常理想。

(3) 除蜡清洗。无论是新车还是旧车，所有的车身漆面都是要上蜡保护的，只是蜡的品种和上蜡的时间有所区别。新车通常使用树脂蜡，它是作为新车运输的保护剂，主要目的是防雨水、防灰尘和划痕，这种保护层一般不含油脂物质。一家专业的汽车美容中心在清洗阶段必须能针对不同的车身保护蜡，将其从车身上彻底去除干净。如果不把这一保护层彻底除掉，即使天天再给汽车上蜡也无济于事。残蜡如果不清除干净，上新蜡时则会因两次蜡的品种和上蜡的时间不同而极易产生局部新蜡附着不牢的现象。

清除残蜡的方法要针对不同的车蜡采用不同的开蜡水。新车开蜡应采用树脂开蜡水，在用车采用蜡质开蜡水。使用时可将开蜡水按比例稀释后喷涂于车身表面，停留 3～5 min，然后用高压水冲去即可。开蜡水虽然对环境无害，不易燃、不腐蚀，但具有强碱性，使用时要注意劳动保护。

(4) 深度增艳清洗。这种清洗的作业方式是在抛光或上镜面釉之后进行的，目的是除掉残留在车身表面的抛光剂和油分，为上蜡保护做好准备。一般使用清洁上蜡二合一香波。用这种产品进行深度增艳清洗效果很好，不但可以除去抛光剂、油分等污物，还可以留下一层薄薄的蜡膜，为接下来的上蜡保护打基础。

使用时先按一定比例稀释清洁上蜡二合一香波，然后直接用海绵蘸上稀释液涂于车身，最后用水冲去泡沫再用干净的软布擦干。清洗完成后，不但能增艳车身漆色，而且能增强蜡膜的光泽度，提高汽车抗静电和抗氧化的能力。

3) 洗车的工艺流程

洗车步骤一般分冲车、擦洗、冲洗、擦车和吹干等五个步骤。洗车时一般由两人配合进行，这样，不但速度快，而且清洗的质量好。

(1) 冲车。接到服务车辆后，由一人负责驶入工作间，一人在车前引导，适时提醒驾驶者控制好方向。车辆停放平稳后，一人用高压水冲去车身污物，顺序自上而下。整个过程当中始终由一个方向向另一边的斜下方冲洗，尽量避免正向或反冲洗，以免将泥沙冲回已经冲洗干净的部位。冲洗车时不可忽视的部位是车身的下部及底部，因为大量的泥沙和污物一般都聚集在这些部位，如果稍不注意就会遗留下泥沙等物质。这样，在进行下面的工序——擦洗时就会划伤漆面。因此，必须尽可能地冲洗掉车身下部及车底的大颗粒泥沙。

(2) 擦洗。将配制好的洗车液均匀喷洒在车身表面，如果有泡沫清洗机，则可先将泡沫喷洒在车身表面，然后两人手持海绵一左一右按照从上到下的顺序擦洗车身。擦洗时应注意全车的每个角落都要细致认真地进行擦洗，同时注意车身表面有些冲洗不掉的附着物，不可用力猛擦，以免损坏车身漆面。对于那些像焦油、沥青等顽固污渍，应使用专用溶剂来清洗。

(3) 冲洗。擦洗完毕之后，开始冲洗车身，顺序同冲车一样，但这时应以车顶、上部和中部为重点。因为冲车时已经将车身下部冲洗得比较干净并进行了一定的擦洗，这时的冲洗主要应为冲洗中部以上的部位，向下流动的水基本能够将下部及底部冲洗干净，所以下部和底部一带而过即可。

(4) 擦车。用半湿性大毛巾将整个车身从前至后先预擦一遍，待车身中部及下部大部分水分被吸干之后，用干毛巾细擦一遍，要求擦干所留下的水痕。这样，经过“一湿一干”两遍抹擦之后，车身应不留水痕而且十分干净。擦车时应注意检查洗车工序中容易遗漏的部位，如刮水器安装部位、车身底部等。

(5) 吹干。完成前面四道工序后，车身表面基本清洗干净。但是有些地方在擦车时不容易擦干，如发动机盖边沿及内侧、车门边缘内侧、车门把手内侧、后备箱边沿内侧、油箱盖内侧等凹进去的地方，这时要用压缩空气来进行吹干。操作时可一手拿着压缩空气枪，一手拿着干净抹布，边吹边抹，直到吹干为止。最后就可进行下一步的研磨抛光工作了。

2. 车表顽固污渍的清除

汽车行驶时有可能粘上焦油、沥青等污物，如果没有及时清洗，则长时间附着在漆面上会形成顽固的污斑，使用普通的清洗液一般难以清除干净，可以采用如下方法处理。

1) 焦油去除剂清除

焦油去除剂是汽车美容的常用产品，主要用于沥青、焦油等有机烃类化合物的清洁。使用专用的焦油去除剂，既可有效溶解顽固污物，又不会对漆面造成损伤。在沥青、焦油等顽固污渍的清除作业中，最好选用专用产品，若无专用去除剂，可考虑使用下面两种方法。

2) 有机溶剂清除

如果没有专用的焦油去除剂，则可选用有机溶剂，但选用时一定要注意不可选用对车漆有溶解作用的有机溶剂，如含醇类、苯类的有机溶剂，松节水等。一般可用溶剂汽油浸润后，擦拭清除。

3) 抛光机清除

使用抛光机清除时可加入适当的研磨剂，这样可有效地去除附着在车表的沥青、焦油等顽迹。但操作时要注意抛光机的使用，注意选择抛光机的转速和抛光盘的材质，避免抛光过度，得不偿失。

3. 洗车注意事项

为保持车容整洁，应经常对汽车进行清洗。在进行汽车清洗作业时，应注意以下几点：

(1) 选用专用洗车液。洗车时应选用专用洗车液，任何车身漆面均不能用洗衣粉、洗洁精等含碱性成分的普通洗涤用品，以免使车身漆面失去光泽，甚至使车漆干裂，造成不可挽回的损失。

(2) 使用软水。洗车时最好使用软水，尽量避免使用含矿物质较多的硬水，以免车身干燥后留下痕迹。

(3) 水压不宜太高。在进行冲车时，水压不宜太高，喷嘴与车身应保持一定的距离。

(4) 洗车各工序都应遵循由上到下的原则。

(5) 擦洗车身漆面时，应使用软毛巾或海绵，并检查其中是否裹有硬质颗粒，以免划伤漆面。

(6) 及时清洗。车身粘有沥青、油渍等污物时，要及时用专用清洗剂进行清洗。

(7) 吹干工序。洗车时，应进行最后一道吹干工序，不能省略。车身隙缝之间的水滴如果没被吹干，则久了将会形成顽固的水垢，难以去除。

(8) 避免光照。不要在阳光直射下洗车，以免车表水滴干燥后会留下斑点，影响清洗。

(9) 冷车清洗。若发动机罩还有余热，应待冷却后再进行清洗，防止温差太大，伤及漆层。

(10) 严冬季节洗车。北方严寒季节不要在室外洗车，以防水滴在车身上结冰，造成漆层破裂。

4. 新型的洗车方法

1) 蒸汽洗车

目前，市场上出现了一杯水能洗一辆车的蒸汽洗车机。这种从韩国引进的集清洗打蜡、保养于一体的蒸汽洗车，旨在从根本上改变现有落后的洗车方式，从而给洗车行业带来一场前所未有的产业革命。蒸汽洗车有以下七大优点：

(1) 绿色环保。使用蒸汽洗车对周围环境无污染，洗车是在雾状下进行的，洗完后场地仍旧干净整洁，是绿色环保产品，对保护市容市貌、改善生态环境具有重要意义。

(2) 节水。使用蒸汽洗车每辆车仅用水 0.3～0.5 kg，耗水量仅为传统方式的 0.1%。

(3) 节能。使用蒸汽洗车每辆车仅用电 0.4 kW · h。

(4) 高效。该机采用特殊清洁剂、上光剂和高挡车布，清洁、护理一次完成。

(5) 快捷。使用蒸汽洗车每洗一辆车用时 5～10 min，人员 1～2 人。

(6) 方便。使用蒸汽洗车无须专门店面场地，可流动作业，上门服务。

(7) 干净。使用蒸汽洗车无论是尘土、油污都能洗净。

2) 干洗保护釉洗车

干洗保护釉内含有三大类物质：清洁剂、润滑剂及保护釉。

其清洗原理是：呈雾状喷射到车表面的干洗保护釉，把所有能接触到的污物和车表面加以覆盖。在清洗剂的作用下，车表面污渍被软化，并在保护釉的包裹下变成无数小形珠粒，保护釉同时把车表面加以覆盖，在珠粒与车表面保护釉之间的润滑剂起到了减少摩擦的作用。珠粒状的污渍在干毛巾的吸水引导下，被毛巾带离车表面。车表面只剩下凹凸不平的保护釉及少量润滑剂。用另一干毛巾擦拭后，去除润滑剂，留下的就是有相当硬度的耐磨、防水、防尘及防晒的保护釉。

干洗保护釉不与污渍起任何化学反应，它所含的高度润滑配方与高度反光因子不会破坏车漆，使用后使车身整洁干净、光亮如新。

进行干洗的操作非常简单，只需把干洗保护釉用特制的喷瓶，以雾状喷洒到未经任何清洗的干燥车身表面，无需等候即可用一块干毛巾轻擦车身表面，就可轻易地除去污渍。

再用另一块毛巾轻轻擦拭加以抛光，就可完成车身的清洁、上光作业，整个过程只需 15～30 min。同时，用干洗保护釉抛光后的车表面不但不会留下螺旋纹，而且由于坚硬、光滑的保护釉使沙、水、泥等脏物无法吸附在车身表面，因此，下次清洗时只需用湿毛巾把留在车表面上的微粒轻轻抹去再用干毛巾轻轻抛光，车表面即可恢复原亮。保护釉对车表面的保护期长达 30 天。

5. 汽车车表其他部件的清洗

汽车除车身需要经常清洗外，还有其他部位也需要清洗，使用的清洁剂也应有所不同。

1) 不锈钢饰件的清洁护理

汽车车身外部有些装有如防撞杆、保险杠、装饰件等不锈钢饰件，这类部件装在汽车下部，一般较脏，必须经常清洗。可以使用不锈钢上光护理剂进行清洁护理，在迅速除去表面污物的同时还能有效上光。清洗时，可将不锈钢上光护理剂喷涂在不锈钢饰件上，用软布直接擦拭即可，然后用水冲净擦干。

2) 镀铬件的清洁护理

有的汽车外部装有如倒后镜架、车轮侧护板装饰件、天线杆等镀铬件，行车时因空气中的水分和有害气体对其腐蚀而失去光泽，严重的可能生锈，影响美观。这些部件一般较易清洁护理，操作时，可将镀铬件表面先用水洗净擦干，然后用干净抹布蘸上汽车镀铬抛光剂，对需要清洁的部位反复擦拭，直至光亮度满意为止。锈垢严重的镀铬件表面应先使用除锈剂进行除锈，然后再使用汽车镀铬抛光剂进行处理。

3) 塑胶件的清洁护理

有些车的进气格栅、保险杠、后视镜外壳、车门把手等是塑胶件，在风吹日晒的情况下会失去光泽，甚至氧化龟裂，脏污的塑胶件若不及时清洗，也会影响美观。汽车前后组合灯具也多为塑胶件，长久不清洗会影响灯光照射的亮度。塑胶护理上光剂不但能迅速除去污垢，而且还能有效地上光。清洁时，可先用水擦洗，再用干净的棉布蘸上塑胶护理上光剂进行反复擦拭，然后用清水冲洗。清洁组合灯具时，注意不要用腐蚀性溶剂清洗车灯，否则易造成蚀痕；不要在干燥的情况下擦拭车灯，否则会造成刮痕；也不要用燃油、化学剂等清洗车灯，否则会使车灯破裂。此外，有些跑车采用隐藏式前照灯设计，清洁时要将前照灯打开后再进行清洗。

4) 车窗玻璃外表面的清洗

汽车使用久了，会在玻璃的外表面形成一层交通膜(汽车在高速行驶中，车体与空气的不断摩擦使车身表面形成了一层强烈的静电网，静电网持续吸附着来自周边环境里的附着物，如树胶、鸟粪、灰尘，城市里广告牌上、外墙涂饰上的化学颗粒，酸雨侵蚀的碎屑，以及其他有害气体分子中的细微颗粒，等等，这些有害附着物吸附在车身的静电网上，逐渐加厚，时间久了就形成了一层顽固的“隐形车衣”，也就是俗称的“交通膜”)，用水清洗不但费力费时，而且清洁不彻底，只能留下交通膜的花纹。清洁玻璃前应先将上面粘附的污渍、焦油或沥青等用塑料或橡皮刮刀除去，然后再用专用的玻璃清洁剂进行清洁。操作时，可先用玻璃清洁剂进行擦洗，除去表面的灰尘及交通膜，然后涂上风窗玻璃抛光剂，稍等片刻，再用干净的棉布作直线运行擦拭，直到将玻璃擦亮为止。这种用品兼具上光作用，不但能使玻璃表面洁净、光滑、防止灰尘二次沉降，而且还能改善刮水器擦痕。

5.2.2　车身表面的抛光与打蜡

汽车车身表面清洗完后，就可以进行下一步工作，即对车身表面进行抛光与打蜡。汽车车漆长期与空气、酸雨等直接接触，加之行驶中产生的静电层和交通膜吸附在漆面上，它含有二氧化硫、二氧化碳、盐及其他化学物质的细微颗粒会不断持续损伤着漆面，如果长时间得不到及时的清除，则极易使车身漆面发生氧化腐蚀，使原先富含油性的漆面变得干燥、粗糙。此外，在太阳紫外线的照射下，漆膜可不断地向空气中蒸发油分，达到保护自身的作用，但时间长了会使漆面的油分过分散失，漆面的亮度和深度都大大降低，使漆面慢慢发白，形成氧化层。通过对车身漆面的抛光与打蜡，就可重新使车身表面恢复深度光泽，从而可恢复车身的本来面目。

1. 汽车车身表面的抛光

抛光的目的是为了增加车身漆面的光泽度。车身表面的抛光是通过静电、摩擦和抛光的作用原理来消除车身漆面的氧化层，以改善车身的漆面缺陷。处理时，使用研磨抛光机进行工作。在抛光盘的作用下，抛光剂与车漆摩擦发生静电反应而产生静电，摩擦的同时，车身热量使漆膜变软，毛细孔变大。在这种情况下，静电将漆面毛细孔内的脏物吸出，抛光盘将漆面微观的氧化层磨掉，并将细微的伤痕拉平填满，同时抛光剂的一些成分溶入漆膜，发生还原变化，所以漆面通过抛光处理会改善缺陷的状况从而使车身变得光滑亮丽。

进行车身漆面抛光处理时，首先要正确判断漆面的氧化程度和硬度，然后针对不同的车漆和氧化程度，采用不同的抛光剂和抛光方法。

判断车身漆面是否需要抛光处理可以按照以下方法进行：

(1) 观察法：从车身的不同角度来观察车身漆面的亮度，通过眼睛感觉光线的柔和度、射景物的清晰度等来判断。如果景物暗淡、轮廓模糊，则需要进行抛光处理。

(2) 触摸法：用手套上一层塑料薄膜纸来触摸漆面。如果感到发涩或有凹凸不平的感觉，则必须进行抛光处理。

抛光剂在分类上没有特别的定义，每个生产厂家的标准都不同，如果混合使用不同品牌的用品，则很有可能得不到满意的效果。所以，建议尽量使用同一品牌的系列用品进行抛光处理。

抛光时，首先安装好抛光盘，调好抛光机的转速，然后将抛光机的抛光盘用水充分润湿后，甩去多余的水分，最后在车漆表面抹上抛光剂就可进行抛光了。抛光机的转速调整可利用局部的测试法来判别。先在车身平整处选取小面积抹上抛光剂进行手工抛光试验，然后根据抛光布上沾染的漆色来调整。如果抛光布上没有漆色，则可以选取较高的转速来进行，否则就应选择较低的转速来进行，甚至考虑采用手工抛光。抛光时应小块小块地进行，不可大范围工作，从车顶棚开始抛光，按照一定的次序进行，切不可随意乱抛。

2. 车身打蜡

为了使汽车漆面亮丽、清洁，长久保持深度光泽，以及使车漆不易受到侵害，在汽车清洗抛光后应对汽车进行打蜡。但是对于车主来说什么时候该对汽车进行打蜡，多长时间要打蜡，一般不是很清楚，要么是频繁打蜡，要么干脆不打，甚至还有的车主不结合自己车漆表面的性质，盲目使用进口车蜡，认为车蜡价格越贵越好，出现消费误区，造成浪费。

作为车主，了解一些关于车蜡的知识，有助于对爱车的良好护理，避免在进行美容护理时出现不必要的纠纷。

1) 车蜡的发展历史

光彩照人的车身表面能够体现车主的修养和风度，所以一直以来都存在车身表面的美容护理，只是以前不够专业，护理产品不多。现在汽车美容已从业余走上专业的道路，美容产品也琳琅满目，应有尽有。作为美容护理产品之一的车蜡至今也有几十年的历史，由单纯的打蜡上光发展到现在的保护性打蜡上光。

车蜡的发展大体经历了如下阶段：

第一代车蜡是固体石蜡。

第二代车蜡是膏状石蜡。

第三代车蜡是液体石蜡。

这三代车蜡都是以石油的蒸馏物为主要原料，使用比较麻烦，需彻底晒干后才能抛光，不能形成良好的保护层，保持不长久，一沾水就容易掉。

第四代车蜡是含单种聚合物的蜡。

第五代车蜡是含多种聚合物的蜡。这些后期的车蜡中添加了聚合物(如特氟隆或釉等)，这种聚合物一旦晒干后，能在车漆表面形成一层薄薄的保护膜，同时又起到上光的作用，可以保持几个月之久。

第六代车蜡是纯天然的蜡(如天然棕榈蜡等)，不含人工合成物，是现代环保产品，具有良好的护理效果，是豪华轿车的首选。

2) 打蜡的程序

(1) 上蜡。上蜡可分手工上蜡和打蜡机上蜡两种。手工上蜡简单易行；打蜡机上蜡效率高。无论是手工上蜡还是打蜡机上蜡，都要按一定的顺序进行，要保证车身漆面涂抹的均匀一致。上蜡时，每次不要涂得太厚，上太多的蜡不但会造成成本的增加，而且会增加抛光的工作量，还容易粘上灰尘，使抛光摩擦时有可能产生划痕。

① 手工上蜡。首先将适量的车蜡涂在海绵上，然后按一定顺序往复直线或环形均匀涂布。涂布时手感力度一定要掌握好，可将手指摊开，用大拇指和小拇指夹住海绵，其余三个手指及手掌按住海绵均匀涂抹。上蜡时每次涂抹的面积不要过大，整个车身可分块进行，顺序可从前到后或从左到右，尽量做到薄而均匀。每次处理的面积要有一定的交叉重叠，以防止漏涂。

② 打蜡机上蜡。将车蜡洒在车身表面上，用手控制好打蜡机，起动开关，注意涂布时的力度、方向性及均匀度。车身表面在边、角、棱处的涂布，使用打蜡机上蜡时不易把握，而在这方面手工涂布更有优势。上蜡上几层较为合适，要视车漆状况而定，并不是愈多愈好，太多的蜡反而会使抛光产生困难；上得太薄，又无法填补车身的缝隙。通常新车需要上蜡一至二层，旧车可上三至四层。

(2) 抛光。上蜡后根据使用说明，一般停留几分钟，然后用手工抛光或用抛光机将其打亮。手工抛光时应先用手背感觉车蜡的干燥程度，以刚刚干燥而不粘手为度。手工抛光作业通常使用无纺棉布按一定的顺序作往复直线运动，适当用力挤压，以清除剩余车蜡。使用抛光机进行处理时，应等车蜡完全干燥后才能进行，抛光机转速应设置较低，一般控制在 1000 r/min 以下。抛光时，要注意用力均匀以及抛光方向的一致性，以保证抛光后光线漫射面的一致，体现深度的光泽。

(3) 检查整理。抛光后要检查整个车身的护理质量，特别是车身较显眼的地方，如果发现蜡上得不均匀，产生无序的反光现象，则可用干净的无纺棉布轻轻地擦，也可以用抛光机重新进行抛光，直到光线反射面一致。此外，要仔细检查并清除厂牌、车标内空隙及油箱盖周围、纤细的边缘或转角部分，车门车窗密封橡胶的边条缝，车牌、车灯、门边等处残存的车蜡。不要认为这些地方不显眼，而有所忽视，影响整车的护理效果。打蜡结束后，设备及用品要做适当清洁处理，妥善保存。

如果想使车蜡保留的时间长些，则可以在打完蜡的车身上喷抹一层护车素，这样既可保护车蜡，又可提高车身表面的光泽度，还可以起到一定的防晒、防酸雨的作用。

3) 打蜡作业注意事项

汽车打蜡的质量好坏，不但同车蜡的品质有关，而且同打蜡作业方法关系密切，要做到正确打蜡。在汽车打蜡时应注意以下几点：

(1) 要掌握好上蜡的频率。由于汽车行驶的环境与停放场所不同，各种车蜡的保持时间也不同，因而打蜡的间隔时间也应有所区别。一般可以通过目视感觉或用手触摸车身漆面，若感觉发涩无光滑感，就应该进行再次打蜡。一般2～4个月打一次蜡。

(2) 要注意打蜡的环境。打蜡作业应在室内进行，周围环境要清洁，要有良好通风，以免沙尘附着在车身，影响打蜡质量，甚至产生划痕。

(3) 要注意选择打蜡时机。打蜡应选择天气晴朗的日子，雨天一般不应进行。打蜡应避免车表温度高时进行，否则车蜡附着能力下降，影响打蜡效果。

(4) 要注意打蜡的方法。在上蜡作业时，要穿好工作服，摘下手表、戒指之类的装饰品，以防漆面划伤。上蜡时，尽量采用质地柔软的海绵或柔质的干净棉布进行均匀涂抹，应遵循先上后下的原则，即先涂抹车顶、前后盖板、车身侧面等，一次作业要连续完成，不可涂涂停停。打蜡时，手工海绵及打蜡机海绵运行路线应该按一定的顺序进行，以防止出现光线漫射的不一致。

(5) 要注意打蜡的范围。上蜡时要注意涂抹的地方，小心不要涂在车窗和风窗玻璃上，否则玻璃上形成的油膜很难擦干净。

(6) 要掌握好力度和转速。上完蜡采用机械抛光时，应控制抛光的力度和转速，避免力度过大、转速过高，从而抛到车漆。若海绵上出现与车漆相同的颜色，可能是漆面已经破损，应立即停止抛光，先进行修复处理。

(7) 要注意检查整理。抛光结束后，要仔细检查，清除厂牌、车标内空隙及油箱盖钥匙孔周围、纤细的边缘或转角部分，车门车窗密封橡胶的边条缝，车牌、车灯、门边等处残存的车蜡。打蜡结束后，设备及用品要做适当清洁处理，妥善保存。

4) 新车的开蜡

汽车制造厂生产的新车要运到各地的经销商处进行销售，下线时为了避免在运输过程中或露天停放时风吹、日晒、雨淋以及粉尘、烟雾等的侵蚀，都必须进行喷蜡覆盖保护，以防漆面受蚀氧化。但在新车交付正常使用时，这层新车的保护蜡必须先除去，然后再进行重新的清洗上光护理。

(1) 开蜡水的选择。新车的开蜡要使用专用的开蜡水，不能使用其他溶剂来代替。开蜡水是新车开蜡作业最重要的用品，具有较强的溶解能力和去油污能力，一般新车车蜡在喷上开蜡水后几分钟内，就可以将车表蜡层完全溶解，而且对漆面及塑料、橡胶件无腐蚀。

(2) 新车开蜡步骤如下：

① 车身表面的冲洗。新车开蜡时必须先冲洗车身表面，可用冷水高压清洗机冲去车表尘埃及其他表面附着物，否则会影响开蜡水的溶解效果。

② 开蜡水的喷洒。车身表面冲洗干净后，在开蜡车车身表面均匀的喷上开蜡水。等候 6～7 min 使开蜡水完全渗透于蜡层，快速溶解车表蜡的保护层。

③ 擦除残蜡。当车表蜡层完全溶解时，用棉布、毛巾或无纺布擦除车表的残蜡。擦拭时注意清除厂牌、车标内空隙及油箱盖钥匙孔周围、纤细的边缘或转角部分，车门车窗密封橡胶的边条缝、车牌、车灯、门边等处残存的车蜡。

④ 清洗及擦干车身。使用冷水高压清洗机冲洗车身表面，然后喷上洗车液清洁车身，最后再用高压水冲净车身，擦干后即可交车。

(3) 新车开蜡注意事项如下：

① 一定要使用新车开蜡水进行开蜡。不可使用其他溶剂来代替专用开蜡水进行开蜡，虽然有些溶剂也可以洗掉新车的保护蜡，但效果不是很好。如果使用不当，则会造成不必要的麻烦。

② 喷洒开蜡水时要尽可能的均匀。厂牌、车标内空隙及油箱盖钥匙孔周围、纤细的边缘或转角部分也不能忽视。

③ 喷上开蜡水后，要等待几分钟，待开蜡水完全渗透蜡层并使其开始溶解后，才能用棉布或毛巾擦拭。

④ 清洗及擦干车身，要按洗车作业规程进行，因为车身表面经开蜡水开蜡后，仍会有部分车蜡及杂质残留。

5.2.3　发动机与底盘部分的清洁护理

1．发动机的外部清洁

发动机是汽车的动力装置，也是汽车最为关键的部分，必需经常进行清洁护理，这样才能减少故障的发生，延长其使用寿命。对于发动机的外部清洁，主要的工作有三个方面：一是发动机外表灰尘及油污的清除；二是表面锈渍的处理；三是发动机电器电路部分的清洗。

1) 发动机外表灰尘及油污的清除

发动机外表可用刷子或压缩空气等先进行除尘，然后选用合适的发动机外部清洗剂进行擦洗处理。需要注意的是，发动机外表不能用汽油来代替专用清洁剂进行清洗。

2) 表面锈渍的处理

铸铁等金属表面生锈是一个缓慢的氧化过程，开始时表面出现一些细小的斑点，然后逐渐扩大，颜色变深，形成片状或一层层的锈渍，从而形成严重的锈蚀。对于锈斑，应早发现早处理，在生成小斑点时就进行清除，以免斑点扩大后较难处理。可用除锈剂喷在锈斑处，然后进行擦洗。

3) 发动机电器电路部分的清洗

发动机电器电路部分包括点火线圈、分电器及各种电路线束等，这些部件的清洁必需采用特定护理产品进行清洁。如果长期用水和普通的清洁剂处理，则只能加速其塑料壳体和线束橡胶的老化，影响汽车的起动和行驶。

进行发动机外部清洁时应注意以下几点：

① 清洗时应选用碱性小、不腐蚀橡胶塑料件及外涂银粉的清洗剂。

② 用清洗剂擦洗之前，先用刷子或压缩空气掸出灰尘或细砂等。

③ 清洗发动机室时，注意不要将清洗剂喷到电气系统的零件上，更加不能用水去冲洗，否则可能造成电器短路，使发动机不能起动。如果不小心溅到电气系统上，则应用干布擦干，或用压缩空气把水吹干。

④ 一定要先把清洁剂喷到棉布或海绵上，然后再擦洗。

⑤ 清洗完后可擦上塑料橡胶件保护剂，使其色泽重现，延缓老化。

2．燃油系统的清洁护理

汽车发动机燃油系统在长期的工作中，其油箱、油管、喷油嘴等处易生成胶质和沉积物，火花塞、喷油嘴、燃烧室等处易生成积炭。这些现象会影响燃油的供给和混合气的正常燃烧，从而导致发动机怠速不稳、加速不良，甚至出现爆燃等情况，使发动机油耗增加、废气排放增加。因此，必需对燃油系统进行定期的清洁护理，以维持发动机良好地工作。

发动机燃油系统的清洁护理是在发动机不解体的情况下，通过专业设备或采用专业用品来达到清洁护理目的的。

1) 燃油系统清洗机清洗

先配制好清洗剂与燃油的混合液，将清洗机的进回油管接到汽车的燃油系统中，起动清洗机和发动机进行燃烧清洗。在发动机运转的同时，混合物经燃烧将分布在系统中的胶质和积炭溶解剥落，并随废气排出。

2) 专用清洗剂清洗

可选用汽油喷射系统高效清洁剂进行清洗。这种专用清洗剂能随燃油流动，自动清除、溶解燃油系统中的胶质、积炭等有害物质。使用时，按说明书要求的用量直接加入油箱内就可以了。

3．润滑系统的清洁护理

发动机在运行过程中，润滑系统的润滑油就处在高温高压的条件下工作，容易产生油泥、胶质等沉积物，这些物质粘附在润滑系统的油路之中，不但影响润滑油的流动，而且加速了润滑油的变质，使运动零件的表面磨损加剧。因此，必需定期对润滑系统进行清洁护理，以保证润滑系统的正常工作，从而延长发动机的使用寿命。

1) 机器清洗

先排出发动机油底壳的润滑油，取下机油滤清器，接好发动机润滑系统清洗机的进出油管，起动开关进行清洗，清洗完毕后清洗机会发出报警声，提醒操作员已经清洗完成。然后拆下进出油管，装好机油滤清器和放油塞，重新加注润滑油即可。

2) 专用清洗剂清洗

发动机内部高效清洁剂能有效地清洗润滑系统各部油道及运动部件表面，将油泥、胶质等沉积物溶解。这种清洁剂一般在更换润滑油前使用。清洗时将其适量加注到曲轴箱中，起动发动机运转 15～30 min 后，排掉脏污的润滑油，更换机油滤芯，最后加注新的润滑油即可。

4. 冷却系统的清洁护理

现代汽车冷却系统中虽然不是直接使用水来冷却，但是冷却液中也不同程度会含有碳酸钙、硫酸镁等盐类物质。冷却系统常时间工作后，这些物质会从冷却液中析出，一部分形成沉淀物，一部分沉积在冷却系统的内表面形成水垢。

在发动机冷却水套及散热器壁上形成的水垢会影响其热交换过程。冷却系统内如果沉积过多的水垢，则会减少冷却水的容量，影响冷却水的循环。由于水垢层的导热性能不良，因此发动机容易出现过热的现象，使发动机润滑条件恶化，运动部件表面不能形成良好的润滑油膜，从而使燃烧室内积炭增多，容易产生爆燃，造成功率降低和燃耗增大。因此，当汽车行驶一定的里程后，应结合维护对冷却系统进行清除水垢的作业。

1) 清洗机清洗

可利用水箱清洗机来清除水垢。水箱清洗机是清除水垢的专业设备，它利用气压产生脉冲，在清洗剂的作用下快速清除冷却系统内的水垢。使用时，要先接好设备的三通管接头。

2) 专用清洗剂清洗

冷却系高效清洁剂具有超强的清洁力和高效的溶解性，能在发动机运行中彻底清除冷却系统内的水垢，恢复冷却系统各管道的流通能力，确保散热性能。使用时，按说明书的要求将适量的清洁剂加入冷却液中，拧好散热器盖，起动发动机并运行 6～8 h 后，排出冷却液，清洗完毕后再重新加注冷却液即可。这种专用清洗剂对水垢的去除率至少在 90%以上，且不会对冷却系统造成腐蚀。

5. 底盘部分的清洁护理

汽车在行驶过程中，汽车底盘部分由于与路面距离最近，故工作环境比较恶劣，经常会粘有泥土、焦油、沥青等污物，尤其是下雨天，底盘部位很容易粘上泥水，如不及时清洗还容易形成锈渍；此外，还有可能底盘系统的油液渗漏，粘上灰尘后造成油渍、油泥等，如不及时护理，就会影响到汽车的行驶性能。汽车底盘部分的清洁护理包括车身底板的清洁护理、转向系统的清洁护理、传动系统的清洁护理、制动系统的清洁护理、轮毂的清洁护理和轮胎的清洁护理等。

1) 车身底板的清洁护理

车身底板位置比较特殊，护理的好坏一般不容易发现，因此往往被人忽视，而且底板朝着行驶路面，行驶时不可避免地粘上泥水、焦油、沥青等污物，此外还有因护理不及时而产生的锈渍、锈斑等。对于泥土、焦油、沥青等，可用发动机清洗剂或除油剂清洗；对于锈渍、锈斑等，可用除锈剂擦洗。清洗完成后再用多功能防锈剂喷涂在底盘上即可。

2) 转向系统的清洁护理

转向系统的转向横拉杆、齿条壳、转向节臂等部件位于车底，汽车行驶时比较容易脏，如不及时清洗，时间长了就会生锈。一般的污渍可用多功能清洗剂清洗，如果发现有锈斑，就必须用除锈剂擦洗。清洗后，可喷上多功能防锈剂进行护理。此外，还可以在转向助力储液灌中添加转向助力调节密封剂，以恢复老化橡胶油封的密封性，防止转向液的渗漏，消除因漏液而造成的转向迟钝、转向沉重等现象，还能清洁并润滑助力转向系统内部机件，防止胶质、油泥产生，减少机件磨损，延长使用寿命。

3) 传动系统的清洁护理

传动系统的变速箱、传动轴、主减速器壳体、半轴套管等部件也是容易粘上泥土的地方，时间长了没有清洁也会生锈，一般可用多功能清洗剂清洗。

4) 制动系统的清洁护理

在行车制动器中，由于其工作情况特殊，制动蹄片有可能会粘上油泥、制动液、烧蚀物、胶质等污物，容易产生制动噪声，影响制动性能，因此也必需定期进行清洁护理。选用专用的制动系清洁剂喷洒清洁，能有效地清除制动蹄片上的污物，改善制动效能，消除制动噪声。使用时，只要将清洁剂喷在需要清洁的部位，使之风干即可。如有必要，可重复清洁。

5) 轮毂的清洁护理

现代汽车一般多使用铝合金轮毂，而汽车行驶时，轮毂是比较容易脏污的部件。清洗轮毂时须特别小心，其表面有保护漆，通常应选用中性清洁剂。清洁时，应一次清洗一个轮毂，可避免清洁剂在轮毂表面凝固。若清洁剂凝固，则清洁效果将降低，且在使用清水冲洗时将更加困难。对于一般的灰尘污物，可用普通的清洁剂清洗；而对于长期附着在轮毂上的积垢，如沥青、制动摩擦片磨损留下的黑粉等，使用普通的清洁剂一般很难清除，可使用强力轮毂去污剂清洁。清洗时，先喷上强力轮毂去污剂，稍等片刻，然后用软毛刷刷洗清除，刷洗时切勿使用过硬的刷子，否则将会刮伤轮毂表面的漆面。轮毂清洗后，再用专用防护剂进行护理，一般每两个星期应彻底清洗一次轮毂上的污物。

6) 轮胎的清洁护理

轮胎上除了粘有灰尘、泥土和砂石外，还有一些酸、碱性物质污染。清洗时，可先将夹在轮胎花纹中的砂石清除，再用高压水冲刷上面的灰尘和泥土。对于一些酸、碱类物质一般用水难以清除，而普通清洁剂也没有很好的清洗效果，这时，可用轮胎清洁增黑剂来清除护理。它能清除轮胎上的酸、碱性物质和其他有害物质，还可以起到清洁、翻新橡胶、塑料和皮革制品等作用；此外，还有助于降低紫外线的辐射，减缓橡胶老化，延长作用寿命，同时兼具增黑上光功能，用后能使轮胎光亮如新。使用时，将轮胎清洁增黑剂刷在轮胎的表面即可。

复习思考题

1. 何谓汽车的运行条件？包括哪些内容？
2. 汽车行驶中应注意哪些事项？何谓正确装载？
3. 汽车在走合期内有什么特点？应遵循什么规定？
4. 高温条件对汽车的使用有何影响？应采取何种技术措施？
5. 低温条件下为何汽车起动困难、总成磨损严重和燃料消耗增加？应采取何种措施？
6. 汽车有哪些应急救护措施？
7. 车表污垢的组成有哪些？车身的清洗方式有哪些？
8. 洗车分为几个步骤？注意事项是什么？车表顽固污渍如何清除？
9. 汽车车表其他部件如何清洗？车身表面抛光与打蜡的正确操作方法是什么？
10. 发动机和底盘应如何清洁护理？

第 6 章　汽车公害的控制

知识目标：

(1) 了解汽车公害的内容。
(2) 正确描述汽车排放和噪声公害对人及环境的危害之处。
(3) 掌握汽车排放检测标准。
(4) 了解汽车排放检测方法。
(5) 掌握汽车常用的三种排放检测技术。
(6) 了解汽车噪声的评价指标与检测标准。
(7) 掌握汽车噪声的检测方法和噪声检测仪器的工作原理。

汽车的公害包括三个方面，即汽车排气对大气的污染，噪声对环境的危害，汽车电气设备对无线电通讯及电视广播等的电波干扰。在三者之中，排气污染对人们的生活环境影响最大(被认为是第一公害)，其次是噪声公害，而电波公害因不直接影响人体健康，并且是局部性问题，所以没有前两者重要。

除此之外，制动蹄片、离合器片和轮胎的磨损物，以及车轮扬起的粉尘也会引起环境污染，但这种影响只是在交通密度大的车流附近较为突出。

6.1　汽车排放污染的控制

6.1.1　汽车排放公害

现代汽车发动机主要是内燃机，其中以汽油、柴油为燃料的内燃机应用最为广泛。汽车的排气公害问题实质上是内燃机的排气污染问题。

汽车发动机排出的废气不都是有害的，如 N_2、CO_2、O_2、H_2 和水蒸气等即属于不会对人和生物造成直接危害的物质。汽车排放的污染物主要是：一氧化碳(CO)、碳氢化合物(HC)、氮氧化合物(NO_x)、微粒、硫化物等。这些污染物由汽车的排气管、曲轴箱和燃油系统排出。随着汽车工业的迅速发展，汽车保有量的急剧增加，汽车排放污染物对大气的污染已经构成公害。它对部分人群，尤其是对大城市的人群造成了严重的健康威胁，同时它还损害生态环境，污染河流湖泊，危及野生动植物的生存。

1. 一氧化碳

汽车排放中的 CO 是燃料不完全燃烧的产物。当发动机混合气过浓或燃烧质量不佳时，易生成 CO。CO 是一种无色无味的有毒气体，它进入人体后极易与血液中的血红蛋白结合。CO 与血红蛋白的亲合力是氧的 300 倍。因此 CO 可使血液携带氧的能力降低而引起缺氧。CO 被人体大量吸入后会使人感觉恶心、头晕及疲劳，严重时会使人窒息死亡。

2. 碳氢化合物

汽车废气中的 HC 是多种碳氢化合物的总称，是发动机未燃尽的燃料分解或供油系中燃料的蒸发所产生的气体。汽车排放污染物中，HC 的 20%～25%来自曲轴箱窜气，20%来自燃油箱中的蒸发，其余则由发动机排气管排出。单独的 HC 只有在浓度相当高的情况下才会对人体产生影响，一般情况下作用不大。但 HC 能引起光化学反应生成光化学氧化剂，且生成甲醛，形成烟雾，对人的眼、鼻和咽喉粘膜有较强的刺激作用，严重时可致癌。

3. 氮氧化合物

排放中的氮氧化合物主要指 NO_2 和 NO，通常可概括表示为 NO_x。NO_x 主要是在高温燃烧过程中由空气中的氧和氮化合而成。燃料中部分含氮化合物也会形成氮氧化合物。汽车尾气中直接排出的氮氧化合物基本上是 NO，汽油机排出的氮氧化合物中，NO 占 99%，而柴油机排出的氮氧化合物中，NO_2 的比例稍大。NO 在发动机刚排出时，其毒性较小，但排出之后 NO 在大气中被氧化为剧毒的 NO_2，这一过程一般需要几小时，若空气中有强氧化剂(如臭氧)，则氧化过程变得迅速。NO_2 是一种刺激性很强的污染物，它能刺激眼、鼻粘膜，麻痹嗅觉，甚至引起肺气肿。

4. 硫化物

发动机排出的硫化物主要为二氧化硫(SO_2)。它由所用燃料中含有的硫与空气中的氧反应而生成。SO_2 有强烈的气味，它本身可刺激咽喉与眼睛，严重时，可使人中毒，引起呼吸道疾病。SO_2 还是形成酸雨的主要成分，它能严重污染河流、湖泊等水系，使土壤和水源酸化，殃及野生动植物的生存安全，破坏自然界的生态平衡。

5. 微粒

汽油机排出的主要微粒是铅化物、硫酸盐、低分子物质；柴油机排出的主要微粒为碳化物质(炭烟)和高分子量的有机物(润滑油的氧化和裂解产物)，其微粒的直径大约在 0.1～10 μm 范围内。柴油机产生的微粒量比汽油机多 30～60 倍。炭烟是柴油燃烧不完全的产物，它是由直径较小的多孔性炭粒构成的。微粒中对人体和大气环境危害最大的是 2.5 μm 左右的微粒，它悬浮于离地面 1～2 m 高的空气中，容易被人体吸入。这些微粒往往吸附有许多有机污染物、重金属元素和一些致癌物质，因而当其沉积到人体肺部时，会严重危害人体的健康。

6.1.2 汽车排放检测标准

为了控制汽车排放污染物对生态环境的危害，世界上许多国家对车辆的排放制定了严格的法规。这些法规中，对汽车的排放污染物有统一、合理的表示方法及检测标准。

1. 排放污染物的表示方法

污染物的排放量根据不同的场合，常用浓度排放量、质量排放量和比排放量来表示。

1) 浓度排放量

浓度排放量常用体积分数和质量浓度表示。体积分数是指排气体积中污染物所占的体积比，根据实际中污染物浓度的不同，可分别用%、$\times10^{-6}$或$\times10^{-9}$来表示。例如，对排气中浓度较高的 CO 和 CO_2 一般用%表示；对浓度较低的 HC、NO_x 用$\times10^{-6}$表示；而对浓度更低的成分可用$\times10^{-9}$表示。质量浓度是指单位排气体积中污染物的质量，常用 mg/m^3 单位计量。

2) 质量排放量

质量排放量是指实际检测时每小时或每测试循环发动机排放的污染物质量，常用 g/h 或 g/测试来表示。在实际环境治理工作中，若对排放污染物进行总量监测，或在车辆排放检测中按规定的工况循环测量排放量，则可用质量排放量表示。

3) 比排放量

比排放量是指检测时汽车单位行驶里程所排放的污染物质量或发动机单位功所排放的污染物质量。常用的比排放量量纲为 g/km 或 g/(kW·h)。

在整车试验时，用单位测试循环的质量排放量(g/测试)除以每测试循环的运转公里数可得到每公里的排放量(g/km)，这是排放法规中最常用的计量单位。当进行发动机排放特性试验时，可以用单位功所排放的污染物质量作为评价指标，但一般测试仪器测出的是浓度排放量，此时可用浓度排放量、排气流量、排气密度及发动机有效功率进行计算得到单位功所排放的污染物质量。

2. 排放污染物的检测标准

我国在吸收发达国家的成功经验后，制定了一条适合我国国情的汽车排放标准技术路线：对汽油车先实行“怠速法”控制，再实施“强制装置法”，即对曲轴箱排放和燃油蒸发进行控制，最后实行工况法控制；对柴油车则是先实行“自由加速法”及“全负荷法”控制烟度，然后再与汽油车同步实施工况法，第三步再考虑制定柴油车颗粒物排放标准。

我国于 1982 年颁布了大气质量标准，从 1983 年开始陆续制定并颁布了汽车排放限值标准；1984 年实施了汽油车怠速排放、柴油车自由加速烟度、汽车柴油机全负荷烟度等 6 项排放限值和测量方法标准；1989 年颁布了轻型车排放限值和测量方法标准；1990 年实施了汽车曲轴箱排放限值标准。1993 年对过去发布的部分标准进行了修订，并新颁布了车用汽油机排放、汽油车蒸发排放和摩托车排放限值及测量方法标准。1999 年我国开始了新一轮的排放标准修订工作，并颁布了对新型车辆的型式论证和产品一致性试验排放限值的国家标准；2000 年 12 月颁布了《在用汽车排气污染物限值及测试方法》(GB 18285—2000)；2001 年 4 月 16 日，国家环境保护总局与国家质量监督检验检疫总局联合发布《轻型汽车污染物排放限值及测量方法(Ⅰ)》(GB 18352.1—2001)、《轻型汽车污染物排放限值及测量方法(Ⅱ)》(GB 18352.2—2001)和《车用压燃式发动机排气污染物排放限值及测量方法》(GB 17691—2001)最新的国家标准，并取代了原有的 11 项重叠的机动车污染物排放标准和测量方法标准。

排放标准可分为型式认证试验标准、产品一致性试验标准和在用车检测标准。其中型式认证试验标准适用于对新设计车型的认证试验；产品一致性试验标准适用于从成批生产的车辆中任意抽取一辆或若干辆进行的抽样试验；在用车检测标准适用于对在用车的年检及抽样检测。

一般而言，型式认证试验标准严于产品一致性试验标准，但这两种排放标准今后有合二为一的趋势；而在用车的排放检测标准通常与该车型生产时所达到的新车排放标准相对应。

在用车污染排放控制是汽车污染排放控制的重要环节，因此对在用车的排放检测尤为重要。从 2001 年 7 月 1 日起，实施国家新标准《在用汽车排气污染物限值及测试方法》(GB18285—2000)，该标准是一种强制性标准，它适用于装配点燃式四冲程发动机及压燃式发动机，最大总质量大于或等于 400 kg，最大设计车速大于或等于 50 km/h 的在用汽车。在用汽车排放新标准主要有以下几种：

1) 装配点燃式发动机的车辆排气污染物限值

装配点燃式发动机的车辆，其排气污染物是指 CO、HC 和 NO_x。其中 HC 以正己烷当量表示，而 NO_x 以 NO 表示。汽车进行怠速、双怠速和加速模拟工况(ASM)检测时的排气污染物(CO、HC 和 NO_x)限值分别见表 6-1、表 6-2 和表 6-3。

表 6-1　装配点燃式发动机的车辆怠速试验排气污染物限值

车 辆 类 型	轻型车		重型车	
	CO/(%)	HC/($\times10^{-6}$)	CO/(%)	HC/($\times10^{-6}$)
1995 年 7 月 1 日以前生产的在用汽车	4.5	1200	5.0	2000
1995 年 7 月 1 日起生产的在用汽车	4.5	900	4.5	1200

注：HC 指体积浓度值按正己烷当量。

表 6-2　装配点燃式发动机的车辆双怠速试验排气污染物限值

车 辆 类 型	怠速		高怠速	
	CO/(%)	HC①/($\times10^{-6}$)	CO/(%)	HC①/($\times10^{-6}$)
2001 年 1 月 1 日以后上牌照的 M_1 类车辆②	0.8	150	0.3	100
2001 年 1 月 1 日以后上牌照的 N_1 类车辆③	1.0	200	0.5	150

注：① HC 指体积浓度值按正己烷当量。

② M_1 指车辆设计乘员数(含驾驶员)不超过 6 人，且车辆的最大总质量不超过 2500 kg。

③ N_1 还包括设计乘员数(含驾驶员)超过 6 人，或车辆的最大总质量超过 2500 kg 但不超过 3500 kg 的 M 类车辆。

表 6-3　装配点燃式发动机的车辆加速模拟工况排气污染物限值

车辆类型	基准质量(RM)④/kg	ASM5025			ASM2540		
		HC①/($\times10^{-6}$)	CO/(%)	NO/($\times10^{-6}$)	HC①/($\times10^{-6}$)	CO/(%)	NO/($\times10^{-6}$)
2001 年 1 月 1 日以后上牌照的 M_1 类车辆②	＜1050	260	2.2	2500	260	2.4	2300
	＜1250	230	1.8	2200	230	2.2	2050
	＜1470	190	1.5	1800	190	1.8	1650
	＜1700	170	1.3	1550	170	1.5	1400
	＜1930	150	1.1	1350	150	1.3	1250
	＜2150	130	1.0	1200	130	1.2	1100
	＜2500	120	0.9	1050	120	1.1	1000
2001 年 1 月 1 日以后上牌照的 N_1 类车辆③	＜1050	260	2.2	2500	260	2.4	2300
	＜1250	230	1.8	2200	230	2.2	2050
	＜1470	250	2.3	2700	250	3.2	2600
	＜1700	190	2.0	2350	190	2.7	2200
	＜1930	220	2.1	2800	220	2.9	2600
	＜2150	200	1.9	2500	200	2.6	2300
	＜2500	180	1.7	2250	180	2.4	2050
	＜3500	160	1.5	2000	160	2.1	1800

注：① HC 指体积浓度值按正己烷当量。

② M_1 指车辆设计乘员数(含驾驶员)不超过 6 人，且车辆的最大总质量不超过 2500 kg。

③ N_1 还包括设计乘员数(含驾驶员)超过 6 人，或车辆的最大总质量超过 2500 kg 但不超过 3500 kg 的 M 类车辆。

④ 基准质量(RM)是指车辆的整备质量加上 100 kg。

2) 装配压燃式发动机的车辆排气污染物限值

装配压燃式发动机的车辆，其排气污染物是指排气管排出的可见污染物。其自由加速试验排气可见污染物限值见表 6-4；对于 2001 年 1 月 1 日以前上牌照的这类车辆，采用烟度测量，其自由加速试验烟度排放限值见表 6-5。

表 6-4　装配压燃式发动机的车辆自由加速试验排气可见污染物限值

车 辆 类 型	光吸收系数/m^{-1}
2001 年 1 月 1 日以后上牌照的在用车	2.5
2001 年 1 月 1 日以后上牌照的装配涡轮废气增压器的在用车	3.0

表 6-5　装配压燃式发动机的车辆自由加速试验烟度排放限值

车 辆 类 型	烟度值/R_b
1995 年 7 月 1 日以前生产的在用车	4.7
1995 年 7 月 1 日起生产的在用车	4.0

注：R_b 为波许单位。

6.1.3　汽车排放检测方法

1．怠速法

怠速法是测量汽油车在怠速工况下排气污染的方法，一般仅测 CO 和 HC，测量仪器采用便携式排气分析仪。这种方法具有简便易行、测试装置价格便宜和便于携带以及检测时间短等优点，因而怠速法极适用于汽车检测站对在用车排放性能的年检测试、环保部门对在用车的排放监测。但由于怠速时间占汽车运行时间的比例并不大，因而怠速工况下所排出的污染物总量并不高，且怠速是稳态工况，而对于汽车排放影响最大的是非稳态工况。因此，怠速法的测量结果缺乏全面代表性。为提高测量精度，并监控因化油器量孔磨损而造成的汽车排放恶化，或监控因催化转化器效率降低而造成的汽车排气恶化，我国开始采用双怠速法，即用怠速和高怠速进行排放测量。

根据 GB 18285—2000《在用汽车排气污染物限值及测试方法》的规定，按 GB 14761 通过 B 类认证的 M_1、M 和 N_1 类车辆，对排气污染物的检测应采用双怠速法或 ASM 试验；而对其他的在用汽油车，则采用怠速法。

1) 怠速测量法

怠速测量法对汽油车在怠速运行时排气中的 CO 和 HC 浓度进行监测，其测量步骤如下：

(1) 使发动机运行至规定的热状态，将发动机怠速转速和点火正时调整至规定值，并确保排气系统无泄漏。

(2) 发动机空转，离合器处于接合状态，变速器置于空挡位置，加速踏板松开，采用化油器的供油系统应使其阻风门全开。

(3) 发动机由怠速工况加速到 0.7 倍的额定转速，维持 60 s 后降至怠速。

(4) 发动机降至怠速状态后，将取样探头插入排气管中，深度等于 400 mm，并固定于排气管上。

(5) 发动机在怠速状态维持 15 s 后开始读数，读取 30 s 内的最高值和最低值，其平均值即为测量结果。

(6) 若为多排气管，则取各排气管测量结果的算术平均值。

怠速测量法的检测仪器可采用不分光红外气体分析仪，其检测的CO、HC浓度应符合排放标准的要求，否则为不合格。

2) 双怠速测量法

我国采用的双怠速测量法是参照国际标准化组织ISO 3929中制定的双怠速排放测量程序进行的，其测量步骤如下：

(1) 必要时在发动机上安装转速计、点火正时仪、发动机冷却液和机油测温计等测试仪器。

(2) 发动机由怠速工况加速到0.7倍的额定转速，维持60 s后降至高怠速(即0.5倍的额定转速)。

(3) 发动机降至高怠速状态后，将取样管插入排气管中，深度等于400 mm，并固定于排气管上。

(4) 发动机在高怠速状态维持15 s后开始读数，读取30 s内的最低值和最高值，其平均值即为高怠速排放测量结果。

(5) 发动机从高怠速降至怠速状态，在怠速状态维持15 s后开始读数，读取30 s内的最低值和最高值，其平均值即为怠速排放测量结果。

(6) 若为多排气管，则分别取各排气管高怠速排放测量结果的平均值和怠速排放测量结果的平均值。

怠速和高怠速检测的CO、HC浓度应分别符合排放标准的要求，否则为不合格。

2. 工况法

工况法是将汽车若干常用工况和排放污染较重的工况结合在一起测量排放污染物的方法。工况法的循环试验模式应根据汽车的排放性能、行驶特点、交通状况、道路条件、车流密度和气候地形等因素，对大量统计数据进行科学分析后制定，这样可最大限度地重现汽车运行时的排放特性。工况法是当今世界最为科学并得以广泛使用的汽车排放试验方法，是汽车排放检测的必然发展趋势。

与怠速法相比，工况法检测结果能全面评价车辆的排放水平。但工况法比怠速法要复杂得多，工况法要有转鼓试验台，并具有齐备的模拟汽车行驶动能的飞轮系统，还要有经过大量调查研究与数据处理制定出的模拟城市(城区和郊区)道路上汽车运行工况的试验程序，还要配备复杂而昂贵的大型综合分析仪和保证发动机按试验程序运转所需的程序自动控制系统。因此，工况法的执行受到了很大限制，一般用于新车的认证许可检测和出厂抽查检测。世界各国的排放法规中，对测试装置、取样方法和分析仪器的规定基本上是一致的，但测试的循环工况及排放限值的差别较大。我国于2000年1月1日起开始实施的GB14761—1999《汽车排放污染物限值及测试方法》规定，在车辆型式认证和生产一致性检查过程中，对冷起动后排气污染物进行排放试验(Ⅰ型试验)时，应采用图6-1所示的工况循环。我国于2001年7月1日起开始实施的GB18285—2000《在用汽车排气污染物限值及测试方法》规定，按GB14761通过B类认证的M_1、M和N_1类车辆，可在底盘测功机上采用ASM试验，该ASM试验工况运转循环由ASM5025和ASM2540两工况组成，其规范如图6-2及表6-6所示。

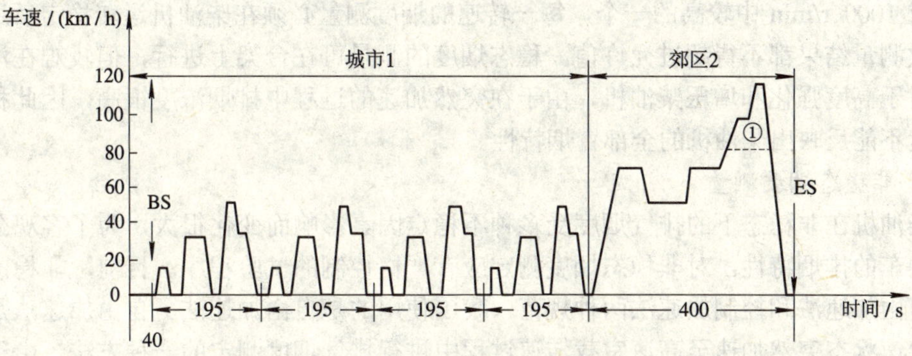

图 6-1　Ⅰ型试验用的测试循环

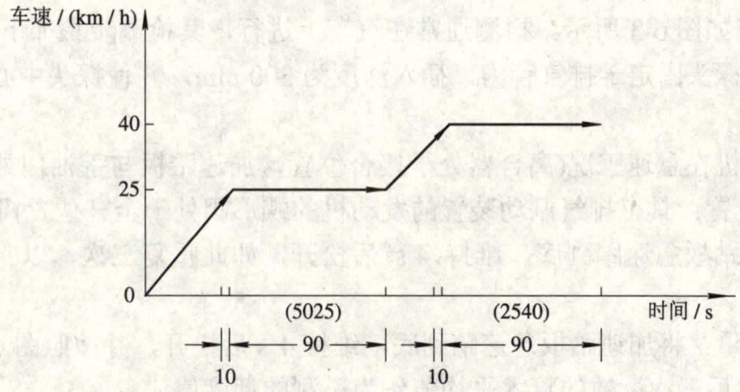

图 6-2　ASM 试验运转循环

表 6-6　ASM 试验运转循环表

工况	运转次序	速度/(km/h)	操作时间/s	测试时间/ s
5025	1	0～25	3.5～8.5	—
	2	25	10	
	3	25	90	90
2540	4	25～40	2.3～5.6	—
	5	40	10	
	6	40	90	90

3．烟度法

烟度法是指对柴油车排烟浓度进行监测的方法，它可分为稳态和非稳态两种。

1) 稳态烟度测量

柴油车冒黑烟在全负荷运转时较为严重，因此稳态烟度测量通常是在柴油车全负荷稳定运转时进行的。各国都有各自的烟度测量规范与排放标准，我国自己制定的车用柴油机全负荷烟度测量方法规定：由最低转速至额定转速之间选取 6 或 7 个转速对各种车用柴油机进行全负荷烟度测量，其中包括最大转矩转速和最大功率转速。最低转速是指 45%额定转速或 1000 r/min 中较高的一个，每一转速的烟度测量必须在柴油机运转稳定后进行，任何一次测量结果都不得超过允许值。稳态烟度的测量可在台架上进行，但较难在汽车上测定。对于高度强化和增压柴油机，由于在突然加速的过程中排烟浓度很高，因此稳态烟度测量就不能反映出柴油机的全部冒烟特性。

2) 非稳态烟度测量

柴油机在非稳态下的排气烟度受多种不稳定因素影响而变化很大，为了客观公正地反映柴油车的排烟特性，对非稳态烟度测定应有严格控制的试验程序。目前，非稳态烟度测定有自由加速法和控制加速法两种规范，我国使用的是自由加速法。自由加速法是指柴油机从怠速状态突然加速至高速空载转速过程中进行排气烟度测定的一种方法。由于自由加速法不需对柴油机加载，因此该法适用于检测站对在用柴油车的年检以及环保部门对柴油车的监测。

我国对 2001 年 1 月 1 日以前上牌照的在用柴油车采用自由加速滤纸烟度法测量烟度，其检测规范如图 6-3 所示。检测通常在汽车上进行，其检测步骤如下：

(1) 将取样探头固定于排气管内，插入深度为 300 mm，并使探头中心线与排气管中心线平行。

(2) 使发动机在怠速工况(离合器处于接合位置，加速踏板与手油门处于松开位置；变速器处于空挡位置；具有排气制动装置的发动机的蝶形阀处于全开位置)下运转。

(3) 将加速踏板急速踏到底，维持 4 s 后松开，如此重复三次，以吹净排气系统的沉积物。

(4) 取样测量。将加速踏板急速踏到底，维持 4 s 后松开，并按照图 6-3 所示的规定循环测量四次，取后三次读数的算术平均值作为所测的烟度值。

(5) 当汽车发动机黑烟冒出排气管的时间和抽气泵开始抽气的时间不同步时，应取最大烟度值作为所测的烟度值。

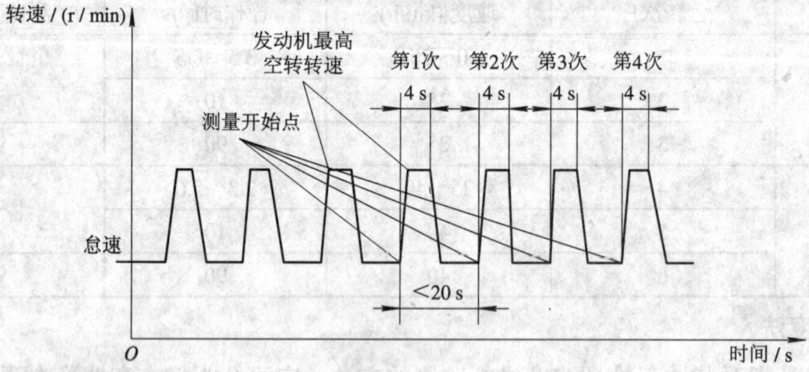

图 6-3　自由加速烟度检测规范

用滤纸烟度计所测的烟度值不得超过标准中的允许限值，否则为不合格。

4. 可见污染物测量法

可见污染物测量法是指利用不透光度计对柴油车排气的可见污染物进行监测的方法。柴油机排放的黑烟、蓝烟、白烟和油雾等均为可见污染物。

我国对 2001 年 1 月 1 日以后上牌照的在用柴油车使用不透光度计，采用自由加速法检测柴油车排出的可见污染物。其检测方法是：车辆处于规定的热状态，排气系统装有消声器并且不得有泄漏，在发动机怠速时，按规定的要求插入不透光度计取样探头，迅速但不猛烈地踏下加速踏板，使喷油泵供给最大油量。在发动机达到调速器允许的最大转速前，保持此位置，一旦达到最大转速，立即松开加速踏板，使发动机恢复至怠速，不透光度计恢复到相应的状态。重复测量 6 次，记录不透光度计的最大数值，若读数值连续四次均在 0.25 m^{-1} 的带宽内，并且没有连续下降趋势，则记录值有效，其中四次测量结果的算术平均值即为该车的排放结果。

6.1.4　汽车排放检测技术

1. 排气成分分析方法

目前用于汽车排气成分分析的方法主要有四种：用不分光红外分析仪测量 CO 和 CO_2，即 NDIR 分析法；用氢火焰离子分析仪测量 HC，即 FID 分析法；用化学发光分析仪测量 NO_x，即 CLD 分析法。世界各国在其工况法检测标准中都严格规定必须采用上述测试方法，但怠速法检测标准中略有不同，一般可用不分光红外分析仪测量 CO、CO_2 和 HC。

1) NDIR 分析法

NDIR 是英文 Non-Dispersive Infra-Red Analyser 的简称，是目前测定 CO 的最好方法。其测量上限为 100%，下限可进行微量(10^{-6}级)以至痕量(10^{-9}级)分析；在一定量程范围内，即使气体浓度有极小变化也能检测出来；当 CO 排放浓度较高时，排气中的干扰成分对测定值影响可略去不计；采用连续取样系统，能观察随发动机运转条件变化而引起的排气成分的变化。NDIR 还可测量排气中的其他气体。

(1) 基本检测原理。NDIR 的检测原理是基于某些待测气体对特定波长红外辐射能的吸收程度来测定其浓度的。除了单原子气体(如 Ar、Ne)和同原子的双原子气体(如 N_2、O_2 和 H_2)外，大多数非对称分子(如汽车排气中的有害气体 CO、HC、NO 等)都有吸收红外线的能力，但不同气体在红外波段内有其特定波长的吸收带，如 CO 为 4.5～5.0 μm，C_6H_{14}(正己烷)在 3.5 μm 附近，NO 在 5.3 μm 附近。红外线被吸收的程度与被测气体的浓度有对应的函数关系，气体浓度愈高，吸收红外线的能力也愈强。NDIR 分析仪则根据废气吸收红外线的能量引起的变化来测量废气中各种污染物的浓度。对于特定的被测气体，测量时所用的红外光的波长是一定的。

图 6-4 所示为 NDIR 气体分析装置的结构原理示意图。该装置由红外线光源、气样室、旋转光栅和传感器组成。气样室由比较室和试样室构成，其中比较室内充满不吸收红外线能量的气体(如 N_2)，以作为比较之用；而试样室则可接受连续流过的废气，以供分析。检测室用于吸收红外光的能量，它由容积相等的左右两腔构成，中间用兼作电容传感器极板的金属膜片隔开，两腔充有相同浓度的被测气体，如测废气中 CO 含量时，两腔均充有 CO，而测 HC 含量时，均充入正己烷(C_6H_{14})气体。在过滤室中充有 CO_2 和 CH_4 气体，以防检测时排气中的 CO_2 和 CH_4 干扰。采用旋转光栅的目的是为了产生交流电压输出信号，因为交流信号放大器的无漂移特性好于直流放大器。

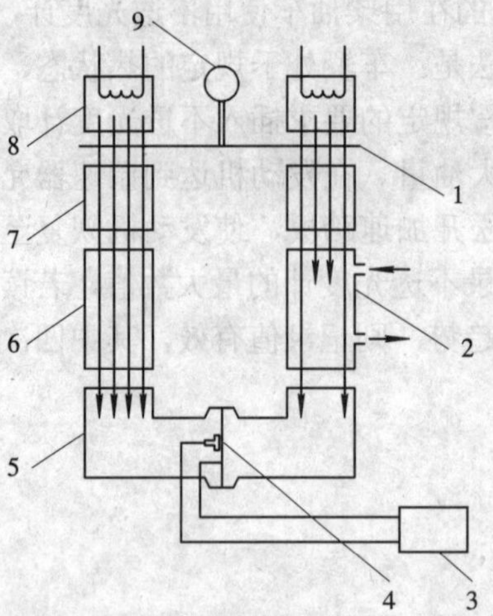

图 6-4　不分光红外气体分析装置结构原理示意图

检测时，两个红外线光源发出相同的两束红外线，当红外线通过旋转光栅时，两束红外线将形成红外线脉冲。其中一路红外线脉冲经过滤室、试样室后进入检测室右腔，另一路则通过过滤室、比较室进入检测室左腔。由于通过比较室到达检测室的红外线能量未被吸收，因此检测室左腔中的被测气体吸收了较多能量；而通过试样室到达检测室的红外线已被所测气体吸收了一部分能量，因此检测室右腔中的被测气体只能吸收较少能量。这样，检测室两腔中的气体便产生了温差，从而导致两腔压力出现差异，致使作为电容一个极的金属膜片产生弯曲振动，其振动频率取决于旋转光栅的转速，振幅则取决于所测气体的浓度。膜片的弯曲振动将使传感器的电容量发生交替变化，从而产生交流电压信号，该信号经放大整流后，转换为直流信号输送给指示装置。

不分光红外分析仪可测量 CO、CO_2、C_6H_{14}、NO 等多种气体成分，测量时须在检测室内充入相应的气体。汽车排放法规中一般规定不分光红外分析仪只用于检测 CO 和 CO_2，但由于它的便携性，故也被广泛用于怠速时的 HC 的检测。在测定 HC 时，检测室内密封正己烷，其测定的结果用相当于正己烷的浓度来表示。发动机排气中有上百种 HC，而这种仪器只能检测某一波长段的 HC。该分析仪对饱和烃敏感，而对非饱和烃和芳香烃不敏感，因此，其测量结果主要反映了饱和烃的含量，而不代表排气中各种烃类的总含量。故在要求高精度测量时，不分光红外分析仪不能用来测量 HC。

(2) 不分光红外线 CO 和 HC 气体分析仪。不分光红外线 CO 和 HC 气体分析仪是一种能从汽车排气管中采集气样，并对其中所含 CO 和 HC 的浓度进行连续测量的仪器。它由废气取样装置、气体分析装置、浓度指示装置和校准装置组成。

① 废气取样装置。该装置由取样头、过滤器、导管、水分离器和泵等组成，见图 6-5。该装置通过取样头、导管和泵从汽车的排气管里采集废气，经过滤器和水分离器除去废气中的炭渣、灰尘和水分后，送入气体分析装置。

② 气体分析装置。该装置按照不分光红外分析法，从来自取样装置的混有多种成分的废气中测量出 CO 和 HC 的浓度，并以电信号的形式输送给浓度指示装置。

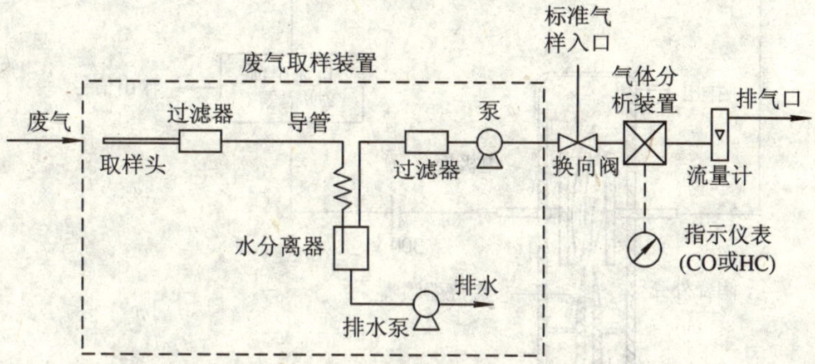

图 6-5　废气取样装置组成示意图

③ 浓度指示装置。综合式分析仪的浓度指示装置主要由 CO 指示装置和 HC 指示装置组成。从气体分析装置送来的电信号，在 CO 指示仪表上以体积百分数(%)为单位指示出 CO 的浓度，在 HC 指示仪表上以正己烷当量体积百万分数(10^{-6})为单位指示出 HC 的浓度。仪表的指示可利用零点调整旋钮、标准调整旋钮和读数挡位转换开关等进行控制。

④ 校准装置。校准装置是为了保持分析仪指示精度，使之能经常显示正确指示值的一种装置。在分析仪上通常设有加入标准气样进行校准的校准装置和机械的简易校准装置。其中：标准气样校准装置是把标准气样从分析仪单设的一个专用注入口直接送到气体分析装置，再通过比较标准气样浓度值和仪表指示值的方法来进行校准的装置；而简易校准装置是利用遮光板把气体分析装置中通过测量气样室的红外线挡住一部分，以减少一定量红外线的方法进行简单校准的装置。

2) FID 分析法

FID 是英文 Hydrogen Flame Ionization Detector 的简称，是目前测定发动机排气中碳氢化合物最有效的方法。它具有很高的灵敏度，其检测极限最小可达 10^{-9} 数量级，而且线性和频响特性好，对环境温度及大气压力也不敏感。

FID 的工作原理是基于大多数有机碳氢化合物在氢火焰中产生大量电离的现象来测定 HC 浓度的。由于电离度与引入火焰中的碳氢化合物分子中碳原子数成正比，故此法对不同类型的烃没有选择性，它只能测定 HC 总量。

氢火焰离子分析仪通常由燃烧器、离子收集器及测量电路组成。图 6-6 所示为 FID 的工作原理图，被测气体与含有 40%H_2(其余为 He)的燃料气体混合后进入燃烧器，并与引入的空气一起形成可燃混合气。此时用点火丝点燃，HC 便在氢火焰的高温(2000℃左右)中裂解产生元素态碳，然后形成碳离子 C^+，在 100～300 V 外加电压作用下形成离子流，这个离子流(电流)的强度与 HC 中 C 原子数成正比，可见只要测出这个离子电流的大小，就可得到 HC 的浓度。微弱的离子电流经放大后送入指示或记录仪表。整个系统应加电磁屏蔽，以避免外界电磁干扰的影响。

FID 法可直接用于轻型汽车排气污染物中 HC 的排放测定。为避免高沸点的 HC 在采样过程中发生凝结和防止水蒸气冷凝后堵塞毛细管，故应对包括检测器在内的整个附加设备进行保温处理。我国排放法规中规定，在台架试验中，测量车用柴油机或汽油机排气污染物中的 HC 时，应采取加热方式，使除取样探头外的其余部分温度保持在 190±10℃(柴油机)或 130±10℃(汽油机)的范围之内，这种方式称之为 HFID，其本质还是 FID 法。

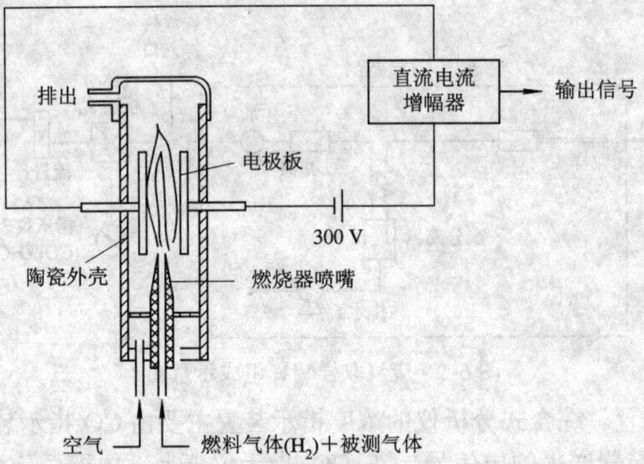

图 6-6　FID 的工作原理图

3) CLD 分析法

CLD 是英文 Chemiluminescent Detector 的简称，是目前测定 NO_x 的最好方法。采用 CLD 测量 NO_x，其灵敏度高，体积分数可达 10^{-7}，响应特性好，在 $0\sim10^{-2}$ 范围内具有良好的线性输出特性。

化学发光分析仪测量 NO_x 的原理是基于 NO 和 O_3 的反应：

$$NO + O_3 = NO^*_2 + O_2$$

$$NO^*_2 = NO_2 + h\nu$$

式中：NO^*_2 为激发态 NO_2；h 为普朗克常量；ν 为光量子的频率。

分析时，首先使被测气体中的 NO 与 O_3 反应，生成 NO^*_2 分子，在 NO^*_2 由激发态衰减到基态的过程中，会发出波长为 0.6～3 μm 的光量子 $h\nu$(即近红外光谱线)，称为化学发光。这种化学发光的强度与 NO 浓度成正比，因而通过检测发光强度就可确定被测气体中 NO 的浓度。

化学发光分析仪从原理上讲只能测量 NO，而无法测量 NO_2。但实际应用中可以先通过适当的转换将 NO_2 还原成 NO，然后再进行 NO 的测量，即可用间接方法测出 NO_2。因此，用同一仪器也可以测得 NO_2 和 NO_x。

图 6-7 所示为化学发光分析仪的检测原理图。检测时，O_2 持续不断地进入 O_3 发生器 5，产生的 O_3 进入反应室 6。在检测 NO 时，汽车尾气经二通阀 2 后直接进入反应室 6，NO 与 O_3 反应产生的化学发光经滤光片进入光电倍增器 7，反映 NO 浓度的电信号经信号放大器 8 输出，并由指示仪表 9 显示，其测量结果是 NO 的浓度。检测 NO_2 时，转动二通阀 2，汽车尾气全部经催化转化器 3，尾气中的 NO_2 在此转化为 NO，然后进入反应室 6 再与 O_3 反应。这时仪器测出的是 NO 与 NO_2 的总和 NO_x，再利用测定的 NO_x 和 NO 的浓度差值，可以测出 NO_2 的浓度。为使 NO_2 全部转化成 NO，催化转化器的工作温度必须保持在 650℃以上，由于催化转化器的效率对分析精度有直接影响，故应经常检查催化转化器，当效率低于 90% 时，需要更换新的催化转化器。使用滤光片的目的是分离给定的光谱区域，以避免反应气体中其他一些化学发光的干扰。

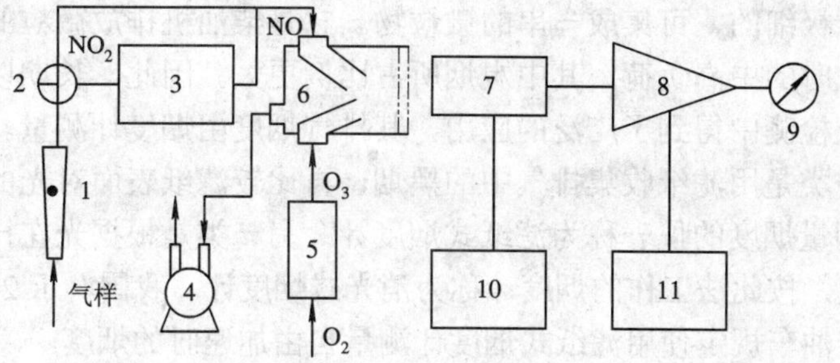

1—流量计；　7—光电倍增器；
2—二通阀；　8—放大器；
3—催化转化器；　9—指示仪表；
4—抽气泵；　10—高压电流；
5—O_3发生器；　11—放大器电流
6—反应室；

图 6-7　CLD 的检测原理图

化学发光分析仪为各国汽车排放试验规范中推荐的检测 NO_x 仪器，但在无此种仪器的情况下允许采用 NDIR 法测量，不过此时的测试精度较低。

4) 综合分析法

综合分析法就是利用综合检测仪同时进行快速检测汽车排气中的 CO、CO_2、HC 和 NO_x 的方法。这种检测方法能全面反映汽车污染物的排放情况，并能满足发动机台架试验或整车底盘测功机试验的排放测量要求。

图 6-8 所示为综合排放分析仪的示意图。它是根据排放法规的要求配备的，它可以对排放法规中规定的全部气体排放物进行分析测量，用 NDIR 法测量 CO 和 CO_2，用 FID 法测量 HC，用 CLD 法测量 NO_x。

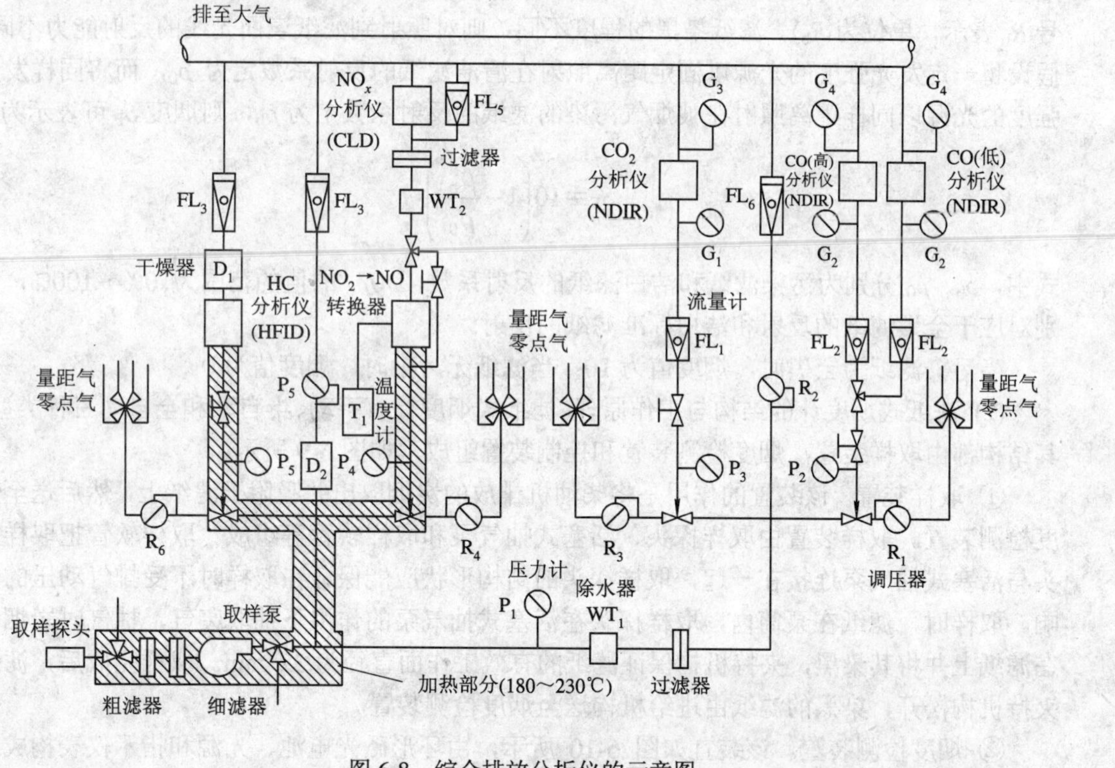

图 6-8　综合排放分析仪的示意图

2. 烟度和可见污染物的测量

柴油机的排烟主要有黑烟、蓝烟和白烟三种，其中在全负荷和加速工况时以排出黑烟最为常见。黑烟俗称炭烟，是指极细的、可集成一串的微粒物。它是柴油机排放微粒的重要组成部分，特别是在排放严重时的中高负荷，其中炭烟所占比例更大。因此，长期以来表征炭烟多少的排气烟度在排放检测中得到了广泛的应用，其排气烟度由烟度计测量。常用的烟度计测量原理有两类。一类是用滤纸收集排气中的黑烟，再比较滤纸表面对光的反射率来测量烟度，按此法进行测量烟度的仪表称为滤纸式烟度计；另一类是根据光在排气中被烟气消减的程度来确定烟度，按此法工作的烟度计称为消光式烟度计。我国对于 2001 年 1 月 1 日以前上牌照的在用柴油车规定使用滤纸式烟度计测量自由加速时的烟度。

在 GB 18285—2000 中，对压燃式发动机和装用压燃式发动机车辆的排气，是限制其可见污染物。这种新标准引入了与当前使用的烟度概念不同的不透光度的概念，考虑了柴油机排气中黑烟、蓝烟、白烟等可见污染物对环境的综合污染，强调了排放对人的视觉感知的影响，采用光吸收系数来度量可见污染物的多少。新的排放标准规定使用不透光度计测量自由加速时的光吸收系数。

1) 用滤纸式烟度计测量烟度

滤纸式烟度计具有结构简单、调整方便、使用可靠、测量精度较高等优点。它曾广泛用于各国柴油机的烟度检测。目前，我国许多检测站仍在使用滤纸式烟度计测量烟度。

(1) 基本检测原理。用滤纸式烟度计测试自由加速工况下柴油机的烟度时，需从排气管抽取规定容积的废气，并使之通过规定面积的标准洁白滤纸，其滤纸被染黑的程度称之为烟度。烟度用符号 S_F 表示，单位为 FSN(很多检测站还在使用旧标准，旧标准中，烟度用符号 R_b 表示，单位为 R_b)。滤纸染黑的程度不同，则对照射到滤纸表面光线的反射能力不同。假设将一定发光强度的光源以固定距离照射在清洁滤纸的反射系数定为 ρ_0，而将同样发光强度的光源以同样距离照射在被烟气污染的滤纸的反射系数定为 ρ_b，则烟度 S_F 可表示为

$$S_F = 10\left(1 - \frac{\rho_b}{\rho_0}\right)$$

式中，ρ_b、ρ_0 分别为污染滤纸和洁白滤纸的反射系数，ρ_b/ρ_0 的值的范围为 0%～100%，分别对应于全黑滤纸的反射和洁白标准滤纸的反射。

当污染滤纸为全黑时，烟度值为 10；当滤纸无污染时，烟度值为 0。

(2) 滤纸式烟度计的结构与工作原理。滤纸式烟度计有手动、半自动和全自动三种类型。其结构都由取样装置、烟度检测装置和控制装置组成，如图 6-9 所示。

① 取样装置。该装置的作用是将柴油机排放的炭烟取出并吸附于滤纸上，然后送至烟度检测装置。取样装置由取样探头、活塞式抽气泵和取样软管等组成。取样软管把取样探头与活塞式抽气泵连接在一起，取样探头的结构形状应能保证在取样时不受排气动压的影响。取样时，滤纸在泵筒内，取样探头在活塞式抽气泵的作用下抽取废气，抽气时炭烟留在滤纸上并将其染黑，夹持机构保证滤纸的有效工作面直径为 32 mm。取样完成后，滤纸夹持机构松开，染黑的滤纸由进给机构送至烟度检测装置。

② 烟度检测装置。该装置如图 6-10 所示，由环形硒光电池、光源和指示仪表构成。检测时，光源的光线通过有中心孔的环形光电池照射到滤纸上，一部分光线被滤纸上的炭烟所吸收，另一部分光线被反射到环形光电池上，使光电池产生光电流。光电流的大小反映了滤纸反射率的大小，而滤纸反射率则取决于滤纸的染黑程度。滤纸染黑程度越高，则

滤纸反射率越低，光电流越小；滤纸染黑程度越小，则滤纸反射率越高，光电流越大。指示仪表实际上是一块微安表，当由硒光电池输送来的电流强度不同时，指示仪表指针的位置也不同。仪表表盘以 0～10 均匀刻度。测量全白滤纸时，指针位置为 0；测量全黑滤纸时，指针位置为 10。

③ 控制机构。控制机构包括用脚操纵的抽气泵电磁开关、滤纸进给机构和压缩空气清洗机构等。压缩空气清洗机构可在废气取样前，用压缩空气清除探头内和取样管内积存的炭粒。

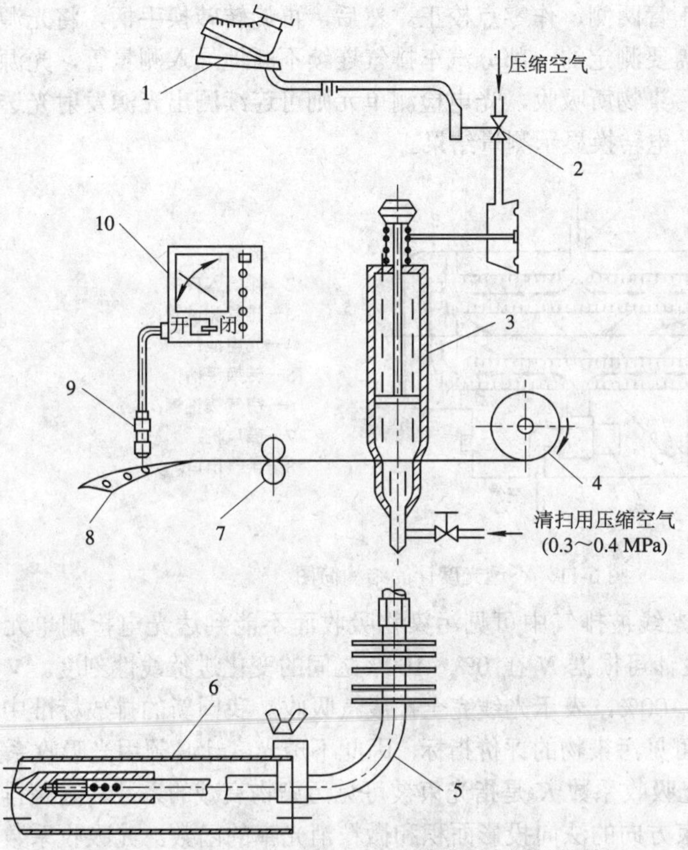

1—脚踏开关；
2—电磁阀；
3—抽气泵；
4—滤纸卷；
5—取样探头；
6—排气管；
7—进给机构；
8—染黑的滤纸；
9—光电传感器；
10—指示电表

图 6-9　滤纸式烟度计结构简图

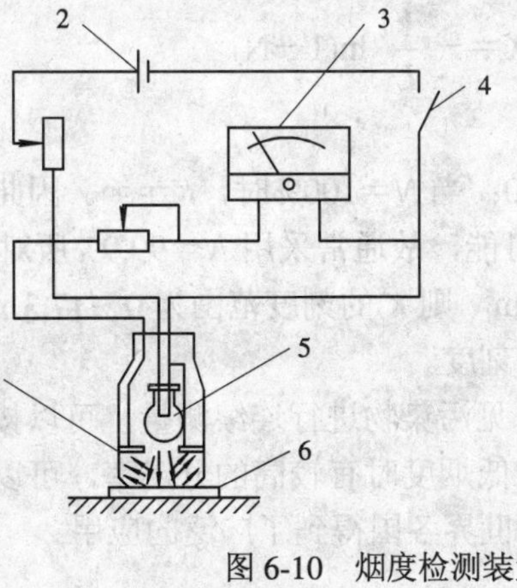

1—环形硒光电池；
2—电源；
3—指示仪表；
4—电源开关；
5—灯泡；
6—滤纸

图 6-10　烟度检测装置

2) 用不透光度计测量可见污染物

按照国家排放标准的新规定，对柴油机的可见污染物应采用不透光度计进行测量。不透光度计可分为全流式和分流式两类。全流式不透光度计测量全部排气的透光衰减率，分流式不透光度计是将排气中一部分废气引入取样管，然后送入不透光度计进行连续分析。我国排放标准中规定应使用分流式不透光度计。

不透光度计是一种利用透光衰减率来测定排气中可见污染物的仪器。图 6-11 所示为不透光度计的结构简图。测定前，用鼓风机向空气校正管吹入干净空气，旋转转换手柄，使光源和光电池分别置于校正管两侧，作零点校正。然后，再旋转转换手柄，将光源和光电池移至测试管两侧，并把需要测定的一部分汽车排气连续不断地导入测量管，光源发出的光部分地被排气中的可见污染物所吸收，光电检测单元则可连续测出光源发射光透过排放气体的透光强度，并通过光电转换显示测量结果。

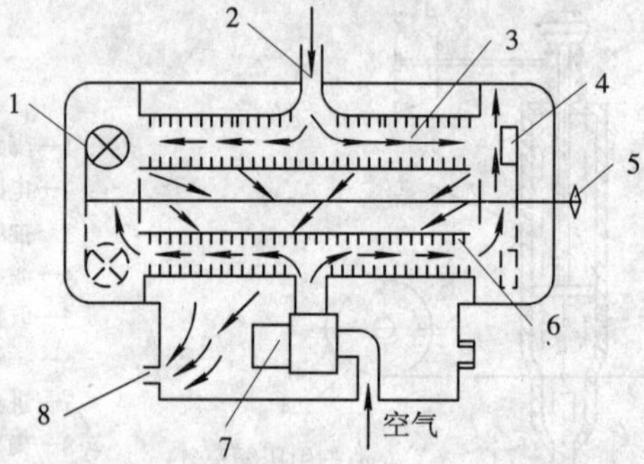

1—光源；
2—排气入口；
3—排气测试管；
4—光电池；
5—转换手柄；
6—空气校正管；
7—鼓风机；
8—排气出口

图 6-11　不透光度计的结构简图

不透光度是指光源的光线被排气中可见污染物吸收而不能到达光电检测单元的百分率，用 N%表示。不透光度计可根据 N 在 0%～100%之间的变化进行线性刻度。N=0%，表示被测废气不吸光；N=100%，表示光线完全被废气吸收。我国新的排放标准中用光吸收系数 K 作为柴油机排放可见污染物的评价指标，因此不透光度计必须用光吸收系数 K 进行刻度，其单位为 m^{-1}。光吸收系数 K 是指光束被可见污染物衰减的系数，它是排气中单位容积微粒数、微粒在光束方向的法向投影面积和微粒消光率的函数。光吸收系数与不透光度之间有下列关系：

$$K=-\frac{1}{L}\ \ln(1-N)$$

式中，L 为光通道的有效长度(m)。

由上式可知：当 N=0%时，K=0；当 N=100%时，K=∞。因此，用 K 刻度时，其值应从 0～∞(m^{-1})，但由于 K 为∞不可能，故通常采用 N=99.9%所对应的 K 值进行满量程刻度。如取光通道的有效长度为 0.4 m，则 K 的刻度范围为 0～17.3 m^{-1}。两种刻度的范围均以光全通过时为零，全吸收时为满刻度。

不透光度计可以对柴油机排气可见污染物进行连续测量，可以按排放法规的要求进行稳态和非稳态工况下的烟度测量，在低烟度时有较高的分辨率，可以用来研究柴油机的瞬态炭烟排放特性。不透光度计目前在世界各国得到了广泛的应用。

6.2　汽车噪声的控制

噪声是指人们不需要的，令人烦躁、讨厌的声音的总称。汽车噪声是由多种声源组成的综合性噪声。它主要是指发动机、传动系、轮胎以及车身扰动空气所发出的响声，其噪声的强度通常与汽车和发动机的结构形式、技术状况和运行条件(车速、载荷、道路等)有关。

汽车噪声是汽车的第二公害，它不仅会破坏安静的环境，使人心情不安、烦躁、疲倦和工作效率降低，而且还会损害人体健康，引起某些疾病，如听力下降、噪声性耳聋以及神经系统和血液循环系统疾病等。噪声的强度愈大，频率愈高，作用时间愈长，个人耐力愈小，则危害愈严重。

汽车为移动性噪声源，其噪声影响范围大，干扰时间长，因而受害人员多。另外，车内噪声过大还会影响驾驶员的正常操作而诱发汽车交通事故。因此，对汽车的噪声应根据国家标准进行检测与控制。

6.2.1　汽车噪声的评价指标与检测标准

1. 噪声的评价指标

噪声是一种声波，具有一切声波运动的特点和性质。声音的强弱取决于声压，而声压是指声波作用于大气使大气压强发生变动的变动量，单位为 Pa。由于正常人耳能听到的最弱声音的声压和能使人耳感到疼痛的声压大小之间相差一百多万倍，表达和应用极不方便；同时，人耳对声音大小的感觉并不与声压的大小成正比，而是同它的对数近似成正比，因此人们引入了一个用来表示声音强弱的物理量——声压级。声压级定义为

$$L_p = 20\lg\frac{p}{p_0}$$

式中：L_p——声压级(dB)；

p——实际声压(Pa)；

p_0——基准声压，即听阈声压，$p_0 = 2\times10^{-5}$ Pa。

当引入声压级这一概念后，就把可闻声声压百万倍的变化范围变至 0～120 dB 的变化范围，这样就显著减少了数量级。在噪声测量中，通常是测定它的声压级。然而，人耳对声音的主观感觉，不仅与声压有关，而且还与声音的频率有关。在人耳可听的 20～20 000 Hz 频率范围内，人耳对高频声反应敏感，对低频声反应迟钝。声压级相同的声音，由于其频率不同，故听起来并不一样响；相反，不同频率的声音，虽然声压级不同，但有时听起来却一样响。因此，用声压级测定的声音强弱与人耳的主观感受往往不一样，这说明主观感受与客观物理量之间并不完全一致。在噪声研究中，应将这种主观感受与客观反应加以统一，否则无法对噪声作出有用的评价。对噪声的评价常采用下列与人耳主观感受相适应的指标。

1) 响度级与响度

响度级与响度能表示声音的强弱程度，它是一种与人耳的听感特性相适应的对声音强弱的主观表示法。响度级同时考虑了声音频率和声压级对人耳听觉感受的影响，更符合人

耳接受声音的实际情况。响度级的单位是方(Phon)，方是 1000 Hz 纯音的声压级分贝值。响度级是一个相对量，有时需要把它化为自然数，即用绝对值来表示，因此引出了响度的概念。响度是受声刺激的听觉反应量，响度单位为宋(Sone)，1 宋是声压级为 40 dB、频率为 1000 Hz 纯音所产生的响度。

为了确定声压级与响度级的关系，通过许多人的听觉试验，可得到 1000 Hz 纯音各分贝值的等响曲线。图 6-12 所示为 ISO 推荐的等响曲线。图中的纵坐标是声压级(dB)，横坐标是频率(Hz)，二者都是声波客观的物理量。因为频率不同时，人耳的主观感觉不同，所以每个频率都有各自的听阈声压级和痛阈声压级。如果把它们连接起来，就能得到听阈线和痛阈线。两线之间按响度的不同可分为若干个响度级，通常分成 13 个响度级，听阈线为零方响度线，痛阈线为 120 方响度线。两者之间通常标出 10 方、20 方……100 方、110 方响度线。

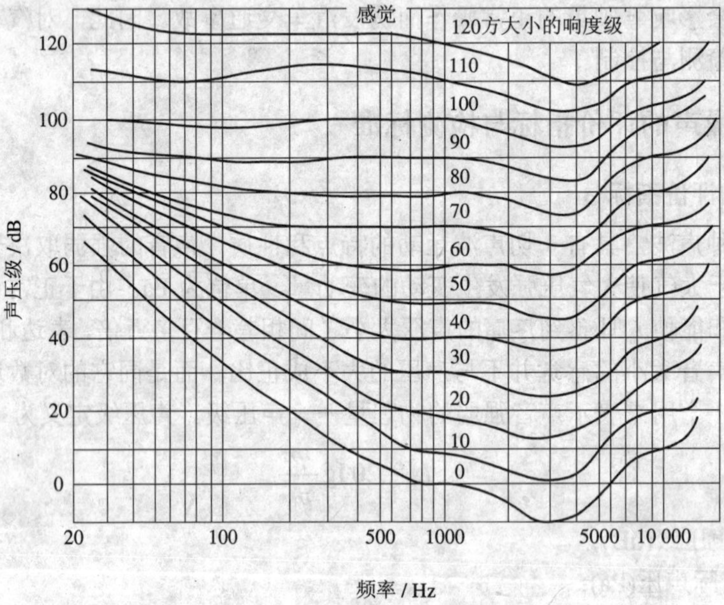

图 6-12　等响曲线

凡在同一条曲线上的各点，虽然它们代表着不同频率和声压级，但其响度(主观感觉)是相同的，故称等响曲线。每条等响曲线代表的响度级的大小由该曲线在 1000 Hz 时的声压级的分贝值而定。实际上是以 1000 Hz 纯音作为基准声音，当某一噪声听起来与该纯音一样响时，则该噪声的响度级(方值)就等于这个纯音的声压级(分贝值)。例如，某噪声听起来与声压级 85 dB、频率 1000 Hz 的基准声音一样响，则该噪声的响度级就是 85 方。

2) A 声级

声级计是测量声音强弱的仪器。声级计的“输入”是声音客观存在的物理量——声压和频率，而它的“输出”不仅要求是对数关系的声压级，而且应该是符合人耳特性的主观量——响度级。然而声压级没有反映出频率的影响，它具有平直的频率响应。为使声级计的输出符合人耳的听觉特性，应通过一套电学的滤波器网络对某些频率成分进行衰减，这种特殊的滤波器叫计权网络。通过计权网络测得的声压级已不再是客观物理量的声压级，而是经过听感修正的声压级，叫做计权声级。

通常，声级计设有 A、B、C 三种计权网络，它能对不同频率的声音信号进行不同程度的衰减。A 计权网络是效仿 40 方等响曲线而设计的，其特点是对低频和中频声有较大的衰减，即测量仪器对高频敏感，对低频不敏感，这与人耳对声音的感觉比较接近；B 计权网络是效仿 70 方等响曲线而设计的，其特点是使被测的声音通过时，低频段有一定的衰减；C 计权网络是效仿 100 方等响曲线而设计的，因任何频率都没有衰减，所以可用 C 计权网络测得的读数代表总声压级。

经过 A 计权网络测出的 dB 读数称 A 计权声级，简称 A 声级(L_A)，并用分贝 dB(A)表示其单位。由于噪声的 A 声级与人们的主观感觉比较接近，同时 A 声级的测量比较方便，因此 A 声级已成为国际标准化组织和绝大多数国家作为评价噪声的主要指标。

2. 噪声的检测标准

1) 车外噪声标准

根据 GB 1495—1979《机动车辆允许噪声》的规定，汽车加速行驶时，车外最大允许噪声级应符合表 6-7 的要求。表中所列机动车辆的变型车或改装车(消防车除外)加速行驶的车外最大允许噪声级应符合基本车型噪声的规定。

表 6-7　车外最大允许噪声级

汽车种类		车外最大允许噪声级/dB(A)	
		1985 年 1 月 1 日以前生产的汽车	1985 年 1 月 1 日起生产的汽车
载货汽车	8 t≤载质量＜15 t	92	89
	3.5 t≤载质量＜8 t	90	86
	载质量＜3.5 t	89	84
轻型越野车		89	84
公共汽车	4 t＜总质量＜11 t	89	86
	总质量≤4 t	88	83
轿车		84	82

2) 车内噪声标准

根据 GB7258—1997《机动车运行安全技术条件》的要求，其标准如下：

(1) 客车车内噪声级应不大于 82 dB(A)。

(2) 汽车驾驶员耳旁噪声级应不大于 90 dB(A)。

3) 汽车喇叭检测标准

从防止噪声对环境污染的观点出发，汽车喇叭噪声应越低越好。然而从保证行车安全的角度出发，汽车的喇叭必须有一定的响度。为此，GB 7258—1997《机动车运行安全技术条件》对汽车喇叭作出如下要求：

(1) 具有连续发声功能，其工作应可靠。

(2) 在距车前 2 m，离地高 1.2 m 处测量时，喇叭声级的值应为 90～115 dB(A)。

6.2.2　汽车噪声的检测方法

汽车噪声是一个由多种声源组成的综合性噪声，其噪声影响因素很多。对于同一车辆，其使用条件不同，噪声也不同。因而，用某一特定状态来模拟汽车发出的噪声是困难的。从防止噪声公害的角度出发，只能简单对汽车使用中的某一工况进行噪声检测。我国汽车车内、车外噪声的检测可按 GB 1496—1979《机动车噪声测量方法》的规定进行；而对驾驶员耳旁噪声及喇叭声级的检测可按 GB 7258—1997《机动车运行安全技术条件》的规定进行。

1. 车外噪声的测量

1) 测量的基本条件

(1) 测量仪器应采用精密声级计或误差不超过 2 dB 的普通声级计。

(2) 测量场地应平坦而空旷，在测试中心以 25 m 为半径的范围内，不应有大的反射物，如建筑物、围墙等。

(3) 测试场地跑道应有 20 m 以上的平直、干燥的沥青路面或混凝土路面，路面坡度小于等于 0.5%。

(4) 本底噪声(包括风噪声)应比所测车辆噪声至少低 10 dB，并保证测量不被偶然的其他声源所干扰。本底噪声是指测量对象噪声不存在时，周围环境的噪声。

(5) 为避免风噪声干扰，可采用防风罩，但应注意防风罩对声级计灵敏度的影响。

(6) 声级计附近除测量者外，不应有其他人员，如不可缺少，则必须在测量者背后。

(7) 被测车辆不载重，测量时发动机应处于正常使用温度。车辆带有的其他辅助设备若是噪声源，测量时是否开动，应按正常使用情况而定。

(8) 测量场地及测点位置如图 6-13 所示。测试时话筒位于 20 m 跑道中心点 *O* 两侧，各距中心线 7.5 m，距地面高度 1.2 m，并用三角架固定，话筒应与地面平行，其轴线垂直于车辆行驶方向。

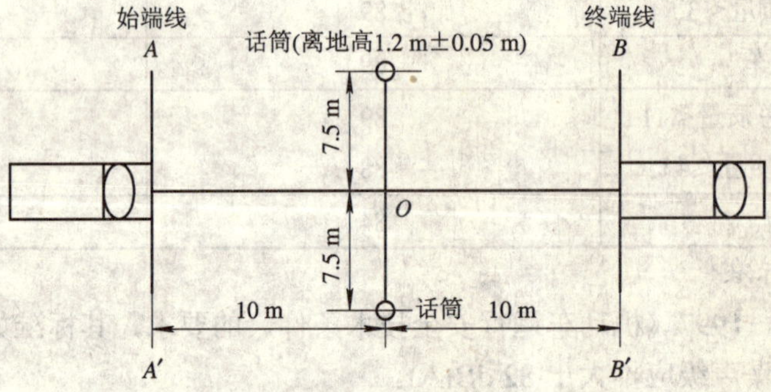

图 6-13 车外噪声测量场地

2) 加速行驶车外噪声的测量方法

(1) 为保证测量结果的可比性和重复性，要求各车辆按规定条件稳定地到达始端线：前进挡位为 4 挡以上的车辆用第 3 挡，前进挡位为 4 挡或 4 挡以下的车辆用第 2 挡；发动机转速为其标定转速的 3/4，此时若车速超过了 50 km/h，那么车辆应以 50 km/h 的车速稳定地到达始端线；对于采用自动变速器的车辆，在试验区间使用加速最快的挡位；辅助变速装置不应使用；在无转速表时，可以控制车速进入测量区，以所定挡位相当于 3/4 标定转速的车速稳定地到达始端线。

(2) 从车辆前端到达始端线开始，立即将加速踏板踏到底或节气门全开，直线加速行驶，当车辆后端到达终端线时，立即停止加速。车辆后端不包括拖车以及和拖车连接的部分。

本测量要求被测车辆在后半区域发动机达到标定转速。若车速达不到这个要求，可延长 O 至终端线的距离为 15 m，若仍达不到这个要求，则车辆使用挡位要降低一挡。若车辆在后半区域超过标定转速，则可适当降低到达始端线的转速。

(3) 声级计用 A 计权网络、“快”挡进行测量，读取车辆驶过时的声级计表头的最大读数。

(4) 同样的测量往返进行 1 次，车辆同侧两次测量结果之差应不大于 2 dB，并把测量结果记入规定的表格中。取每侧 2 次声级计读数平均值中的最大值作为被测车辆的最大噪声级。若只用 1 个声级计测量，则同样的测量应进行 4 次，即每侧测量 2 次。

3) 匀速行驶车外噪声的测量方法

(1) 车辆用常用挡位，加速踏板保持稳定，以 50 km/h 的车速匀速通过测量区域。

(2) 声级计用 A 计权网络、“快”挡进行测量，读取车辆驶过时的声级计表头的最大读数。

(3) 同样的测量往返进行 1 次，车辆同侧两次测量结果之差应不大于 2 dB，并把测量结果记入记录表中。若只用 1 个声级计测量，则同样的测量应进行 4 次，即每侧测量 2 次。

2. 车内噪声的测量

1) 车内噪声的测量条件

(1) 测量跑道应有试验需要的足够长度，应是平直、干燥的沥青路面或混凝土路面。

(2) 测量时风速(指相对于地面)应不大于 3 m/s。

(3) 测量时车辆门窗应关闭，车内其他辅助设备若是噪声源，测量时是否开动，应按正常使用情况而定。

(4) 车内本底噪声比所测的车内噪声至少应低 10 dB，并保证测量不被偶然的其他声源所干扰。

(5) 车内除驾驶员和测量人员外，不应有其他人员。

2) 车内噪声测点的位置

车内噪声测量通常在人耳附近布置测点，话筒朝向车辆前进方向。驾驶室内噪声测点位置如图 6-14 所示；客车室内噪声测点可选在车厢中部及最后一排座的中间位置，话筒高度可参考图 6-14。

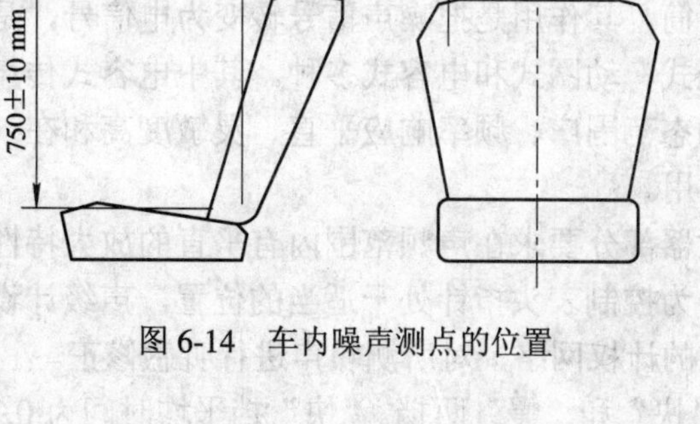

图 6-14　车内噪声测点的位置

3) 测量方法

测量时，车辆以常用挡位 50 km/h 以上的不同车速匀速行驶，用声级计“慢”挡测量 A、

C 计权声级，分别读取表头指针最大读数的平均值，将测量结果记于记录表中。若需做车内噪声频谱分析，则可用频谱分析仪进行检测。

3. 驾驶员耳旁噪声的测量

噪声测点的位置如图 6-14 所示，检测时，将变速器置于空挡，使车辆处于静止，而发动机则在额定转速状态运转，声级计用 A 计权网络、“快”挡进行测量，读取声级计的读数。

4. 汽车喇叭声级的测量

汽车喇叭声级的测点位置如图 6-15 所示，检测时应注意不被偶然的其他声源峰值所干扰。测量次数定在 2 次以上，并监听喇叭声音是否悦耳。

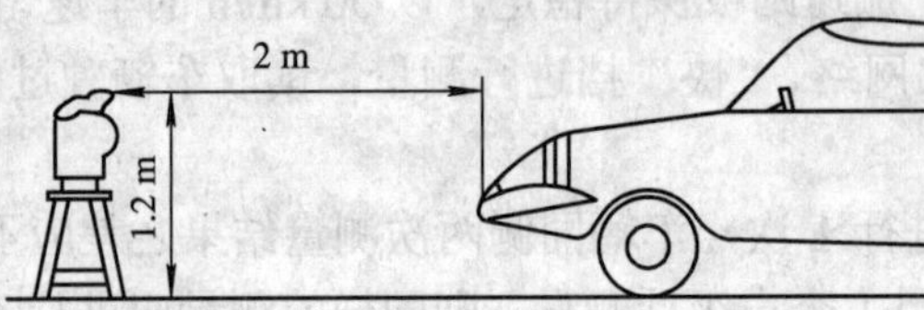

图 6-15　汽车喇叭声级的测点位置

6.2.3 汽车噪声检测仪器

1. 声级计

声级计是最基本的噪声测量仪器，它可以按人耳相近的听觉特性检测汽车噪声。声级计主要由传声器、放大器、衰减器、计权网络、检波器及指示表头等组成。声级计结构原理框图如图 6-16 所示。

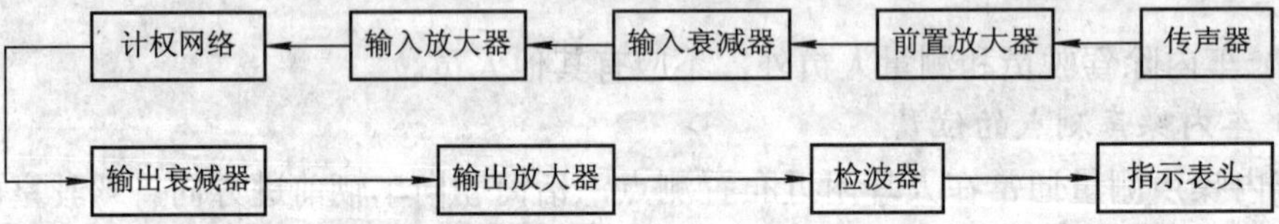

图 6-16　声级计结构原理框图

声级计的工作原理是：检测时，被检测的噪声信号通过传声器被转换成电压信号，该信号经放大器放大后，送入计权网络处理，最后经过有效值检波器进入指示仪表，从表头得到相应的声级读数。

传声器通常称为话筒，其作用是把噪声信号转变为电信号，是声级计的传感器。常见传声器有晶体式、驻极式、动圈式和电容式多种。其中电容式传声器是声学测量中比较理想的传声器，它具有动态范围广、频率响应平直、灵敏度高和在一般测量环境中稳定性好等优点，因而被广泛应用。

声级计的测量放大器部分要求在声频范围内有平直的放大特性，同时具有较低的固有噪声和良好的稳定性；为控制表头指针处于适当的位置，声级计设置有衰减器；在精密声级计中，设有三种标准的计权网络，对所测噪声进行听感修正。

声级计一般都有“快”和“慢”两挡。“快”挡平均时间为 0.27 s，比较接近人耳听觉的生理平均时间；“慢”挡平均时间为 1.05 s。当对稳态噪声进行测量或需要记录声级变化过程时，使用“快”挡较为合适；当被测噪声的波动比较大时，使用“慢”挡比较合适。

根据声级计 A、B、C 计权网络对不同频率声音的衰减特性，可通过声级计 A、B、C 三挡对同一声源测量所得的读数大致地估计出所测噪声的频谱特性：若 $L_A=L_B=L_C$，则表明噪声中的高频成分较突出；若 $L_B=L_C>L_A$，则表明中频成分略强；若 $L_C>L_B>L_A$，则表明噪声呈低频特性。

2．频率分析仪

汽车噪声是由大量的不同频率的声音复合而成的，为了分析产生噪声的原因，需对噪声进行频谱分析。

所谓频谱分析，就是应用数学原理(傅里叶变换)，将原来由时间域表征的动态参数转换为由频率域表征。实现这一转换的最基本的装置是滤波器，利用滤波器将待分析的噪声信号所包含的不同频率的分量分离出来，由记录器记录测量结果。通常，根据测量结果，以频率为横坐标，以声压级为纵坐标作出的噪声曲线称为噪声的频谱图。它在频域上描述了声音强弱的变化规律。

用于测定噪声频谱的仪器称为频率分析仪或频谱仪。频率分析仪主要由滤波器、测量放大器和指示装置组成。检测时，噪声信号经过一组滤波器，使被测信号中所含有的不同频率分量逐一分离出来，并由测量放大器将其幅值放大，然后由指示装置直接显示测量结果或绘制频谱图。

在频率分析仪中应用的滤波器为带通滤波器，其特性曲线如图 6-17 所示。图中 f_c 称为带通滤波器的中心频率，f_1 和 f_2 分别称为带通滤波器的频率下限和上限。定义 $B=f_2-f_1$ 为带通滤波器的带宽，将频带 f_2-f_1 称为通频带，f_1 以下或 f_2 以上的频带称为衰减带。滤波器让通频带范围的声音通过，而将衰减带范围的声音进行衰减。为了能在一个相当宽的频率域中进行频率分析，需要许多中心频率不同的带通滤波器。带通滤波器在频率域上的位置用中心频率 f_c 表示，中心频率 f_c 为两截止频率的几何平均值，即 $f_c=(f_1\cdot f_2)^{1/2}$。

图 6-17　带通滤波器响应曲线

频带的上限频率 f_2 与下限频率 f_1 之间有如下关系：

$$\frac{f_2}{f_1}=2^n$$

式中，n 为倍频带数或倍频程数。

在汽车噪声测量中，常用 $n=1$ 时的倍频带和 $n=1/3$ 时的 1/3 倍频带。n 数越小，频带分得越细。1/3 倍频带是把 1 个倍频带再分为 3 份，使频带宽度更窄。

频率分析仪使用的滤波器带宽决定了该频率分析仪的频率分辨率。带宽越窄，将噪声信号频率成分分解得越细，分辨率越高。图 6-18 所示为某汽油车在相同条件下分别使用倍频程滤波器和 1/3 倍频程滤波器测得的排气噪声频谱图。由图可知，当使用倍频程时，只能看出大概的趋势，而用 1/3 倍频程时，可以分辨出细致的频率波峰，可见使用 1/3 倍频程滤波器更适宜。

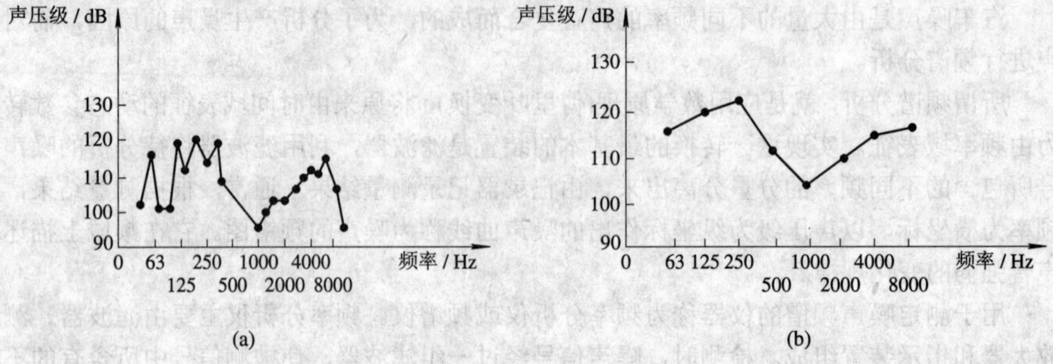

图 6-18　汽车排气噪声频谱曲线

(a) 1/3 倍频程；(b) 倍频程

利用频率分析仪，可以了解噪声的频率成分和各频率噪声的强弱，可为汽车噪声故障的诊断提供依据，并做到有针对性地控制和消除噪声。

复习思考题

1. 汽车排放的污染物有哪些？对人和环境有何种危害？
2. 排放污染物的表示方法有哪些？
3. 我国现行排放污染物的检测标准有哪些？各自适用对象是什么？
4. 汽车排放检测方法有哪些？是如何操作的？
5. 汽车排气成分分析有哪几种主要方法，各自的工作原理是什么？
6. 烟度和可见污染物是如何测量的？
7. 汽车噪声的评价指标与检测标准各是什么？
8. 汽车噪声是如何检测的？
9. 汽车噪声检测仪器的工作原理是什么？

第 7 章　汽车维修生产劳动过程管理

知识目标：

(1) 了解并熟悉汽车维修生产劳动过程。

(2) 掌握汽车维修企业的前台服务过程和后台生产过程内容。

(3) 理解汽车维修企业的计划管理、客户关系、信息管理和业务开发等基本要求。

(4) 熟悉汽车维修企业的客户预约、接车、诊断、估价、派工、结算、交车、跟踪服务等业务管理工作。

生产劳动是人类最基本的活动，世界上绝大多数人都在从事生产劳动。有生产劳动就有生产劳动管理，人类最早的管理活动就是对生产劳动的管理。20 世纪初的科学管理运动也始于生产劳动管理。生产劳动是一个“投入—变换—产出”的过程，即投入一定的资源，经过一系列、多种形式的变换，使其价值增值，最后以某种形式的产出提供给社会的过程。也可以说，是一个社会组织通过获取和利用各种资源向社会提供有用产品的过程。有形产品的变换过程通常也称为生产劳动过程；无形产品的变换过程有时称为服务过程。

7.1　汽车维修生产劳动过程

车辆维修是车辆维修企业围绕客户及车辆所展开的各项技术服务工作，其中车辆是企业间接的服务对象，客户才是企业直接的服务对象。因而车辆维修企业的生产劳动过程必须充分体现“以人为本”的特点，充分围绕客户这一中心展开各项服务活动。

7.1.1　汽车维修企业生产劳动

车辆维修企业的生产劳动就是如何使车辆维修企业的生产劳动过程更具合理性、科学性和经济性，体现生产运作过程的高效性，以充分适应企业本身的特点，充分挖掘企业发展的潜力，最大限度地满足客户的需求。它是一个涉及劳动流程设计、客户关系、信息资源、计划管理和市场开发的系统工程。

现代车辆维修企业一般采用“以客户为中心”的服务流程，即由预约或客户直接送修、接待及初诊、估价及签订合同、调度及维修、质量控制、结算及交车、跟踪服务等 7 个步骤组成，如图 7-1 所示。

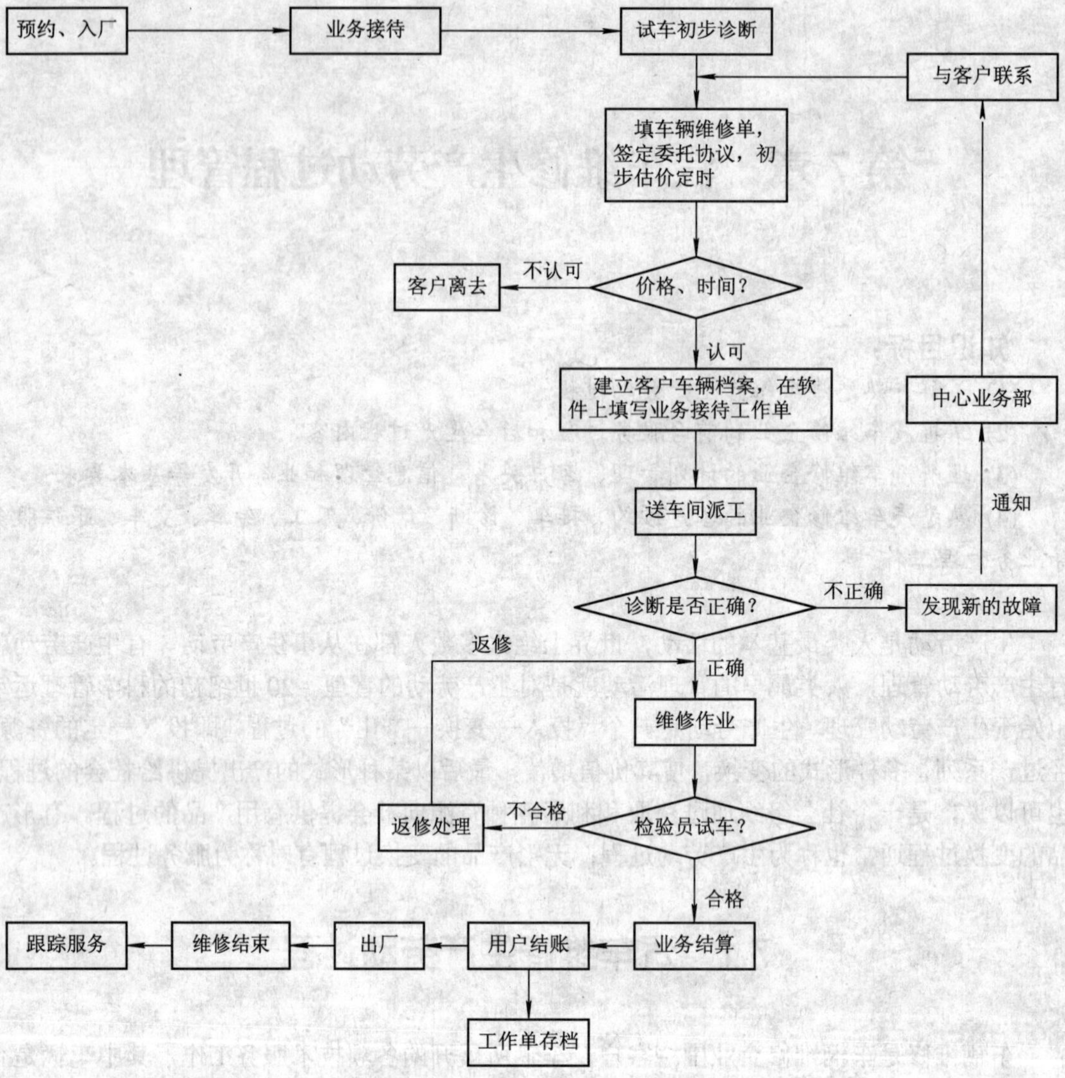

图 7-1　某企业汽车维修业务的流程图

在有些情况下，车辆维修企业的生产劳动可以分成两个部分：一部分是客户亲身参与的“前台”服务；另一部分则是与客户分离的“后台”生产。

前台服务包括企业代表与客户直接接触的各项服务流程，它是体现企业精神面貌、企业形象、企业服务理念、企业服务特色、企业服务能力的重要窗口。其主要内容包括预约或客户直接送修、接待及初诊、估价及签订合同、结算及交车、跟踪服务等。

后台生产是车辆维修企业内部运作的主要内容，也是企业提高维修质量和运作效率的主要舞台，因而必须予以足够的重视。其主要内容包括调度及维修、维修质量控制等。

1．预约

车辆维修企业通过客户预约工作可以有效地控制客户数量，防止生产失衡，并有足够的时间去清楚地了解客户的需求。在客户到达前做好相应的备件、场地、设备、人员的准备，监控和安排所有可使用的工作时间，有效地处理“随到”客户和返修。特别是对车辆定期维护业务的周期性特点，如果预约工作能有效展开，则将使企业的各工作环节的衔接变得有效、平滑，工作效率大为提高，客户满意度也可得到有效提升。目前，预约已成为各大车辆维修企业普遍采用的服务方式。

1) 预约的好处

车辆修理厂可能都有这样的经验：业务清淡时半天未进来一辆车，而业务繁忙时可能半个小时进了十几辆车，忙都忙不过来。如果这种忙闲不均的情况经常出现，则必定会影响企业的经营效益。因为忙的时候如果人手不够，客户可能不愿等候而去光顾别的修理厂，因此生意就会流失；而如果按照业务繁忙的需求配备各种资源，则业务清淡时就会有很多人和设备等闲置，这种状况比较棘手。预约是国际上比较通行的解决这一问题的方法。预约服务不仅对客户，而且对维修企业和维修业务接待人员有很多好处。它可使维修企业按先后次序接待客户，还可使每日所维修的车辆数目达到均衡；相对可靠的工作量预测，可使维修企业预先做好必要的准备工作。

(1) 预约对客户来说具有如下的好处：

① 非维修等待时间大大缩短。

② 服务接待人员与客户接触的时间充分，更利于沟通。

③ 交车时间更有保证。

④ 预约可采取电话联系方式，并预先告知故障现象，免去客户来回奔波之苦。

(2) 预约对车辆维修企业来说具有如下的好处：

① 错时服务能保证接待时间和接待质量。

② 均衡生产能避免工作拥挤，维修业务的削峰填谷能保证修车时间、交车时间和维修质量。

③ 充分提高企业的场地、人员、设备的利用率，提高单车维修收益。

④ 服务的井然有序可减少客户的抱怨，从而提高客户满意度及信任度。

预约对维修企业来说既是机会也是责任。机会是让客户在某一个约定时间将车开来，维修企业有更充足的时间向客户提供完整的建议，更彻底地检查车辆。责任是必须遵守约定好的接车和交车时间，不能失约。客户很难接受因维修企业的原因而不能将车修妥的情况。事实上，客户为了避免这种事情的发生已事先做了预约。在约定日期之前一定要确保一切都能准备妥当。(切记：不能遵守的诺言不可轻许。)

2) 预约前的准备工作

预约前的准备工作主要有：查阅用户车辆资料，检查上次维修时发现但没纠正的问题，包括目前为止已了解的情况，将其记录在本次预约单上，以便再次提醒客户；对企业的生产情况做仔细的了解，以便能针对客户的具体要求及时做出合理的预约安排。

鼓励更多的客户进行预约的一些成功做法是：设专门的预约接待窗口；在维修低谷时间预约的可享受工时折扣及其他优惠政策；广泛开展预约之优点的宣传，接车及交车时直接向客户推荐，电话回访时介绍预约；发放预约优惠卡，向预约客户赠送小礼物，向客户发信函进行介绍；预约时客户可挑选接待人员，在接待区和客户休息室内放置告示牌，推荐客户进行预约；在寄给现有客户和潜在客户的印刷宣传品中推荐预约，向预约客户提供免费安全检查或其他鼓励性优惠等。

3) 预约的工作事项

预约的工作事项主要有：可通过电话进行维修预约登记(如表 7-1 所示)，从提醒客户维护车辆及其他提醒服务开始主动开展预约工作，询问客户及车辆情况(核对老客户数据、登记新客户数据)，询问行驶里程、客户的需求或车辆故障状况，询问上次维修时间及是否是重复维修；确定接车时间(要留有准备时间，要主动控制)、接待员的姓名；暂定交车时间(留有余地)，告诉客户应带的相关资料(随车文件、防盗密码、防盗锁钥匙、维修记录等)；提供价格信息(既准确又留有余地)，介绍其他特色服务项目并询问客户是否需要这些服务。

表 7-1　维修预约登记表

客户名称	车型	电话	需要维修项目			预约时间	接待员
MA：维护　GR：一般维修　UR：单件维修　BS：车身　QS：快修						合计	

4) 预约后的工作

预约后的工作主要有：根据已掌握的情况，草拟维修预约表，以便节约接车时间；检查是否有重复维修项目，如果有，则必须在定单上做好标记，以便特别予以关注；提前通知车间、配件库和接待等有关人员做好准备；根据维修项目的难易程度，合理安排技术人员，制定好技术方案；提前一天落实场地、人员、备件、专用工具、设备、技术资料等；如果准备工作出现问题，预约不能如期执行，则要尽快告诉客户并重新预约。

5) 预约时的注意事项

预约时的注意事项主要有：要有一定的硬件支持，如预约登记表、预约计划表、车间生产能力安排计划表(最好使用计算机，甚至在网站上发布可供预约的时间表)；拥有足够的电话容量，以免客户电话联系时总是占线；分别提前 1 天和提前 1 h 与客户电话联络，以确定是否能如约维修，如果客户不能来，则应马上取消这次预约并及时通知相关部门，另应及时联络其他待修客户寻求替代的可能性；一定要努力兑现对预约客户的所有承诺，否则将影响以后预约工作的开展和企业的信誉；客户无故超过预约时间 30 min 还没到的，可以取消预约；如果因企业原因而不能执行预约的，则应提前通知客户，说明原因，致以歉意，并重新预约；为提高预约服务的计划性和有效性，要对预约服务的比例及预约服务的执行情况进行分析，总结经验，不断改进。

2. 接待与初步诊断

接待工作对外是车辆维修企业给客户第一印象的窗口，对内是与生产车间、配件仓库等联系的中枢，是生产运作中非常关键的岗位。接待要事先做好充分的准备，要能预测客户对信息、环境、情感等方面的需求，关注到客户的这些需求之后还必须去加以满足，即以专业的方式接待客户来增加客户对企业的信心，在熟知本企业能力的基础上设法超越客户的期望。

1) 业务接待部门

大型企业的业务部一般由业务部经理(可由副总经理或经理兼任)和接待数人、结算 1 人、收银 1 人、公关接待和跟踪服务 1 人、送检 1 人(进厂检验，送车进车间，送车年审)等组成。中型企业的业务部一般由业务部经理(可由副总经理或经理兼任)和接待(兼生产调度)2 人、收银(结算)1 人、公关接待和跟踪服务 1 人、送检 1 人(进厂检验，送车进车间，送车年审)等组成。小型企业的业务部一般由业务部经理(或主管兼接车和送检)和生产调度(兼接待和跟踪服务)1 人、收银(结算)1 人等组成。

2) 业务接待人员

客户来修车，第一步迈进的是业务接待厅，第一个接触的是业务接待员，因此业务大厅和接待人员给客户的第一印象至关重要。

业务接待员在工作中必须遵守的道德标准和行为准则主要包括真诚待客、服务周到、收费合理和保证质量等方面。

业务接待员应具备的基本素质如下：

(1) 文化素质：必须具有中职或高中以上的文化程度。

(2) 业务素质：要熟悉国家和行业管理有关的法律、法规和政策，对车辆维修专业知识有比较全面的了解，具有初步财务知识，懂得车辆维修结算收费流程、车辆维修费用和成本构成等，要有接待客户的技巧(如会开车、会操作计算机、能运用相关软件辅助管理工作)。

(3) 思想素质：要求具备高度的工作责任感和事业心，有良好的职业素养，爱岗敬业、秉公办事、团结协作、诚信无欺。

3) 业务接待工作的内容

业务接待工作的内容主要包括：接待客户，受理客户的维修项目；与技术部联系，检测诊断、确定维修项目；确定维修工期和费用、零配件供应方式及价格(自供、厂购)；做好车辆交接登记，受理客户的附加要求，填写维修单，并及时传递到维修车间；负责追加项目和更换零配件同客户的联系；负责车钥匙的保管和传递登记手续；负责完工车辆的出厂验收和客户交接；负责与工期将止的客户联系，一般小修提前 1 h，大修提前 1 天通知客户；负责客户结账、收款工作，按期上报营收统计表；建立客户档案，负责客户的跟踪服务，填写跟踪服务表；建立业务档案，负责填写各种业务报表。表 7-2 是业务接待中检测诊断、确定维修项目时填写的“入厂检测诊断报告单”。

表 7-2　入厂检测诊断报告单

编号 NO:

车牌号		车型		年份	
发动机号		底盘号		行驶公里	
检测类型	故障检测诊断□		免费检测诊断□		
检测方法	仪器设备□		路试□	经验判断□	
故障现象					
检测诊断项目			维修建议		
检测点火系统□ 检测油压系统□ 检测故障系统□ 检测加速性□ 检测四轮定位□ 检测 ABS 系统□ 检测悬架系统□ 检测起动系统□ 检测充电系统□ 检测真空系统□ 检测电脑控制□ 检测元件□ 检测进气系统□			检验员签名		
其他□			客户认同 检测时间		

3. 估价与签订合同

根据汽车维修行业管理要求，遇到下列情况时，承、托修双方必须签订合同：汽车大修、主要总成大修、二级维护、维修预算费用在 1000 元以上的。凡属于规定应签而不签合同的，主管部门可对维修企业予以警告和罚款，并责令其整改。在承、托修双方签订服务合同之前，接待人员还必须对维修所需的费用作一个估算，以此作为客户决定是否托修的参考依据。

1) 估价

现代汽车维修有 3 种估价方式：

(1) 现象估价：按故障发生的现象一次彻底维修的收费。它适应于疑难杂症，其他厂修过且未修好的故障。风险在于：判断要绝对准确，否则可能会亏本，影响效益。

(2) 系统估价：按故障牵连的系统所需进行的检查、诊断和维修收费。这是一般通用的估价方式，是使用最多、准确性最有保障的估价方法。

(3) 项目估价：按故障维修实际工时来收费。这一般是个别的、客户指定要的、非电控的维修项目估价。

以上 3 种估价方式在实际运用中要灵活掌握，在估价的过程中既要维护企业的利益，又要顾及客户的感受，要在具体的工作中向客户多作解释，以在统一认识的基础上达成双方都能接受的估价方式，做出合理的维修估价，使客户有明白消费的感觉。

维修估价时，应明确维修配件是由厂方还是由客户提供，用正厂件还是副厂件，并应向客户说明：凡客户自购配件或坚持要求关键部位用副厂件的，厂方应表明技术质量难以保证的观点，并在进厂维修单上写明，由客户签字确认。表 7-3 所示为车辆维修估价单。

表 7-3　车辆维修估价单

客户资料	名称		客户代码			
	地址		车牌号码			
	电话		车型			
	联系人		车辆出厂号码			
序号	维修项目	项目收费	序号	零件名称	单价	金额
1	二级维护					
2	检修发动机					
3	检修进气系统					
4	检修电脑控制系统					
5	故障码清除					
6	检修自动变速器					
7	检修离合器					
8	检修 SRS 系统					
9	检修灯光系统					
10	检修空调系统					
11	全车车身整形油漆					
合计			合计			
总计	(维修费	材料费	其他	)		
预交定金　　　元		收取定金人签名	年　　月　　日			
报价时间			预计完成时间			
制单人签名			客户签名			
说明：1．本估价单有效期为 10 天；2．报价内容供参考，结算以实际费用为准。						

2) 汽车维修合同

签订汽车维修合同(或填写维修单)是业务流程中的一项重要而又细致的工作。汽车维修合同(或维修单)是汽车维修企业经营活动的主要依据和出发点，是维护消费者和维修企业合法权益的法律凭证，同时它也是企业生产系统的输入指令。精准的维修合同信息是达到“一次修复”的基础，也是提升客户满意度的重要环节。

每份合同在向客户作出承诺之前应进行评审，必须使企业的实际能力完全满足合同规定的要求，以确保合同的各项条款能得到完全履行。

合同的评审主要包括以下内容：

(1) 合同的评审应以客户的具体维修要求为依据。企业通过对维修合同评审活动的控制来确保对客户的服务质量。

(2) 维修项目和要求确定后，企业应根据配件的库存情况、场地及设备的周转情况、维修工的技术能力和工时费、配件费用、金额预算、维修周期、客户的辅助要求等内容进行合同评审。

(3) 合同评审的结果应及时与客户进行沟通，以求达成共识。

(4) 合同评审中出现的问题由服务经理复审和协调，重大问题则由企业负责人进行复审和协调。

(5) 合同评审过程中对维修质量进行承诺的同时，应向客户介绍企业承诺质量保证的具体规定。在承诺交车时间时，必须掌握企业现时生产情况下交车时间的可能性，特别要考虑车辆配件供应的情况，并留有一定的余地，不可有失信于客户的心态与行为。

(6) 合同评审记录应妥善保管，维护工作结束后应归档保存。

(7) 当合同需要修订时，由要求修订的一方提出，并征得另一方同意后进行修订。当必要的维修项目客户不认可时，接待人员或服务顾问应在合同书上记录说明，并由客户签名确认。

3) 接车

在填写维修单或签订维修合同后，接待人员应尽快与客户办理接车手续，其具体内容包括：接收客户随车证件并审验其证件的有效性和完整性，如有差异，应及时向客户说明，并作相应处理；对所接收车辆的外观、内饰、仪表和座椅等进行检视，如有异常，应在“进厂维修单”上注明；对随车的工具和物品应清点登记，并请客户在“随车物品清单”上签字，同时把工具与物品装入专门为客户提供的存物箱内；对车钥匙(总开关钥匙)要登记编号，并放置在统一规定的钥匙柜内；对当时燃油表、里程表指示的数字登记入册，检视、查点、登记均要仔细，不可忘记礼貌地请客户在进厂维修单上签名。

客户离去后，接待人员应及时清理“进厂维修单”，通常是用电脑处理，同时登记维修业务统计报表。接待人员应通知清洗车辆，然后将车送入维修车间，交车间主管或调度，同时交随车的“进厂维修单”，并请接车人在“进厂维修单”指定栏签名和写明接车时间，时间要精确到10 min。

4) 安置客户

合同双方签字后，接待人员应将合同的一份副本交给客户保管，作为双方车辆交接的凭证。客户办完一切送修手续后，接待人员应礼貌告知客户手续已全部办完。若客户要回去，在有条件的情况下，接待人员要尽可能送客户返回，或应起身致意送客，或送客户至业务厅门口并致意“请走好，恕不远送”。若客户愿意在现场等候与休息，也要给客户妥善安置。现在很多车辆维修企业都很注重为客户提供各种各样的附加服务，比如书报阅览室、网吧、茶室、咖啡厅、理发室、儿童游乐室等，个别企业还为客户提供代步工具等。

4. 调度与维修

车辆维修企业生产系统的良好运行，需要有准确的生产计划和合理的现场调度。调度是现场管理，派工、作业、换件、检验等，均要维持清洁、高效、有序的工作环境，记录零配件的供应同步情况和现场可用工时数，关注作业人员的工作状态，既要监控生产现场各环节，也要关注维修单在业务部门的流动情况，优先对待返修客户和等待中的客户。

1) 作业现场管理

管理作业现场，控制生产进度，是车辆维修运作的重要环节之一，也就是生产调度。负责此任务的人员，在大、中型车辆维修厂，可由车间主任或调度员来担任；若是小型维修厂，则可由业务接待人员或业务经理来负责。按照“维修施工单”上的项目及要求，根据车间实际生产情况和前后施工秩序及时安排维修人员作业，并根据车间的生产均衡情况及时调度，这就是调度员的主要工作职责。

生产调度的作用主要体现在：

(1) 过程监督与沟通。

① 随时掌握工作进度，确保按计划准时交车。

② 根据客户授权的大小决定维修中出现的问题是否与客户进行沟通，如问题超出客户的授权，则要通知客户并征得同意。

③ 掌握维修车间的工作负荷，防止超负荷运作、积压或生产能力的闲置。

④ 要将客户的意见及时反馈给有关部门。

(2) 处理积压车辆。由于零件缺货而造成的作业中断是时常会发生的事，客户对此虽可理解，但企业仍应及时与客户进行沟通并尽力减少客户的不便。例如，必须抓紧订购所需配件，及时了解配件的到货情况，并优先考虑待料车辆的维修需求，一旦有货应及时投入维修，将延迟交车的时间减至最短。具体要求如下：

① 待件维修车辆的配件一旦到货后，应在当日或在第二日予以优先维修。

② 应主动向客户详细说明工期推迟的原因并征得其谅解。

③ 分析近几个月内的车辆积压情况，找出问题所在。

④ 制定并实施相应的改进措施，以防止积压情况的再次出现。

(3) 安全和环保。为保证正常的生产秩序，保障员工的安全和健康，保护生态环境，生产作业必须严格执行几项安全和环保制度，其主要包括：

① 安全操作规程和安全防护规定。

② 消防和安全用电的有关规定。

③ 易燃、易爆、剧毒物品的使用和管理的规定。

④ 废油、废液、废气、废轮胎和废零件等的处理规定。

⑤ 设备仪器使用、保管、维护的有关规定。

⑥ 后勤保障和保卫工作的有关规定等。

2) 维修作业事项

维修作业事项如下：

(1) 维修前，应对客户财产进行保护，如实行“三件套”(方向盘套、坐垫套、地垫套)防护。

(2) 维修工应按“维修施工单”上的要求进行作业，并在已完成的各作业项目前打“√”确认。

(3) 维修作业必须按照规定的技术标准和规范进行，完成后应将结果(即调整后所测得的符合规定要求的数据)填入维修单中。

(4) 维修工在进行作业时，应选用合适的工具和设备，防止野蛮施工，做到油、水、配件、工具不落地，保持场地整洁、文明施工。

(5) 如遇到疑难杂症等技术问题，应及时寻求技术支援直至技术总监的技术指导或实行技术会诊，而决不能拖延不报，延误工期。

(6) 当维修项目需要调整时，维修人员应立即征求客户的意见，向客户说明维修中发现的问题、调整修理项目的必要性，并由接待人员或服务顾问与客户就维修项目、维修费用、交付时间的调整情况进行沟通，得到客户确认后，进行合同修订，然后再继续施工。

(7) 在客户取车前，维修工应妥善保管更换下的配件，以备必要时让客户检查或交给客户。

5．维修质量控制

有好的质量才会让客户满意，质量是企业的生命。试想一下，如果客户一而再、再而三地为同一故障来回奔波，他(她)能对企业的服务感到满意吗？因而，加强对维修质量的控制，提高车辆维修质量是维修企业必须予以高度重视的问题。

车辆维修质量是客户最关心的问题之一。客户希望维修作业的各工序严格按照技术要求和操作规程进行，使用的原材料及零配件符合标准，按规定进行严格检验测试，使车辆故障完全排除，功能完全恢复，使用寿命得以延长等。

控制维修质量的目标是确保客户的车辆能被“一次修复”，减少返修和投诉的发生，增加客户的满意度和企业员工的满意度。

1) 三级检验制

现代汽车维修企业一般采用维修作业的自检、过程检验和最终检验的三级检验模式。

(1) 自检：维修工必须自觉提高质量意识，严格按照技术要求和操作规程进行施工，并对自己的施工质量把好第一关。维修工完成“维修施工单”中的维修项目后，必须在相应的作业项目栏前面打“√”并进行自检，自检合格后在“维修施工单”的维修工种一栏签上工号，并交给检验员复检。

(2) 过程检验：一般由检验员或车间主任负责对车辆维修过程检验，它位于各工序的联接环节，确保上一工序的施工质量对下一工序负责，从而减少不必要的返工，确保维修的质量和维修的如期完工，在提高企业运作效率的同时提高客户的满意度。例如，当钣金工序完成焊接项目，自检合格并在“维修施工单”的钣金工自检栏内签上工号后，将车辆移交给油漆工序前应由车间主任或检验员进行过程检验，检验合格并在“维修施工单”上加盖过程检验合格章后，才能将车辆移交下一工序继续施工。

(3) 最终检验：一般由专职检验员或车间主任负责最终检验工作，它是企业质量控制的最后屏障，因此必须从严把关。最终检验将对车辆的维修项目和整体性能做出鉴定，检验合格的签发维修合格证，准予出厂；检验不合格的维修车辆，则应将不合格项目记录在案，并及时通知车间进行返工；返工维修后须经检验员重新检验，直至合格。最终检验的质量抽查由技术总监负责，并在合格车辆交付客户之前进行抽查。

2) 质量保证期

行业管理要求汽车维修实行竣工出厂质量保证期制度。汽车维修质量保证期是从维修竣工出厂之日算起的。汽车维修经营者应当公示承诺的汽车维修质量保证期(所承诺的质量保证期不得低于规定的标准)。在承诺的质量保证期内，汽车因维修质量原因而造成汽车无法正常使用的，汽车维修经营者应当及时无偿返修。

3) 车辆维修档案

汽车维修经营者对汽车进行二级维护、总成修理、整车修理的，应当建立车辆维修档案，通常是“一车一档案”。车辆维修档案主要包括维修合同、维修项目、具体维修人员及质量检验人员、检验单、竣工出厂合格证及结算清单等。企业建立档案以便今后客户的车辆再次来维修时能有助于对故障的分析和诊断，一旦出现返修或质量纠纷也有据可查。

4) 交车前的检查

交车前的最后检查是维修业务接待体系中重要的一环，它不仅可改善工作质量，而且还会直接影响到客户满意程度。业务接待人员一定要在最后检查中，确认最终检验已经实施并已合格。其工作要点如下：

(1) 应提早 2 h 检查作业进度，做到心中有数。

(2) 对照修理单，进行上车检查，核查完工项目，确认完成的作业项目都符合客户的要求，将出厂返修情况减至最低；确保所有数据均已载入修理单，确认所有费用均已列在客户账单上。

(3) 为客户写好作业项目说明，确保书面说明易为客户所接受。

(4) 将车辆内外清理干净(可由清洁中心处理)，礼仪性地将倒车镜、坐椅、音响等恢复原位。

(5) 查看实际费用和估计费用的差异，如出入较大，则应向客户做出合理的解释。

(6) 为客户列出相应的账单，并列出建议下次维修的项目。

5) 安置客户

合同双方签字后，接待人员应将合同的一份副本交给客户保管，作为双方车辆交接的凭证。客户办完全部送修手续后，接待人员应礼貌告知客户手续已全部办完。若客户要回去，在有条件的情况下，接待人员要尽可能安排车辆送客户返回，或应起身致意送客，或送客户至业务厅门口并致意“请走好，恕不远送”。若客户愿意在现场等候与休息，也要给客户妥善安置休息娱乐场所。现在很多车辆维修企业都很注重为客户提供各种各样的附加服务，比如书报阅览室、网吧、茶室、咖啡厅、儿童游乐室等，个别企业还为客户提供代步工具等。

6. 结算与交车

(1) 通知客户取车。车辆维修完成后，车间交出竣工并验收合格的车辆，接待人员或服务顾问要对车做最后一次清理工作，如清理车厢内部，查看外观是否正常，清点随车工具和物品，并放回车上。交还给客户的应是一辆烟灰缸被倒空了的、时钟调整好的、内外擦洗过的干净的车辆。结算员应收齐车间与配件部有关单据后，列出清单，做好全部单据的汇总核算。一切准备工作完成之后，应提前 1 h(工期在两天之内)或提前 4 h(工期在两天以上包括两天)通知客户准时来接车，并致意“谢谢合作!”。如不能按期交车，也要按上述时间或更早些时间通知客户，说明延误原因并表示歉意，争取客户谅解。

(2) 向客户交车。客户到来时，接待人员或服务顾问应主动起身迎候，不能让客户长时间等待后才看到自己的车辆，应在车旁与车主进行交接，根据发票条款，解释修理内容和维修的必要性，如有需要应向客户出示已换下的配件，如客户无异议，应指示或引领客户办理结算手续。客户来到结算台时，结算员应主动招呼客户，示意台前入座，将结算单呈交客户审阅。当客户同意办理结算手续时，应迅速办理；当客户提出打折或其他要求时，结算员可引领客户找业务主管处理。结算完毕，应即刻开具该车的“出厂通知单”，连同该车的维修单、结算单、质量保证书、随车证件和车钥匙一并交给客户手中，请客户清点随车工具和物品。如无异议，则请客户签收。此时，接待人员或服务顾问应向客户提示所换配件的使用寿命及下次年检和维护周期的公里数，并送客户出厂及致意：“先生(小姐)请走好”、“祝一路平安!欢迎下次光临”。整个结算交车过程要简练，不要让客户觉得拖拉繁琐。

(3) 与客户结算。在承接车辆维修业务时，要价格公道，收费合理，严格按照交通行政管理部门规定的维修工时定额和收费标准核定维修价格。做到不乱报工时，不高估冒算，不小题大作，更不能采取不正当的经营手段招揽业务(如请客送礼、给回扣等)。不正当的经营手段，既有悖于行业职业道德，也是一种自毁信誉、自砸牌子的短期行为，业务接待人员应该自觉予以抵制。收费合理还体现在严格按照维修作业单上登记的维修项目进行收费，不能为了达到多收费的目的擅自改变维修范围和内容，更不能偷工减料，以次充好。

7．跟踪服务

1) 客户档案

客户进厂后，业务接待人员当日要使用标准登记格式，为其建立客户档案卡或登入客户档案库，以便于跟踪服务。客户档案主要有客户信息、车辆信息、维修情况、结算情况和投诉情况等。建立档案要细心，不可遗失档案所需的资料，不可随意乱放，应放置在规定的档案柜内，由专人保管。建立客户档案应采集的目标信息包括以下几个方面：

(1) 个人的姓名、地址、性别、年龄、收入、家庭成员、工作类型、生活方式、对产品或服务的偏好、特殊爱好、过去服务的记录、服务频率、平均维修金额、喜爱的媒介(如杂志、电视频道等)、曾有的问题或不满、信用卡号和货款限额、对其他服务的偏好等。

(2) 企业的名称、地址、主要沟通人的姓名(头衔、性别)、客户状况(现实还是潜在)、过去服务记录、平均服务量、关键的决策者、信用的情况、曾有的不满问题、对新产品的倾向、员工人数、公司的报价情况、公司的评价等。

2) 回访客户

回访客户的目的如下：

① 征求客户满意程度，表达感谢之意，转达企业领导关心之情。

② 提高企业自身形象，培养忠实的客户群体。

③ 对客户不满意的情况应及时沟通，消除分歧，赢得理解并予以足够的重视，及时整改，避免由此造成客户的流失，影响企业的声誉。

(1) 电话回访是一种常用方法，应注意的事项有：

① 打电话时为避免客户误解他的车辆有问题，建议使用标准语言，发音要自然。

② 回访者要懂基本维修常识，具有沟通方面的技巧，语速不要太快，一方面给没有准备的客户以时间回忆细节，另一方面避免客户觉得你很匆忙。

③ 不要随意打断客户谈话，注意记下客户的评语(批评、表扬)。

④ 必须在交车一周之内(最好在 3 天内)电话回访客户，征询客户的满意程度。若存在某些令人不满意的地方，必须马上设法纠正，并将信息及时反馈给有关部门。

⑤ 回访对象必须包括各种类型的客户，对象越多越有代表性。

⑥ 回访活动要尽量避开客户的休息、会议、活动时间，建议在上午 9:00～11:00 和下午 4:00～6:30 比较合适。

⑦ 如果客户有抱怨，不要找借口搪塞，而要告诉客户你已记下他(她)的意见，并让客户相信：如果他(她)愿意，有关人员会与他(她)联系并解决问题。有关人员要立即处理，及时对回访中的客户抱怨进行分析、整改，并记录在“客户(服务)抱怨及返修”的记录中，及时(1～3 天内)给客户以回复。整改情况应与技术总监进行沟通，并对整改、返修后的质量进行检验，合格后交付，按规定再次对客户进行电话回访或由服务经理在交付时进行回访。

⑧ 对客户的不合理要求，要进行耐心、合理的解释并明确地予以拒绝，但态度要婉转。

⑨ 对回访的情况要进行分析并不断采取改进措施。

⑩ 回访客户的比例应不少于 50%。

(2) 客户回访的其他方式有：

① 定期由客户服务经理带队，选择一定比例的客户进行上门访问。

② 利用维修档案，通过电话、信件、电子邮件等方式提醒客户做车辆定期维护，顺便进行客户回访，并做好详细记录，一般应提前 3 周进行首次通知，并在日期将至时再次通知。

③ 可以采用意见征询表、座谈会等多种形式与客户定期保持联系，询问车辆的使用情况、对维修企业的意见和建议，或向客户介绍新的服务项目等。

3) 处理客户投诉

服务没有一个硬性的标准，同样的服务所得到的评价会因人而异。由于车辆维修服务所涉及的环节较为复杂，持续时间长，因此遭遇投诉的风险是很高的。根据国外一些咨询机构所做的调查显示：汽车维修是仅次于医院治病救人的最难于精确评估的服务项目。因此汽车维修服务行业内没有哪一个企业敢说他那里没有投诉，客户都满意。有些人害怕投诉，当遇到客户投诉时，首先会很恼火，甚至对下属进行不恰当的批评或责怪，这是不妥的。既然投诉不可避免，就要正视这一问题，想办法妥善处理好，有可能将坏事变成好事，这是不乏其例的。国外有关研究机构发现，客户的回头率与投诉的处理之间存在着这样的关系：有投诉但获得圆满解决的，回头率在 82%以上；有投诉而未获得圆满解决的，回头率尚有 19%～54%；有不满却不投诉的，回头率只有 0～9%。这一关系表明：遇有客户不满却不投诉时，他们极有可能已转移光顾其他公司了；若客户愿意投诉，就算未能获得圆满解决，将来再次光顾的机会也比较高；若问题得到圆满解决，该客户多数会再次光顾，甚至成为该企业的忠诚客户。因此维修企业要欢迎并重视妥善解决客户的投诉。客户投诉说明还存在解决问题的希望。客户投诉实质上是给维修企业一次与客户沟通的机会，若处理得好，其好处不亚于维修企业做了一次广告。

(1) 投诉处理的基本目标：处理投诉可能是维修业务接待人员最伤脑筋的工作，但也是刻不容缓的一项工作。客户可能用许多方法发泄不满，可能向接待人员叫嚷、向经理投诉、给媒体或消协写信严厉指责。处理投诉的目标就是：消除分歧，防止事态的扩大，取得谅解，改进工作，达成共识，重新赢得客户的信任。

(2) 处理投诉的基本原则如下：

① 表达服务的意愿。

② 体谅客户的情感。

③ 勇于承担责任。

(3) 处理投诉的3个基本姿态如下：

① 设身处地为客户考虑。

② 保持专业的满腔热情和坚毅精神。

③ 对不合理的要求坚定而有礼貌地拒绝。

(4) 处理客户投诉的正确方法如下：

① 令客户感到舒适、放松。

② 接待者应语气平和，耐心让客户发泄怒气。

③ 对客户的行为表示理解和关注，并做好记录，将投诉摘要记入客户卡片或档案。

④ 体现消除分歧的紧迫感。

⑤ 如确实有不到之处，应坦然承认，对不合理的要求则应该礼貌而明确地回绝。

⑥ 明确表示承担替客户解决问题的责任。

⑦ 同客户共同商讨解决问题的办法。

⑧ 如果难以独立处理，则应尽快联系相关部门或请示上级。

(5) 处理投诉的7个环节。如果发现客户对投诉处理不满意，则应回到适当的步骤，重新处理。

第1个环节：接待投诉的客户。

① 请客户来公司，面谈更容易解决问题。

② 真诚地以专业态度迎接并感谢客户前来。

③ 告诉客户自己的姓名，表示愿意帮忙。

④ 如有必要，请客户到办公室或会议室以示重视，也可避免影响其他客户。

⑤ 不满的客户不要集中在一起。

⑥ 实行首问责任制，遇重大投诉(涉及事故或伤害的)应立即报告部门经理。

第2个环节：眼耳并用，仔细观察、倾听。

① 首先让生气的客户尽快平静下来，让他尽情发泄埋怨，不要轻易打断。

② 仔细、耐心地倾听，表示自己很注意，并作适当回应。

③ 对客户叙述的内容应予充分的重视。

④ 必要时，到车上实地检查或与检验人员一起进行路试。

⑤ 按“5W”与“2H”作出准确记录(Who——谁，What——什么，Why——为什么，When——什么时间，Where——在哪里，How——怎么样，How much——多少费用)。

⑥ 客气、间接地找出客户生气的原因与需求。

⑦ 用客户的语言归纳要点，复述给客户听。

第 3 个环节：查证事实，找出原因。

① 按“5W”与“2H”的思路查证客户所说的事实。

② 收集所有有关资料：客户资料、过去客户与公司的关系、维修记录、车辆的使用状况等。

③ 仔细检查车辆、零部件和有问题的部位。

④ 与修理工、车间主任一起研究，进行故障再现，以确定故障原因，再与客户一起路试，然后再判定责任所在。

第 4 个环节：评估问题的严重性并作出处理决定。

① 决定应采取的措施。

② 决定何时、何地、何人与客户交谈(时间越早越好)。

③ 若处理方案超出权限，则向上级报告。

④ 如果不能在本单位这一层面解决，则应请求其他方面的帮助。

第 5 个环节：向客户解释企业的决定。

① 向客户介绍处理的设想，解释采用此方法的理由。

② 告诉客户为什么会发生故障，提出防止这类故障再次发生的办法。

③ 争取客户的同意，如果客户不同意或表现犹豫，则应回到步骤(3)，直到取得客户同意。

第 6 个环节：采取措施。

① 立即采取措施，如果是简单修理，则尽可能让客户在场。

② 向客户解释已采取的补救措施，如果涉及技术问题，则要求车间主任到场。

③ 感谢客户使自己注意这类问题，告诉客户自己从中学到的东西，有助于改进公司工作。

④ 向客户保证，现在和将来，自己都会关注客户对服务是否满意。

第 7 个环节：回访客户。

① 如果已将投诉交给其他同事处理，则应适当检查处理进度，确保措施落实。

② 用电话或信函进行随访，了解客户对投诉处理是否满意，随访应在交车后两天内进行。

7.1.2　汽车维修企业生产劳动信息管理

现代车辆维修企业面对的是车辆、客户、人员、设备、配件、资金等的管理；面对的是维修调度、配件采购和库存、质量控制、客户档案及各部门之间的协调等过程的管理；面对的是从预约、接待、估价、维修、检验、结算直至跟踪服务的全过程的数据处理和传递。针对其业务过程复杂、数据信息量大的特点和客户资料庞大、维修记录繁多、零配件种类繁杂、财务往来头绪复杂的状况，传统的操作速度慢、资料零乱、效率低的人工管理方式已越来越难以适应。事实上，车辆维修行业业务过程复杂、数据信息量大，仅仅依靠人力往往难以对维修、配件、客户档案、车辆档案、员工及各部门工作进程的监督、企业经营数据进行准确的统计和分析，而运用电脑管理，速度快、时间短、资料全、效率高，信息化管理技术已势在必行。

1. 业务报表

企业具有履行统计调查和报送统计资料的义务，所有报表应署明填报人、单位负责人、报送日期并加盖单位公章后报交通行政主管部门。统计资料是对企业运作情况的原始数据的归纳，是管理者决策的依据，同时也是行业管理部门实行行业调控、行业规划、管理的依据。统计数据必须真实、完整、准确，并按时上报。按规定日报表当日下班前完成，周报表周末日下班前完成，月报表月末日下班前完成。统计要及时、准确和完整，不得估计、漏项。每周和每月的维修车辆类型、数量、营业收入等统计报告由业务部门完成，并按时提供给财务部门和经理，以便管理层的分析决策和按时上报行业主管部门。

2. 维修资料

维修资料应该是对具体车型及其所有系统准确、完整的技术数据。如何判断哪些维修资料是有实用价值的资料，能够帮助维修厂解决技术困难。

1) 资料分类

目前国内市场维修资料的来源多种多样，按照不同的媒体划分，主要包括原厂维修手册和技术资料、正规出版的车辆维修书籍、专业杂志和报纸、维修资料数据库光盘、互联网(Internet)查询的数据库。可以看出，维修资料的种类繁多，维修资料市场很杂乱，令人无从选择。其实每一种形式的维修资料都有其特点和市场定位。

在选择维修资料时应考虑系统的、准确的、有升级保障的维修资料。维修资料应该与维修工具和设备一样作为车辆维修企业的必备物质条件。准确、完善的资料保障可以给企业的生产和经营带来巨大变化：一方面，资料可以提高诊断和维修效率；另一方面，准确的数据也能够充分保证企业的维修质量。

2) 数据库

随着车型的增多，维修厂已经不可能收集所需的所有车型的维修资料。一方面，车辆技术含量越来越高，维修资料的内容也越来越多；另一方面，随着经济的发展，新车型的不断推出，维修资料也在不断更新，最新数据显示，全世界保有的车型共计5000多种，这样多的维修资料是任何一个维修企业都不可能达到的。因此，电子化的维修资料将成为车辆维修行业技术发展的必然结果。

维修数据库具有资料容量大，数据齐全、准确等优点，是专业的印刷形式维修资料的电子产品。数据库内容包括车辆每个系统全部的结构、诊断检测和维修数据。数据库精确地将资料定位到车辆的年款，基本达到了“原厂手册”的详细程度。由于资料用计算机存储，数据更新十分容易，因此越来越多的“原厂手册”已经开始向电子化方向发展。

计算机技术的应用彻底改变了维修资料收集、存储和查询的方式。专业的汽车信息提供商将所有车型的整套维修资料以数据库形式存储，维修人员只要通过电脑的简单操作就可以查询到各种车型的资料，并能够实现打印、搜索等功能。近年来，在国际范围内，基于计算机的维修信息逐渐占据了主导地位。从2000年开始，维修资料的查询形式已经从光盘(CD与DVD)转移到互联网资料库。与光盘存储形式相比，网络化的资料具有更新快、成本低、使用方便、服务质量高的特点。

3. 管理软件

随着汽车维修行业的崛起，汽车维修企业在管理软件方面的需求也已渐渐成为软件开发商关注的焦点之一，各类专网为汽车维修企业量身定制的管理软件相继问世。

在众多管理软件中，应注意以服务客户为导向，怎样选择一个既适合自身又能够充分发挥效率优势的系统，是摆在欲跨入信息化门槛的企业管理者面前的实际问题。汽车维修企业进行信息化管理系统的选型一定要从系统的功能、质量保障、操作的便捷及售后服务等方面作综合权衡，同时还要根据自身企业的规模、特点来选择适用的软件系统。

4．互助服务网

汽车互助服务网是专为驾车人士、维修人员提供道路紧急救援、汽车维护、修理、行车导向服务，以及交通旅游、车辆保险、宾馆酒店、餐饮娱乐等多种行业优惠服务的机构。其目的是为车主解决开车烦恼，为修理人员解决资料和经验不足的苦恼，节约驾车和修车费用。汽车互助服务网是一种新兴的服务行业，起始于 20 世纪 70 年代初，由美国汽车行业协会和驾驶员协会发起，英文名为 American Automobile Association，简称 AAA。随着汽车技术的飞速发展，现代汽车已成为机械和电子构成的高科技集成物，若出现故障，车主毫无办法消除故障，修理人员因资料缺乏、经验不足而束手无策。为解决车主、维修人员的难题，汽车互助服务网就成为了车主和修理人士的必需。由于汽车数量的日益增多，档次越来越高，故这种需求也越来越强烈，越来越迫切。国际互联网的诞生，为满足这种需求提供了可靠的资讯条件，汽车互助服务网因此诞生并发展起来。

汽车互助服务网实行会员制管理，采取辐射式、覆盖型互助网络服务。互助服务网涉及面广、行业多，主要有汽车资料查询、道路紧急救援、加油、车辆保险、旅游观光、航空航运、餐饮娱乐、商场购物等服务。目前全世界拥有“AAA”制会员 4000 多万个，是世界上拥有会员最多、管理机构最完善、服务行业最齐全、服务涉及面最广、服务水平最高的汽车服务网络。

7.2　汽车维修企业和客户关系

以客户为中心的新企业运作模式正在得到广泛的认同，在设计企业的营运模式时，过去比较重视从企业内部的优势出发，先考虑自己有什么长处；但新的模式会鼓励企业从客户的需求出发，考虑如何通过努力来提高服务能力，以更好地满足市场的需求——客户的需求。以客户为中心的运作模式蕴含着许多新的思想、新的做法、新的系统，创造着新的商机。

7.2.1　以客户为中心

企业只有以客户为中心，采用灵活机动、反应迅速的运作方式，客户的需求才能得到最优、最快的满足，企业的价值和利润也会相应得到最大的实现。

客户是前来购买企业所提供的专业服务的，客户对企业而言是最重要的人，没有客户，企业就不可能生存与发展。可以说，客户是企业赖以生存的衣食父母。

企业应以满足客户需求为运作目标。对于从事汽车维修的企业来说，其存在的价值和全部意义在于能够向客户提供满意的服务，能够使客户乘兴而来、满意而归。满意的客户是企业赢得利润的基础，是企业在当前激烈的市场竞争中抵御风浪的中流砥柱。汽车维修服务必须从以生产为中心转向以满足客户为中心。

7.2.2　客户满意战略

客户满意战略的指导思想是：企业的全部经营活动都要从满足客户的需要出发，从客户的观点而不是从企业的观点来分析考虑消费者的需求，以提供客户满意的服务为企业的责任和义务；以满足客户需要、使客户满意为企业的经营目的；把客户的需要和满意放到一切考虑因素之首。

1．客户满意度测评

进行客户满意度测评，就是运用计量经济学理论和科学的调查及统计分析方法，量化显示客户对所测评产品或服务的满意程度，使企业更准确地把握在市场竞争中的地位，确定某些未满足客户需要的关键领域，有针对性地进行改进，以提高市场竞争能力。目前，我国对客户满意度进行调查跟踪，比较有影响的组织有全国用户委员会、中国质量协会、用户评价中心等。

据中国质量协会、全国用户委员会公布的测评结果显示，中国轿车行业的客户满意度是逐年提高的。但有关分析还显示，汽车维修服务、燃油经济性和维修经济性得分都很低。其中，维修收费的合理性得分极低，从而拉低了客户对维修服务的整体评价，轿车维修服务仍是客户不满意的主要环节。

2．提高客户满意度的途径

汽车维修企业争取较高的客户满意度的途径主要有：

(1) 提升客户满意的基本理念。如何使客户满意是一个永不过时的话题。现在大多数的企业领导者已经认识到客户满意的重要性，并着手实施客户满意度调研，以探究企业目前的客户满意状况，希望找出企业目前在客户满意方面存在的问题，提升本企业的客户满意水平。

在采用具体提高客户满意水平的各种措施之前，企业的领导者与全体员工应当首先确立以下理念：

① 拥有什么样的客户取决于企业自身，潜在客户不上门，根源在于市场营销策略的组合对他们来说不合适。

② 服务应永远超前于客户的预期。一方面，应把服务标准提高到客户现有预期之上，使客户不仅仅是满意，而且是由衷的高兴；另一方面，要在客户预期之前就引入新的服务形式，积极主动为客户服务，不仅向客户提供他们想要的东西，而且要提供连他们自己都没有意识到会喜欢的东西。

③ 鼓励客户抱怨，并为客户提供反馈信息的机会，通过信息反馈机制，可以解决客户如何与生产商、销售商进行交流，客户又用什么途径获取产品及服务信息的问题；可以解决企业内部管理低效、信息传递失真等问题；企业可以及时了解客户对企业满意的程度以及对企业的意见；企业还可以利用这种沟通的方式掌握客户的相关信息，形成客户档案，以针对其特点更好地开展业务。这样就形成一个企业与客户互动的过程，对提高客户满意水平、促进企业的发展与进步具有重要意义。

没有抱怨并不意味着质量没有问题，也许客户是懒得说，或许是没有抱怨的渠道，而最糟糕的可能就是：客户已对该企业失去了信心。要注意倾听所有客户的抱怨，在处理客户抱怨的过程中，尽量从客户那里了解：为什么服务不能满足客户的需要，客户想要什么样的服务。如果能够得到这些信息，就意味着向理解客户的需要和期望迈进了一步。同时，如果处理得当，还可以发展同客户的关系。

(2) 重视客户信息。在企业实施客户满意战略，增强其市场竞争能力和获利能力的过程中，客户服务不仅意味着不断满足乃至创造客户的需求，而且要促使客户与企业建立长期双赢互惠的关系。这一过程中企业并不是一味被动的，而应该采取积极主动的姿态形成一个企业与客户互动的过程，去促成这层关系的早日确立，其中客户档案的合理运用就是一个有效的方法。

获得客户信息的途径有有奖问卷调查、在销售产品时收集并记录的信息、目录数据库如电子黄页，通过与信息服务公司合作来增加数据库中单独某方面的客户信息，与提供相关服务的公司共享客户名录等。

根据客户的服务频率、数量、个人偏好对客户进行细分，制定适当的营销计划以满足客户的个人要求，从而提高营销组合的有效性。通过调查进一步挖掘客户信息，增强企业与客户间的亲密度，使客户服务代表在与客户进行联系沟通时，能够有效利用客户的信息，从而提高企业的客户服务水平，依据与现有客户的相似性或目前所提供服务的种类，辨识其他的、可能会有需求的客户。

(3) 变被动服务为主动服务。在客户满意战略中的客户服务与传统的客户服务有何不同?首先，客户满意战略的客户服务是主动的，而传统服务则往往是被动开展的。过去企业认为客户没有问题，就不需要开展客户服务，但在客户满意战略中，服务不但要及时、主动，还要积极与客户联络，争取吸引客户再度上门。其次，客户满意战略的客户服务是聚合性的，而传统服务则具有更多的分散性。客户满意战略中企业是主动开展客户服务，解决客户的问题和服务中的缺陷，尽力化解客户可能产生的不满与失望，通过不断的联络和交互，增进与客户的联系，创造客户对企业的忠诚和对新服务的期望，发挥了一种内聚性质的作用；而传统企业客户服务中，客户因为产品缺陷或信息馈乏需要提供服务，企业则没有便利、统一的服务渠道，并视服务为增加了成本，这种情况往往造成了双方在接触中的冲突和矛盾，本质上具有分离和驱散的作用。另外，客户满意战略的客户服务是集成的，传统服务则是独立的。客户满意战略下开展的客户服务是与技术支持、市场营销乃至销售和制造职能集成进行的，企业通过统一而整合的客户服务支持中心，不仅借助网络、电话、数据库等技术手段提供高质量、低成本的服务，而且担负了企业的市场调查、分析、测量和意见反馈功能，为新服务的开发，营销渠道的测试做好大量的准备工作；但在传统的客户服务中，多依赖维修工程师、技术人员进行，其与市场营销等部门是分离的，从而缺少集成功能。

(4) 围绕客户满意的企业创新。创新是一个企业赖以生存与发展的生命之源和动力所在。为使客户满意，企业必须围绕着“客户满意”这一中心，展开一系列的管理、制度、技术、文化、战略等多方面的创新，这包括企业组织的重整、业务流程的再造、企业文化的建设等具体的内容。

(5) 企业服务顾问。服务顾问是汽车维修企业为适应汽车维修市场和广大客户的需求，为加强企业内部的管理和协调而在客户接待方面创立的一种客户服务的新模式。服务顾问从客户预约、进厂直到客户离厂实行全程的跟踪服务，可以说，它是汽车维修企业实行挂牌服务、个性化服务、客户进行点名服务的前奏。企业服务顾问在思想素质、业务素质、待人接物等方面具有较高的条件要求，一般要由高中以上文化程度、中级以上技能水平、3年以上业务接待经验的人员前来担任。其具体要求如下：

① 通过车旁接待能正确地诊断和填写“维修施工单”，确保对客户的车辆进行快速、正确的维修。

② 作出合理的维修估算，提高客户对企业的信任度。

③ 通过参与质量控制，提高维修质量，保护客户的利益。

④ 检查结算单的正确性，对客户的问题进行耐心的解释，避免不必要的误解产生。

⑤ 解答客户的抱怨，恢复客户对企业的信心。

⑥ 通过服务向客户展示企业的服务理念、服务能力，使企业获得最佳服务提供者的美誉。

7.3　汽车维修生产计划管理

计划就是现在对达成未来目标的详细规划，它是一种创新的思维活动。企业管理就是通过计划、组织和控制等职能不断循环、不断改善的过程。计划是为了使企业内部的管理系统与外部市场环境相适应，与企业的经营目标、策略相适应，是运用脑力制定政策、方针、方案、程序及细则的过程。计划职能是经营目标和经营策略的具体化，同时它又为组织职能提供要求，为控制职能提供检查的标准。没有计划也就不存在组织与控制。

车辆维修生产劳动计划就是由生产管理部门编制的关于承担车辆维修作业的人员、物料和时间等的安排，是企业组织生产的依据，也是进一步编制车辆维修工艺卡等技术文件的依据。

7.3.1　维修生产计划的作用及分类

1. 维修生产计划的作用

车辆维修生产计划能从时间上保证客户的维修车辆按期出厂，为客户节约时间，为企业增加信誉。科学、合理的维修生产计划还可以提高人员、设备、场地、资金等的利用率，减少浪费，做到过程连续、生产均衡、质量保证。

2. 维修生产计划的分类

车辆维修生产计划按计划所辖的范围，可以分为厂或车间的维修生产计划、单辆车辆或单台总成的维修生产计划等；按计划时期，可以分为年度、季度、月度、周或日的维修生产计划；一般生产计划还可以分为长期、中期、短期或阶段性等几种，也有以大日程、中日程、小日程来区分生产计划的。表 7-4 所示为各种生产计划之间的关系。

表 7-4　各种生产计划之间的关系

<table>
<tr><th colspan="3">类　别</th><th>车型、维修项目</th><th>计划时期</th><th>备注</th></tr>
<tr><td rowspan="2">长期</td><td rowspan="2">大日程</td><td>长期生产计划表</td><td></td><td>2～3 年</td><td rowspan="6">采用滚动计划方式</td></tr>
<tr><td>年度生产计划表</td><td></td><td>年度</td></tr>
<tr><td rowspan="2">中期</td><td rowspan="2">中日程</td><td>季度/半年生产计划表</td><td></td><td>季度或半年</td></tr>
<tr><td>月份生产计划表</td><td></td><td>月</td></tr>
<tr><td rowspan="2">短期</td><td rowspan="2">小日程</td><td>周/旬生产计划表</td><td></td><td>周或 10 日</td></tr>
<tr><td>日生产计划表</td><td></td><td>1 日或 3 日</td></tr>
</table>

7.3.2　维修生产计划的编制

制定计划的第一步就是要清楚自己的目标，没有目标就没有方向，无论是个人还是企业都是如此。车辆维修企业的目标就是满足客户需求，利润只是满足客户需求的副产品而已。计划就是朝向自己的目标而确定的行动路线与步骤。

1．编制维修生产计划的依据

维修生产计划是根据已有的客户资料统计得出的维修量加上预计的维修增量、季节性的维修需求，并考虑到阶段性的活动安排、突发性的事件处理等对维修量的影响，以及企业的场地、人力、设施和各工种的实际生产能力等因素而编制的。

由于车辆维修是多工种综合作业，因此在编制维修生产计划时，要注意各工种(环节)之间的“动态平衡”，同时遵循以下原则：

(1) 严格遵守维修工艺规程，保证维修质量，不得擅自变更和省略规定的工艺程序。

(2) 压缩车辆维修在厂车日(或在厂车时)，尽量妥善安排平行交叉作业。

(3) 充分利用资源(人力、场地、设备设施)，提高维修生产效率和效益。

(4) 便于生产调度，以应对多种因素(如待料、停电、故障和意外损坏等)对生产计划的影响。

2．编制厂或车间的维修生产计划

编制厂或车间的维修生产计划，要根据车辆运输企业提供的车辆维修计划和市场预测，考虑车辆维修企业的生产能力等因素，经综合平衡后确定。维修生产计划要按照一定的表格形式来编制，有生产指标和作业形式等内容。表 7-5 为一份车间月度生产计划表。

表 7-5　车间月度生产计划表

月份　　工作_______天

NO.	车辆类别	维修项目名称	数量	金额	维修车间(工位)	开工	完工	预定出厂日期	备注

由专业人员在一定的时间内制定出相应的符合企业实际的生产计划，交给班组长、车间主任(主管)、业务经理(主管)认真讨论和审议后，报厂长(总经理)批准，贯彻执行。

1) 编制维修生产计划时应考虑的因素

编制维修生产计划时应考虑的因素如下：

(1) 各种生产形态(订单维修生产与预约维修生产或小修、维护、大修等)；

(2) 当地过去5年的车辆销售量(保有量)和销售量(保有量)增长率；

(3) 当地未来3年预计的车辆销售量(保有量)和销售量(保有量)增长率；

(4) 本企业去年的维修量和维修项目结构；

(5) 本企业的作业工位数量、场地面积、工具设备和检测仪器的种类与数量；

(6) 车间、部门、班组人员的结构，管理人员和技师、技工的数量以及技能状况；

(7) 员工的工作时间和工作效率，客户送修车辆车况和需要维修作业的时间；

(8) 季节性的维修需求、时段性的活动安排、突发性的事件处理等对各工种的不平衡需求。

2) 车辆维修生产能力

车辆维修生产能力是指维修企业在计划期内可以提供的有效生产工时量。其计算方法如下：

(1) 按车辆维修计划列出作业次数 a。

(2) 根据作业定额规定列出工时定额 b。

(3) 根据本厂自制配件和修理旧件的计划工时及机具维修、革新计划等工时列出修旧革新工时 c，一般为所担负车辆维修作业总工时计划的18%～20%。

(4) 作业总工时按作业范围分工种计算，作业总工时等于 a、b 两项乘积再与 c 之和。

(5) 根据作业总工时计算应有生产工人数，计算方法如下：

需要生产工人数＝作业总工时/每个生产工人年有效工时

每个生产工人年有效工时＝(365－假期日数)×工作制时间×工时利用率

需要生产工人数与现有维修工人数比较，若等于或小于，则说明维修能力足够或有余，原则上应提请劳动工资部门列入劳动工资计划，予以调整。

3. 编制单车维修生产计划

编制单车维修生产计划，是根据维修工时定额、工艺过程和作业方法等，并与厂或车间的维修生产计划综合平衡后以图表形式确定。单车或单台总成的维修生产计划可作为车间指导维修生产的技术文件。

7.3.3 维修生产计划的调度

执行车辆维修生产计划时，一个生产环节的变化会引起一连串的问题(如后续工序待工、友邻工种待料等)。因此，一个灵活而有经验的生产调度系统是生产计划顺利执行的必要保证。

1. 调度的概念

调度是指在各种活动中安排、处置事务。具体来说，调度就是根据某一预定目标，在组织实施过程中按照预想计划，随时掌握动态变化，集中控制关键和主要环节、协调平衡上下左右相关各方达到衔接一致，保证预期目标的实现。

根据调度的职能范围和调度对象，调度大致可以分为两类：综合调度和专业调度。综合调度具有对企业或部门的整个生产活动进行全方位调控的职能；专业调度则对少量单一或专业技术性极强的要素负有调控的职能，如动力调度、供销调度等。专业调度一般在综合调度领导下开展工作。

2. 调度的作用

调度在企业生产运作中具有组织、指挥、控制、协调的职能与作用。

1) 组织职能与作用

调度管理的组织职能与作用，就是把生产经营活动的各种要素和各个环节以及各个方面尽可能地从空间上和时间上有机地组织起来，发挥最大的作用。其内涵主要有以下三个方面：

(1) 建立合理的调度管理组织体系，按照“人”是管理的主体，“物”是管理的物质基础，“信息”是管理的依据，“时间”是管理的条件，“环境”是管理的结合要素，全面、系统地建立生产经营活动的职责权限，从中理清生产调度管理系统与各个专业管理之间的关系。

(2) 建立健全调度系统岗位结构的组织设置，把专业调度和综合调度及其有关岗位的合理配置，在明确职责权限的基础上，形成调度组织系统的整体优化。

(3) 组织生产经营活动，做到组织生产经营作业计划的制定，按照确定的生产经营作业计划组织供、产、销、运等工作，使生产经营活动有效地进行。

2) 指挥职能与作用

调度管理的指挥职能与作用，就是调度在生产经营活动中及时、有效地处理各种问题，领导和调度各级、各类人员按照生产经营目标协调配合。其主要内容如下：

(1) 按照特定目标和计划，在实施当中转化为具体计划、命令、指令。调度在随时随地收集信息和掌握进度与情况的基础上，对调度系统网络进行分层分级的权威指挥。

(2) 在组织实施生产经营活动中进行有效交流。在工作中为了充分地发挥命令和指令的作用，进行信息传递和思想沟通，让对方理解意图，接受活动内容，可通过后台调度和现场巡检，利用通信设备和直接交流，将布置和检查的工作、经营分析、加工、理解、判断，作出正确的反应与回答，使其调度与被调度人员保持和处于和谐的人事关系交流之中，相互尊重，相互理解，密切合作。

(3) 善于运用多种方式调度指挥。后台调度和现场调度使用最多、最方便的方式是口语。因此，调度人员要具有良好的口语表达能力，注意用词恰当，言简意明，事由原委清楚。为了保证执行起来不走样，避免争执和扯皮现象的发生，宜采用方案方式指挥，这样就要求调度人员具有一定的书面表达能力，下达通知、填写调度卡、发布命令等都要亲自动笔。

3) 控制职能与作用

调度管理的控制职能与作用，就是按照既定目标和标准对生产经营活动所进行的监督和检查，掌握信息，发现偏差，找出原因，采取措施，加以调整纠正，保证预期目标和标准的活动。其主要内容如下：

(1) 综合性控制，按照横向管理协调一致的原则，使跨部门的各项生产经营专业工作按计划、步调一致地协同进行。

(2) 系统性控制，按照纵向衔接有序的原则，使跨车间的分层调度工作顺利实施。

(3) 专项性控制，按照计划是指导实际的期望，控制是完成计划的手段，信息是控制的依据等关系，进行有效的进度控制。为确保作业计划的完成，进行严格的产量控制、库存控制，并确保储备额标准，及时掌握动态变化，确保稳定有序，做好超前管理的控制。

(4) 环境条件控制，通过察看图表、账本，参加会议和各种活动，及时掌握关联生产经营活动的企业内部条件和外部环境的有关信息，使供、产、销、运在动态变化中得到平衡。

4) 协调职能与作用

协调是调度的四大基本职能之一。生产经营系统化管理过程中，动态平衡是规律。而平衡和不平衡总是不断更替的，协调就是维护动态平衡，消除动态不平衡，保证生产经营系统内部各个环节的畅通，保证所有生产经营组成部分同步运行，这就是调度所发挥的中心作用。协调的主要分类如下：

(1) 内部协调，又有纵横协调之分。纵向协调就是调度系统上下之间、环节之间、工序之间在完成生产计划过程中所要衔接平衡的事宜；横向协调是指企业内部各专业管理的部门与部门、单位与单位之间，以及部门、单位与调度之间所需生产与经营方面的协调。

(2) 外部协调，也就是企业与外供、企业与营销市场、企业与运输部门之间的协调。其中，经营系统，如原材料供应和销售及运输等方面的对外协调，调度部门只是参与性地调查和预测，以及提出方案措施等来进行间接性的协调，而专业部门则是直接性地对外协调。供、产、销、运四大环节的协调，无论是间接、直接协调，都是在调度综合职能指挥下，相互配合，保证平衡，杜绝各个部门和各类人员因各自目标而忽视与横向之间协调的条块分割，以维护生产环节的核心。

3. 调度机构

不管企业采取哪一种组织结构形式，按照统一领导、分级管理的原则，多数工业企业的管理层次一般可以分为三级，即厂部、车间、班组。规模较大的企业集团、公司，或产品品种较多、生产技术比较复杂的企业，还可实行四级或五级管理。对于规模较小、产品品种较少、生产技术又非常简单的企业，也可以实行厂部和生产小组两级管理。

决定调度有效管理幅度的因素有：领导对调度工作的认识和所能赋予的权限，调度人员的知识结构和能力，调度人员的职务性质，调度内容和调度机构的健全程度。一般的要求是，管理层次与有效管理幅度相适应，层次不宜过多。若层次多，必然增加中间环节，影响信息交流速度，降低办事效率。

完整的调度机构设置如下：总厂或公司设总调度室，负责总厂或公司生产指挥和协调工作；分厂或企业设调度室，负责分厂或企业的生产指挥和协调工作；车间设调度组，没有或不设调度组的，可由车间主任或值班长兼任，负责车间内的生产指挥和协调工作；工段设调度员，没有或不设调度员的，可由工段长兼任，负责工段内的生产指挥和协调工作；班组的生产指挥和协调工作由班组长负责。

4. 调度人员

调度人员良好的工作作风有助于增强调度工作的权威。没有好的工作作风，不仅会影响调度的工作质量和工作效率，还会影响调度人员与职工的关系。每个调度人员都必须注意工作作风的修养，以保证调度工作的顺利进行和管理目标的实现。

(1) 工作上要从严从细，坚持“严、细、快”的作风，处理问题要多谋善断，善于用科学的方法解决问题。

(2) 经常深入实际，了解生产情况，勤于思考，虚心学习，掌握规律，做到指挥生产心中有数，绝不瞎指挥。

(3) 有较强的组织观念和纪律观念，严格遵守厂规和工作规程，做职工的表率，工作不拖拉、不推诿、有条理。

(4) 实事求是，反映情况和问题要符合实际。

(5) 办事严肃认真，及时牢靠，做到“事事有着落，项项有回音，条条有记录”。

(6) 尊重群众，关心群众，善于把调度意图转变为职工的实际行动。

7.4　汽车维修业务开发与设计

汽车维修企业既不生产汽车，也不生产配件，其产品就是无形的服务，每一次服务都是以客户是否满意来判断质量是否合格，并尽量感动客户。企业能够持续运转的原动力，其实就是客户的需求。

7.4.1　客户需求与客户满意

1．客户需求

汽车维修表面上是修理汽车，其实质是服务客户。汽车维修企业决不能只重视维修质量而忽略了服务质量，必须以市场需求为导向，以满足客户需要为目标，一切围绕服务客户这一中心展开工作。

客户的需求总的来说主要有 4 点，即真诚的服务(Cordial)，准确、可靠的维修(Accurate)，合理的收费(Reasonable)，快捷高效(Efficient)。4 点需求的英文单词的开头字母正好组合成一个英文单词 CARE(关怀)，松下幸之助(松下品牌的创始者)曾说过这样一句话：“当你在经营上没有什么奇策妙略时，记住一条就行了，那就是：诚心诚意对待客户!”

2．客户满意

1) 客户满意的含义

在现代社会中，各类商品和劳务供求总态势是供大于求，消费需求趋向选择性、个性化、档次化、感性化，市场竞争异常激烈。消费者评判商品的标准不再仅仅是功能和品牌，而变成了与产品有关的系统服务，企业竞争的重点也发展为立体化的服务。同时，消费者认可的商品不仅质量要符合要求，而且包装、服务、广告、咨询、送货、保管、售后服务等都成了消费者购买商品考虑的因素。企业提供的商品已经不再是单位产品，而变成了产品体系，这就要求企业在制定营销策略时，必须围绕客户满意度展开。即企业的整个经营活动要以客户满意度为指针，从客户角度出发，用客户的观点而非企业自身利益的观点来分析考虑消费者的需求。

研究表明，客户满意既是客户本人持续购买的基础，也是影响其他客户购买的重要因素。高度的满意能培养一种对品牌感情上的吸引力，而不仅仅是一种理性偏好。企业必须十分重视提高客户的满意程度。从某种意义上说，只有使客户感到满意的企业才是不可战胜的。客户满意取决于客户总价值与客户总成本两大要素。其基本公式如下：

客户让渡价值＝客户总价值－客户总成本

客户满意度＝客户总价值/客户总成本

客户总价值是指客户购买某一种产品所期望获得的一组利益；客户总成本是指客户为购买某一产品所付出的一组代价。客户让渡价值就是客户总价值和客户总成本之间的差额，包括多个方面，如图 7-2 所示。

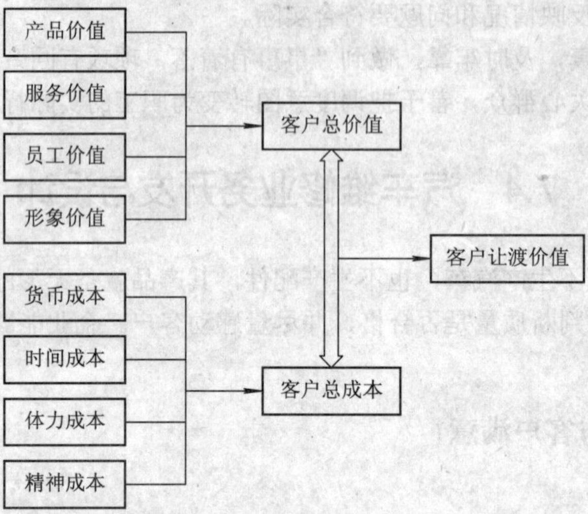

图 7-2　客户让渡价值

2) 客户满意度的提高

汽车维修企业在竞争中要想获胜，就必须比竞争对手提供更多的让渡价值，这可以从两个方面入手：一是通过改进产品、服务、人员和形象来提高产品的总价值；二是通过服务与销售网络系统，减少客户购买产品或服务的时间、精神与体力消耗，从而降低总成本。

(1) 提高客户购买总价值。客户购买总价值是由产品价值、服务价值、员工价值和形象价值构成的，改变其中的一项或多项，即可改变总价值。

① 产品价值。产品价值是由产品的功能、特性、品质、品种和样式等产生的价值。这是满足客户需要的核心内容，也是客户购买决策的首要因素。产品价值对客户购买总价值起主导作用，它是由客户需要来决定的。随着经济的发展，客户的需要也是变化的。首先，不同的经济阶段，客户对产品有不同的需求，产品价值的各要素的重要程度也不一样。其次，不同类型的客户对产品价值的要求也会不同，这一点在新经济时代表现得更加明显。消费者在购买决策时呈现很强的个性化特征，“个性化营销”因此而出现。企业必须投其所好，开发出合适的产品，从而为客户创造更大的产品价值，提高客户满意度。

② 服务价值。服务价值是指在产品实体出售前后，企业向客户提供的各种附加服务，包括产品介绍、送货、调试安装、维修、技术培训和产品保证等服务所产生的价值。随着消费者收入的提高和观念的变化，消费者在选购产品时，越来越注意产品的附加价值，特别是中高档和耐用消费品，汽车产品尤其要注重售后维修服务。在当今市场，商品种类繁

多，许多同类产品的质量和性质相差不大，此时，企业提供的服务价值越大，客户选购获得的总价值就越大。一项调查显示，72%的被调查者认为客户服务是购物满意的重要因素。因此，企业不仅应提供优质产品给客户，还应提供完善的服务，这是现代市场竞争的新焦点。

③ 员工价值。员工价值是指企业员工的经营思想、经营作风、知识结构、工作效能等所产生的价值。这是构成客户总价值的重要因素之一，企业员工也称为企业的“内部客户”。消费者的购买行为是一个在消费中寻求尊重的过程，而员工在经营中的参与程度和积极性，在很大程度上影响着消费者满意度。

④ 形象价值。形象价值是指企业及其产品在公众中形成的总体形象所产生的价值，包括企业的品牌形象、技术质量、外观包装等产生的价值。形象价值可以说是产品价值、服务价值、人员价值的综合反映，是企业的无形资产。企业在社会中形象好，则能给客户带来满足感和信任感，从而增加客户购买的总价值，也就提高了客户满意度。企业形象的塑造不是一日之功，而是靠不断的改进，在公众中慢慢树立形象，然后强化形象。现在，企业越来越重视塑造自身形象，这也是理所当然的。

(2) 减少客户购买的总成本。提高客户让渡价值的另一途径就是减少客户购买的总成本，即货币成本、时间成本、体力成本和精神成本。

① 货币成本。货币成本是总成本的决定性因素。客户购买时，一般是先考虑货币成本，即价格。在新经济时代，企业可以利用多种渠道降低自身的生产成本，从而降低销售价格。戴尔的网上直销，就是利用网络降低价格，获得了巨大的成功，这说明了消费者在购买决策时很注重货币成本。在货币成本相差不大的情况下，客户购买决策还受时间、精神、体力成本的影响。

② 时间成本。随着社会生活节奏的加快，时间成本也是消费者购买决策时常常考虑的因素。在其他因素大体相当的情况下，客户倾向于时间花费少的购买。麦当劳风靡全球的一个重要原因是它为客户提供快捷的饮食消费，降低了客户的时间成本，深得上班族的喜爱。降低时间成本是企业增加客户让渡价值的好方法，尤其对服务行业。例如餐馆、银行等服务行业提供服务时，通常要等一段时间才能进入购买或消费阶段，客户等候的时间越长，所花费的时间成本越大，购买的总成本也增加，并且，长时间的等候很容易引起客户的不满。这种不满情绪既会影响他本人的购买决策，又会影响周围人群的购买意愿。所以，企业要提高客户满意度，就必须高度重视时间成本，在保证产品和服务质量的同时，尽量减少客户的时间支出，为客户创造更大的让渡价值，从而达到客户满意。

③ 精神与体力成本。精神与体力成本是指客户因购买产品而在精神和体力上的支出。在消费者的每个购买决策阶段，均要付出一定的精神和体力，尤其对于复杂购买行为来说，客户一般要花很大的努力来搜集各种产品信息，因此需要付出较大的精神和体力。如果企业能通过多种渠道及时向潜在客户提供全面的产品信息，就可以减少客户为获取产品所花费的精神和体力，从而降低购买的总成本，客户的让渡价值也就增大，这对提高客户满意度具有重要作用。

达到客户满意，体现在企业的一系列管理措施当中，企业应从客户满意的角度出发，切实地为客户着想。这样，客户满意度提高了，才使客户忠诚成为可能。公司应经常了解消费者的满意程度，不能只是依靠不满意客户的申诉。因为在不满意的客户中，有 96%的人不会向公司抱怨。据一份调查报告，如果公司能够解决消费者的申诉，有 54%～70%的人会再度惠顾，若能迅速解决问题，人数则增加到 95%。客户平均会告知 5 个人说某公司能妥善处理其问题。

企业服务人员应采取有效措施尽量减少购买者购后过程的不满意情绪，并通过加强售后服务、保持与客户联系、提供使他们从积极方面认识产品的特性等方式，以增加消费者的满意度。

7.4.2 市场细分

要制定企业的经营策略，就要研究市场，而研究市场首先就要研究客户的需求。研究需求的第一步就是进行市场细分。所谓市场细分，并不是为产品分类，而是指企业根据客户对同类产品的需求所表现出来的差异性，将客户划分成若干个群组。因此，市场细分实质上是对客户的需求进行细分，就是指企业将同质需求的整体市场，根据客户需求的差异性划分成若干个子市场的过程，即企业按照消费者的一定特性，把原有的市场分割为两个或两个以上的子市场，以便用来确定目标市场的过程。

1．市场细分的作用

市场细分的作用如下：

(1) 有利于发现市场营销机会。运用市场细分可以发现市场上尚未满足的需求，并从中寻找适合本企业去开发的产品与服务，从而抓住市场机会。这种需求往往是潜在的，一般不容易发现，而运用市场细分的手段，就能够发现这类需求，从而使企业抓住市场机会。

(2) 能有效地制定最优营销策略。市场细分是目标市场选择和定位的前提，企业营销组合的制定都是针对所要进入的目标市场的，离开目标市场的特征和需求的营销活动是无的放矢，是不可行的。

(3) 能有效地参与竞争。通过市场细分，有利于发现目标消费者的需求特性，从而使服务更有针对性，甚至可以在一定的细分市场形成经营的优势。

(4) 能有效地扩展新市场。通过市场细分，企业可以先选择最适合自己占领的某些子市场作为目标市场，当占领这些子市场后，再逐渐向外推进、拓展，从而扩大市场的占有率。

(5) 有利于企业扬长避短。企业必须将整体市场细分，确定自己的目标市场，这一过程正是将企业的优势和市场需求相结合的过程，有助于企业集中优势力量，开拓市场。

2．市场细分的基本原则

市场细分的基本原则如下：

(1) 可衡量性。用以细分市场的特征必须是可以衡量的，细分出的市场应有明显的特征和区别。

(2) 可进入性。要根据企业的实力，量力而行。

(3) 有适当盈利。在细分市场中，被企业选中的子市场必须具有一定的规模，既有充足的需求量，又能使企业有利可图，可实现预期利润目标。

企业要在细分市场中获得盈利，除了考虑市场的规模外，还要考虑市场上竞争对手的情况。如果该市场已经有大量竞争对手，而企业又没有明显的优势，则同样不适宜进入该市场。

(4) 有发展潜力。企业选择的目标市场不能已经处于饱和或者即将饱和的状态。

3. 选择细分市场

企业在对不同细分市场评估后，就必须对进入哪些细分市场和为多少个细分市场服务做出抉择。企业可考虑的目标市场模式有五种，即密集单一市场、有选择的专门化、产品专门化、市场专门化和完全市场覆盖。

1) 密集单一市场

密集单一目标市场模式是指企业选择一个细分市场集中营销，不是把目标放在整体市场上，而是使目标市场更加集中，选择一个或几个细分化的专门市场作为营销目标，然后集中企业的总体销售优势开展营销和服务，也可以称做集中性目标市场策略。例如，豪华轿车“劳斯莱斯”的生产厂家采用的就是这种策略，将目标市场固定在“有很高的社会地位，追求享受，并且将汽车作为身份地位象征的客户”这一专门的细分市场上。

这一策略适合实力有限的中、小企业。当企业的实力扩大后，采用这一策略的风险就比较大。一旦该细分市场的消费者改变了消费习惯或者出现不景气的情况，就会使企业无法生存。

2) 有选择的专门化

有选择的专门化目标市场模式是指选择若干个细分市场，其中每个细分市场在客观上都有吸引力，并且符合企业的目标和资源，但在单个细分市场之间很少有或者根本没有任何联系。这种方法可以看做是密集单一市场的扩展。这种多细分市场的优势在于，可以分散企业的风险，即使某个细分市场失去吸引力，企业仍可继续在其他细分市场获取利润。

3) 产品专门化

产品专门化目标市场模式是指集中提供一种服务，企业向各类客户推销这种服务项目。企业通过这种战略，可以在某项服务方面树立起很高的声誉。一般来说，这种战略适合于小型企业。

4) 市场专门化

市场专门化目标市场模式是指专门为满足某个客户群的各种需要而开展的服务。这种方式的缺点在于受该客户群消费习惯的影响过大。

5) 完全市场覆盖

完全市场覆盖目标市场模式是指企业用各项服务满足各种客户群体的需求。实力显著的大企业会采用这种市场策略。大企业可采用两种主要的方法，即通过无差异市场营销或差异市场营销达到覆盖整个市场的目的。

7.4.3 市场定位

市场定位是指企业的服务以一个什么样的形象展现在该企业的目标市场中的客户面前。也就是说，该企业的服务与其他企业的服务不同的地方在哪里，客户为什么要选择该企业提供的服务而不是其他企业。市场定位是在细分市场的基础上，确定企业发展的目标市场的过程。确定目标市场时有 3 种策略可供选择，即无差异市场营销策略、差异性市场营销策略和集中市场营销策略。

1．市场定位的原则

并非所有的服务差异化都是有意义的或者是有价值的。假定汽车制造厂可以设计一种豪华轿车，供乘客在车厢中收看卫星电视——这是一种差异化，但是未必能让所有消费者都感兴趣。每一种差异都可能增加企业的成本，当然也可能增加客户利益。有效的差异化应满足以下 7 个原则：

(1) 重要性。该差异化能向相当数量的消费者让出较高价值的利益。

(2) 明显性。该差异化是其他企业所没有的，或者是该企业以一种突出、明晰的方式提供的。

(3) 优越性。该差异化明显优越于通过其他途径而获得相同的利益。

(4) 可沟通性。该差异化是可以沟通的，是客户看得见的。

(5) 不易模仿性。该差异化是其竞争者难以模仿的。

(6) 可接近性。买主有能力购买该差异化。

(7) 盈利性。企业将通过该差异化获得利润。

2．汽车维修企业市场定位

汽车维修企业可以在维修项目、服务、人员、渠道、时间和形象等 6 个方面提供差异化服务。

1) 维修项目差异化

并不是每一项服务都有明显的差异化，但是，几乎所有的服务都可以找到一些可以实现差异化的特点。汽车维修是一种可以高度差异化的服务产品，例如：

(1) 特色项目。特色是指基本维修功能的某些增补，要注意的是，并不是每一个特色都值得企业去推行，特色必须是有价值的。同时，企业在为自己的服务设计特色的时候，除了考虑这个特色是否有价值外，还要考虑增加该特色的成本和客户愿意为这项特色多付的费用。比如免拆养护、快速修补、抗磨修复添加剂等。

(2) 性能质量。性能质量是指汽车维修项目的可靠性，即在一定时间内汽车将确保使用的可能性。客户一般愿意为维修的可靠性付出高价。由于汽车属于耐用商品，因此维修的可靠性和耐久性是汽车消费者非常重视的指标。

(3) 保修期。耐用性是衡量一个维修项目在正常使用条件下的预期使用寿命。一般来说，消费者愿意为耐用性较长的服务支付更高的费用。交通主管部门规定的总成大修质量保证期仅为 3 个月或 10 000 km，而有的修理厂都做出了高于交通主管部门所规定的保修期限的承诺，大部分厂规定为 6 个月或 15 000 km，部分厂承诺保修 1 年，甚至承诺保修 3 年，当然保修是有条件的。

2) 服务差异化

除了维修项目差异化以外，企业也可以对其所提供的服务实行差异化。汽车维修服务的重要性正日益为汽车维修企业所重视，并且成为决定业绩的一项重要因素，特别是当维修质量较难差异化时，要在竞争中取得成功的关键常常有赖于服务的增加和服务的质量。在汽车维修服务中，服务差异化主要体现在：预约方便性、客户培训、技术咨询、上门接送车和跟踪服务等。

(1) 预约方便性是指如何使客户以最为便捷的方式向维修厂预约维修时间，以提高维修的速度和修理厂资源的利用率。网络的普及和电子商务的产生为客户提供了一种随时随地可以预约的方式，这种便捷的预约方式已经被广泛采用。

(2) 客户培训是指汽车维修企业对客户进行汽车构造原理以及正确安全使用等知识的培训，比如高速公路安全驾驶、开车如何省油、如何延长汽车使用寿命、如何正确养护爱车等。

(3) 技术咨询是指汽车维修企业为客户无偿地提供车辆维修技术资料与信息，提出维护建议，车辆交易与更新的顾问等服务。例如，有些厂要求接待人员提醒消费者按时享受企业所承诺的免费走合期维护，提醒消费者注意某些常规使用规范等。

(4) 其他服务是指公司还能找到许多方法、提供各种服务来实现服务差异化，比如客户等候提车时，可到企业专为他们设置的网吧或休息室，儿童可到游乐室玩耍。总之，舒适、便利、无微不至的服务是永远挖掘不尽的。

一般来说，企业在市场定位时必须避免下列两种误区：一是定位混乱，造成客户对企业的维修服务特色模糊不清，这种混乱可能是由于主题太多所致，也可能是由于市场定位变换太频繁所致；二是定位怀疑，客户在汽车实际维修过程中可能发现很难相信该企业在维修特色、服务、人员、价格等方面所做的一些相关宣传，也就是企业可能没有凸显出其所选择的定位。

市场定位对于企业的意义不仅是寻找细分市场中的空白点，还使其所提供的服务具有竞争优势，以及在消费者心目中树立在某方面“第一”的印象。一旦定位后，其维修项目到促销策略都将围绕着这个定位展开。

7.4.4　汽车维修企业业务开发

企业的经营者和市场开发人员必须具有市场的洞察力、政策的敏感性、信息的捕捉能力，特别是在市场细分后有利于我们发现市场的潜在需求。所谓潜在需求，就是客户说不清楚或无法明确表达、同行也不知道的客户需求，企业若能及时发现和捕捉这样的市场需求，并使之转化为企业的市场营销机会，企业就能不断发展壮大并获取可观的经济效益。某种需求如果同行都不知道，则表示市场上没有竞争者，谁发现了这种需求，谁就好比发现了一项经营专利。

1. 主要业务的开发

主要业务是企业某一阶段生产的主要物质商品或服务项目，是企业生存和谋求发展的基础。对汽车维修企业来说，汽车维修就是主要业务。

1) 新维修车种的开发

随着汽车工业的高速发展，车种的更新、技术含量的提高，已是汽车制造企业迎合客户个性化消费和提高市场竞争力的主要手段。新车种推出的频率越来越高，汽车维修企业应予高度的关注。在具体的维修业务开发过程中，企业应该充分考虑本地区某车种的保有量与实际维修能力之间的平衡关系，及保有量的增长趋势，考虑开发该车种维修在技术力量、设备等方面的投入是否可以承受，是否受场地的限制，配件的供货渠道是否畅通，技术资料是否有保障等问题，决不能仓促着手，以免造成生产经营活动的被动，造成客户的不满意，对企业造成不利的影响。

2) 新业态的开发

一个多元化和国际化的汽车维修市场，其市场化运作的特性决定了其经营业态决不可能是一成不变的。汽车维修企业必须以市场需求为导向，惟有适应汽车大市场的需求才能在激烈的市场竞争氛围中立稳脚跟和谋求发展。

以市场需求为导向，在对市场进行分析的同时还应充分分析和研究客户的意见和建议(如从客户的难点、客户的抱怨等方面着手挖掘)。如近年来，在国内汽修市场中兴起的汽车快修站就是这方面的一个很好的例子。

随着我国国民经济和汽车工业的高速发展，特别是随着我国人民生活水平的不断提高，汽车进入家庭成为人们的代步工具的趋势正在加快，汽车维修业的服务主体已逐渐向私家车转变。多数私家车主对汽车专业知识相对缺乏，他们在遇到各种汽车故障时束手无策，因而迫切希望得到专业化、规范化、个性化的售后服务。对汽车维护的需求主要体现在“优质、快捷、实惠”3个方面。优质，即服务人员素质好、业务精、维修和服务质量有保证；快捷，即维修网点密度大，能就近维修，维修程序简便；实惠，即维修价格要适宜，防止垄断价格的出现。

我国汽修业长期以来形成的“特约维修服务店+大型综合维修厂+低档路边店”为主的产业格局已不能满足市场需求的发展，这就要求维修企业必须在体制、理念上求新，通过实行成本领先战略、差异化战略、专一化战略来谋求企业在细分市场中的新定位。为此，通过借鉴国外同行的成功经验，为满足客户“优质、快捷、实惠”的维修需求，一个以“短(路程短)、平(价格平)、快(速度快)”为标志的汽车快修站(即指设立在公路、城市道路沿线或社区、商业聚集区周边，从事汽车快速维修项目作业，并实行24小时承诺维修服务的营业性汽车维修企业)的新业态便在市场的呼唤中应运而生了。有的省和地区还先后出台了地方性标准和地方性法规，积极引导快修新业态走专业化连锁经营的道路，以此来加速汽车维修行业的集约化、专业化、规模化建设。

2．相关延伸业务的开发

相关延伸业务是汽车维修企业为促进维修主业的发展，围绕着提高客户满意度这一中心，从便利客户、为客户提供超值服务或解决客户在送修过程中的难点问题而开展的一系列服务。它是维修活动中的辅助工作，但它也是提高企业市场竞争力的有效手段之一。

相关延伸业务的开发必须坚持以“客户为中心”的原则，以解决客户的热点、难点问题为突破口，以有利于促进维修主业的发展、有利于培养忠诚客户、有利于提高客户的满意度、有利于提高企业自身的形象为出发点，要充分挖掘企业的长处、发挥企业的特点，也要认真考虑企业的承受能力，切忌盲目仿效、虎头蛇尾。

企业的市场开发人员应该在日常的工作中做个有心人，注意观察和搜集客户在平时的交谈或抱怨中所反映出来的愿望、无奈和难处，培养敏锐的市场嗅觉和信息捕捉能力，并从客户的角度出发，运用市场调查、分析、研究的方法从中提炼出真正的市场需求，并结合企业自身的特色开发出客户感兴趣的服务项目。

目前，汽车维修市场中比较成功的相关延伸业务有保养验车一条龙服务、代客户接送车服务、抛锚救援服务、代交各种费用服务、提供代用车服务和保养提醒服务等。

复习思考题

1. 简述车辆维修企业的前台服务和后台生产过程。
2. 为什么汽车维修企业要开展预约服务?
3. 为什么要进行合同评审?
4. 汽车维修企业应如何看待客户的投诉?
5. 企业的生产调度对生产劳动现场有哪些作用?
6. 为什么要对维修工作进度进行控制?
7. 如何控制汽车维修质量?
8. 汽车维修企业应该怎样在市场中定位?
9. 为什么汽车维修企业要实行“客户满意”战略?
10. 什么是客户让渡价值? 如何提高客户的满意度?
11. 为什么在业务开发的过程中，必须树立“以人为本，服务至上”的理念?
12. 汽车维修企业客户的需求主要表现在哪些方面?

第8章　汽车维修企业生产技术管理

知识目标：

(1) 理解我国现行的车辆维修制度、汽车维修技术管理的相关规章制度和汽车维修生产常用考核指标。

(2) 掌握汽车日常维护、一级维护、二级维护和走合期维护的主要作业内容，工艺流程，二级维护技术规范，二级维护技术检验方法和要求。

(3) 掌握汽车修理的分类；了解大修的送修标志；熟悉汽车的修理方法和汽车修理工艺；了解汽车修理技术检验标准等。

(4) 了解汽车维修技术经济指标。

(5) 熟悉汽车维修的质量控制、竣工验收的方法和要求。

(6) 熟悉质量保证期制度和质量投诉处理规定。

生产技术管理是汽车维修企业管理的一个重要组成部分。它是汽车维修企业通过各种技术手段(包括计划、组织、协调和控制等)对生产业务的运作过程。汽车维修企业的生产技术管理不仅要有管理者、各级领导的作用，也需要全体员工的积极参与。

汽车维修企业生产技术管理的目的是以较少的经济投入取得最佳的投资效果。为此，必须采取一系列措施，使汽车维修设备经常处于良好的状态，并充分发挥其效能，以保证汽车维修质量和设备的安全运行，促使企业生产持续健康发展，提高企业的经济效益和社会效益。

8.1　汽车维护技术管理

汽车维护技术管理的目的是保持车辆技术状况良好，保证安全生产，充分发挥运输汽车的效能和降低运行消耗，以取得良好的经济效益、社会效益和环境效益。汽车经使用一定的行驶里程或时间间隔后，根据汽车维护技术标准，按规定的工艺流程、作业范围、作业项目、技术要求所进行的预防性维护作业以维持汽车完好的技术状况或工作能力就是汽车维护。

8.1.1　汽车维护制度

随着汽车技术和质量水平的提高，汽车维护的重要性愈显突出。汽车通过有效维护，汽车修理工作量逐渐减少，维护的工作总量已大于修理量。汽车维修的重点已转移到维护工作上，维护已重于修理。

1. 实行汽车维护的重要性

汽车作为机械产品，随着其运行里程的增加，技术指标会不断变差，只有通过维护，才能使其维持完好的状态。在二级维护制度中，汽车维护的指导原则是“预防为主、定期检测、强制维护”，即二级维护前通过检测，准确地判定故障部位，进行技术评定，有针对性地进行总成修理。它是状态检测下的维修制度。

二级维护制度的理论基础是零件的磨损规律加上可靠性工程和数理统计理论。也就是说，二级维护制度不仅考虑了磨损零件的情况，而且考虑到一些老化、变质、变形、蚀损等，即全面考虑了汽车在使用过程中的变化情况。这样，实施汽车二级维护制度对延长汽车的使用寿命、保证汽车安全性、降低排放污染、提高经济效益具有巨大作用。

实行“预防为主、定期检测、强制维护”的重要性主要体现在以下一些方面：

1) 汽车构成比例变化和汽车技术发展的要求

当今世界汽车技术日新月异，新结构层出不穷，特别是电子技术等在汽车上的广泛采用，使汽车维修行业面临着不断变化和发展的新形势。我国在用汽车已普遍采用电控燃油喷射系统、防抱死制动系统、自动变速系统、电控悬挂装置等先进技术和设备。为适应这些现代车辆维修的需要，迫切要求与现代车辆维修相适应的检测设备和技术，也迫切需要与现代车辆维修相适应的汽车维护、检测、诊断技术规范。

2) 保护大气环境的要求

我国汽车排放控制的核心是在用汽车的排放控制。新汽车在转化为在用汽车之前，可以通过严格的法律法规和具体的行政手段，使其排放指标得到有效的控制。对于没有利用价值和将要或必须报废的车辆，不存在排放控制的现实问题；而在用汽车随着车况变化，排放污染则将逐渐加剧。因此，对汽车排放污染的控制，主要是控制在用汽车的排放污染。实践证明，国内外治理在用汽车排放污染所采用的加强在用汽车的检查/维护(I/M)制度是目前最科学、合理、经济、有效的汽车排放污染控制途径。I/M 制度就是通过对在用汽车进行检查，确定其技术状况，特别是确定排放污染严重的原因后，有的放矢地采取维护措施，最大限度地降低排放污染物。我国 GB/T 18344—2001《汽车维护、检测、诊断技术规范》通过不解体检测诊断，确定附加作业项目，进行强制维护，保证车辆技术状况，对治理在用汽车排放污染有一定成效。《汽车维护、检测、诊断技术规范》在体现 I/M 制度、考虑安全性的同时，强制所有在用汽车进行二级维护，建立控制在用汽车污染物排放强制维护制度。

3) 与国际接轨的要求

我国已加入世界贸易组织(WTO)，进口汽车将大量涌入，汽车维修市场势必更加开放，我们必须加快技术法规建设的步伐，这是培养和发展统一、开放、可控、自主、有序的汽车维修市场的根本保障。我国汽车维修行业投身到国际汽车维修市场中去，是世界经济一体化和贸易全球化的必然趋势，因此我国的汽车维护和修理必须与国际接轨，汽车维修标准也必须与国际接轨。

2. 汽车维护的原则

根据交通部的《汽车运输业车辆技术管理规定》，汽车维护应贯彻“预防为主、定期检测、强制维护”的原则，即汽车维护必须遵照交通运输管理部门规定的行驶间隔里程或间隔时间，按期强制执行，不得拖延，并在维护作业中遵循汽车维护分级和作业范围的有关规定，保证维护质量。

汽车维护是预防性的。保持车容整洁，及时消除发现的故障和隐患，防止汽车早期损坏是汽车维护的基本要求。汽车维护的各项作业是有计划的、定期执行的，其内容是依照汽车技术状况变化规律来安排的，并做在汽车技术状况变坏之前。

定期检测是指汽车在进行二级维护前必须用测试仪器或设备对汽车的主要使用性能和技术状况进行检测诊断，以了解和掌握汽车的技术状况和磨损程度，并作出技术评定，根据结果确定该车的附加作业或小修项目，结合二级维护一并进行。

强制维护是在计划预防维护的基础上进行状态检测的维护制度。汽车的维护工作必须遵照交通运输管理部门或汽车使用说明书规定的行驶间隔里程或间隔时间，按期执行，不得任意拖延。

坚持“预防为主、定期检测、强制维护”的原则，做好汽车维护工作并按照GB/T 18344—2001《汽车维护、检测、诊断技术规范》的要求定期进行，是有效地保持汽车良好技术性能的惟一途径。

3. 汽车维护的分级

1) 汽车维护分级

在汽车的使用过程中，由于汽车的新旧程度、使用地区条件的不同，在各个时期对汽车维护作业项目也不同。根据《汽车维护、检测、诊断技术规范》的有关规定，汽车维护分为日常维护、一级维护、二级维护三种级别。维护作业以清洁、检查、补给、润滑、紧固和调整为主，维护范围随着行驶里程的增加逐步扩大，内容逐步加深。

(1) 日常维护是驾驶员为保持汽车正常工作状况的经常性工作。其作业的中心内容是清洁、补给和安全检视。日常维护通常是在每日出车前、行车中和收车后进行的车辆维护作业。

(2) 一级维护是对经过较长里程运行后的汽车，由维修人员对汽车安全部件进行的检视维护作业。其作业中心内容除日常维护作业外，以清洁、润滑、紧固为主，并检查有关制动、操纵、灯光、信号等安全部件。

(3) 二级维护是由维修企业负责执行的汽车维护作业，其作业中心内容除一级维护作业外，以检查、调整为主，并拆检轮胎，进行轮胎换位。这是汽车经过更长里程运行后，必须对车况进行较全面的检查、调整，以维持其良好的技术状况和使用性能，确保汽车的安全性、动力性和经济性等达到的使用要求。

根据汽车有关强制维护管理方面的规定，在汽车维护作业中除主要总成发生故障必须解体外，不得对其他总成进行解体。为减少重复作业，季节性维护和维护间隔较长的项目(指超出一、二级维护项目以外的维护内容)，可结合一、二级维护同时进行。在汽车二级维护前应进行检测诊断和技术评定，根据结果确定附加作业或小修项目，结合二级维护一并执行。

2) 各级维护周期

汽车日常维护通常是在每日出车前、行车中和收车后进行。汽车一级和二级维护周期的确定，一般根据车辆使用说明书的有关规定，或是依据汽车使用条件的不同，由省级交通行政主管部门规定汽车的行驶里程。对于不使用行驶里程统计、考核的汽车，可用行驶间隔时间确定汽车一、二级维护周期。其间隔时间(天)应依据本地区汽车使用强度和条件的不同，参照汽车一、二级维护里程周期，由各地自行规定。

由于引进车型的维护规定与我国汽车强制维护规定的内容有所不同，为保证汽车的合理使用，在汽车实际维护工作中应以厂家规定内容为准。

虽然各车型产品对汽车强制维护周期的长短要求不一，但从作业的深度来看，都基本上分为两级，相当于《汽车维护、检测、诊断技术规范》中提出的一级维护和二级维护。表 8-1 所示为上海大众特约服务站执行的上海大众桑塔纳轿车维护作业单，表 8-2 为 Audi R4/V6 汽油发动机轿车 15 000 km 的常规保养项目。

表 8-1　上海大众桑塔纳轿车维护作业单

维护作业项目及内容	维护周期/km
照明，警告闪光装置、喇叭：检查性能	15 000
刮水器和清洗装置：检查性能，必要时注入清洗液	15 000
离合器：检查行程，必要时调整(非自动调整)	15 000
蓄电池：检查蓄电池电解液，必要时加入蒸馏水	15 000
发动机：目测有无渗漏(机油、防冻液、燃油及空调系统)	7500，15 000
冷却系统：检查冷却液液面高度及防冻能力，必要时更正，并进行压力测试	7500，15 000
三角皮带：检查静止状态与张紧度，必要时张紧或更换	15 000
凸轮轴传动皮带：检查状态与张紧度，必要时张紧	30 000
火花塞：更换(非长效火花塞)	15 000
空气滤清器：清洗外壳，更换滤芯	15 000
化油器式发动机燃油滤清器：更换	30 000
汽油喷射发动机燃油滤清器：更换	80 000
发动机盖：上、下部润滑(包括搭钩)	7500，15 000
门盖铰链、门拉带：润滑	7500，15 000
机油：更换	7500，15 000
机油滤清器：更换	15 000
操纵：检查波纹管有无渗漏与损坏	15 000
制动装置：目测有无渗漏与损坏	7500
底板保护层：目测有无损坏	30 000
排气装置：检查有无损坏	15 000
转向横拉杆球头：检查间隙，固定程度及防尘罩，转向助力系统液压泵各接头是否渗漏	7500，15 000
传动轴：检查防尘罩有无损坏	7500，15 000
变速器、主传动、轴护套：目测有无渗漏及损坏	7500，15 000
制动摩擦片：厚度检查	7500，15 000
驻车制动：检查，必要时调整(非自动调整)	15 000
λ 传感器：更换	80 000
检查轮胎(包括备用胎)花纹深度及花纹类型，调整轮胎压力	15 000
制动液状态，摩擦片衬面磨损：检查	15 000
车轮固定螺栓：根据紧固力矩检查	15 000
点火提前角：检查，必要时调整	15 000
怠速：检查，必要时调整	15 000
怠速时 CO 含量：检查并调整(汽油喷射发动机不需调整)	15 000
前灯灯光：检查，必要时调整	15 000
试车(行车、驻车制动，开关操纵及空调)：性能检查	15 000

表 8-2　Audi R4/V6 汽油发动机轿车 15000 的常规保养项目

<table>
<tr><th colspan="2">工 作 项 目</th><th colspan="5">项目要求数据</th><th>备　注</th></tr>
<tr><td rowspan="5">灯光</td><td>前照灯</td><td colspan="5">12 V　55 W　H1/H7</td><td>灯泡发黑，建议更换</td></tr>
<tr><td>尾灯</td><td colspan="5">12 V　21/5 W</td><td>同上</td></tr>
<tr><td>转向灯</td><td colspan="5">12 V　21 W</td><td>同上</td></tr>
<tr><td>车内照明</td><td colspan="5">12 V　5 W</td><td>同上</td></tr>
<tr><td>大灯调整</td><td colspan="5">车辆呈水平停放：打开近光灯，参照物垂直水平线，离待检车前端 3.5 m 外
光速照射参照物离地高 60～65 cm
聚光水平间距 130～140 cm
切换远光灯，左右大灯强度不低于 12 000 cd</td><td></td></tr>
<tr><td>自检</td><td>自检</td><td colspan="5">通过 VAS5051 诊断仪输入地址码 00，连续检测各电控单元是否存储故障，打印所有故障记录</td><td>修复后清除记忆</td></tr>
<tr><td rowspan="7">车外部检查</td><td>车门锁检查</td><td colspan="5">用钥匙或遥控器能操纵所有门的儿童安全锁，应能关闭或开启</td><td>润滑车门限位器</td></tr>
<tr><td rowspan="6">挡风玻璃雨刮片及清洗装置</td><td colspan="5">雨刮片无跳动，无异响，刮得干净</td><td rowspan="6">必要时抛光前挡风玻璃。注意调整或更换雨刮片时，需将点火钥匙处于 off 位置</td></tr>
<tr><td colspan="5">主驾驶侧，雨刮片离挡风玻璃下沿 12 mm(A4 为 40 mm)</td></tr>
<tr><td colspan="5">副驾驶侧，雨刮片离挡风玻璃下沿 25 mm(A4 为 26 mm)</td></tr>
<tr><td colspan="5">两侧喷水点应落在距挡风玻璃下沿 420±50 mm(A4 为距上沿 510±50 mm)、距挡风玻璃上下两侧 190±50 mm(A4 为 230±50 mm)、距挡风玻璃左右两侧 590±50 mm(A4 为 470±50 mm)处。中间喷水点应落在距挡风玻璃下沿 420±50 mm(A4 为距上沿 290±50 mm)、距挡风玻璃两侧 590±50 mm(A4 为 470±50 mm)处</td></tr>
<tr><td colspan="5">检查清洗液液面，添加 pH 值中性的清洗液至边缘位置</td></tr>
<tr><td colspan="5"></td></tr>
<tr><td rowspan="5">轮胎</td><td rowspan="5">磨损/气压(单位：bar)</td><td rowspan="2">胎压
车型</td><td colspan="2">半载(3 人+1 行李)</td><td colspan="2">全载(5 人+3 行李)</td><td rowspan="5">建议每行驶 1000 km 轮胎换位
PDI 新车参照全载气压
清除胎面碎石和针刺</td></tr>
<tr><td>前轮</td><td>后轮</td><td>前轮</td><td>后轮</td></tr>
<tr><td>A4</td><td>2.1</td><td>2.1</td><td>2.6</td><td>2.8</td></tr>
<tr><td>A6</td><td>2.3</td><td>2.3</td><td>2.8</td><td>3.1</td></tr>
<tr><td colspan="5">轮胎花纹极限深度为 1.6 mm，不允许不正常偏磨或锯齿形磨损
备胎气压参照全载后轮气压</td></tr>
</table>

续表一

工作项目		项目要求数据	备注
螺栓	螺栓扭力要求	M8　20 N·m M10　45 N·m M12　60 N·m 驱动桥螺栓　110 N·m±90°	
变速器	手动变速箱/主减速器 检查油量	M/T 加注量 用 17 mm 内六角扳手拧下 规定值：油面应在加油孔边缘以下 7 mm(2.25 升) 油品：G052　911A　SAE75　W90	添加机油时须检查油质
变速器	主减速器/自动变速箱 检查油量	ATE 加注量 新加注 9.0 L(01 V) 润滑材料 G052　162A1 A/T 主减速器油 按额定值，液面维持在加注孔下沿 润滑材料 G052　145	加注量不宜过多
制动	制动系统/下方	制动管路无渗漏，不与其他部件摩擦，制动软管无裂纹，导向衬套运动灵活、不卡滞，导向销拧紧力矩为 20 N·m	必须安装排气安全帽
	刹车片检查	刹车片厚度(包括后板)达到 7 mm 时必须更换刹车片，注意方向箭头指向旋转方向(内侧)	不能保证使用到下个保养里程时，必须更换
	制动液面高度	制动总泵上方，储油壶的制动液(DOT4)应在 MAX 与 MIN 之间，若制动液面下降大，除了检查是否有泄漏外，还须观察刹车片的厚度	制动系统严禁水气浸入
车底	车底防护板	安装螺栓卡销，卡子应该无缺损，若局部开裂大于 5 mm，需修补或更换 将防护板冲刷干净	不允许用扎带捆扎，应补齐底板卡子及螺栓
排气	排气系统	检查排气歧管、消声器、三元催化应工作良好，排气歧管接口处应安装牢固、无泄漏	氧传感信号 10 秒内变化小于 3 次的建议更换

续表二

工作项目		项目要求数据	备注
横拉杆	横拉杆球头	车轮处于自由状态(车辆离地)，横拉杆球头应无间隙 防尘套紧固球头且无润滑脂外露	更换横拉杆球头时，须做前束测量，摆正方向盘
炭罐	检查炭罐	炭罐的电磁阀工作良好、固定到位	
冷却	冷却系统	防冻能力(℃)　G012A&D 的比例　水 −25　约 40%　约 60% −35　约 50%　约 50% −40　约 60%　约 40%	添加机油时，须检查油质
空滤	空气滤清器/粉滤	更换并清洁壳体周围的弹簧卡并安装到位	使用不良空气滤清器会导致发动机功率下降
火花塞	火花塞	四缸 101　000　033　AA 六缸 101　000　035　HJ 使用有铅汽油 30 000 km 更换 使用无铅汽油 60 000 km 更换 拧紧力矩 30 N·m	火花塞螺牙为细牙，拧入时需细心
助力	液压系统	目测转向助力系统，方向机/减振器各连接部位应不渗漏，各防尘套无破损	助力在 MAX 与 MIN 之间
空调	空调排水	使用空调时，排水管应滴水畅通	必须检查新车 PDI 排水管
	冷凝器/水箱	目视外表应无油液尘土粘附，间隙整齐，无塌陷或变形，冷凝器与散热器之间间隙小于 5 mm	每次保养必须冲洗冷凝器
	检查空调排水管	空调系统应具有通风、除湿、空气净化及温度调节等功能，空调出风温度设定为 22℃ 保持空调排水畅通，并对 G17 外部温度传感器作检查	相对湿度越大，空调排水越多，原装出水管易堵,可改用小管径水管
发动机	发动机油位	拔油尺检查机油油面高度达上限线	检查机油尺护套
	发动机外表检查	目视发动机舱无明显备件缺损及真空管泄露，线束、管路(包括燃油管线路)固定夹布局合理	达到发动机运转工况良好

续表三

工作项目		项目要求数据	备注
车底部检查	发动机机油/机滤	排空/抽油 　　　　R4　　V6 更换机油滤清器加注量　3.5 L　5.7 L 机油排放螺栓拧紧力矩　30 N·m　30 N·m	原则上使用一汽大众推荐的产品
	发动机(下方)	目视发动机应无漏水、漏液、漏油现象，发动机支脚、稳定杆等橡胶缓冲元件是否松旷、有响声	必须拆下底板
	变速箱/主减速器	目测驱动桥、传动轴、万向节防尘套无渗油，螺栓无松动	
电瓶	电瓶	检查电解液高度，须用蒸馏水补充至刻度线内。免维护电瓶检查电眼，绿色为充足电，否则，需用放电计测试存电量，若存电量小于10.5 V的建议更换	电瓶正常寿命为一年半至二年，为延长寿命，可减少大电流充放电
	检查电瓶电解液液位	铅酸电池比重与充电状态的关系(环境温度26℃时) 比重　充电量 1.280　100.00% 1.250　75.00% 1.220　50.00%	目视电瓶外表无裂损，电瓶通风孔无堵塞
	免维护电瓶电量指示	查看显示窗，若为无色，则需充电；若为绿色，则表示电瓶已充足电	采用恒压方式充电，充电电压小于16 V，充电电流为7 A，充电期间应保持良好通风
车门	润滑车门限位器、锁芯锁键	用少许油脂润滑四门定位器凸缘及门锁 润滑剂 G052　778AZ	涂抹油脂时避免弄脏门饰板
照明信号	检查照明信号系统	仪表各指示/警告灯自检正常，且控制系统完好 前照灯 55 W H1/H7，检查行李箱灯、门控灯/手套箱灯、阅读灯、化妆灯、报警灯 制动灯 12 V　P21/5 W 橄榄灯泡 5 W×2 转向灯 12 V/21 W 喇叭配装高低音，检查大灯高度调整	蜗牛喇叭禁止朝上
其他	路试	检查ABS系统：路试车辆踩制动踏板应有防抱死功能，当时速为50 km时，制动有效距离应在7 m之内 转向系统：技术领先型转向助力器应随速度上升而转向力矩增大，方向盘无自由行程	更换制动盘、片时，主修人员应及时踩硬刹车，以免发生事故
	设置下次保养里程数	将下次保养里程数设定为5000 km	粘贴下次保养标签

4. 汽车维护的主要内容

汽车维护的主要工作内容有清洁、检查、补给、润滑、紧固和调整等。

1) 清洁工作

清洁工作是提高汽车维护质量、防止机件腐蚀、减轻零部件磨损和降低燃油消耗的基础，并为检查、补给、润滑、紧固和调整工作做好准备。其工作内容主要包括对燃油、机油、空气滤清器滤芯的清洁及汽车外表的养护和对有关总成、零部件内外部的清洁作业。

2) 检查工作

检查工作是汽车维护的重要工作之一，通过对汽车的检查，能确定零部件的变异和损坏。其工作内容主要是检查汽车各总成和机件是否齐全，连接是否紧固，是否有漏水、漏油、漏电和漏气等现象；利用汽车上的指示仪表、警报装置等随车诊断装置，检查各总成、机构和仪表等的技术状况，对影响汽车安全行驶的转向、制动、灯光等工作情况应加强检查；汽车拆检或装配、调整时应检查各主要部分的配合间隙。

3) 补给工作

补给工作是指在汽车维护中，对汽车的燃油、润滑油料及特殊工作液体进行加注补充，对蓄电池进行补充充电，对轮胎进行补气等作业。要使汽车得到良好润滑，必须选用合适的品种，并及时、正确地添加或更换润滑油料。

4) 润滑工作

润滑工作是为了减少有关摩擦副的摩擦力，以减轻机件磨损的维护作业。其工作内容包括按照汽车的润滑图表和规定的周期，用规定牌号的润滑油或润滑脂进行润滑；各油嘴、油杯和通气塞必须配齐，并保持畅通；发动机、变速器、转向器、驱动桥等应按规定补充、更换润滑油。

5) 紧固工作

紧固工作是为了使各部机件连接可靠，防止机件松动的维护作业。汽车在运行中，由于振动、颠簸、热胀冷缩等原因，会改变零部件的紧固程度，以致零部件失去连接的可靠性。紧固工作的重点应放在负荷重且经常变化的各部机件的连接部位上，以及对各连接螺栓进行必要的紧固和配换。

6) 调整工作

调整工作是保证各总成和机件长期正常工作的重要一环。调整工作的好坏，对减少机件磨损、保持汽车使用的经济性和可靠性有直接的关系。其工作内容主要是按技术要求，恢复总成、机件的正常配合间隙及工作性能等作业。

8.1.2 汽车维护生产工艺

前面已经提到汽车的维护主要包括日常维护、一级维护、二级维护和走合期维护，现将各级维护技术规范作一简要介绍。

1. 日常维护技术规范

日常维护是保持汽车正常状况的基础工作，由驾驶员负责完成。日常维护的好坏，直接影响到行车的安全。为了预防事故和保证行车安全，驾驶员必须了解和掌握汽车的技术状况，汽车在使用时，必须坚持进行日常维护。

1) 日常维护作业的工艺流程

日常维护作业的工艺流程如图 8-1 所示。

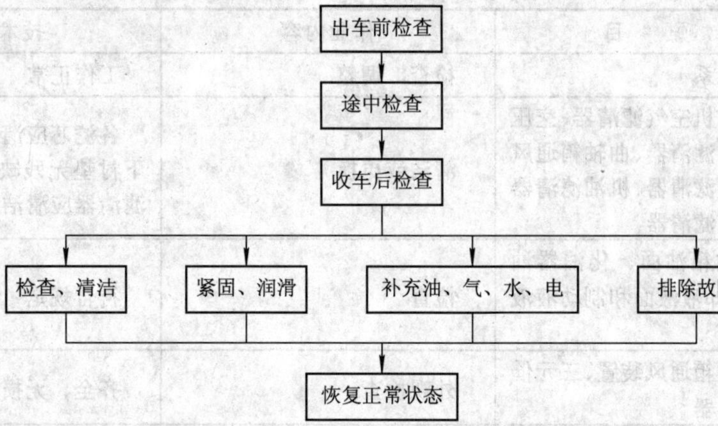

图 8-1　日常维护作业的工艺流程

2) 日常维护作业的内容与要求

日常维护是属于预防性的维护作业，是驾驶员的一项重要职责，也是车队的一项经常性的技术工作。因此，必须强制执行汽车的日常维护工作，坚持出车前检查、途中检查和收车后检查的“三检制度”；检查传动、行驶机件和操纵机构的可靠性；维护整车和各总成件的清洁；紧固松动的连接件等。

2. 一级维护技术规范

1) 一级维护作业的工艺流程

一级维护作业的工艺流程如图 8-2 所示。

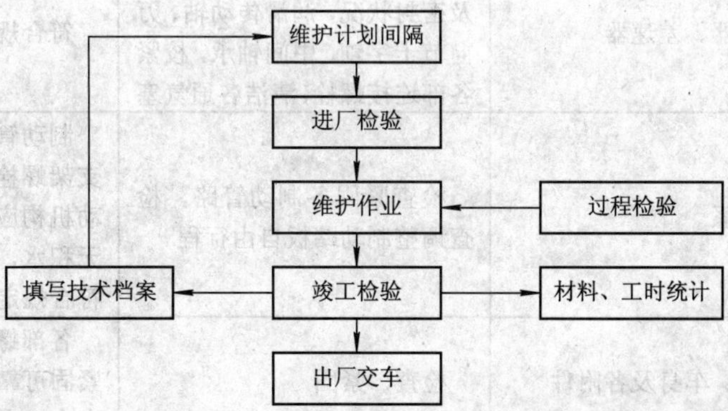

图 8-2　一级维护作业的工艺流程

2) 一级维护作业的内容与要求

汽车一级维护是二级维护的基础，由专业维修人员负责执行。汽车一级维护作业的中心内容除日常维护作业外，以清洁、润滑、紧固为主，并检查有关制动、操纵等安全部件。

具体作业项目与汽车结构形式有关，主要根据汽车使用说明书、维修手册推荐或有关的汽车维护技术标准的规定而确定。汽车一级维护作业项目及技术要求见表 8-3。

表 8-3 汽车一级维护作业项目及技术要求

序号	项　目	作业内容	技术要求
1	点火系	检查，调整	工作正常
2	发动机空气滤清器、空压机空气滤清器、曲轴箱通风系空气滤清器、机油滤清器和燃油滤清器	清洁或更换	各滤芯应清洁无破损，上、下衬垫无残缺，密封良好；滤清器应清洁，安装牢固
3	曲轴箱油面、化油器油面、冷却液液面和制动液液面高度	检查	符合规定
4	曲轴箱通风装置、三元催化转换器	外观检查	齐全、无损坏
5	散热器、油底壳、发动机前后支垫、水泵、空压机、进排气歧管、化油器、输油泵、喷油泵连接螺栓	检查，校紧	各连接部位螺栓、螺母应紧固，锁销、垫圈及支垫应完好、有效
6	空压机、发电机、空调机胶带	检查胶带磨损，老化程度，调整胶带松紧度	符合规定
7	转向器	检查转向器液面及密封状况，润滑万向节十字轴，转向横拉杆、球头销、转向节等部位	符合规定
8	离合器	检查调整离合器	操纵机构应灵敏可靠；踏板自由行程应符合规定
9	变速器、差速器	检查变速器、差速器液面及密封状况，润滑传动轴、万向节十字轴、中间轴承，校紧各部连接螺栓，清洁各通气塞	符合规定
10	制动系	检查紧固各制动管路，检查调整制动踏板自由行程	制动管路接头应不漏气，支架螺栓紧固可靠；制动连动机构应灵敏可靠、储气筒无积水，制动踏板自由行程符合规定
11	车架、车身及各附件	检查，紧固	各部螺栓及拖钩、挂钩应紧固可靠，无裂损，无窜动，齐全、有效
12	轮胎	检查轮辋及压条挡圈；检查轮胎气压(包括备胎)并视情况补气；检查轮毂轴承间隙	轮辋及压条挡圈应无裂损、变形；轮胎气压应符合规定，气门嘴帽齐全；轮毂轴承间隙无明显松旷
13	悬架机构	检查	无损坏，连接可靠

续表

序号	项　目	作业内容	技术要求
14	蓄电池	检查	电解液液面高度应符合规定，通气孔畅通，电瓶接头应清洁、牢固
15	灯光、仪表、信号装置	检查	齐全、有效，安装牢固
16	全车润滑点	润滑	各润滑嘴安装正确，齐全、有效
17	全车	检查	全车不漏油、不漏水、不漏气、不漏电、不漏尘，各种防尘罩齐全、有效

注：技术要求栏中的“符合规定”指符合实际使用中的有关规定。

3．二级维护技术规范

汽车二级维护是新的汽车维护制度中规定的最高级别维护，其目的是为了维持汽车各总成、机构的零件具有良好的工作性能，及时消除故障和隐患，保证汽车动力性、经济性、排放净化性、操纵性及安全性等各项综合性能指标满足要求，确保汽车在二级维护间隔期内能正常运行。

按照“技术与经济相结合”的原则，汽车维护实行状态检测下的二级维护制度。即二级维护前应进行检测诊断和技术评定，根据结果，确定附加作业或小修项目，结合二级维护一并进行，以消除故障和隐患，保持汽车的完好技术状态，确保真正达到汽车维护应有的目的。为此，汽车二级维护的工艺过程较一级维护的工艺过程增加了维护前检测诊断和技术评定、确定附加作业项目的内容。

1) 二级维护作业的工艺流程

如图 8-3 所示，对此工艺过程的具体阐述如下：

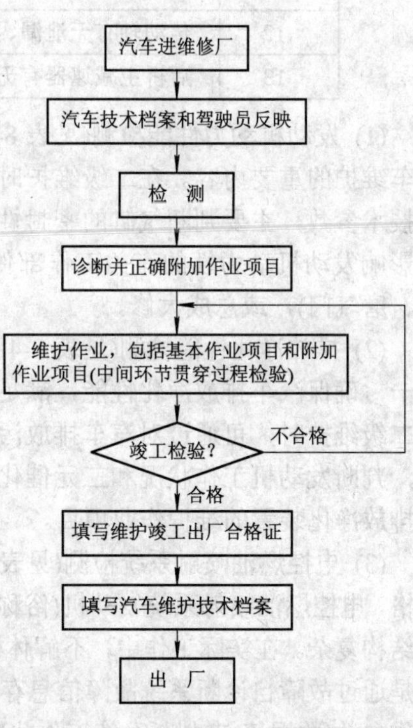

图 8-3　二级维护作业的工艺流程

(1) 汽车二级维护时首先要进行检测。汽车进厂后，根据汽车技术档案的记录资料(包括汽车运行记录、维修记录、检测记录、总成修理记录等)和驾驶员反映的汽车使用技术状况 (包括汽车动力性，异响，转向，制动及燃、润料消耗等)确定所需检测项目。依据检测结果及汽车实际技术状况进行故障诊断，从而确定附加作业项目。

(2) 附加作业项目确定后与基本作业项目一并进行二级维护作业。

(3) 二级维护过程中要进行过程检验，过程检验项目的技术要求应满足有关的技术标准或规范。

(4) 二级维护作业完成后，应进行竣工检验，竣工检测合格的汽车，由维修企业填写“汽车维护竣工出厂合格证”后方可出厂。

2) 二级维护检测与诊断

汽车二级维护检测项目共有 13 项(见表 8-4)，按检测目的和范围可理解并归纳为以下 7 个方面：

表 8-4　汽车二级维护检测项目

序号	检 测 项 目
1	发动机功率，气缸压力
2	汽车排气污染物，三元催化转化装置的作用
3	电控燃油喷射系统
4	柴油车检查供油提前角、供油间隔角和喷油泵供油压力
5	制动性能，检查制动力
6	转向轮定位，主要检查车轮定位角和转向盘自由转动量
7	车轮动平衡
8	前照灯
9	操纵稳定性，有无跑偏、发抖、摆头
10	变速器有无泄漏、异响、松脱、裂纹等现象，换挡是否轻便灵活
11	离合器有无打滑、发抖现象，分离是否彻底，接合是否平稳
12	传动轴有无泄漏、异响、松脱、裂纹等现象
13	后桥主减速器有无泄漏、异响、松动、过热等现象

(1) 发动机动力性能检测(见表 8-4 第 1 项)。确保发动机动力性能达到良好技术状态是汽车维护的重要内容。在二级维护时，可通过不解体检测“发动机功率”和“气缸压力”等技术参数，主要判断气缸的密封性和磨损状况，以及发动机的工作性能，确定是否需要对影响发动机动力性的有关工作部件进行检修或更换，或进行发动机解体维护(如换活塞环、磨气门)，或总成大修。

(2) 排放净化性能检测(见表 8-4 第 2 项)。汽车排放的污染物是大气污染的主要污染源之一，确保汽车排放净化性能，满足国家环境保护的要求是汽车维修业义不容辞的责任。在二级维护时，可通过对汽车排放污染物的检测，掌握汽车排放净化性能是否符合有关标准，判断发动机工作状况和三元催化转化器等排放净化装置的技术状况，以确定对发动机和排放净化装置的维护作业项目。

(3) 电控燃油喷射系统检测(见表 8-4 第 3 项)。随着汽车技术的发展和环保要求的不断严格，电控燃油喷射系统发动机(俗称电喷发动机)在现代汽车上得到了广泛应用。电喷发动机结构复杂。在实际工作中，不解体检测电控燃油喷射系统工作性能主要有两方面的要求：一是通过故障自诊断系统故障信息存储(故障代码)的查询、电控燃油喷射系统各部件的相关工作参数(数据流)来判断系统工作状况，确定传感器或执行元件是否需要检修；二是通过检测燃油喷射系统的工作压力，确定燃油泵、燃油压力调节器、喷油器和燃油管道等是否完好、密封、工作正常，是否需要进行拆检、清洗或更换。

(4) 柴油车工作性能检测(见表 8-4 第 4 项)。柴油发动机目前在国内主要配置在载货车和大客车上，轿车上配置柴油发动机在国外已呈一定的发展趋势，因此，标准强调了对柴油车工作性能检测的要求。要求在二级维护时，通过对柴油机供油提前角、供油间隔角和喷油泵供油压力的检测，判断柴油机供油系统的工作状况，确定是否需要对喷油泵进行拆卸维护和调试，输油泵是否需要拆检，喷油器是否需要拆洗并检测喷油雾化状况。

(5) 安全性能检测(见表 8-4 第 5、8 项)。一是制动性能检测，在汽车二级维护时，为保证制动性能，对制动器有拆检的要求，这是在新的以不解体为主导的维护技术规范中，特别强调要解体作业的内容。但对于制动控制系统(气压控制或液压控制系统)的技术状况，必须通过制动力、制动力平衡和制动协调时间等制动性能参数的检测来予以判断，以确定是否需要拆检、维护有关部件(如液压控制系统的制动主缸、制动轮缸、制动助力器，气压控制系统的空气压缩机、制动阀、制动气室等)，保证汽车制动性能。二是前照灯检测，通过对汽车前照灯发光强度和光轴照射位置的检测，确定是否需要进行灯光调整或部件更换，保证行驶安全性。

(6) 操纵和行驶系统检测(见表 8-4 第 6、7、9 项)。一是通过对前轮定位角的检测，判断汽车前轴和传动杆系是否变形，是否需要校正，主销衬套或转向节等是否损坏，需要更换。二是通过对转向盘自由转动量的检测，判断转向器和转向轴的技术状况，确定是否需要进行转向器总成拆修。三是通过对车轮动不平衡量的检测和调试，找到其动不平衡产生的原因，确定车轮检修方案，确保不会因车轮不平衡质量在旋转时产生的离心力，而引起车轮的振动和摇摆，影响汽车的操纵性能，加剧轮胎的磨损。四是通过对操纵稳定性的路试，观察行驶时有无跑偏、转向盘发抖或摆头等现象，确定是否需要进行操纵系统拆检。

(7) 底盘传动系统技术状况检测(见表 8-4 第 10～13 项)。检查离合器、变速器、传动轴和后桥主减速器等的技术状况，检视有无渗漏、异响、连接松脱和裂纹等，齿轮油有无过热现象，判断各总成工作是否良好，确定是否需要进行调整或总成拆修。

随着现代汽车技术的发展，其结构越来越复杂，新装置越来越多，技术含量越来越高，在维护前和维护过程中需要通过不解体检测来进行分析诊断的情况也越来越多。因此，汽车二级维护检测项目并不受上述标准给出的内容所限，在维护执行过程中应以“及时消除故障和隐患，保证汽车完好技术状态”为目标，结合实际需要进行合理安排。

从汽车维护检测项目来看，有性能参数的检测(如发动机功率)，有系统工作状态参数的检测(如气缸压力、供油提前角、制动力和车轮定位角等)，有系统工作状况的检查(如各装置的作用、异响和操纵性能等)，还有一些总成、部件的一般检视(如密封性、连接状况等)。对不同的检测项目虽有不同的要求,但汽车二级维护检测诊断在总体上有以下两方面的要求:

① 对汽车二级维护检测诊断项目进行检测时，应使用该检测项目的专用检测仪器，仪器精度须满足有关规定，这主要针对那些汽车性能技术参数的检测，如发动机功率、气缸压力、车轮定位角、车轮动平衡等。一是强调了一定要用仪器或设备进行检测，二是强调要合理选择使用符合技术要求的专用检测仪器，保证检测数据的准确性。

② 汽车二级维护检测项目的技术要求，应参照国家有关的技术标准，或原厂要求检测项目的技术要求，即所检测项目应达到的技术标准。这一要求明确了两个概念。一是这里所讲的“国家有关的技术标准”，主要是指那些国家对车辆有统一要求的技术性能标准。如：安全方面，对汽车制动性能(包括制动力等)；环境保护方面，对在用汽车排放污染物排放限值(俗称“排放标准”)。二是这里所讲的“原厂要求”，主要是指检测项目中除有国家标准

统一要求的之外，应以“原厂要求”为标准。这一方面进一步明确了汽车维护的技术质量要求，体现了恢复原车技术状态这一汽车二级维护的基本宗旨；另一方面也进一步强调了维修企业应重视汽车维修技术资料的收集和信息管理工作，否则维修就无技术标准可依，维修质量当然无法保证。

3) 汽车二级维护附加作业项目的确定与执行

汽车是一个复杂的运动机械，其技术性能与其使用环境有着千丝万缕的联系，特别是配置电控系统的汽车，一个故障现象可能会牵涉到很多方面的因素。因此，通过维护前不解体检测，准确评定汽车技术状况，确定合适的附加作业项目，是一项技术难度较大的工作。应根据检测结果，结合汽车运行等各方面的信息(驾驶员反映、性能检测结果和汽车技术档案等)，对汽车技术状况进行综合评价，确定合理的附加作业项目。

(1) 汽车二级维护附加作业项目的确定有如下原则要求：

① 汽车二级维护附加作业项目的确定，要根据检测结果进行。通过仪器设备检测诊断或观察、路试所得到的结果，是汽车各部运行技术状况的真实表现，是科学的、可靠的，应作为确定附加作业最主要的依据。驾驶员的某些反映受本人技术素质和判断能力的限制，有时还会是错觉，应作为确定附加作业的参考依据。

② 确定以消除汽车故障为目的的二级维护附加作业项目和作业内容，恢复汽车的正常技术状况是确定附加作业深度的原则标准。若维护作业(包括附加作业)超范围，不仅违背了二级维护的宗旨，而且违背了“技术与经济相结合”的汽车维修技术管理的基本原则。

③ 附加作业项目确定后与基本作业项目一并进行二级维护作业。这里提出了维护作业执行的原则要求，同时也进一步表明，汽车二级维护附加作业是维护作业不可分割的一部分。在实施过程中，应通过维修合同、维修作业单、过程检验及竣工检验等来充分体现维护作业执行的原则要求，以确保汽车二级维护基本作业项目和附加作业项目全面落实，保证维护质量。

(2) 由于二级维护附加作业项目是为了恢复汽车各部分原有技术性能，在基本作业的基础上要深入进行的作业，也可以理解为原来要强制拆检维护的内容现在视情作为附加而进行的内容，因此一般为部件更换或总成附件拆修。

① 对于发动机部分，二级维护附加作业大多是围绕动力性和排放净化性恢复的。如：研磨气门、更换活塞环是为了解决因气缸与活塞环磨损而导致气缸压缩压力达不到要求，影响动力性和燃烧质量的问题；又如，拆检机油泵是为了解决因发动机润滑系统油压达不到要求而导致气门液压挺杆异响的问题。

② 对于底盘部分，二级维护附加作业大多是围绕汽车转向、制动等安全机构，根据需要对部分总成附件进行解体维护，如拆检、更换制动主缸和轮缸(制动器部分在基本作业中已要求解体维护)，更换前驱动轿车的驱动轴、万向节球笼等。

③ 对于车身、电器部分，二级维护附加作业一般为发电机、起动机等电器附件的检修，蓄电池复充电，门窗摇机拆检，车身车架整形、检修等。

(3) 在汽车二级维护具体实施过程中，如何将上述附加作业与汽车二级维护基本作业项目结合一并进行，需要解决好以下几方面的问题：

① 附加作业的技术规范问题。由于附加作业是检修或总成修理、部件更换，因此附加作业应严格按有关车型维修手册的要求进行。《维修手册》中的相关内容，也应成为行业技

术管理与质量监督的依据。

② 附加作业如何安排的问题。要将基本作业和附加作业“一并进行”，有些项目是可行的，如更换零部件和局部检修，可以通过适当延长维护作业时间的办法，将附加作业穿插在基本作业过程中进行。如桑塔纳轿车，经检查发现驱动轴、防尘罩损坏，内外万向节球笼松旷需更换球笼和防尘罩，由于该项附加作业不是很费时，故可以在二级维护过程中结合底盘部分的维护作业项目“一并进行”。但诸如，拆检变速器总成，发动机换活塞环、磨气门等主要总成拆检的附加作业，要安排在基本作业项目进行过程中“一并进行”就不太现实了，况且这些总成件拆下以后，会使其他部分的维护作业无法进行，如当发动机气缸盖拆下进行磨气门时，对发动机检查调整点火提前角、怠速、气门间隙等项目根本就进行不了。因此，在安排维护作业时，应将总成拆修和基本维护作业的内容合理安排好，尤其是相互关联的作业项目。如对发动机要拆修的，像更换机油和发动机调整作业要安排在总成拆修之后。

总之，只有附加作业合理安排好，在结合二级维护基本作业的过程中进行，并真正按技术要求作业了，汽车二级维护才能达到应有的效果。表 8-5 所示为桑塔纳轿车二级维护附加作业项目确定的依据。

表 8-5　桑塔纳轿车二级维护附加作业项目确定的依据

序号	项目	检测结果	相关故障	附加作业项目
1	点火系	① 闭合角、点火提前角失准 ② 点火高压达不到规定值，点火波形失常	① 霍尔信号发生器气隙失准 ② 点火系部件工作性能变差 ③ 点火控器工作不良	① 检修分电器、霍尔发生器总成 ② 视情更换有故障的元件
2	发动机动力性	① 发动机功率低于原厂额定值的 80% ② 单缸转速降小于 90 r/min，各缸转速降相差大于 25% ③ 气缸压力低于规定值的 80%，或各缸压力差大于 300 kPa ④ 燃油系统供油压力小于 280 kPa	① 气门与气门座密封性差 ② 气缸垫、进气歧管衬垫漏气 ③ 气缸与活塞磨损，配合间隙过大 ④ 活塞环磨损、粘结、断裂 ⑤ 正时齿轮、凸轮轴磨损或配气正时失准 ⑥ 化油器、油泵及管路故障或燃油喷射系统部件故障 ⑦ 点火系故障	① 研磨气门 ② 更换损坏衬垫 ③ 更换、大修 ④ 更换磨损零件或调整 ⑤ 配气相位 ⑥ 更换活塞环 ⑦ 检修、调整、更换燃油系统有关部件
3	进气歧管真空度	① 真空度小于 57 kPa (怠速时) ② 波动值大于 5 kPa	① 气缸、活塞磨损，配合间隙过大 ② 活塞环磨损、粘结、断裂 ③ 气门杆与导管磨损，气门密封性差 ④ 气缸垫窜气，进气歧管衬垫漏气	① 视情大修 ② 更换活塞环 ③ 视情修理气门杆、气门、导管 ④ 更换气缸垫、进气歧管衬垫

续表一

序号	项目	检测结果	相关故障	附加作业项目
4	气缸漏气量	测量表压力值小于0.25 MPa	① 气缸、活塞磨损，配合间隙过大 ② 活塞环磨损、粘结、断裂 ③ 活塞烧顶，严重拉缸 ④ 气门密封性差	① 视情镗缸或更换活塞 ② 更换活塞环 ③ 研磨气门
5	发动机异响	① 曲柄连杆机构异响 ② 曲轴主轴承、连杆轴承异响 ③ 活塞敲缸 ④ 活塞销异响	① 轴承与轴颈磨损、烧蚀 ② 活塞与气缸磨损间隙增大，曲轴及连杆变形 ③ 活塞销与活塞、连杆衬套间隙过大	视情修理
		配气机构异响	① 气门间隙调整不当，液压气门挺杆工作不良 ② 摇臂与轴、气门挺杆与轴承孔磨损 ③ 凸轮轴轴承间隙超差 ④ 气门座圈脱落 ⑤ 气门弹簧折断 ⑥ 正时齿轮损坏	视情拆检相关部位，更换磨损或损坏零件 不解体清洗润滑油道
6	冷却系	发动机过热	① 散热器结垢严重，散热片变形，节温器工作不正常，风扇热敏开关失灵，电机损坏 ② 配气相位调整不当 ③ 点火正时调整不当	① 拆检冷却系相关零件 ② 调整配气相位，点火正时
		水泵异响，渗漏	水泵轴轴承损坏或各部密封不良	① 检修水泵 ② 视情检修或更换密封件
7	润滑系	机油压力： ① 低压段小于30 kPa ② 高压段小于180 kPa ③ 油压报警灯亮	① 机油泵磨损 ② 曲轴主轴承、连杆轴承、凸轮轴轴承配合间隙大 ③ 油量不足，油路泄漏，调压阀失灵，仪表、感应器相应的机油压力开关不正常 ④ 油道、集滤器滤网或滤清器堵塞	① 拆检有关部位 ② 视情修理或更换有关部件 ③ 拆洗油底壳、集滤器，清洗油道

续表二

序号	项目	检测结果	相关故障	附加作业项目
8	燃烧效果	排放污染物： ① CO 含量大于 4.5% ② HC 含量大于 1200 $\times10^{-6}$	① 活塞、气缸磨损，间隙过大 ② 活塞环磨损、粘结、断裂 ③ 气门密封不严 ④ 化油器油道、量孔不畅 ⑤ 喷油器工作不良，供油系统性能差	① 检修活塞、活塞环、气缸 ② 研磨气门 ③ 拆洗化油器 ④ 拆检、调试喷油泵和喷油器
9	离合器	分离轴承异响	分离轴承损坏	更换分离轴承
		① 打滑 ② 分离不彻底 ③ 接合不平顺	① 离合器摩擦片烧蚀、有油污或材质过硬 ② 摩擦片磨损过度，分离叉轴、传动臂变形，花键过度磨损 ③ 离合器压盘、膜片弹簧工作面不平整	① 拆检离合器 ② 检查、更换离合器片或压盘总成
10	变速器、差速器	① 异响 ② 乱挡 ③ 跳挡 ④ 换挡困难	① 齿轮、轴、轴承磨损，间隙过大 ② 齿轮啮合不良或损坏 ③ 各轴承孔同轴度、平行度超限 ④ 变速操纵机构失效 ⑤ 同步器失效	① 拆检变速器 ② 视情更换或修理有关零部件
		漏油	① 油封老化、失效，衬垫损坏 ② 油面过高或通气孔堵塞	① 更换油封或衬垫 ② 调整油面，疏通气孔
11	驱动轴	异响、振抖、松旷	① 驱动轴有损伤、变形 ② 等速万向节磨损、损坏	视情更换或修理有关零部件
12	制动系	① 驻车制动器生效齿数大于 2 齿 ② 液压主缸渗漏油 ③ 真空加力器泄漏气	① 棘爪、棘轮磨损过度，支架损坏 ② 总泵皮碗老化、密封不良，活塞磨损过度 ③ 真空加力器密封不良	① 拆检、更换驻车制动有关零件 ② 更换液压制动主缸 ③ 更换制动真空加力器
13	车轮定位转向系	① 车轮定位不符合规定值 ② 转向盘有游隙 ③ 转向卡滞、沉重 ④ 方向跑偏 ⑤ 方向振抖	① 悬架支柱变形，球形节磨损松旷 ② 车身承载部位、摆臂、稳定杆变形、开裂 ③ 转向机构连接不当 ④ 齿轮齿条啮合间隙过大 ⑤ 各配合副磨损、卡滞 ⑥ 转向助力泵漏油、失效 ⑦ 转向减振器失效	① 更换磨损零件 ② 校正变形部位，焊接损坏部位 ③ 拆检修理转向器 ④ 调整转向传动机构部件

续表三

序号	项目	检测结果	相关故障	附加作业项目
14	悬架与轮胎	轴距失准	前横梁、后桥体撞击变形或疲劳损伤	补焊、校正或更换
		悬架机构异响	① 摆臂、稳定杆、侧向杆变形 ② 减振器漏油 ③ 减振器弹簧疲劳损伤、定位失准	① 整修变形件 ② 更换减振器、减振弹簧
		轮胎异常磨损	① 前轮定位不符合规定 ② 车身承载部位、前悬架、后桥体变形	① 视情调校或修理有关零部件 ② 整修变形件
15	车身	钣金件开裂、锈蚀、变形、脱漆	异物污染或碰撞	修整，补漆
16	电器与电子设备	起动困难、起动机负载电流大于 110 A，起动时蓄电池电压小于 9 V	① 蓄电池电压不足 ② 起动线路接头松动 ③ 起动机故障 ④ 发动机曲轴转动阻力大	① 蓄电池充电 ② 紧固起动线路接头 ③ 拆检起动机 ④ 视情检修发动机的相关部件
		微机控制系统有故障代码	传感器、控制线路或电控单元有故障	视情更换有关部件

4) 二级维护基本作业的内容与要求

汽车二级维护基本作业项目是无论汽车的技术状况如何都必须完成的内容。它真正体现了“强制维护”的要求，适用于所有汽车二级维护的技术规范。其规定的基本作业项目和要求是原则性的，具有指导意义。汽车二级维护基本作业内容及技术要求见表 8-6。

表 8-6　汽车二级维护基本作业内容及技术要求

序号	维护项目	作业内容	技术要求
1	发动机润滑油、机油滤清器	① 更换润滑油 ② 视情更换机油滤清器	① 润滑油规格性能指标符合规定 ② 液面高度符合规定 ③ 机油滤清器密封良好，无堵塞，完好、有效
2	检查润滑油油面高度	检查转向器、变速器、主减速器等润滑油规格和液面高度，不足时按要求补给	符合出厂规定
3	空气滤清器	清洁空气滤清器	空气滤清器清洁有效，安装可靠，恒温进气装置真空软管安装可靠，进气转换阀工作灵敏、准确
4	① 燃油箱及油管 ② 燃油滤清器 ③ 燃油泵	① 检查接头及密封情况 ② 清洁燃油滤清器，并视情更换 ③ 检查燃油泵，必要时更换	① 接头无破损、渗漏、紧固可靠 ② 燃油滤清器工作正常 ③ 燃油泵工作正常，油压符合规定
5	燃油蒸发控制装置	检查清洁，必要时更换	工作正常

续表一

序号	维护项目	作业内容	技术要求
6	曲轴箱通风装置	检查，清洁	清洁畅通，连接可靠，不漏气，各阀门无堵塞、卡滞现象，灵敏、有效，符合规定
7	散热器，膨胀箱、百叶窗，水泵、节温器、传动胶带	① 检查密封情况、箱盖压力阀、液面高度、水泵 ② 检视胶带外观，调整胶带松紧度	① 散热器及软管无变形、破损及渗漏；箱盖接合表面良好，胶垫不老化，箱盖压力阀开启压力符合要求；水泵不漏水，无异响；节温器工作性能符合规定 ② 胶带应无裂痕或过量磨损，表面无油污，胶带松紧度符合规定
8	① 进排气歧管、消声器、排气管 ② 气缸盖	① 检查、紧固，视情补焊或更换 ② 按规定次序拧紧扭矩，校紧气缸盖	① 无裂纹、漏气，消声器性能良好 ② 拧紧扭矩，符合规定
9	增压器、中冷器	检查，清洁	符合规定
10	发动机支架	检查，紧固	连接牢固，无变形和裂纹
11	化油器及联动机构	清洁，检查，紧固	清洁，联动机构运动灵活，连接牢固，无漏油、气现象，工作系统和附加装置工作正常
12	喷油器、喷油泵	检查喷油器和喷油泵的作用，必要时检测喷油压力和喷油状况，视情调整供油提前角	① 喷油器雾化良好，无滴油、漏油现象，喷油压力符合规定 ② 供油提前角符合规定
13	分电器、高压线	清洁，检查	分电器无油污，调整触点间隙在规定范围内，无松旷、漏电现象，高压线性能符合规定
14	火花塞	清洁、检查或更换火花塞，调整电极间隙	电极表面清洁，间隙符合规定
15	气门间隙	检查调整	符合规定
16	电控燃油喷射系统供油管路	检查密封状况	密封良好，作用正常
17	三元催化转换器	检查三元催化转换器的作用，必要时更换	作用正常
18	离合器	检查调整离合器踏板自由行程	离合器踏板自由行程符合规定
19	前轮制动	检查前轮制动器调整臂的作用	作用正常
		拆卸前轮线总成、制动蹄、支承销，清洗转向节、轴承、支承销，清洁制动底板等零件	清洁，无油污

续表二

序号	维护项目	作业内容	技术要求
19	前轮制动	检查制动盘、制动凸轮轴，校紧装置螺栓	① 制动底板不变形，按规定转矩拧紧装置螺栓 ② 凸轮轴转动灵活，无卡滞，转向间隙符合规定
		检查转向节及螺母、保险片及油封、转向节臂，校紧装置螺栓	转向节无裂纹，螺纹完好，与螺母配合应无径向松旷，保险片作用良好，油封完好不漏油，对转向节轴颈与轴承的配合间隙符合要求，转向节臂装置螺栓拧紧扭矩符合规定
		检查内外轴承	滚柱保持架无断裂，滚柱不脱落，无裂损和烧蚀，轴承内圈无裂损和烧蚀
		检查制动蹄及支承销	① 制动蹄无裂纹及明显变形，摩擦片不破裂，铆接可靠，摩擦片厚度符合规定 ② 支承销无过量磨损，支承销与制动蹄承孔衬套配合间隙符合规定
		检查制动蹄回位弹簧	回位弹簧应无明显变化，自由长度、拉力符合规定
		检查前轮毂、制动鼓及轴承外座圈，校紧轮胎螺栓内螺母	① 轮毂无裂损 ② 轴承外座圈无裂纹，无麻点，无烧蚀 ③ 制动鼓无裂纹，外边缘不得高出工作表面，检视孔完整，内径尺寸、圆度误差、左右内径差符合规定 ④ 轮胎螺栓齐全完好，规格一致，按规定扭矩拧紧
		装复前轮毂、调整前轮轴承松紧度及制动间隙	① 装复支承销，制动蹄支承销孔均应涂润滑脂，开口销或卡簧齐全有效 ② 润滑轴承 ③ 制动鼓、制动蹄片表面清洁，无油污 ④ 制动蹄片与制动鼓的间隙应符合规定，转动无碰擦现象或声响，检视孔挡板齐全 ⑤ 轮毂转动灵活，用拉力计测量时可转动，且无轴向间隙 ⑥ 锁紧螺母按规定扭矩拧紧 ⑦ 保险可靠，防尘罩、衬垫完好，螺栓垫圈齐全紧固(螺栓规格一致)

续表三

序号	维护项目	作业内容	技术要求
20	后轮制动	拆半轴、轮毂总成、制动蹄、支承销，清洗各零件及制动底板、半轴套管	① 轮毂通气孔畅通 ② 各零件及制动盘、后桥套管清洁，无油污
		检查制动底板、制动凸轮轴，校紧连接螺栓	① 制动底板不变形，连接螺栓按规定扭矩紧固 ② 凸轮轴转动灵活，无卡滞，轴向间隙和径向间隙符合规定
		检查后桥半轴套管、螺母及油封	① 套管无裂纹及明显松动，与螺母配合无径向松旷 ② 油封完好，无损坏，无漏油 ③ 套管颈与轴承配合间隙符合规定
		检查内外轴承	① 轴承保持架无断裂，滚柱不脱落，无裂损和烧蚀 ② 轴承内座应无裂纹，无烧蚀
		检查制动蹄及支承销	① 制动蹄无裂纹及变形，摩擦片不破裂，铆接可靠，摩擦片厚度符合规定 ② 支承销与制动蹄承孔衬套配合间隙符合规定 ③ 支承销无过量磨损
		检查制动蹄回位弹簧	回位弹簧无变形，自由长度符合规定，拉力良好
		检查后轮毂、制动鼓及轴承外座圈，检查扭紧半轴螺栓，检查轮胎螺栓，校紧内螺母	① 轮毂无裂损 ② 轴承外座圈不松动，无损坏 ③ 制动鼓无裂纹，内径、圆度误差、左右内径差符合规定，外边缘不得高出工作表面，制动鼓检视孔完整 ④ 半轴螺栓齐全有效
		检查半轴	半轴无明显弯曲，不磨套管，无裂纹，花键无过量磨损或扭曲变形
		装复后轮毂，调整制动间隙	① 装复支承销、制动蹄片时，承孔均应涂润滑脂，开口销或卡簧齐全可靠 ② 润滑轴承 ③ 套管轴颈表面应涂机油后再装上轴承 ④ 制动蹄片、制动鼓面应清洁，无油污 ⑤ 制动蹄片与制动鼓的间隙应符合规定，转动无碰擦现象或声响，检视孔挡板齐全紧固 ⑥ 轮毂转动灵活，拉力符合规定 ⑦ 锁紧螺母按规定扭矩拧紧

续表四

序号	维护项目	作业内容	技术要求
21	转向器、转向传动机构	① 检查转向器传动机构的工作状况和密封性，校紧各部螺栓 ② 检查调整转向盘自由转动量	转向盘自由转动量符合规定，转向轻便、灵活，无卡滞和漏油现象，垂臂及转向节臂无弯曲及裂损，各部螺栓连接可靠
22	前束及转向角	调整	符合规定
23	变速器、差速器	检查密封状况和操纵机构，清洁通气孔	密封良好，通气孔畅通，操纵机构作用正常，无异响、跳动、乱挡现象
24	传动轴、传动轴承支架、中间轴承	① 检查防尘罩 ② 检查传动轴万向节工作状态 ③ 检查传动轴承支架 ④ 检查中间轴承间隙	① 防尘罩不得有裂纹、损坏，卡箍可靠，支架无松动 ② 万向节不松旷，无卡滞，无异响 ③ 传动轴承支架无松动 ④ 中间轴承间隙符合规定
25	空气压缩机、储气筒、安全阀	清洁，校紧	清洁，连接可靠，无漏气，安全阀工作正常
26	制动阀、制动管路、制动踏板	① 检查制动踏板自由行程 ② 检查紧固制动间隙和管路接头 ③ 检查液压制动管路内是否有气	① 制动踏板自由行程符合规定 ② 制动间隙和管路接头连接可靠，无漏气 ③ 液压制动管路内无气
27	驻车制动	检查驻车制动性能，检查驻车制动器自由行程	符合规定，作用正常
28	悬架	检查、紧固，视情补焊、校正	不松动，无裂纹，无断片，按规定转矩紧固螺栓
29	轮胎(包括备胎)	检查紧固，补气，进行轮胎换位，磨损严重时更换轮胎	气压符合规定，清洁，无裂损、老化、变形，气门嘴完好，轮胎螺栓紧固，轮胎的装用符合规定
30	发动机、发电机调节器、起动机	清洁，润滑	符合规定
	蓄电池	检查，清洁，补给	清洁，安装牢固，电解液液面符合规定
31	前照灯、仪表、喇叭、刮水器、全车电器线路	检查、调整，必要时修理或更换	① 前照灯、喇叭、各仪表及信号装置功能齐全、有效，符合规定 ② 刮水器电机运转无异响，连动杆连接可靠 ③ 全车线路整齐，连接刮可靠，绝缘良好
32	车身、车架、安全带	检查，紧固	性能可靠，工作良好，无变形、断裂、脱焊，连接螺栓、铆钉紧固
33	内装饰	检查，紧固	设备完好，无松动
34	空调装置	查空调系统工作状况、密封状况	① 制冷系统密封，制冷效果良好 ② 暖气装置工作正常
35	润滑	全车加注润滑脂的部位全部润滑	润滑脂嘴齐全、有效，润滑良好

注：技术要求栏中的“符合规定”指符合实际应用中有关技术规定或技术要求。

汽车二级维护基本作业项目反映的是作业的深度要求。汽车二级维护作业的中心内容以检查、清洁、润滑、紧固和调整为主，并检查有关制动、操作等安全部件，即二级维护应以不解体维护作业为中心，强调对部分安全部件的拆检要求。

汽车二级维护基本作业项目的技术要求，即维护作业项目所应达到的技术标准，是维护作业的质量要求。可以看到《汽车维护、检测、诊断技术规范》的作业项目中凡涉及到有检查、调整数据要求的，也包括一些部件工作状态检查的内容，都以“符合出厂规定”或“符合规定”作为标准，充分体现了“通过维护，保持原车应有技术状态”这一基本出发点，同时也告诉我们，二级维护基本作业项目在具体执行过程中，应紧密结合具体车型数据，才能有效保证维护质量。

4．走合期的维护

汽车的使用寿命、工作的可靠性和经济性在很大程度上取决于汽车使用初期的走合。汽车的走合期就是指新车或大修后的汽车最先行驶的一段里程。汽车的走合期一般规定为1500～2500 km，或按汽车使用说明书规定的里程执行。汽车在走合期的技术维护作业要按汽车使用说明书规定执行，一般分为走合前、走合中和走合后三次维护。

1) *走合前维护*

走合前维护是为了防止汽车出现事故和损伤，保证顺利地完成走合，其主要内容有：

(1) 清洗全车，该作业针对储库期较长的新车。

(2) 检查和紧固外部各种螺栓、螺母。

(3) 检查各部位润滑油、制动液、冷却液的数量和质量，根据需要进行添加或更换，并检查各部位有无渗漏现象。

(4) 检查轮胎气压和蓄电池放电情况、电解液的密度和液面高度，根据需要给予添加。

(5) 检查制动效能，必要时进行调整。

(6) 检查各操纵部位是否灵活、有效。

(7) 检查发动机的运转情况，察听有无异响，观察各仪表灯光、信号装置是否齐全、有效。

2) *走合中维护*

一般在汽车行驶 500 km 左右时进行走合中维护，其主要内容有：

(1) 清洗发动机润滑系，更换润滑油和机油滤清器或滤芯。

(2) 润滑全车各润滑点。

(3) 检查各部位有无渗漏，必要时加以紧固。

(4) 检查紧固气缸盖、进排气歧管螺栓和螺母。

(5) 汽车初驶 30～40 km/h 时，应检查变速器、分动器、轮毂和传动轴等是否有过热和异响，如不正常，应查明原因予以排除。

(6) 检查制动效能，必要时进行调整。

3) *走合后维护*

走合期结束后，应对汽车进行全面的检查、紧固、润滑和调整作业，拆除限速装置，使汽车达到良好的技术状况，以投入正常运行。其主要内容有：

(1) 清洗润滑油道、机油集滤器和油底壳，更换润滑油和机油滤芯，清洗离心式机油滤清器的转子。

(2) 按规定顺序紧固气缸盖螺栓。

(3) 检查和调整制动踏板、离合器踏板的自由行程。

(4) 测量气缸压力，按需调整气门间隙。

(5) 检查、紧固与调整前桥转向机构的技术状况。

5. 汽车维护工艺的组织形式

为了有效地完成汽车维修工作，维护作业地点应按工艺配备，合理布局，使各方面工作协调，充分利用人力、物力，减少消耗，以取得最佳效益。维护工艺的组织通常是指汽车运输企业内维护地点(工间、工段和工位)的工艺组织，不包括燃油加注、外部清洗和安全检查等内容。

1) 按作业人员分工区分

根据作业人员的分工不同，汽车维护工艺的组织通常有全能工段式和专业工段式两种形式。

(1) 全能工段式：指把除外表维护作业外的其他规定作业组织在一个工段上实施，将执行各维护作业的人员编成一个作业组，在额定时间内，分部位有顺序地完成各自的作业项目。

(2) 专业工段式：指把规定的各项维护作业，按其工艺特点分配在一个或几个工段上，各专业工人在指定工段上完成各自的工作，工段上配有专门的设备。

2) 按工作地点布置区分

汽车维护工艺的组织形式还可按维护工作地点的布置方式分为尽头式工段和直通式工段两种。

(1) 尽头式工段(如图 8-4 所示)：汽车在维护时可各自单独地出入工段。汽车在维护期间，停在各自地点，固定不动，维护工人按照综合作业分工等不同的劳动组织形式，围绕汽车交叉执行各项维护作业项目。各工段的作业时间可单独组织，彼此无影响。因此，尽头式工段适合于规模较小、车型复杂的运输企业在高级维护作业、小修时采用。

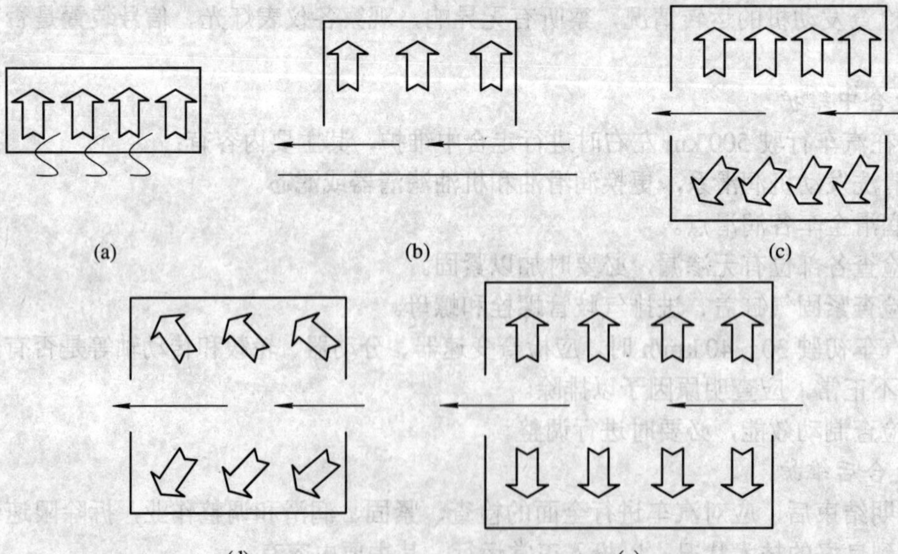

图 8-4　尽头式工段

(a) 无内部通道；(b) 有内部通道；(c) 混合式；(d) 斜角式；(e) 有内部通道(两侧布置)

(2) 直通式工段(如图 8-5 所示)：较适宜于按流水作业组织维护，各维护作业按作业顺序的要求分配在各工段(工位)上，工段的作业工人按专业分工完成维护作业。直通式工段完成维护作业的生产效率较高，因此，当企业有大量类型相同的汽车，且维护作业内容和劳动量比较固定时，宜采用此方式。

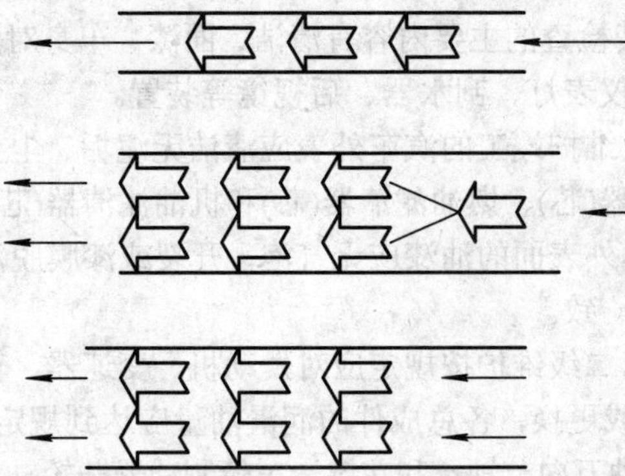

图 8-5　直通式工段

8.1.3　汽车维护技术检验

1．二级维护过程检验

对汽车二级维护进行过程检验的目的是实现维护过程的质量控制。《汽车维护、检测、诊断技术规范》明确提出：二级维护过程中，要始终贯穿过程检验，并作检验记录。过程检验中各维护项目的技术要求需满足相应的有关技术标准或出厂说明书的有关规定。

维护过程检验是一项过程质量管理工作，是确保汽车维护质量的重要环节。汽车二级维护过程检验具体有如下要求：

(1) 实施跟踪检验，即应在二级维护作业项目(含基本作业项目和附加作业项目)执行过程中全面地自始至终实施质量检验。

(2) 做好检验记录，特别是对有配合间隙、调整数据或拧紧力矩等技术参数要求的作业项目，要有检验数据的记载，可作为作业过程质量监督的依据，也可为汽车竣工出厂检验提供依据和参照。

(3) 需满足相应的有关技术标准或出厂说明书的有关规定，即表 8-6 中“技术要求”一栏的内容。

2．二级维护竣工检验

汽车二级维护竣工检验，是汽车维修企业对承修汽车在二级维护过程中作业项目维护质量的一次综合检验，是控制汽车维修质量、杜绝不合格汽车出厂的一个重要环节。汽车二级维护竣工检验应由专职检验人员和专业检测线来完成。检验人员须熟悉汽车二级维护的作业内容、作业过程及维护汽车的技术要求，掌握国家、行业及地方的有关技术标准和检测方法，并能对汽车二级维护竣工检验(包括人工检查、道路试验和检测线检验等)的结果进行分析，指导维修人员进行调整修理，并能够正确填写有关的技术资料。

1) 人工检查

人工检查是汽车二级维护竣工检验中不可缺少的一个重要部分，是用检测仪器和设备对维护汽车的维修质量和性能进行定量检测的补充。人工检查大部分是定性检视，但对某些有定量要求的项目也应借助一般工、量具进行必要的测量。根据人工检查和测量的结果，对照国家、行业或地方的有关标准限值，可以得出正确的人工检查结论。

(1) 整车及外观检查。其检查的主要内容有清洁、面漆、车身对称、紧固、润滑、密封及电路、前照灯、信号灯、仪表灯、刮水器、后视镜等装置。

① 汽车清洁检查。二级维护竣工的汽车外表应清洁无泥垢、尘土，各总成件外部及底盘下方应无油污。空气滤清器(芯)、燃油滤清器(芯)和机油滤清器(芯)应清洁干净。

② 汽车面漆检查。汽车外表面的油漆应无气泡、开裂或漆膜脱落现象；补漆腻子应平整，补漆颜色应与原色基本一致。

③ 汽车润滑检查。汽车二级维护按规定应对发动机、变速器、转向器、减速器等总成件的润滑油进行检查、补充或更换，各总成件的润滑油量应达到规定的液面高度；对水泵、风扇转向节销和销孔、传动轴万向节轴承和花键、车轮制动器凸轮轴、钢板弹簧支撑销和支撑滑块等部位的润滑点，应加注新的润滑脂，润滑脂油嘴应齐全、有效，安装方向应正确。

④ 汽车密封检查。汽车二级维护竣工后的密封检查，除了对该车的车门、车窗、客车车身、货车车厢等部位的密封性能进行检视以外，主要是对汽车各总成件或连接管路的漏水、漏油、漏气进行检查。要求在发动机运转及停车时散热器、水泵、气缸体、气缸盖、暖风装置及所连接部位均不得有明显渗漏水现象；在储气筒气压达额定值时，或踩下制动踏板后，各制动管路、泵阀不得有漏气、漏油现象；在汽车连续运行 10 km，停车 5 min 后，发动机、变速器、减速器等部位不得有明显渗漏油现象。

⑤ 车体周正检查。按《机动车运行安全技术条件》中的规定，车体应周正，车体外缘左右对称部位高度差不得大于 40 mm，此项检查应将被检车开上纵、横向坡度均不大于 1%的平整场地上，轮胎气压正常，在离地高 1.5 m 内用专用标尺测量外缘左右对称部位的离地高度，其对称部位的离地高度值之差不得大于 40 mm。

⑥ 紧固件检查。汽车零部件的连接，特别是在汽车运行中高速旋转部件的连接，对行车安全至关重要。二级维护竣工汽车的连接件的紧固情况，应首先重点检查转动部件的连接螺栓是否紧固，其次对汽车外部连接螺栓(如车身连接，驾驶室与车架连接，发动机支架螺栓、钢板弹簧 U 形螺栓、制动底板紧固螺栓、制动凸轮、制动蹄支架等连接部位的紧固情况)进行检查；要求各部位螺栓连接件上的弹簧垫圈、平垫圈或防松垫圈、开口销等齐全有效，并按原车的使用说明书或有关技术文件的规定力矩拧紧，对原车使用说明书或有关技术文件没有规定的，应按一般螺纹紧固件的拧紧力矩拧紧。总之，汽车外部的连接螺栓和螺母不得有松动现象。

⑦ 照明与信号装置检查。要求各灯具安装牢靠、齐全、有效，所有灯的开关应安装牢固，开关自如，检查双丝灯泡的接法是否正确；转向信号灯与制动信号灯的灯丝发光强度应高于同灯泡中另一根灯丝的发光强度；汽车前照灯内的远、近光灯丝接法也必须两边同步，不得反接；对四灯制的汽车，远、近光双光束的灯泡应装于汽车前部的外侧，远光单光束灯泡应装于内侧；前照灯总成的配光性能应符合《汽车前照灯配光性能》规定的要求，转向信号灯和应急信号灯的闪光频率应为(1.5±0.5)Hz，起动时间不大于 1.5 s。

(2) 转向系检查。其检查的主要内容有转向器、转向节、转向节臂、转向摇臂、横拉杆、直拉杆及球头球销、转向助力装置、转向盘自由转动量等。要求转向机构操纵轻便、转向灵活，无摆振、路感不灵或其他异常现象；车轮转到极限位置时，不得与其他部件有摩擦现象。

① 转向器总成的检查。转向器总成安装应牢固，润滑油量应符合要求，转向器轴、轴承、齿轮等应转动自如，不得有松旷、窜动或干摩擦现象。

② 转向节臂总成的检查。转向节销及销孔应加注润滑脂，转向时不得有松旷或跳动现象；各转向节臂的螺栓连接应牢固，开口销齐全、有效。

③ 转向系拉杆总成的检查。转向系横、直拉杆球座及球销应无裂纹和损伤，润滑良好，拉动拉杆时球销不得松旷或跳动，各拉杆不准拼接或烧焊。

④ 转向盘自由转动量的检查。测量转向盘自由转动量时，汽车应保持直线向前状态，将转向轮置于平坦、干燥和清洁的硬质路面上，并将检测仪器安装到转向盘上；转动转向盘至一侧有阻力时止，再转至另一侧有阻力时止，测量出其间的最大自由转动量，转向盘自由转动量的最大允许值为 20° (最大设计车速大于或等于 100 km/h 的机动车)或 30° (最大设计车速小于 100 km/h 的机动车)。

⑤ 转向助力装置的检查。转向助力装置应连接紧固，液压油量应符合规定，不得有渗漏油现象；当发动机不工作时，依靠驾驶员的力量，应能转动转向盘。

⑥ 转向轮最大转向角的检查。转向轮的最大转向角是指汽车转向时内轮所能转过的最大角度。转向轮的最大转向角应符合原厂的技术要求。检查时，将保持直线行驶的汽车开上转向角测量仪，调整转盘角度指针零点，然后拔去转盘锁销，转动转向盘到一侧的极限位置，保持转向轮不动，记录内外轮转盘指针指示的角度数；然后再将转向盘转到另一侧的极限位置，记录下内外轮转盘指针指示的角度数，两内轮的转角数即为转向轮的最大转向角。

⑦ 车轮前束的检查。车轮前束值应符合原厂的技术规定。人工检查时，应首先选好被测车轮上的测量点(不同厂牌车型汽车的测量点位置是不同的，有的在胎面中心，有的在轮辋边缘处)，然后用专用前束尺进行测量。对非独立悬架车轮，可用千斤顶顶起车桥进行检测；对独立悬架车轮，只能落在地面上进行检测或用四轮定位仪检测。测读数据时，前束尺应保持水平，并与车轮轴线保持同一高度，以避免产生测读误差。

(3) 行驶系人工检查。其检查的主要内容有车轮和轮胎、悬架、车架、车桥等。

① 车轮和轮胎的检查。轿车和挂车轮胎胎冠上花纹深度不得小于 1.6 mm，其他机动车转向轮轮胎的胎冠花纹深度不得小于 3.2 mm，其余轮胎胎冠花纹深度不得小于 1.6 mm；轮胎胎面不得有因局部磨损而暴露出轮胎帘布层，轮胎的胎面和胎壁上不得有长度超过 25 mm 或深度足以暴露出轮胎帘布层的破裂或割伤。

同一轴上轮胎型号和花纹应相同，轮胎型号应符合汽车出厂时的规定，汽车转向轮不得装用翻新的轮胎；轮胎负荷不应超过该轮胎的额定负荷，轮胎的充气压力应符合该轮胎承受负荷时规定的压力；轮胎的动平衡量应符合有关规定；车轮螺母和螺栓应齐全完整，并应按规定力矩紧固；车轮总成的横向摆动量和径向跳动量要求，总质量小于或等于 4.5 t 汽车不得大于 5 mm，其他汽车不得大于 8 mm。

② 悬架的检查。悬架主要由弹性元件、减振器和导向机构三部分组成，它们分别起缓冲、减振和导向作用，但三者的共同任务则是传力。为保障运行安全，二级维护竣工出厂的汽车必须对悬架进行检查。

钢板弹簧或螺旋弹簧不得有裂纹和折断现象，其弹簧形式和规格应符合产品使用说明书中的规定；钢板弹簧中心螺栓和U形螺栓连接应牢固；装有减振器的汽车，减振器不得有漏油现象，安装应牢固、有效。

③ 车架和车桥的检查。车架不得有锈蚀、变形、裂纹和折断，螺栓和铆钉不得松动或缺少；拖车钩、备胎架应齐全，无裂纹、变形，连接牢固。前后车桥(轴)不得有变形、裂纹和移位，左右轴距差不得大于轴距的1.5/1000；车桥与车架或悬架之间的各种拉杆和导杆不得变形，各接头和衬套不得松旷、窜动。

2) 道路试验

汽车二级维护竣工的人工检查，仅仅是对竣工汽车进行的静态检查，但汽车发动机的运转情况，离合器、变速器、减速器、转向系统、制动性能及整车滑行性能的好坏，还必须经过汽车道路试验后，才可确认。

(1) 汽车道路试验发动机工作状况。其主要内容包括发动机起动性能、怠速和加速性能、发动机异响等。

① 起动性能试验。发动机应有良好的起动性能，驾驶员在驾驶座位上即能起动；汽油发动机在不低于－5℃，柴油机在不低于50℃的条件下，用起动机起动时，应在5 s内起动成功，在做重复起动试验时，每次间隔2 min。

② 怠速和加速性能试验。怠速为发动机最低稳定转速，转速值应符合原厂的技术要求。当发动机工作温度正常时，怠速运转应平稳，无抖动现象；在运行中，发动机从怠速向低速、中速、高速变换时，转速应能随节气门开度的增大而升高，各工况之间应平滑过渡；急加速时，发动机转速应提升迅速，不得有“回火”、“放炮”、“断火”或“爆震”现象。

③ 发动机异响检查。当发动机温度正常、运转稳定后，应该在不同的路况和工况下都不得有任何异常响声。发动机异响有机械异响和燃烧异响之分。

机械异响是由发动机运动摩擦副的配合间隙过大、过小或机件损坏造成的。常见的机械异响有曲轴主轴承响、连杆轴承响、活塞敲缸响、活塞销响、气门间隙响等。发动机机械异响的检查，可用发动机异响诊断仪来检查，或用人工借助于发动机的转速、负荷、温度、润滑油压力的变化和短路点火电压来诊断。

燃烧异响是由可燃混合气在发动机燃烧室内的不正常燃烧造成的，常见的现象有“回火”、“放炮”或“爆震”等。燃烧异响常伴随着发动机转速突然升高而增大，主要原因是点火时间过早、过迟和可燃混合气过稀、过浓及燃油品质较差等，当适当改变点火提前角或混合气浓度时，异响有所减弱或消失。因燃油品质较差而引起的“爆震”，应选用正确的燃油牌号。

(2) 汽车道路试验传动系工作状况。其主要内容应包括离合器、变速器、传动轴、主减速器和差速器等。

① 离合器踏板的自由行程应符合原厂规定，踩下或放松离合器踏板时，应有明显的空行程和工作行程之区别。汽车起步时，缓慢抬起离合器踏板至完全接合，整个过程中应无

抖动或异响。汽车运行中，在加速、减速或上坡时，离合器应无打滑、振动或异响。离合器分离应迅速彻底，接合应平顺。

② 变速器变速杆的挡位位置应感觉清楚。传动杆件的连接应牢固，自锁、互锁装置有效，换挡操作方便，行驶中不得有乱挡、脱挡现象。变速器齿轮在运转中不得有不正常响声，自动变速器汽车的升、降挡位应正常。

③ 传动轴的装配应符合等角速传动的规定，传动轴上的平衡块或平衡配重的相对位置应正确；万向节与中间支架及中间轴承等的装配应无松旷，行驶中不得有振动或异常响声。

④ 主减速器齿轮和差速器齿轮的啮合间隙及齿轮轴承的预紧度应符合原厂的技术要求，不得有松旷、窜动，驱动桥在行驶中油温应正常，无异常响声。

(3) 汽车道路试验转向系工作状况。其主要内容有转向灵活性、转向操纵轻便性和转向稳定性等。

① 汽车应具有稳定的直线行驶能力，汽车转向轮在转向后应能自动回正；汽车在行使中转向轮应无偏驶、跳跃和摆振现象；汽车在转向过程中转向轮不得与车架、车桥、车身和各种拉杆、管路等有碰擦现象。

② 转向系各部件及杆件的球销连接处应运动灵活，不得有阻滞或跳动现象，汽车的行驶方向应随着转向盘的转动而严稳转向。试验时，汽车空载，在平坦、硬实、干燥和清洁的硬路面上，以 10 km/h 的速度在 5 s 之内沿螺旋线从直线行驶过渡到直径为 24 m 的圆周上行驶，其间用转向测力仪测得施加于转向盘外缘的最大切向力，对一般汽车应不大于 150 N；对装有转向助力器的客车应不大于 120 N；当转向助力器失效时，转向力应不大于 490 N。

也可以采用原地检测方法，将汽车转向轮置于转角盘上，转动转向盘使转向轮达到原厂规定的最大转角，在全过程中用转向测力仪测得的转动转向盘的操纵力不得大于 120 N。

③ 汽车在转弯加速行驶时，转向系应具有适度的不足转向特性，以使汽车具有正常的操纵稳定性。试验时，由检验员转动转向盘至一定角度并维持不变，使汽车由低速逐渐加速行驶，此时汽车的行驶转弯半径应逐步变大，这就是不足转向特性；反之，为过渡转向特性，不变为中性转向特性。过渡转向特性和中性转向特性在汽车高速行驶时是有危险的。

(4) 汽车道路试验制动性能。其主要内容包括汽车制动时的制动距离、制动减速度、制动稳定性和制动协调时间。在汽车二级维护竣工检验中，一般只检验制动踏板的自由行程、路试制动距离(拖印)、制动稳定性和驻车制动性能等。

① 制动踏板的自由行程应符合原厂的技术要求。当踩下制动踏板，行车制动达到规定的制动效能时，踏板总行程不得超过全行程的 3/4；制动器装有自动间隙调节装置的汽车的踏板总行程不得超过全行程的 4/5；其座位数小于或等于 9 的载客汽车踏板行程不得超过 120 mm，其他汽车不得超过 150 mm；对液压制动系统，在第一脚踏到底时制动力就应能达最大值。

② 制动距离是指汽车在规定的初速度下急踩制动踏板时，从脚接触制动踏板时开始到汽车停止时汽车所驶过的距离。路试制动距离时的汽车初速度、制动距离长度的技术要求应符合表 8-7 的规定。路试时可采用非接触式速度计，直接测取制动距离、制动协调时间和充分发出的制动减速度等。制动完毕，放松制动踏板后，应能迅速解除车轮制动，不得影响汽车的再次起步。

表 8-7　制动距离和制动稳定性要求

车 辆 类 型	制动初速度 /(km/h)	满载检验时的制动距离/m	空载检验时的制动距离/m	制动稳定性要求车辆任何部位不得超出的试车道宽度/m
座位数≤9 的载客汽车	50	≤20	≤19	2.5
总质量≤4.5 t 的汽车	50	≤22	≤21	2.5*
其他汽车、汽车列车及无轨电车	30	≤10	≤9	3.0

注：*表示 3.5 t≤总质量 4.5 t 的汽车，试车道宽度为 3 m。

装有 ABS 制动系统的汽车，还应检查当车速高于 10 km/h 时，系统的报警灯应熄灭；在规定的初速度下急踩制动时，车轮应在无抱死状态下迅速停下来，且同一轴左右轮制动器的制动动作应一致，汽车无跑偏现象。

汽车路试制动性能应在平坦、硬实、清洁、干燥且轮胎与路面间的附着系数不小于 0.7 的水泥或沥青路面上进行，试车路面长度应足够；制动时发动机与传动系统应脱离。

③ 路试紧急制动时，汽车应能按原行驶方向迅速减速并停止，不能有横滑、甩尾或跑偏现象。检测时，根据不同汽车按照表 8-7 的要求，在试车道上画出一条 2.5 m 或 3.0 m 宽的宽度限制线，再将汽车在试车道线内加速至规定的初速度，保持汽车直线行驶方向不变，然后作紧急制动，此时车身外缘部位不得触及或超出宽度限制线，否则为不合格。

④ 汽车驻车制动性能是在空载状态下，将汽车按正反两个不同方向停放在坡度为 20%、轮胎与地面的附着系数不小于 0.7 的坡道上，使用驻车制动器装置，被检车应在 5 min 内保持原地不动。若汽车总质量为整备质量的 1.2 倍以下，则停放坡道的坡度为 15%，因为这种汽车的空载状态与满载状态相差不大。

汽车驻车制动的操纵装置必须留有足够的储备行程，一般应在操纵装置全行程的 2/3 以内达到规定的制动性能。驻车制动机构有自动调节装置的，允许在操纵装置全行程的 3/4 以内达到规定的制动性能。棘轮式驻车制动操纵装置允许来回拉动驻车操纵杆 3 次以内达到规定的制动性能。

(5) 汽车道路试验滑行性能。其主要内容包括汽车滑行距离和滑行阻力。

① 整车滑行性能的路试检验，应选择在平坦(纵向坡度不大于 1%)、干燥和清洁的硬路面上进行，且风速不大于 3 m/s。受检车应空载，门窗关闭，轮胎气压正常。当被检车的行驶车速高于 30 km/h 时，置变速器于空挡，让汽车滑行，待车速降至 30 km/h 时，用速度计或第五轮仪开始测量，其间不准移动转向盘，直到汽车停止，记录其间的滑行距离，至少往返各检测一次，其往返滑行距离的平均值应符合表 8-8 的规定。

② 整车滑行阻力的检验，应在平坦、干燥和清洁的硬路面上进行。汽车空载，轮胎气压正常。解除制动，置变速器于空挡，用拉(压)力计拉(压)动被检车。当被检车从静止开始移动时，其最大拉(压)动力，即滑行阻力应小于等于整备质量的 1.5%。

表 8-8　车辆滑行距离要求

汽车整备质量 m/kg	双轴驱动车轮滑行距离/m	单轴驱动车轮滑行距离/m
$m<1000$	≥104	≥130
$1000\leqslant m\leqslant 4000$	≥120	≥160
$4000<m\leqslant 5000$	≥144	≥180
$5000<m\leqslant 8000$	≥184	≥203
$8000<m\leqslant 11\,000$	≥200	≥250
$m>11\,000$	≥214	≥270

8.2　汽车修理技术管理

汽车修理技术管理的目的是贯彻“视情修理”的原则，根据车辆检测诊断和技术鉴定的结果，视情按不同作业范围和深度进行，也就是按需要决定修理的内容和实施时间，既要防止因拖延修理(又称失修)而造成的车况恶化，又要防止因提前修理(又称早修)而造成的浪费，即符合技术与经济相结合的原则。为消除汽车故障及其隐患，恢复汽车的工作能力和良好技术状况而进行的技术作业就是汽车修理。

8.2.1　汽车修理制度

汽车修理制度是一种技术性组织措施，它规定了修理的类别、送修标志和规定、作业内容、技术标准和技术规范等。汽车修理制度与汽车维护制度统称为汽车维修制度，是人们在长期的生产实践中认识的结果。它随着生产和认识的进步，还会有所改进、有所变化。

1. 汽车修理制度的发展

1) 事后修理

人们在使用汽车初期，由于缺乏认识和经验，常常在汽车出了故障和损坏以后，才对它进行必要的修理，也就是“事后”的非计划修理。随着汽车的大量使用，特别是在汽车运输生产成为一种行业的情况下，为了保证汽车的运行安全和正常的运输生产，人们设计了把维护和修理作业安排在预计出现故障和损坏之前，这就出现了定期修理制度。

2) 定期修理

随着人们对汽车认识的加深，使用和维修经验的积累，在掌握了汽车技术状况变化规律的基础上，对汽车实施定期修理，减少非计划修理，可使运输生产和维修生产都进入有计划、有组织的运行轨道。定期修理是指按规定的间隔期和等级进行的修理。定期修理制度在相当长一段时间里起过积极的作用，现在国内外某些汽车运输企业、汽车维修企业及汽车制造企业仍在采用。

但是，随着汽车设计制造和检测诊断技术的发展，定期修理制度出现了新的矛盾：一方面，现有的定期修理不适合于新型汽车；另一方面，维修人员在实施修理前可以通过先进的检测诊断技术更准确地掌握汽车及总成技术状况，从而决定是否需要修理和怎样修理，这样可大大减少盲目修理。为避免既不因拖延修理而造成汽车技术状况恶化，又不因提前修理而造成浪费，这就出现了视情修理制度。

3) 视情修理

视情修理是按技术文件规定，对汽车技术状况进行诊断或检测后，决定修理内容和实施时间的修理。“视情修理”体现了以下基本实质：

(1) 改定性判断为定量判断，确定修理作业的方式由以车辆行驶里程为基础，改变为以车辆实际技术状况为基础。

(2) 使用高科技检测手段。送修车辆的检测诊断和技术评定，是实现视情修理的重要保证。

(3) 体现了技术经济原则，既避免了因拖延修理而造成的车况恶化，又防止了因提前修理而造成的浪费。

近年来，汽车综合性能检测、诊断设备的普遍采用，为视情修理创造了客观条件，但最终落实“视情修理”仍需依靠汽车运输、维修、检测企业认真执行相关的管理规定和技术标准。

视情修理制度是定期修理制度的进步，是建立在汽车定期检测制度和汽车状态检测维护制度基础上的一种修理制度。只有在认真执行汽车检测、强制维护的基础上，才能达到视情修理的目的。

2．汽车修理类别

汽车修理按修理对象、修理深度、执行作业的计划性或组织形式等划分的不同类别或等级，称为汽车修理类别。若按修理作业范围划分，则汽车修理可分为汽车大修、总成大修、汽车小修和零件修理4种。

1) 汽车大修

汽车大修指新车或经过大修后的车辆，在行驶一定里程(或时间)后，经过检测诊断和技术鉴定，用修理或更换车辆任何零部件的方法，恢复车辆的完好技术状况，完全或接近完全恢复车辆寿命的恢复性修理。

2) 总成大修

总成大修指汽车的总成经过一定使用里程(或时间)后，用修理或更换总成任何零部件(包括基础件)的方法，恢复其完好技术状况和寿命的恢复性修理。需要说明的是：在汽车修理中，通常按表8-9所示对总成及其零部件划分。

表8-9　汽车总成及其零部件划分

序号	总成(系或装置)的名称	总成(系或装置)包括的范围	基础件	主要零部件	其他零件(系或装置)
1	发动机附离合器总成	发动机	气缸体	气缸盖、曲轴、凸轮轴、连杆、活塞组、飞轮、飞轮壳	气缸套、配气机构零件、进排气歧管、燃料系(不含燃油箱)、点火系(不含蓄电池)、冷却系(不含散热器)、润滑系等零件
		离合器	离合器壳	离合器片及压盘	离合器内部零件、分离轴承及操纵机构等
		空压机	气缸体	气缸盖、曲轴、连杆活塞组	空滤器、皮带轮等

续表一

序号	总成(系或装置)的名称	总成(系或装置)包括的范围	基础件	主要零部件	其他零件(系或装置)
2	变速器附传动轴总成	变速器	变速器壳	变速器盖、一轴、二轴、中间轴、齿轮	换挡机构、同步器等
		分动器	分动器壳	分动器盖、输入轴、输出轴、齿轮	操纵机构等
		驻车制动器	制动鼓(盘)	制动蹄、摩擦片、制动拉杆及支架	操纵机构等
		传动轴		前后传动轴、中间支架及轴承	万向节滑动叉、花键轴、万向节叉、十字轴等
3	前桥附前悬挂、前制动及转向器总成	前桥	前轴、前驱动桥壳	转向节、前轮毂、主减速器、差速器	转向节臂、主销、横直拉杆、前驱动半轴等
		前悬挂		钢板弹簧、减振器	弹簧销、活吊耳、销套、横向稳定杆等
		前制动		制动鼓、制动分泵	制动凸轮轴、调整臂、制动蹄片等
		转向器	转向器壳	蜗轩、滚轮、转向助力器	转向摇臂、转向器轴及管柱、转向盘等
4	后桥(包括中桥)附后悬挂、后制动总成	后桥	后桥壳	主减速器、差速器、后轮毂、半轴	半轴套管、主减速器壳、制动室支架、轮毂内外轴承等
		中桥	中桥壳		
		后悬挂		钢板弹簧、平衡轴、减振器	弹簧销及销套、活吊耳、横向导向杆等
		后制动		制动鼓、制动分泵	制动凸轮轴、调整臂、制动蹄片等
5	车架总成	车架	车架	纵梁、横梁、牵引装置	保险杠、备胎架、油箱支架、蓄电池架、脚踏板架、翼子板支架等
6	车身总成	货车车身 车头		发动机罩、翼子板	散热器罩、挂钩等
		货车车身 驾驶室	驾驶室骨架	车门、风窗框、座椅、仪表板架	门窗玻璃及升降器等
		货车车身 车厢	纵横梁	边柱、边板、底板	前、后板，篷杆，挂钩等
		客车车身	底横梁、车身骨架	内外蒙皮、底板、驾驶员门、乘客门、座椅	门窗玻璃和升降器、内外装饰、散热器罩等

续表二

序号	总成(系或装置)的名称	总成(系或装置)包括的范围		基础件	主要零部件	其他零件(系或装置)
7	制动系	气压制动	储气筒		单向阀、安全阀	连接管路等
			控制机构及车轮制动器		气制动阀、制动气室	制动底板、传动拉杆及调整装置等
		液压制动	制动总泵、分泵	泵体	活塞、顶杆	皮碗、止回阀、复位弹簧等
			真空增压器或制动助力器	缸体	柱塞及控制阀	皮碗、复位弹簧及连接管路等
			车轮制动器		制动鼓	制动底板、制动蹄及调整装置等
8	电系	点火、起动、照明、信号、仪表装置等			发电机、起动机、调节器、分电器、蓄电池	点火线圈、火花塞、各种灯具、喇叭、电气仪表及其连接线路等
9	空调装置	制冷系		制冷系	冷凝器、滤清器	控制装置、鼓风机及管路等
		采暖系		暖风器	散热器	鼓风机、开关及管路等
10	自动倾卸装置			举升器缸体	举升器柱塞、齿轮泵	各连接件及管路等

3) 汽车小修

汽车小修指用修理或更换个别零件的方法，保证或恢复汽车工作能力的运行性修理，主要是消除汽车在运行过程或维护作业过程中发生、发现的故障或隐患。

4) 零件修理

零件修理指对因磨损、变形、损伤等而不能继续使用的零件进行修理。零件修理要遵循经济合理的原则，它是修旧利废、节约原材料、降低维修费用的重要措施。

汽车是否需要修理和应该采用哪种修理作业范围，必须在对汽车经过检测诊断和技术鉴定后确定，能通过汽车维护和小修作业达到目的的，不要扩大为汽车大修和总成大修；能修复的零件或有修复价值的零件，不要轻易报废；能通过大修作业延长使用寿命的汽车或总成，不要不送大修一直用到报废；要避免盲目修理造成的两种浪费现象，即失修和早修。

汽车和总成在大修前必须进行检测诊断和技术鉴定，根据结果适时安排大修。也就是说，在汽车或总成使用到接近规定大修间隔里程时，由车主和汽车维修企业结合二级维护作业对汽车进行检测诊断和技术鉴定，确定是否需要大修或继续使用。如尚可使用，还应确定继续使用的期限(行程)，到时再作检测和鉴定。确定需大修的汽车应填写大修汽车技术鉴定表，参考格式见表 8-10。对已到规定的大修间隔里程而技术状况仍较好的汽车，应总结推广其先进经验；对未达到规定的间隔里程而需要提前大修的汽车和总成，应分析原因，采取措施，改进汽车使用和维修工作。

表 8-10　大修汽车技术鉴定表

报送单位：　　　　　　　　　　　　　　　　　　报送日期：　　年　　月　　日

自编号	厂牌	车型	车别	送修 修别	送修 日期					项目	技术(包括改装)状况	鉴定修理意见
					年　月　日					发动机附离合器总成		
牌照号	发动机号码	燃料类别	座(吨)位		驾驶员姓名							
										变速器附传动轴总成		
上次大修情况				本次换环情况								
承修厂	修别	气缸口径	出厂日期	换环次数	本次换环日期	本次换环尺寸	本次换环后已行公里			前桥附转向器总成		
大修后累计公里	鉴定时尚可行驶公里	鉴定前1000 km内机油消耗	发动机目前运转情况							后桥(驱动桥、中桥)总成		
		L/l00 km										
气缸	缸别	1	2	3	4	5	6	7	8	车架总成		
	压力									车身总成		
	活塞与缸壁间隙									制动系		
	圆柱度									电系		
	圆度									自动倾卸装置		
审核意见										其他		

负责人：　　　　　　　　　审核人：　　　　　　　　　鉴定人：

3．汽车和总成大修的送修标志

要确定汽车及其总成是否需要大修，必须掌握汽车和总成大修的送修标志(送修技术条件)，这样才符合技术与经济相结合的原则。

1) 汽车大修送修标志

汽车大修送修标志为：客车以车身为主，结合发动机总成；货车以发动机总成为主，结合车架总成或其他两个总成符合大修条件。

2) 挂车大修送修标志

挂车大修送修标志为：挂车车架(包括转盘)和货箱符合大修条件；定车牵引的半挂车和铰接式大客车，按照汽车大修的标志与牵引车同时进厂大修。

3) 总成大修送修标志

总成大修的送修标志中，多数仅为定性规定，在执行中会遇到一定困难，所以，各级交通运输管理部门在制定实施细则时，应结合本地区的具体情况，提出便于执行的各总成大修送修标志(或称送修技术条件)。

(1) 发动机总成大修送修标志：气缸磨损，圆柱度误差达到 0.175～0.250 mm 或圆度误差已达到 0.050～0.063 mm(以其中磨损量最大的一个气缸为准)；最大功率或气缸压缩压力比标准值降低 25%以上；燃料和润滑油消耗显著增加。

(2) 车架总成大修送修标志：车架断裂、锈蚀、弯曲、扭曲变形逾限，大部分铆钉松动或铆钉孔磨损，必须拆卸其他总成后再进行校正、修理或重铆，才能修复。

(3) 变速器(分动器)总成大修送修标志：壳体变形、破裂、轴承孔磨损逾限，变速齿轮及轴恶性磨损、损坏，需要彻底修复。

(4) 后桥(驱动桥、中桥)总成大修送修标志：桥壳破裂、变形，主轴套管承孔磨损逾限，减速器齿轮恶性磨损，需要校正或彻底修复。

(5) 前桥总成大修送修标志：前轴裂纹、变形，主销孔磨损逾限，需要校正或彻底修复。

(6) 客车车身总成大修送修标志：车厢骨架断裂、锈蚀、变形严重，蒙皮破损面积较大，需要彻底修复。

(7) 货车车身总成大修送修标志：驾驶室锈蚀，变形严重、破裂；货厢纵、横梁腐蚀，底板、栏板破损面积较大，需要彻底修复。

4．汽车修理方法

汽车修理方法是指进行汽车修理作业的工艺和组织规则的总合。

1) 汽车修理的基本方法

按汽车修理以后对汽车属性保持程度来区分，汽车修理的基本方法有就车修理法、混装修理法和总成互换修理法 3 种。

(1) 就车修理法：指进行修理作业时要求被修复的主要零件和总成装回原车的修理方法。汽车在修理时，从车上拆解的总成和零件，经检验凡能修复的，均在修竣后全部装回原车，不得进行互换。由于各总成和零件的修理难易程度、所需工时都不一样，故采用就车修理方法经常会影响汽车最后总装的连续性，以致拖延汽车修理竣工出厂的时间。不过，在承修汽车车型较杂、产量不大的汽车修理企业比较适宜采用就车修理法。图 8-6 所示是采用就车修理法的汽车大修工艺过程框图。

(2) 混装修理法：指进行修理作业时，不要求被修复零件和总成装回原车的修理方法。这种修理方法与就车修理法完全不同，过多调换汽车原来的零件和总成，破坏了汽车原有的装配性能，这已成为汽车修理的大忌。因此，这种修理方法现已不推荐采用。

(3) 总成互换修理法：指储备的完好总成替换汽车上的不可用总成的修理方法。汽车修理时，首先经营检测诊断，确定可用总成和不可用总成，再用储备周转总成替换下不可用总成，保证既快又好地完成汽车修理作业。对换下的不可用总成，可以组织专门修理，修复后经检测符合标准，入库备用，作为下次互换用的周转总成。汽车大修采用总成互换修理法，可以大大简化工艺过程，有利于组织流水作业生产线，缩短了汽车大修的在厂(场)车日，提高了汽车的修理质量和产量。总成互换修理法具有一定的优越性，是汽车维修生产发展的方向。图 8-7 所示是采用总成互换修理法的汽车大修工艺过程框图。

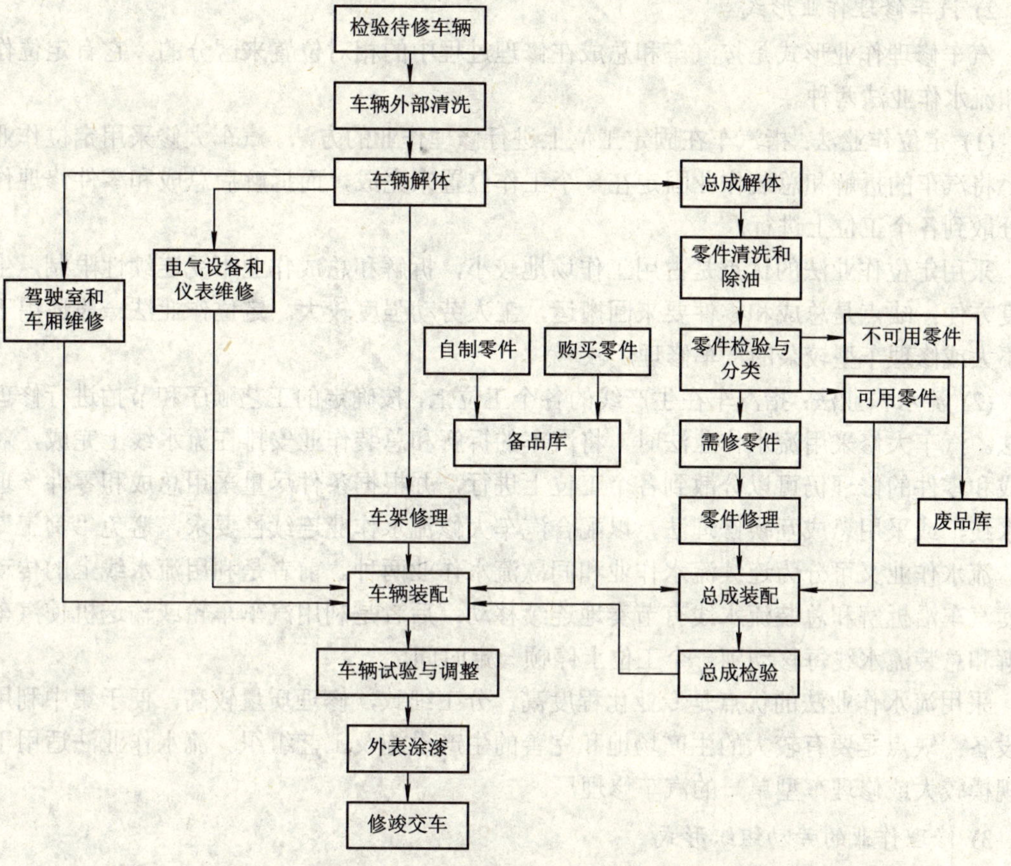

图 8-6　采用就车修理法的汽车大修工艺过程框图

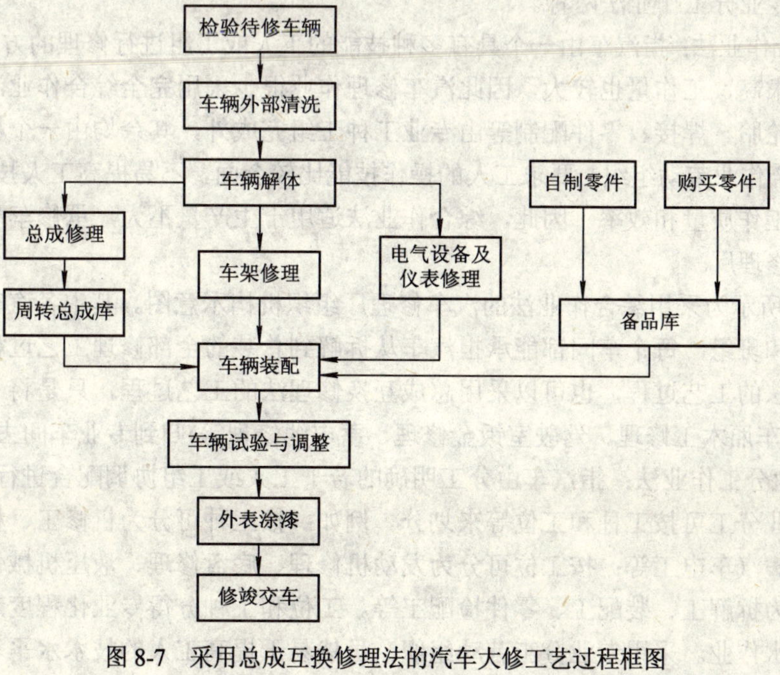

图 8-7　采用总成互换修理法的汽车大修工艺过程框图

2) 汽车修理作业形式

汽车修理作业形式是按汽车和总成在修理过程中的相对位置来区分的，它有定位作业法和流水作业法两种。

(1) 定位作业法：指汽车在固定工位上进行修理作业的方法。汽车大修采用定位作业法时，将汽车的拆解和总装作业固定在一个工作位置来完成，而拆解后总成和零件修理作业仍分散到各个工位上进行。

采用定位作业法的优点是占用工作场地较小，拆解和总成作业不受连续性限制，生产调度方便；缺点是总成和零件要来回搬运，工人劳动强度较大。定位作业法一般适用于规模不大或修理车型较杂的汽车修理厂。

(2) 流水作业法：指汽车在生产线的各个工位上，按确定的工艺顺序和节拍进行修理的方法。汽车大修采用流水作业法时，将汽车的拆解和总装作业安排在流水线上完成，对于总成和零件的修理仍可以分散到各个工位上进行，并根据条件尽量采用总成和零件修理的流水线，或采用总成互换修理法，以配合汽车大修流水作业连续性要求，避免“窝工”现象。流水作业又可分为连续流水作业和间歇流水作业两种。前者是利用流水线上的传动机构使汽车沿拆解和总装流水线有节奏地连续移动；后者是利用汽车车轮或输送机使汽车沿拆解和总装流水线每移动到一个工位上停顿一定时间。

采用流水作业法的优点是专业化程度高，分工细致，修理质量较高，便于集中利用工具设备；缺点是要有较大的生产场地和完善的生产设施及工艺组织。流水作业法适用于生产规模较大或修理车型单一的汽车修理厂。

3) 修理作业的劳动组织形式

修理作业的劳动组织形式是按劳动者在汽车修理过程中的组织形式来区分的，它有综合作业法和专业分工作业法两种。

(1) 综合作业法：指汽车由一个具有多种技能的工人或工组进行修理的方法。由于汽车修理技术要求高，工作量也较大，因此汽车修理作业很少采用完全综合作业法，比较多的是除车身、轮胎、焊接、零件配制等由专业工种工组完成外，其余均由一个机工维修组完成。采用综合作业劳动组织，要求工人的操作技能比较全面，不易提高工人技术熟练程度，也不易提高工作质量和效率。因此，综合作业法适用于生产量不大，承修车型较杂，设备简陋的汽车修理厂。

图 8-8 所示为采用综合作业法的汽车修理厂组织机构示意图。其中各汽车修理车间下设若干工段和班组，每个车间都能承担汽车从拆解到总装的全部修理工艺过程，既可以采用就车修理法的工艺过程，也可以采用总成互换修理法的工艺过程，只是将一些较特殊的修理作业(如车厢木工修理、驾驶室钣金修理、蓄电池修理等)归到专业车间去进行。

(2) 专业分工作业法：指汽车由分工明确的若干工人或工组协调配合进行修理的方法。汽车修理作业分工可按工种和工位等来划分。例如：按工种可分为机修工、机加工、轮胎工、油漆工、汽车电工等；按工位可分为发动机修理、底盘修理、液压机械修理等；还可以进一步分为拆解工、装配工、零件检配工等。工位和工种分得专业化程度越高，说明越适合组织流水作业。采用专业分工劳动组织，虽然易于提高工人的技术水平、工具的设备利用率、工作的效率和质量，但是，必须建立健全的技术管理制度和机构，以确保各项工作有条不紊、保质保量地完成。图 8-9 所示是采用专业分工作业法的汽车修理厂组织机构示意图，在汽车修理方法上，无论是就车修理法还是总成互换法都适用。

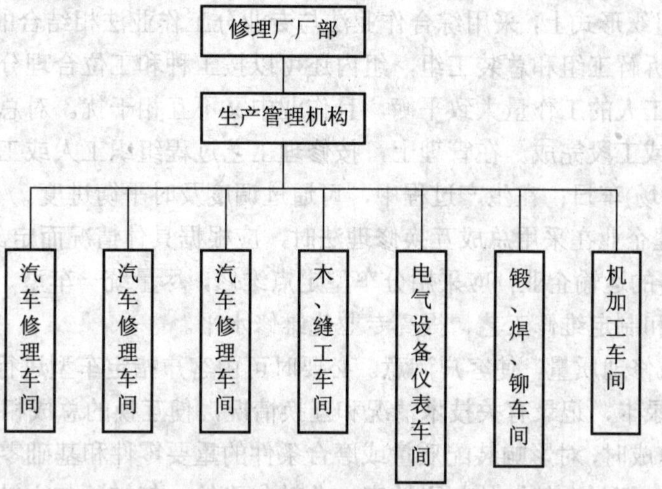

图 8-8　采用综合作业法的汽车修理厂组织机构示意图

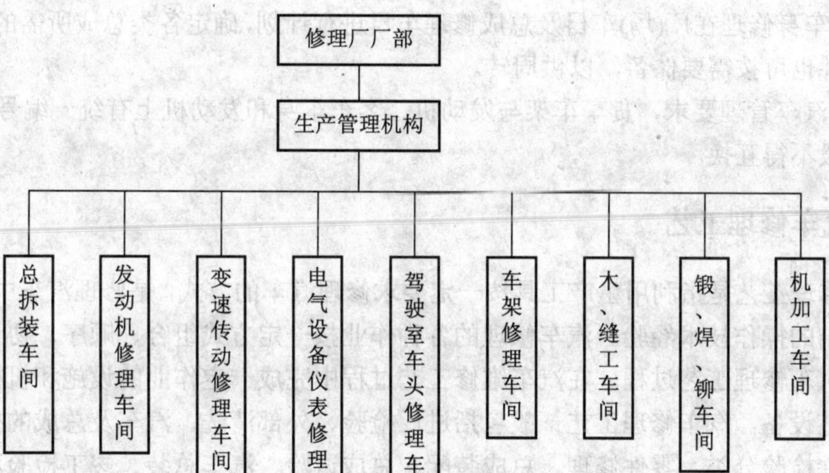

图 8-9　采用专业分工作业法的汽车修理厂组织机构示意图

4) 汽车修理方法的选择

选择汽车修理的工艺组织方法，要根据生产规模、维修、工艺设施、工人素质和材料供应等具体情况综合考虑。各地进行了一系列的研究和试验工作，一些成功的经验如下：

(1) 在汽车修理基本方法上，采用就车修理法与总成互换法相结合的方法。例如，汽车大修时，对修理费时与困难的总成和零件采用互换法，其余能适应汽车大修进度要求的总成和零件仍采用就车修理法。这样，既能减少汽车大修在厂(场)车日，又能减少周转总成和零件的储备。

(2) 在汽车修理作业方式上，对汽车的拆解和总装采用定位作业，以便集中使用起重搬运设备和专用工具等；对总成和零件修理尽量组织流水作业生产线。

(3) 在劳动组织形式上，采用综合作业法与专业分工作业法相结合的方法。对汽车的拆装可以成立汽车拆解工组和总装工组，组内还可以按工种和工位合理分工，同时进行拆和装的作业，使各工人的工作量大致平衡，且作业中又不互相干扰。对总成和零件的修理，则由各专业工组或工段完成。在管理上，按修理工艺过程组织工人或工组平行交叉作业以求压缩修理在厂(场)车日；在生产过程中，可通过调度及时平衡进度。

(4) 汽车修理企业在采用总成互换修理法时，应根据具体情况而定。

① 汽车较多的运输企业，应采用分车型定点维修，尽量统一车型，以利于汽车维修企业储备周转总成和制定维修工艺，提高专业化维修水平。

② 提高总成修理质量，使客户满意。必要时可由客户指定车型进行互换修理，并共同建立周转总成记录卡，记录有关技术情况和互换情况，使互换的总成相对稳定。

③ 在修理总成时，对影响装配质量或磨合条件的重要零件和基础零件，必须配套使用，均不得进行互换。例如，气缸体与飞轮壳、曲轴与飞轮、气缸体与主轴承盖、主减速器齿轮副、喷油泵柱塞副等。

④ 采用总成互换修理法所需的周转总成数量，应根据修理企业每日竣工出厂汽车数量、车架或车身修理在厂(场)车日及总成修理车日进行计划，确定各类总成所需的周转数量，其他零配件也可按需要储备，以供周转。

⑤ 按汽车管理要求，货车车架与发动机、客车车身和发动机上有统一编号(钢印)，这些总成一般不得互换。

8.2.2　汽车修理工艺

汽车修理工艺是指利用生产工具按一定要求修理汽车的方式，是修理汽车中积累起来，并经过总结的操作技术经验。汽车修理的各种作业按一定方式组合、顺序、协调进行的过程，称为汽车修理工艺过程。在汽车维修工艺过程中完成一定作业的设施和机械，称为汽车维修工艺设备。汽车修理工艺一般包括进厂检验、外部清洗、汽车及总成的拆卸、零件清洗、零件检验分类、零件修理、总成装配、总成试验、汽车总装、竣工检验和出厂验收等主要过程。

1．进厂检验

进厂检验指对送修汽车的装备和技术状况进行的检查鉴定，以便确定维修方案。其主要内容有：对送修汽车进行外观检视，注明汽车的装备数量及状况，听取客户的口头反映，查阅该车技术档案和上次维修技术资料，通过检测或测试、检查，判断汽车的技术状况，确定维修方案，办理交接手续，签订维修合同。进厂检验应由专职检验员填写“汽车整车大修进厂检验单”。表 8-11 和表 8-12 所示分别为某地汽车维修行业管理规定的汽车整车大修进厂检验单、发动机大修进厂检验单。

表 8-11　汽车整车大修进厂检验单

进厂日期		进厂编号	
厂牌车型		牌照号码	
发动机号码		底盘号码	
送修单位		地址	
联系电话		送修人	
用户报修及车况介绍	此车系驶入或拖入＿＿＿＿＿＿	总行驶里程＿＿＿＿＿＿km	
	已进行过整车大修＿＿＿＿＿＿次	发动机大修＿＿＿＿＿＿次	
	进厂前主要问题是＿＿＿＿＿＿	此次要求＿＿＿＿＿＿	
检查发现主要问题及重点修理部位			

整车装备及附属设施(完整“√”，缺少“△”，损坏“×”)

	检验项目	状　况	检验项目	状况	检验项目	状　况
车内附属设施	收音(录)机		点烟器		电风扇	
	CD 机		坐套		转向盘套	
	天线		坐(靠)垫		遮阳板	
	电视、音箱		脚垫		防盗锁	
	车载电话		前后标		仪表盘	
	钥匙		饰物		随车工具	
底盘部分	离合器		转向机		前、后桥	
	手动变速器		转向操纵机构		横拉杆	
	自动变速器		转向传动机构		减振器	
	传动轴		车架及车身		制动系	
	驱动桥		内外蒙皮		驻车制动系	
	分动器		悬架			
电气	灯光		暖风电机			
	仪表		防盗系统			
	电气线路		低压报警器			
其他	驾驶室		内外装饰			
	客车车厢		油漆涂层			
	门窗玻璃		备胎			
备注：						

进厂检验签字：　　　　　　　　　　年　　　　月　　　　日

表 8-12　发动机大修进厂检验单

进厂日期		进厂编号	
厂牌车型		牌照号码	
发动机型号		发动机号码	
送修单位		单位地址	
联系电话		送修人	
用户报修项目及发动机现状	此车系驶入或拖入__________ 总行驶里程________________ km 已进行发动机大修____________ 次 进厂前主要问题是 此次要求____________		
发动机主要问题及重点修理部位			
发动机外观及装备(完整“√”，缺少“△”，损坏“×”)			
检验项目	检验结果	检验项目	检验结果
空气滤清器		正时齿轮	
燃油滤清器		机油散热器及管道	
机油滤清器		加机油口盖	
化油器		水箱及水箱盖	
机油泵		水泵	
燃油泵		风扇电机	
气缸体、气缸盖		风扇皮带	
进、排气歧管		风扇叶	
起动机		排气管、消声器	
发电机		三元催化转换器	
火花塞		喷油泵	
分电器		喷油嘴	
高压线		增压器	
电控系统		油管、真空管	
点火线圈		机油尺	
传感器			
备注：			

进厂检验签字：　　　　　　　　　　　　　　年　　月　　日

1) 汽车和总成的送修规定

送修的汽车应符合交通部颁发的有关规定和送修汽车的装备规定，严格防止乱拆或任意更换零件和总成。

(1) 汽车和总成送修时，承修单位与送修单位应签订合同，商定送修要求、修理车日和质量保证等，合同签订后必须严格执行。

(2) 汽车送修时，除肇事或特殊情况外，均应具备行驶功能，装备齐全，不得拆换。

(3) 总成送修时，应在装合状态，附件、零件均不得拆换和缺少。

(4) 肇事汽车或因特殊原因不能行驶和短缺零部件的汽车，在签订合同时，应作出相应的约定说明。

(5) 汽车和总成送修时，应将汽车和总成的有关技术档案一并送承修单位。

2) 汽车的外表检查

汽车的外表检查的主要内容如下：

(1) 检查车容，察看汽车外部有无损伤，各种零件是否完备齐全。

(2) 检查车架、气缸体、变速器壳、前后桥等主要基础件是否有裂纹、破损等损坏。

(3) 检查转向、传动、制动等安全机构是否有松动、渗漏、缺损等现象。

(4) 察看轮胎磨损情况，如有不正常损坏应查明原因。

3) 汽车的行驶检查

汽车的行驶检查的主要内容如下：

(1) 观察发动机的运行情况，有无异常响声，运转是否稳定，排气有否异常现象，机油压力与冷却液温度是否正常。

(2) 汽车起步时，检查离合器的分离情况，是否有发抖和打滑现象，变速器挂挡是否有困难或异响现象。

(3) 汽车在行驶中，制动性能是否良好，转向是否灵活，变速器是否跳挡；高速行驶时，传动轴及后桥是否出现不正常响声，各轴承及密封部位是否有渗漏或发热现象，前桥及转向装置是否有跑偏和不稳现象。

(4) 对客车车身，通过路试检查车桥和车架是否有断裂现象。

2．外部清洗

汽车解体之前须进行外部清洗，除去外部灰尘、泥土与油污，便于保持拆卸工作地的清洁和拆卸工作的顺利进行。为了便于清洗，有时将载货汽车车厢拆下。

汽车清洗设备的种类很多，一般可分为固定式和可移动式两大类。大型汽车修理厂宜用固定式清洗机，其清洗效率高，经济性好，但设备投资大，占地面积大。小型汽车修理厂宜用移动式清洗机，其清洗质量好，设备投资少，但清洗时间长，耗水量较多。

3．汽车及总成的拆卸

汽车及总成的拆卸工作量比较大，可直接影响汽车的修理质量与修理成本。从拆卸工作本身来看，并不需要很高的技术，也不需要复杂的设备。但是，往往由于不重视这项工作，在拆卸工作中会造成零件的变形和损伤，甚至无法修复。总成的分解工作质量，将直接影响汽车及总成的修理质量及修理速度，所以在拆卸工作中应注意到修理后的装配工艺要求。

1) 拆卸作业方式

汽车及总成的拆卸作业方式有固定作业和流水作业之分。固定作业是汽车及总成的拆卸工作始终在同一工作地点进行；流水作业是汽车及总成的拆卸工作在流水线上进行，流水线可以分成若干个工作地点或传送设备。通常汽车及总成的拆卸作业以平行交叉作业方式进行，将汽车划分成若干拆解单元，按部位(或总成)分工作业。这样，可以减少工人在拆卸中工作位置的变换次数，减少辅助工作时间和使用工具数量，使拆卸作业顺利进行。

2) 拆卸作业过程

拆卸作业过程如下：

(1) 先拆去车厢，进行外部清洗，然后进入拆卸工位，在热状态下放掉发动机、变速器和差速器壳内的润滑油。

(2) 拆去电气设备及各部分的导线，拆去驾驶室。

(3) 拆去发动机总成、变速器总成及传动轴、后桥等总成。

(4) 将拆下的总成拆解成零部件。

3) 拆卸作业原则

拆卸作业原则如下：

(1) 熟悉拆卸对象。拆卸前应熟悉被拆汽车及总成的结构，必要时可以查阅一些资料，按拆卸工艺过程进行。严防拆卸工艺过程倒置，造成不应有的零件损伤。

(2) 做好装配记号。为了保证一些组合件的装配关系，在拆卸时应按原来的记号装好和重新做好记号。有些组合件是经过选配装合的或是在装合后加工的不可互换的组合件(如气缸体与飞轮壳、主轴承盖、连杆与盖等)，拆卸后都应按原位置装好或做好装配记号。对于动平衡要求较高的旋转零件(如曲轴与飞轮、离合器压板与离合器盖、传动轴与万向节等)，拆卸时也应注意不破坏其原有平衡和装配记号。

(3) 正确使用工具。正确地使用拆卸工具是保证拆卸质量的重要手段之一。拆卸时所选用的工具要与被拆卸的零件相适应，如拆卸螺母、螺钉应根据其六方尺寸，选取合适的固定式扳手或套筒扳手，尽量不用活动扳手。对于静配合零件，如衬套、齿轮、皮带轮和轴承等应尽可能使用专用拉器(如图 8-10 所示)或压力机，如无专用工具也可用尺寸合适的铳头，用手锤冲击，但不能直接用手锤敲打零件的工作面。

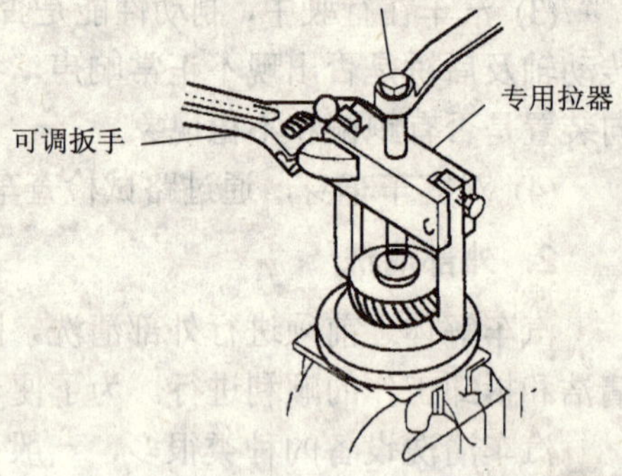

图 8-10　专用拉器

4. 零件清洗

汽车及总成拆解成零件以后，须进行零件清洗，以清除油污、积炭、水垢和锈蚀。对于不同的污垢要采用不同方法清除，所以零件清洗工作分为清除油污、清除积炭、清除水垢。

1) 清除油污

油污大体可分脂肪(动、植物油)油污和矿物质油污两大类。清除油污的方法很多，大致可分为碱水除油和有机溶剂除油两类。碱水除油是用苛性钠清洗脂肪类油污，脂肪和苛性钠经加热发生皂化反应而生成肥皂和甘油。有机溶剂(常用的有汽油、煤油和柴油等)除油优点是简便、不需加热、对金属无损伤，但是清洗成本高，易燃烧，不安全，一般不宜采用。

2) 清除积炭

清除积炭用得比较多的是化学方法，就是用退炭剂(化学溶剂)将零件上的积炭软化，软化后的积炭很容易除掉。用化学方法清除积炭的优点是零件表面不会受到刮伤或擦伤。

3) 清除水垢

发动机冷却系中如果长期加注硬水，则很容易在发动机水套和散热器壁上沉积水垢，造成散热不良，影响发动机的正常工作。因水质不同，所以有的水垢的主要成分是碳酸钙($CaCO_3$)，有的水垢的主要成分是硫酸钙($CaSO_4$)，有的水垢的主要成分是二氧化硅(SiO_2)，也有的水垢同时含几种成分。汽车修理企业大多数都采用酸洗法或碱洗法清除水垢，因为酸或碱性溶液对水垢均有溶解作用。化学除水垢的实质是通过酸或碱的作用，使水垢从不溶于水的物质转化为溶于水的盐类。

5. 零件检验分类

根据修理技术条件，按零件技术状况将零件分类为可用、可修和不可修的检验，称为零件检验分类。零件检验分类是汽车大修工艺过程中的一项重要工序，它将直接影响汽车的修理质量和修理成本。零件检验分类一般都采取集中检验的方法，即在整车和各总成分解清洗后，由专职检验员对集中在一起的零件进行检验和分类。

1) 零件检验

在零件检验过程中，对于材质发生改变或出现裂纹的零件，一般用外部检视或探伤的方法可以判断；对于磨损或变形的零件，则应测量其磨损量或变形量的大小，判断其是否超过“允许值”范围和是否需要修复。零件磨损或变形的“允许值”表示零件在达到该数值以前，无需进行修理，至少还可以继续使用一个大修周期。

2) 零件分类

在零件检验的基础上，正确区分可用的、可修的和不可修的零件，零件分类是在保证修理质量和较好的经济效益的前提下进行综合考虑的结果。可用零件是指其尺寸和形状位置误差均符合大修技术标准，可以继续使用的零件。可修零件是指如果通过修理，能使零件符合大修技术标准、保证使用寿命、经济上也合算的零件。如果零件不符合大修技术标准，且已无法修复或修复成本不符合经济要求，则这种零件就属不可修零件，可以报废。

6. 零件修理

零件修理的目的就是为了恢复它们的配合特性和工作能力。零件修复的基本方法有尺寸修理、补偿修理和压力加工修复等。零件的各种修复方法如图 8-11 所示。

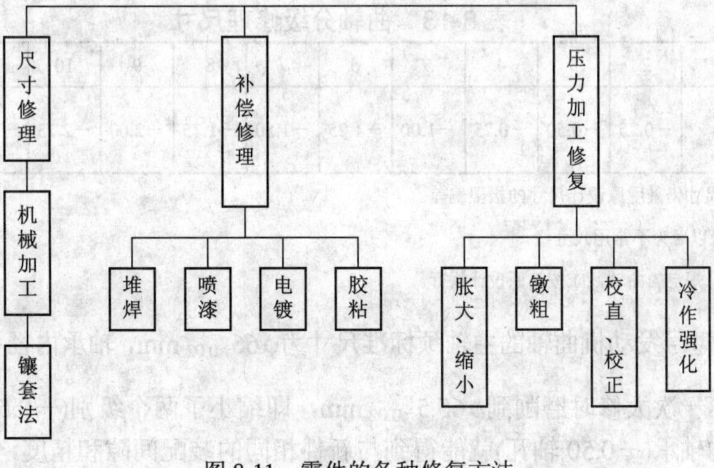

图 8-11　零件的各种修复方法

1) 尺寸修理

尺寸修理指对磨损的零件按规定的修理尺寸进行加工，使其重新具有正确的尺寸和形状精度，但改变了原设计尺寸。例如，轴类零件经尺寸修理后，轴颈尺寸缩小，如图 8-12 所示；孔类零件经尺寸修理后，孔径尺寸扩大，如图 8-13 所示。

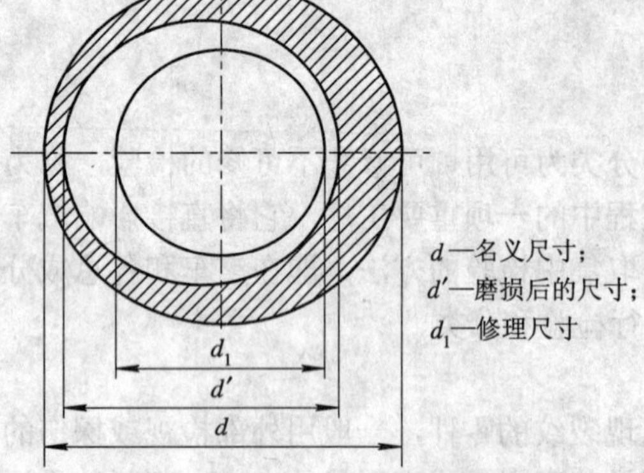

图 8-12　修理尺寸轴颈缩小

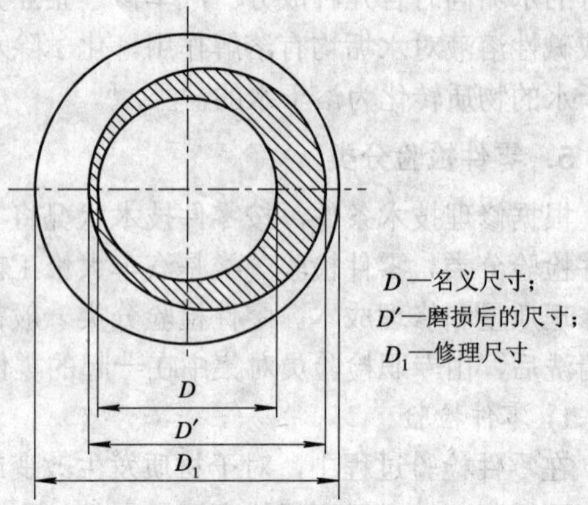

图 8-13　修理尺寸孔径扩大

2) 补偿修理

补偿修理指利用堆焊、喷涂、电镀和胶粘等方法增补零件的磨损表面，然后再进行机械加工，并恢复其原设计尺寸和形状精度。例如，采用尺寸修理的零件在经过几次加工后，需用镶套、堆焊、喷涂、电镀等方法恢复到原设计尺寸。

3) 压力加工修复

压力加工修复指利用零件金属的塑性变形来恢复零件磨损部分的尺寸和形状。常用的压力加工修复方法有胀大(缩小)、镦粗、校直(正)及冷作强化。

凡规定有修理尺寸的零件都应按修理尺寸进行修复加工，以便换用配件厂生产的相应修理尺寸的配合件。每种厂牌汽车的主要零件及易损零件，如气缸、活塞、活塞环、活塞销、曲轴、转向节等都规定有它的各级修理尺寸。我国生产的汽车的主要及易损零件的修理尺寸分级多半是每级相差 0.25 mm。表 8-13 所示为曲轴分级修理尺寸。

表 8-13　曲轴分级修理尺寸　　mm

级　别	1	2	3	4	5	6	7	8	9	10	11	12	13
曲轴主轴颈、连杆轴颈直径	0	−0.25	−0.50	−0.75	−1.00	−1.25	−1.50	−1.75	−2.00	−2.25	−2.50	−2.75	−3.00

注：(1) 各级修理尺寸仍采用原设计尺寸的极限偏差。

(2) 9 级及 9 级以后为不常用尺寸级。

(3) 分级有特殊规定的曲轴，应按其原设计执行。

例如，某种型号发动机曲轴的主轴颈标准尺寸为$\phi 66_{-0.02}$ mm，轴承内径为$\phi 66^{+0.07}_{-0.02}$ mm。曲轴主轴颈在第一次大修时磨削到$\phi 65.5_{-0.02}$ mm，即缩小了两个级别(−0.50 mm)，再配上一个缩小两级的轴承(−0.50 轴瓦)就能得到与新件相同的装配间隙和精度，保证了这对零件的修理质量。轴瓦是由专业厂精确加工的配件，在正常情况下，装配曲轴不需要刮瓦，且装好后能在轴承中轻便地转动。

7. 总成装配

总成装配是把已经修好的零部件(或更换的新件)按技术要求装配成一台完整总成的过程，在整个汽车修理过程中非常重要。总成装配质量的好坏，直接影响汽车的修理质量。

1) 总成装配作业要点

为了保证装配质量，应特别注意下列要求：

(1) 不可互换的零件、组合件，应按原位安装(对准装配记号)，不得错乱。重要的螺栓和螺母(如气缸盖的螺栓、主轴承盖的螺栓、连杆的螺栓和螺母)必须按规定的转矩依次按顺序拧紧。

(2) 装配时应尽量采用专用工具。装配有相对运动的零件时，应在配合表面涂上清洁的润滑油。

(3) 在装配过程中，应边安装、边检查、边调整，以保证装配质量。

2) 总成装配作业过程

下面以汽油机总成装配为例说明其作业过程。

(1) 安装曲轴。如果止推垫片在第一道主轴颈，则先把正时齿轮及止推垫片装在曲轴轴颈上。将准备好的气缸体倒置在工作台上，再将各道主轴承上片放入轴承座内，并涂上清洁机油；将装好飞轮并经动平衡的曲轴放在轴承内，再将各带有下片的主轴承盖装在各自的轴承座上，并装好密封条，按规定转矩均匀地由中间向两端拧紧主轴承螺栓。每拧紧一道轴承，转动曲轴几圈，检查有无阻滞现象。全部主轴承拧紧后，检查曲轴的阻力矩和曲轴的轴向间隙应符合规定。

(2) 安装活塞连杆组。先检查活塞是否偏缸，即将气缸体侧放，把不装活塞环的活塞连杆组按原配的气缸装合在曲轴上，并按规定扭矩拧紧各道螺母。然后转动曲轴，在上、下止点和气缸中部用厚薄规检查活塞头部前、后方与气缸的间隙，其前后间隙差不大于 0.1 mm。超差时，应查明原因，予以排除。

活塞环装入活塞环槽时，应注意活塞环的断面形状及安装方向。安装扭曲环时，内切口一面应朝上，外切口一面应朝下。活塞环开口应相互错开，三道环的各相错开 180°，四道环的第一道环与第二道环相错开 180°，第二道环与第三道环错开 90°，第三道环与第四道环再错开 180°。

将活塞连杆组装入气缸时，注意安装方向，并在气缸、活塞、连杆大头、连杆轴颈等各配合表面涂上清洁机油，用环箍箍紧活塞环，将整个活塞连杆组从气缸上方装入气缸，使连杆大头落在连杆轴颈上，然后扣上连杆轴承盖，按规定转矩拧紧螺母。有些发动机还需装好防松装置。每装好一道活塞连杆组后，转动曲轴，应无阻滞现象，然后再继续安装其他活塞连杆组。全部装好后，转动曲轴，阻力矩应符合技术标准的规定。

(3) 安装凸轮轴。先将隔圈、止推凸缘及正时齿轮装配在凸轮轴上。安装凸轮轴时，将凸轮轴各道轴颈涂上机油，装入凸轮轴轴承中，同时将凸轮轴正时齿轮与曲轴正时齿轮的记号对正，拧紧凸轮止推凸缘的固定螺钉。检查凸轮轴的轴向间隙(是用止推凸缘与隔圈的厚度差来保证的)和正时齿轮啮合间隙(用厚薄规在齿轮圆周方向相隔 120° 的三点进行测量)，应符合规定。

(4) 安装气缸盖。将气缸衬垫放在气缸体上平面上，对于铸铁气缸盖，气缸衬垫光滑的一面对着气缸体，这样可防止刮伤气缸上平面；对于铝合金气缸盖，由于容易刮伤，因此应将气缸衬垫光滑的一面对着气缸盖，然后装上气缸盖(已经装妥气门组件)和缸盖螺栓，按规定扭矩和顺序分次均匀地扭紧。

(5) 安装气门传动组零件。装好气缸盖后，按顺序在摇臂轴上装上摇臂、摇臂支座等全部零件，并安装在气缸盖上，再装上气门挺杆和推杆，调整气门间隙。气门间隙是气门杆端部与摇臂之间的间隙，调整应在气门处于完全关闭的状况下进行。调整时用厚度符合规定间隙的厚薄规插入气门杆端面与摇臂之间，用扳手旋松锁紧螺母，用螺丝刀旋转调整螺钉，同时来回移动厚薄规，以感觉有轻微阻力为合适，再将锁紧螺母拧紧，如图 8-14 和图 8-15 所示。采用液力挺杆的发动机，无需调整气门间隙。

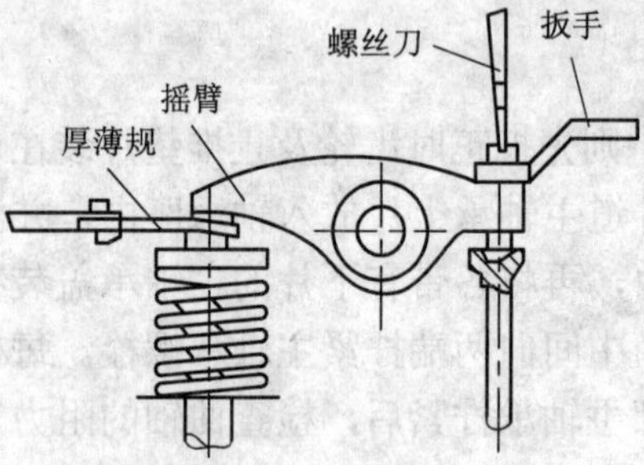

图 8-14　调整气门间隙(下置凸轮轴)

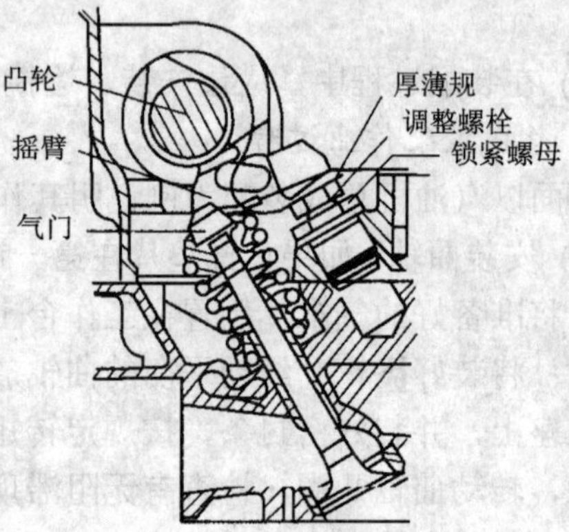

图 8-15　调整气门间隙(上置凸轮轴)

(6) 安装机油泵。应注意某些发动机的安装要求。如 EQ6100—1 发动机，使第一缸活塞在压缩冲程上止点位置，转动机油泵轴，使轴端上分电器的横销槽与机油泵壳体上的进油孔成 45° 倾斜，然后将机油泵装在缸体上，使横槽与曲轴轴线平行。

(7) 安装飞轮壳。装飞轮壳之前，先将主油道堵头螺钉拧紧，检查飞轮壳定位销孔有无损伤，然后装上飞轮壳。

(8) 安装进排气岐管。清除管内积炭和污物，用压缩空气吹净，安装时放上衬垫，按规定顺序拧紧螺栓。

(9) 安装发动机附件。安装发动机附件包括安装水泵、发电机、起动机、空气压缩机、节温器、出水管、机油粗/细滤清器、分电器、空气滤清器、化油器等。

需要说明的是，实际生产中，安装发动机附件及调整，是安排在发动机冷磨之后进行的。

8. 总成试验

在生产中广泛采用的是无负荷的冷磨合和热调试，习惯上称为冷磨和热试。

1) *冷磨*

冷磨指由外部动力驱动总成或机构的磨合。对发动机而言，冷磨的目的是对关键的部位(如气缸与活塞环，曲轴颈与轴承，凸轮轴颈与轴承等)进行的使表面平整光滑，建立能适应发动机正常工作的承载与表面质量要求的磨合过程。

冷磨时，将发动机装在磨合架上，不装火花塞或喷油器。磨合时，一般采用低粘度的润滑油，这是因为它的流动性好、导热作用强，可降低表面温度，避免磨合时发生熔着磨损，加强了清洗作用，使磨屑得以及时清除，也易补充到间隙小的部位。冷磨时，常在较稀的车用机油中加入 15%～20%的煤油或轻柴油。为改善磨合质量，缩短磨合时间，可在润滑中加硫、磷、石墨、二硫化钼等添加剂。

一般，开始磨合的转速以 550～600 r/min 为宜，然后在此基础上逐步增加，每一级以 100～200 r/min 递增，整个冷磨时间不得少于 2 h。

冷磨以后，放出全部润滑油，加入清洗油，再转动几分钟，彻底清洗零件表面和润滑油道，放出清洗油。

2) 热试

热试指将冷磨后的发动机装上全部附件后起动，以自身的动力运转，除进一步磨合外，主要是对发动机的工作进行检查、调整。

热试时，转速不宜过高，一般为 1000～1400 r/min，时间不少于 1.5 h，水温应保持 75～85℃；应仔细观察各处的衬垫、油封、水封及接头有无漏油、漏水、漏电、漏气现象；查看电流表、机油压力表、水温表读数是否正常；调整点火系、供油系，在怠速和各种转速时运转均应平稳；检查发动机各部分有无不正常响声；测量气缸压力应符合要求。

热试后，应检查气缸壁的磨合情况和曲轴轴承的磨合情况(抽查一道即可)，检查各道曲轴轴承螺栓和螺母的紧固锁止情况，检查和调整气门间隙，更换润滑油和细滤器滤芯，重新按规定转矩将气缸盖螺栓再依次紧一次。

9. 汽车总装

汽车总装是将经过修理和更换，并经检验合格的各总成、组合件及连接件，以车架为基础，装配成一辆完整汽车的过程。汽车总装质量的好坏，直接影响着汽车使用性能及运行安全。

1) 汽车总装作业要点

汽车总装作业要点包括：装配前，对各总成、组合件、零件和附件进行检查，各项指标都应符合技术条件的规定；总装时，要认真执行技术条件中的规定，正确装配，然后按照安全操作规程装配作业；总装后，必须进行试车检验，确保汽车符合技术条件的各项要求，为客户提供高质量的、性能良好的汽车。

2) 汽车总装作业过程

汽车结构不同，总装工艺不完全相同，现以 CA1091 汽车总装为例进行说明。

(1) 安装前桥。将车架架好，在车架上装好前钢板弹簧，安装时，将钢板前端孔与车架上支架孔对正，装入钢板销，用同样方法装好后端，然后装上前桥和车轮；也可以先将钢板弹簧和车轮事先装好在前桥上，然后将车架前端吊起，将前桥推到车架下，并将钢板弹簧与车架连接装配在一起。减振器应先装在车架上，然后将减振器与前桥连接。

(2) 安装后桥。后钢板弹簧同后桥的安装与前桥基本相同，可先在车架上装好钢板弹簧，再装后桥和车轮，也可将车架后端吊起，把装有车轮和钢板弹簧的后桥推到车架下面，用钢板弹簧销和吊耳销将钢板弹簧与车架连接在一起。

(3) 安装制动装置。应先装储气筒和制动阀，然后再连接各部气管，所有管道应安装牢固。

(4) 安装离合器踏板及制动踏板。将制动踏板支架装在车架上，在踏板轴上装好离合器踏板和制动踏板。装好离合器分离叉的拉杆、制动总泵推杆或制动阀拉杆，并装好各部拉簧。

(5) 安装发动机和变速器。在总装前，先将发动机、离合器和变速器装合在一起，然后吊装到车架上，也可分别安装。注意装好发动机支承处的橡胶垫块。

(6) 安装传动轴。将传动轴中间支承装好后，用螺栓将传动轴万向节凸缘接头与变速器及主减速器凸缘接头连接，使两端的万向节叉在同一平面内。传动轴分两段的，先装前面短的，再装后面长的，并使短传动轴两端的万向节叉互相垂直，长传动轴两端的万向节叉应在同一平面内。

(7) 安装消声器。在排气岐管与消声器凸缘之间装上石棉衬垫，用卡箍将消声器安装固定，并安装好消声器排气管。消声器及排气管卡箍的固定螺栓应安装弹簧垫圈。

(8) 安装驾驶室。驾驶室与车架固定处应安放橡胶垫，固定螺栓的螺母下面安置平垫圈，螺母拧紧后装好开口销。安装好驾驶室后，即可安装加速踏板，接上化油器节气门与阻风门的拉杆及钢丝等连接部分。

(9) 安装转向器。将转向轴管在驾驶室内固定后，再拧紧固定螺栓。安装转向摇臂，应先将转向盘转到全部回转行程的中部，将摇臂置于垂直位置装在摇臂轴上，使两前轮处于直行位置，用纵拉杆将摇臂与转向节臂连接起来。

(10) 安装汽油箱。汽油箱安装应紧固牢靠，最后连接油管。

(11) 安装脚踏板、翼子板和保险杠。先将脚踏板安装在车架上，再装上挡泥板和翼子板，最后装保险杠和拖钩。

(12) 安装散热器及发动机罩。散热器与车架连接处，要装好橡胶垫，螺母拧紧后必须用开口销锁住，再拧紧框架螺栓，连接橡皮水管，装好百叶窗、拉杆和拉手，最后安装发动机机罩。

(13) 安装全车电气线路及仪表。电线要用线夹固定并拉紧，接头必须接触良好并紧固可靠，车灯应安装牢靠。

(14) 加注润滑油、冷却水。在需润滑的部位，按规定的品种和牌号加注润滑油或润滑脂，水箱内加满冷却水。

(15) 安装车厢。用 U 形螺栓将车厢与车架固定。

(16) 汽车总装后的检查、调整。汽车总装后，还应检查及调整离合器踏板自由行程、前轮前束、转向角、转向盘自由转动量、制动踏板自由行程，检查轮胎气压。

10．竣工检验

汽车总装后，要进行一次全面综合性检验，其目的是检查整个汽车的修理质量，消除发现缺陷和问题，使修竣的汽车符合技术标准的规定，为客户提供性能良好、质量可靠的汽车。

竣工检验包括试车前检验、试车检验和试车后检验。竣工检验应由专职检验员填写汽车大修竣工检验单。某地汽车维修行业管理规定的汽车大修竣工检验单如表 8-14 和表 8-15 所示。

表 8-14　汽车大修竣工检验单(一)

进厂编号		厂牌车型		牌照号码	
发动机号码		车架号码		竣工日期	

检验项目	检验结果	检验项目	检验结果
一、整车外观和装配		倒车灯、牌照灯	
喷(涂)漆		雾灯、报警灯	
钣金及整形		仪表、信号及仪表灯	
门、窗、罩、盖		刮水器	
各部玻璃		电气线路	
升降器		蓄电池	
刮水器		发电机	
遮阳板		调节器	
内、外装饰		起动机	
后、侧视镜		继电器	
座椅及靠垫			
室内装饰		二、汽车运行性能	
各部润滑与加注作业		发动机	
驾驶室		离合器	
客(货)车身		手动变速器	
车架、保险杠		自动变速器	
悬架、弹簧		分动器	
减振器		传动轴	
保险杠及拖钩		主减速器	
备胎及支架		差速器	
轮胎与气压		转向盘	
排气管、消声器			
油箱架、防护网		三、路试后的检查	
离合器踏板		发动机运转状况及异响	
制动踏板		制动鼓	
油门(手油门)操纵		轮毂	
驻车制动拉杆及有效行程		变速器壳	
传动轴及中间支承		驱动桥壳	
转向机支架		差速器壳	
转向摇臂、横直拉杆		传动轴中间轴承	
转向助力装置		螺栓螺母连接	
前照灯、小灯		各总成油液高度	
制动灯、转向灯		四漏检查	
顶灯、示位灯		各部异响	
备注:			

过程检验:　　　　　　　　　　　　　　　　　年　　月　　日

表 8-15　汽车大修竣工检验单(二)

<table>
<tr><td>施工单号</td><td></td><td>厂牌车型</td><td></td><td>牌照号码</td><td></td></tr>
<tr><td>发动机号码</td><td></td><td>车架号码</td><td></td><td>竣工日期</td><td></td></tr>
</table>

<table>
<tr><td colspan="5">底盘各部位检验记录</td></tr>
<tr><td>检验内容及结果</td><td colspan="4">检验内容及结果</td></tr>
<tr><td>汽车左右轴距差(mm):
左:　　右:　　差:</td><td colspan="4">喇叭声级(dB):</td></tr>
<tr><td>保险杠左右离地高度差(mm):
左:　　右:　　差:</td><td colspan="4">车轮动平衡(g):</td></tr>
<tr><td>翼子板左右离地高度差(mm):
左:　　右:　　差:</td><td colspan="4">轮胎花纹深度(mm):</td></tr>
<tr><td colspan="5">底盘各部位检验记录</td></tr>
<tr><td>检验内容及结果</td><td colspan="4">检验内容及结果</td></tr>
<tr><td>驾驶室、客车厢左右离地高度差(mm):
左:　　右:　　差:</td><td colspan="4">离合器踏板力(N):</td></tr>
<tr><td>货厢左右离地高度差(mm):
左:　　右:　　差:</td><td colspan="4">制动踏板力(N):</td></tr>
<tr><td>货厢边板关闭后缝隙(mm):</td><td colspan="4">最小转弯半径(m):</td></tr>
<tr><td>转向盘自由转动量(°):</td><td colspan="4">前轮侧滑量(m/km):</td></tr>
<tr><td>前轮定位(°):
主销内倾:
主销后倾:
车轮外倾:
车轮前束:</td><td colspan="4">制动距离(m):
制动力(N):
制动力平衡:</td></tr>
<tr><td>离合器踏板自由行程(mm):</td><td colspan="4">驻车制动:</td></tr>
<tr><td>制动踏板自由行程(mm):</td><td colspan="4">柴油车(Rb):
(1)　(2)　(3)　平均值</td></tr>
<tr><td rowspan="4">前照灯发光强度(cd):
左:　右:
前照灯照射位置(mm):
左灯左/右偏: ___　右灯左/右偏: ___
左灯上/下偏: ___　右灯上/下偏: ___</td><td colspan="4">汽油车</td></tr>
<tr><td colspan="2">怠速</td><td colspan="2">高怠速</td></tr>
<tr><td>CO(%)</td><td>HC(10^{-6})</td><td>CO(%)</td><td>HC(10^{-6})</td></tr>
<tr><td></td><td></td><td></td><td></td></tr>
<tr><td colspan="5">备注:</td></tr>
</table>

竣工检验签字:　　　　　　　　　　　　　　年　　月　　日

(1) 试车前检验：主要是静态检查汽车各部分是否齐全完好，装配是否正确妥善，发动机、仪表的工作是否良好。

(2) 试车检验：主要是动态检查汽车底盘各总成的工作是否正常。试车时发现故障，要及时排除，特别是转向系和制动系故障，必须排除以后，才能继续试车。

(3) 试车后检验：具体要求有检查制动鼓、轮毂、变速器壳、驱动桥壳、传动轴中间轴承等处；检查各部位应无漏油、漏水、漏电、漏气等现象，运行温度正常；检查各紧固螺栓和螺母，应无松动；检查灯光信号装置，工作应正常。

11. 出厂验收

汽车经竣工检验并消除了各种缺陷后，即可通知送修方接车，经送修与承修方确认合格后，办理出厂交接手续。汽车修竣出厂验收包括出厂规定和客户验收。

1) 出厂规定

汽车的送修和承修方都应遵守修竣出厂规定：

(1) 送修汽车和总成修竣检验合格后，承修方应签发出厂合格证，并将技术档案资料交送修单位。

(2) 汽车及总成修竣出厂时，不论送修时的装备(附件)状况如何，均应按照有关规定配备齐全，发动机应装限速装置。

(3) 接车人员应根据合同规定，就汽车或总成的技术装备情况等进行验收，如发现确有不符合竣工要求的情况，承修单位应立即查明，及时处理。

(4) 送修单位必须严格执行汽车走合期的规定，在质量保证期内因质量问题而发生故障或提前损坏，承修方应及时安排免费修理。如发生纠纷，应由汽车维修管理部门组织技术分析和仲裁。

2) 客户验收

客户对修竣出厂的汽车进行静态和动态的检查验收，若发现缺陷，可要求承修方及时消除，使汽车达到整齐美观、安全可靠、经济性和动力性好、技术性能达到指标和客户满意的目标。客户验收时将汽车停放于平坦的路面上，按如下顺序检查。

(1) 静态检查。其主要内容是：

① 观察汽车外表，站在车头前面察看驾驶室、发动机罩、左右翼子板、前保险杠等是否平正。如果不平正，则通常有下列因素：左右轮胎气压不一致，左右弹簧及减振器不一致，车架或翼子板变形等。

② 到车前检查保险杠及拖钩是否牢固，散热器护罩、发动机罩、翼子板和驾驶室是否凹凸、裂纹，各连接螺栓是否牢固，前照灯安装是否牢固。

③ 进驾驶室检查车门开关是否轻便，门窗玻璃升降是否灵活，脚踏板是否安装牢固，并检查前挡风玻璃有无裂损。

④ 到车后观察车厢是否平正，后灯、制动灯、车牌灯是否安装牢固。

⑤ 检查油箱、备胎架安装的紧固情况。

⑥ 如果是喷烘漆的汽车，则应检查油漆面颜色是否均匀，是否有滴漆、起泡等现象。

(2) 动态检查。其主要内容是：

① 起步行驶前，发动机应达到正常温度并检查一次仪表信号装置的工作情况。

② 检查离合器的工作状况。离合器应分离彻底，接合平稳、可靠，无发抖、打滑、异响等现象。

③ 低速行驶 2～3 km，使底盘各部件温度升至正常及润滑正常，注意各部件是否有异常响声。轻踏制动踏板，测试制动是否灵活、有效，然后提高车速。方向系应轻便、灵活，无跑偏现象，高速时不能有“飘”的感觉。

④ 选择合适场地，检查汽车的最小转向半径，应该符合原厂规定。

⑤ 在加速或减速时，留意细听变速箱、离合器、传动轴、差速器有无响声，检查在不

同挡位及不同的速度下，允许齿轮有轻微响声，但不允许有敲击声；在任何一个挡位，当速度突然变化时，允许齿轮有瞬间的敲击声；传动轴在正常行驶时不能有响声，但在行驶动力不足而又未能及时转换低速挡时，允许有响声。

⑥ 检查变速箱有否跳挡，在汽车行驶中急踩和急松油门便可知道。

8.2.3 汽车修理技术检验

汽车修理技术检验就是按规定的技术要求确定所修理的汽车、总成、零部件技术状况而实施的检查。这种检查针对不同对象，借助某些手段测定质量特性，并将测定结果同技术标准相比较，判断是否合格。汽车修理技术检验可分为整车技术检验、总成技术检验和零部件技术检验。

1. 汽车修理技术标准

汽车修理技术标准是对汽车修理全过程的技术要求、检验规则所做的统一规定。汽车修理技术标准是衡量修理质量的尺度，是企业进行生产、管理的依据。它具有法律效力，必须严格遵守。认真贯彻技术标准，对保证修理质量、降低成本、提高经济效益和保证安全运行都有重要作用。我国汽车修理技术标准分四级，即国家标准、行业标准、地方标准和企业标准。

1) 国家标准

国家标准是国家对本国经济发展有重大意义和工农业产品、工程建设和各种计量单位所作的技术规定，由国务院标准化行政主管部门制定。如现行有关汽车修理的国家标准主要有：

GB 7258—2004	《机动车运行安全技术条件》
GB/T 3798—1983	《汽车大修竣工出厂技术条件》
GB/T 3799—1983	《汽车发动机大修竣工技术条件》
GB 14761.6—1993	《汽油车自由加速烟度排放标准》
GB 3847—1999	《压燃式发动机和装用压燃式发动机的测量排气可见污染物限值及测试方法》
GB/T 5336—1985	《大客车车身修理技术条件》
GB/T 15746.1—1995	《汽车修理质量检查评定标准整车大修》
GB/T 15746.2—1995	《汽车修理质量检查评定标准发动机大修》
GB/T 15746.3—1995	《汽车修理质量检查评定标准车身大修》
GB 3801—83	《汽车发动机气缸体与气缸盖修理技术条件》
GB 3800—83	《汽车车架修理技术条件》
GB 3802—83	《汽车发动机曲轴修理技术条件》
GB 3803—83	《汽车发动机凸轮轴修理技术条件》
GB 5372—85	《汽车变速器修理技术条件》
GB/T 18275.1—2000	《汽车制动传动装置修理技术条件气压制动》
GB/T 18275.2—2000	《汽车制动传动装置修理技术条件液压制动》
GB/T 18274—2000	《汽车鼓式制动器修理技术条件》
GB/T 12534—1990	《汽车道路试验方法通则》

2) 行业标准

行业标准就是以前的部标准，是全国性各行业范围内的技术标准，由国务院有关行政主管部门制定，并报国务院标准化行政主管部门备案。在公布国家标准之后，该项行业标准即行废止。现行的有关汽车修理的行业标准有：

JB/Z 111—1986　《汽车油漆涂层》

JT 3101—1981　《汽车修理技术标准》

JT 3119—1985　《BJ212 轻型越野汽车修理技术条件》

JT 121—1986　《东风 EQ140 型汽车修理技术条件》

3) 地方标准

地方标准是省、自治区、直辖市标准化行政主管部门对未颁布国家和部标准的产品或工程所颁布的标准。汽车维修地方标准，由各省、市、自治区标准化行政主管部门制定，并报国务院标准化行政主管部门和国务院有关行政主管部门备案。在公布国家标准或行业标准之后，该项地方标准即行废止。

4) 企业标准

汽车维修企业在维修汽车时，若遇到没有国家标准、行业标准或地方标准能参照的情况，应该以该汽车的生产厂商提供的维修手册、使用说明书等相关技术资料为依据，制定企业标准，指导组织生产。企业标准须报当地政府标准化行政主管部门和有关行政主管部门备案。对已有国家标准或行业标准的，国家鼓励企业自行制定严于国家或行业标准的企业标准，在企业内部实施。

2. 整车技术检验规则

整车技术检验规则如下：

(1) 汽车性能测试应在平坦、干燥、清洁的高级或次高级路面，长度和宽度适应测试要求，纵向坡度不大于 1%的直线道路上往返进行。测试数据取平均值。

(2) 大修竣工的汽车，经检验合格，应签发合格证。

(3) 大修竣工的汽车，应在明显部位安装铭牌，其内容包括发动机和车架号码、承修单位名称及修竣出厂年、月、日等。

(4) 修竣的车辆，经送修与承修单位双方确认合格后，办理出厂交接手续。出厂合格证和有关技术资料应随车交付送修单位。

3. 总成技术检验

总成技术检验主要是指总成修竣后检验，其目的是检查总成的修理质量，消除缺陷，发现问题，使修竣的总成符合技术标准的规定，确保装配的汽车使用性能良好和运行安全可靠。下面以发动机大修竣工检验为例，说明总成技术检验的主要内容。

1) 发动机大修竣工检验技术要求

发动机大修竣工检验技术要求如下：

(1) 装配的零部件和附件均应符合经规定程序批准的制造或修理技术条件。

(2) 发动机应按经规定程序批准的装配技术条件进行装配，并装备齐全。

(3) 装配后的发动机，应按经规定程序批准的工艺和技术条件进行冷、热磨合，拆检和清洗。

(4) 发动机在正常工作温度下，5 s 内能起动。柴油机在环境温度不低于 50℃，汽油机在环境温度不低于−5℃时，起动顺利。

(5) 发动机怠速运转稳定，其转速应符合原设计规定。

(6) 四行程汽油机转速在 500～600 r/min 时，以海平面为准，进气歧管真空度应在 430～530 mmHg 范围内。其波动范围，六缸汽油机一般不超过 25 mmHg，四缸汽油机一般不超过 38 mmHg。

(7) 发动机在各种转速下运转稳定，在正常工况下，不得有过热现象。改变转速时，应过渡圆滑。突然加速或减速时，不得有突爆声，化油器不得回火，消声器不得有放炮声。

(8) 在规定转速下，机油压力应符合原设计规定。

(9) 气缸压缩压力应符合原设计规定，各缸压缩压力差，汽油机应不超过各缸平均压力的 8%，柴油机应不超过 10%。

(10) 发动机起动运转稳定后，只允许正时齿轮、机油泵齿轮、喷油泵传动齿轮及气门脚有轻微均匀响声，不允许活塞销、连杆轴承、曲轴轴承有异响和活塞敲缸及其他异常响声。

(11) 发动机最大功率和最大扭矩均不得低于原设计标定值的 90%。

(12) 发动机最低燃料消耗率不得高于原设计规定。

(13) 发动机不应有漏油、漏水、漏气、漏电现象，但润滑油、冷却水密封接合面处允许有不致形成滴状的浸渍。

(14) 发动机排放限值应符合国家的有关规定。

(15) 发动机应按原设计规定加装限速片，或对限速装置作相应的调整，并加铅封。

(16) 发动机外表应按规定涂漆，涂层应牢固，不得有起泡、剥落和漏涂现象。

(17) 发动机应按规定加注润滑剂。

(18) 其他有关要求应符合原设计规定。

2) 发动机大修竣工检验规则

发动机大修竣工检验规则如下：

(1) 在测试发动机各种转速运转、进气歧管真空度、机油压力、气缸压缩压力时，水冷式发动机水温为 75～85℃，风冷式发动机油温为 80～90℃。

(2) 承修单位应对发动机的最大扭矩和最低燃料消耗率进行测试，并按主管部门或修理合同规定对最大功率和负荷特性进行抽样测试。

(3) 检验合格的发动机，应签发合格证并提供必要的技术资料。

4．零部件技术检验

零部件技术检验包括对被检零部件的尺寸误差、表面误差、形状和位置误差以及零件内部缺陷等进行检测。下面以对发动机凸轮轴修理检验为例，说明零部件技术检验的主要内容。

1) 发动机凸轮轴修理检验技术要求

发动机凸轮轴修理检验技术要求如下：

(1) 当凸轮表面累积磨损量(包括修理加工磨削量)不超过 0.8 mm 时，允许用直接修磨的方法恢复凸轮；当超过 0.8 mm 需要修理时，可在凸轮的局部或全部表面敷以补偿修复层。

(2) 凸轮轮廓的升程曲线应符合原设计规定，但个别区段内的升高量允许有不大于 0.02 mm 的超差。

(3) 以两端支承轴颈的公共轴线为基准，凸轮基圆的径向圆跳动公差为 0.05 mm。

(4) 凸轮斜角应符合原设计规定。

(5) 通过凸轮升程最高点和轴线的平面，相对于正时齿轮键槽中心平面的角度偏差不得超过±45℃。

(6) 同一根凸轮的各支承轴颈的直径应修磨为同一级修理尺寸。分级修理尺寸见表 8-16 所示。

表 8-16　凸轮轴支承轴颈分级修理尺寸　mm

级　别	0	1	2	3	4	5	6
轴颈直径缩小量	0	0.10	0.20	0.30	0.40	0.50	0.60

注：(1) 各级修理尺寸仍采用原设计尺寸的极限偏差。

(2) 有特殊要求的凸轮轴，按原设计要求执行。

(7) 支承轴颈直径缩小量超过使用限度时，可敷以补偿修复层，使轴颈直径恢复至原设计尺寸或修理尺寸。

(8) 支承轴颈的圆柱度公差为 0.005 mm。

(9) 以两端支承轴颈的公共轴线为基准，中间各支承轴颈的径向圆跳动公差为 0.025 mm。

(10) 安装正时齿轮的轴颈，其尺寸应符合原设计规定。以两端支承轴颈的公共轴线为基准，其轴颈的径向圆跳动和轴向止推端面的端面圆跳动公差为 0.03 mm。

(11) 驱动汽油泵的偏心轮直径，允许比原设计规定的最小极限尺寸小 1.0 mm。

(12) 机油泵驱动齿轮不得缺损，轮齿工作表面不得有剥落，齿厚不小于原设计规定的最小极限尺寸的 0.50 mm。

(13) 支承轴颈表面粗糙度 R_a 不低于 0.8 μm；凸轮和驱动机油泵的偏心轮的表面粗糙度 R_a 不低于 1.6 μm；轴向止推端面的表面粗糙度 R_a 不低于 3.2 μm；其他加工面的表面粗糙度应符合原设计规定。

(14) 凸轮轴的凸轮和支承轴颈部位的补偿修复层的性能应满足使用要求。

(15) 凸轮轴应进行探伤检查，除凸轮表面堆焊层可以有不连续成片的鱼鳞状裂纹外，不得有其他裂纹。

(16) 凸轮轴的所有表面不得有毛刺、氧化皮、焊渣、气孔、渣眼、油垢和脱壳等缺陷，螺纹损伤不得超过两牙。

2) 发动机凸轮轴修理检验规则

凸轮轴经检验合格后，应签发合格证；送修单位有权根据合同抽样复验。

3) 发动机凸轮轴修竣的包装及储存要求

发动机凸轮轴修竣的包装及储存要求如下：

(1) 修竣的凸轮轴应进行防锈处理，出厂产品应装入箱内并固定牢靠。

(2) 产品应放在通风和干燥的地方，并应采取防护措施。

8.3　汽车维修技术经济指标

评价汽车维修企业的生产效益和效率的水平，离不开各种各样的技术经济指标。技术经济指标有很多种类和层次，可形成不同的技术经济指标体系。在此主要介绍汽车维修行业管理要求的指标体系内容和汽车维修生产常用的考核指标。

8.3.1 汽车维修行业管理指标体系

交通部曾专门为我国汽车维修行业发展规划了规划期(1996—2005 年)内要达到的具体目标。它由六个指标组成的指标体系表述。这六个指标是总量指标、服务性指标、维修质量指标、效益指标、技术进步指标和人员素质指标，具体如图 8-16 所示。

- 管理指标体系
  - 总量指标
    - 总量供给与总量需求
    - 各类汽车维修企业的结构比例
  - 服务性指标
    - 维修站点数 / 千辆车
    - 在厂(场)车日
  - 维修质量指标
    - 维修质量保证期内的返修率
    - 上线检测一次合格率
  - 效益指标
    - 产值利润率与收入利税率
    - 全员劳动生产率
  - 技术进步指标
    - 检测设备台数 / 设备总台数
    - 专用设备台数 / 设备总台数
    - 技术进步对产值增长速度的贡献
  - 人员素质指标
    - 技术人员数 / 全部职工数
    - 持证上岗率

图 8-16 汽车维修行业管理指标体系

1. 总量指标

1) 总量供给与总量需求

我国处于市场经济发展的初期，供需关系逐渐趋于动态平衡，供需比 2006 年时按 1.2∶1 计算，见表 8-17。

表 8-17 总量供给与总量需求(预测 2006 年)

类　型	方案	总量供给(万辆次)	总量需求(万辆次)
货车大修	高方案	74	61.6667
	低方案	53	44.1667
货车二级维护	高方案	8424	7020
	低方案	6119	5099.1667
客车大修	高方案	82	68.3333
	低方案	73	60.8333
客车二级维护	高方案	7506	6255
	低方案	6623	5519.1667
汽车小修	高方案	67 541	56 284.1667
	低方案	54 332	45 276.6667

2) 各类汽车维修企业的结构比例

按经营性质划分，维修企业可分为货车大修、货车二级维护、客车大修、客车二级维护、汽车小修，将各类企业预测结果进行分析，具体见表 8-18。

表 8-18　按经营性质划分的结构比例(预测 2006 年)

类　型	方案	维修车辆数(万辆次)	占比例
货车大修	高方案	74	0.0009
	低方案	53	0.0008
货车二级维护	高方案	8424	0.1007
	低方案	6119	0.0911
客车大修	高方案	82	0.0010
	低方案	73	0.0011
客车二级维护	高方案	7506	0.0898
	低方案	6623	0.0985
汽车小修	高方案	67 546	0.8076
	低方案	54 332	0.8085
合　计	高方案	83 632	1.0000
	低方案	67 200	1.0000

2. 服务性指标

1) 维修站点数/千辆车

2006 年每千辆汽车应配备的维修站点数为 3.0，其中一、二类企业为 1.0。

2) 在厂(场)车日

在厂(场)车日是指汽车进厂到竣工出厂的天数。这是一项反映汽车维修企业生产管理水平的指标，其计算方法如下：

$$维护在厂(场)车日=\frac{维护在厂（场）总车日}{维护竣工辆次}$$

$$大修平均在厂(场)车日=\frac{大修在厂（场）总车日}{大修竣工辆次}$$

其中，在厂(场)总车日应包括返修车日。2006 年汽车维修企业要控制的在厂(场)车日指标，如表 8-19 所示。

表 8-19　2006 年汽车维修企业要控制的在厂(场)车日　　单位：天

车　型	大修在厂(场)车日	一级维护在厂(场)车日	二级维护在厂(场)车日
载货汽车	10	不占	1
载客汽车	20	不占	1

3．维修质量指标

1) 维修质量保证期内的返修率

按照我国汽车维修行业发展规划，质量保证期内的返修率 2006 年的目标是不大于 4%，计算方法如下：

$$汽车小修(含汽车维护)返修率(\%)=\frac{车辆返修辆次}{竣工辆次}\times 100\%$$

$$汽车大修返修率(\%)=\frac{大修返修辆次}{大修竣工辆次}\times 100\%$$

其中，汽车返修辆次的概念要求统一。例如某地交通运输管理部门规定：返修辆次是指竣工汽车在保修期内，由于对原报修项目修理不善引起的(不包括汽车使用者不正常使用和维护引起的)返修汽车。从开返修单时算起，汽车小修在厂车日超过 4 h 或累计耗用修理工时 2 h 为一个返修辆次；二级维护在厂车日超过 8 h 或累计耗用修理工时 4 h 为一个返修辆次；汽车大修在厂车日超过 24 h 或累计耗用修理工时 8 h 为一个返修辆次。

2) 上线检测一次合格率

汽车大修、二级维护上线检测一次合格率，2006 年应不低于 90%。

4．效益指标(未考虑货币时间价值)

1) 产值利润率与收入利税率

2006 年产值利润率(每百元产值实现的利润，单位为元)全国平均应达到 10 元；收入利税率(每百元收入实现的利税，单位为元)应达到 20 元。

2) 全员劳动生产率

依据调查预测，要求每年按 5%的速度增长。

5．技术进步指标

1) 检测设备台数/设备总台数、专用设备台数/设备总台数

这两项指标本应用固定资产净值之比表示，因得到的调查统计资料是以台数为单位统计的，所以仍用台数比值。2006 年上述两个指标应分别达到 33%和 39%。

2) 技术进步对产值增长速度的贡献(技术进步对汽车维修行业经济增长所占份额指标)

根据我国汽车运输业及机械制造业测算分析，20 世纪 90 年代初期该指标达到 20%左右，而发达国家机械行业该指标值为 40%～50%。因此，依靠技术进步逐渐促进我国汽车维修行业经济增长是今后应重点抓好的主要工作之一。2006 年该指标应达到 47%左右。

6．人员素质指标

1) 技术人员数/全部职工数

2006 年该指标应达到 10%，即达到现有的较高水平。

2) 持证上岗率

维修人员及质量检验人员持证(技术培训合格证)上岗率应达到 100%。

8.3.2　其他常用考核指标

1．汽车维护间隔里程

汽车维护间隔里程是指汽车两次同级维护作业之间的实际里程。它是考核汽车运输企

业执行汽车维护制度，并按期强制维护汽车情况的一项指标。一般要求汽车维护间隔里程与规定的维护周期误差控制在±10%范围内。

汽车运输企业执行汽车同级维护平均间隔里程的计算方法如下：

$$一级(或二级)维护平均间隔里程(km)=\frac{一级（或二级）维护总车行程}{一级（或二级）维护竣工辆次}$$

其中，维护竣工辆次是指报告期限内维护竣工出厂的汽车辆次数。

2．汽车维护工时定额

汽车维护工时定额是指完成每次维护的工时限额。它是考核汽车维护的实际工效和进行定员的主要依据之一。其计算方法如下：

$$维护平均工时=\frac{维护实耗工时}{维护竣工辆次}$$

$$完成维护工时定额百分比(\%)=\frac{维护实耗工时}{定额工时}\times 100\%$$

在汽车维护作业中，凡超过维护作业范围的附加修理作业工时不应计入维护实耗工时，要另外计算汽车修理工时。汽车维护工时定额按当地汽车维修管理部门所规定的执行。

3．汽车维护与小修费用定额

汽车维护与小修费用定额是指汽车每辆次(或单位行程)维护与小修所耗用的工时和物料费用的限额。它是考核汽车维护厂生产管理水平的指标之一。其计算方法如下：

$$一级(或二级)维护平均费用=\frac{维护总费用}{维护竣工辆次}\quad(元/次)$$

$$小修平均费用(元/千车公里)=\frac{小修总费用}{总车公里（千车公里）}$$

$$完成维护(或小修)费用定额百分比(\%)=\frac{维护（或小修）实耗费用}{定额费用}\times 100\%$$

汽车维护与小修费用也可以累计考核，称汽车维修费用。汽车维修费用定额是指汽车每行驶一定里程，维护与小修耗用的工时和物料总费用的限额，按车型和应用条件等分别规定。它是汽车运输行业管理要建立的主要技术经济定额和指标之一。其计算方法如下：

$$汽车维修费用(元/千车公里)=\frac{各级维护与小修费用总和}{总车公里（千车公里）}$$

4．小修频率

小修频率是指每千车公里发生小修的次数(不包括各级维护作业中的附加小修作业)。它是考核汽车使用、维护和修理质量的一项综合性指标，也是汽车运输行业管理要建立的主要技术经济定额和指标之一。一般要求汽车小修频率不超过 1～2 次/千车公里。其计算方法如下：

$$小修频率(次/千车公里)=\frac{小修辆次}{总车行程（千车公里）}$$

5. 配件、材料消耗定额

配件、材料消耗定额是指汽车在单位行程内或每辆次维护(或小修)所需要的配件和材料等消耗限额。它是考核维修企业节约物料和组织供应的依据。其计算方法如下：

$$\text{配件等辅助材料平均消耗量(元/万车公里)}=\frac{\text{维护和小修总消耗量}}{\text{总车公里（万车公里）}}$$

$$\text{油料(燃油、润滑油、清洗用油等)平均油耗量(元/辆车)}$$
$$=\frac{\text{一级（或二级）维护（或小修）总耗油量}}{\text{维护（或小修）竣工辆次}}$$

$$\text{配件、材料完成消耗定额(\%)}=\frac{\text{实际消耗量}}{\text{定额消耗量}}\times 100\%$$

6. 汽车大修间隔里程定额

汽车大修间隔里程定额是指新车到大修，或大修到大修之间所行驶的里程限额，按车型和使用条件等分别制定。因为它可以综合反映汽车大修质量和平时使用及维修质量，所以是汽车运输行业管理中必须建立的技术经济定额之一。

$$\text{大修平均间隔里程(km)}=\frac{\text{大修车辆总车行程}}{\text{大修车辆次}}$$

说明两点：

(1) 有的汽车行驶一定里程后，经检测和技术鉴定，其零件磨损和总成损坏严重，已无法修复或无修理价值，未经大修即报废，该车的已驶里程应计入大修汽车总车行程中。肇事汽车和机损事故汽车不应计算在内。

(2) 汽车行驶里程达到大修间隔里程定额时，应进行技术鉴定，在技术上允许、经济上合理的条件下，可规定补充行驶里程定额。

7. 发动机总成大修间隔里程定额

发动机总成大修间隔里程定额是指新发动机到大修，或大修到大修之间所行驶的里程限额，按型号和使用燃料类别等分别制定。发动机总成大修间隔里程定额也是汽车运输行业管理中必须建立的技术经济定额之一，具体考核的要求同汽车大修间隔里程定额。

8. 修理工时定额

修理工时定额是指完成每次修理的工时限额，它是考核汽车修理企业实际工效和进行定员的主要依据之一。其具体考核计算方法如下：

$$\text{平均修理工时(h)}=\frac{\text{修理实耗工时}}{\text{修理竣工辆次}}$$

$$\text{完成修理工时定额百分比(\%)}=\frac{\text{实耗工时}}{\text{定额工时}}\times 100\%$$

当修理工时用作汽车修理业务收费依据时，汽车修理企业需严格执行当地汽车维修管理部门所规定的统一工时定额。一般情况下，汽车维修管理部门所规定的统一工时定额是当地进行汽车维修核计工时的最高定额。表 8-20 和表 8-21 所示为某省汽车维修行业管理规定的汽车大修及总成大修工时定额。

表 8-20　某省规定的汽车大修及总成大修工时定额(一)　　单位：工时

序号	作业项目	汽油货车			柴油货车				客车					吉普车		轿车			备注
		1 t以下	3.5 t以下	5 t以下	3.5 t以下	5 t以下	8 t以下	12 t以下	微型客车	轻型客车	中型客车	大型客车	铰接客车	北京2020	北京2021	普通类	中级类	高级类	
1	整车大修	720	920	1050	960	1150	1450	1750	850	1550	2150	2550	2900	870	1600	1250	1650	1850	
2	发动机附离合器	196	230	270	260	320	410	480	190	250	310	410	320	200	260	220	250	280	
3	变速箱附传动轴	46	58	64	58	70	96	114	50	65	80	94	96	62	123	85	110	120	
4	前桥附转向	55	69	78	70	83	106	125	56	72	98	115	114	72	120	106	128	35	
5	后桥(含中桥)	50	65	75	65	80	100	128	52	70	96	115	150	58	105	50	75	80	
6	车架、悬挂	50	76	81	76	100	115	135	55	85	120	133	160	60	76	53	70	93	
7	车身、车厢	121	166	200	174	212	287	360	200	562	900	1052	1322	163	300	250	330	378	含座垫装饰
8	制动	32	34	40	34	40	46	64	34	38	44	48	56	34	44	38	44	56	
9	电器、空调	52	76	82	77	85	95	110	65	90	106	111	110	65	220	130	240	280	
10	轮胎	10	16	18	16	18	22	32	10	16	20	22	30	16	18	16	18	18	
11	喷烤漆	60	80	90	80	90	115	140	90	250	322	390	480	90	280	252	330	350	
12	整车调试测验	48	50	52	50	52	58	62	48	52	54	60	62	50	54	50	55	60	

表 8-21　某省规定的汽车大修及总成大修工时定额(二)　　单位：工时

车型	自卸车							备注
	汽油车		柴油车					自卸车总成大修工时定额参照同类型货车执行
	3.5 t以下	5 t以下	5 t以下	8 t以下	12 t以下	15 t以下	15 t以上	
工时	1020	1155	1255	1570	1860	2275	450	

车型	罐车							备注
	汽油车		柴油车					罐车总成大修工时定额参照同类型货车执行
	3.5 t以下	5 t以下	5 t以下	8 t以下	12 t以下			
工时	1050	1185	1265	1620	1890			

车型	拖挂车												备注
	牵引车				拖挂车						半挂车		牵引车、半挂车总成大修工时定额参照同类型货车执行
	15～20 t	30～40 t	50～60 t	60 t以上	3～4 t	5～8 t	15～20 t	30～40 t	50～60 t	60 t以上	解放类	东风类	
工时	1550	1750	1900	2100	320	410	480	650	810	920	1350	1410	

9. 汽车大修平均在修车日

汽车大修平均在修车日是指汽车大修从开工到竣工检验合格，平均所占用的天数。这也是一项反映修理企业管理水平的指标，返修车日也应计算在内。

10. 汽车大修费用定额

汽车大修费用定额是指汽车大修所耗工时和物料总费用的限额，按汽车类别和型号等分别制定。它是一项考核汽车大修经营管理水平综合性定额，是汽车维修行业管理必须建立的技术经济定额之一。

8.4 汽车维修质量控制

根据交通部《汽车维修质量管理办法》，车辆维修企业必须建立健全与其维修类别相适应的质量管理机构，推行全面质量管理，建立健全企业内部质量保证体系，加强质量检验，掌握质量动态，进行质量分析。道路运输管理机构应加强对汽车维修经营的质量监督和管理工作，地市级道路运输管理机构应委托相关行业协会或具有法律资格的汽车维修质量监督检验中心，对汽车维修质量进行监督检验。

8.4.1 汽车修理质量检查评定

汽车修理质量检查评定是对整车大修、发动机大修、车身大修竣工质量及其基本检验技术文件完善程度的综合评定。

1. 汽车修理质量检查评定标准

汽车修理质量检查评定标准包括三部分：

GB/T 15746.1—1995《汽车修理质量检查评定标准整车大修》；

GB/T 15746.2—1995《汽车修理质量检查评定标准发动机大修》；

GB/T 15746.3—1995《汽车修理质量检查评定标准车身大修》。

这三个质量标准分别规定了汽车整车大修、发动机大修、车身大修质量检查评定的主要内容、评定规则和办法，其中评定规则相同，评定的内容和办法不同。下面就以汽车整车大修为例说明修理质量评定的内容和办法。

2. 汽车整车大修质量评定

汽车整车大修质量评定是对汽车整车大修竣工质量和汽车大修基本检验技术文件完善程度的综合评价。

1) 汽车大修基本检验技术文件

汽车大修基本检验技术文件是指在汽车大修过程中，为保证汽车修理质量，汽车修理企业所填制的必要的修理检验单证(简称三单一证)。“三单一证”缺一不可，评定办法见表8-22。

表 8-22　汽车整车大修基本检验技术文件的评定办法

序号	评定项目	评定技术要求	检查方法与手段	评定方法
A1.1	汽车整车大修进厂检验单	(1) 汽车整车大修进厂检验单应包括下列内容： 进厂编号、牌照号、厂牌、车型、底盘号、发动机型号及号码、托修单位、送修车辆状态、里程表记录、托修方报修项目(对送修车技术状况的陈述及要求)、车辆装备情况、车辆整车性能试验记录、检验日期、承修方处理意见、检验员签字、承修和托修双方代表签章等 (2) 单中字迹应清晰，项目应齐全、完整，填写真实、正确	查阅、核对	单据中各项有一处不符合要求，则计一项次不合格
A1.2	汽车整车大修工艺过程检验单	(1) 汽车整车大修工艺过程检验单应包括： 发动机及离合器修理工艺过程检验单，前桥及转向系修理工艺过程检验单，后桥修理工艺过程检验单，变速器及分动器修理工艺过程检验单，传动轴及万向节修理工艺过程检验单，车架悬挂及车轮修理工艺过程检验单，车身修理工艺过程检验单，汽车电器、仪表和线路修理工艺过程检验单，汽车制动系修理工艺过程检验单 (2) 各修理工艺过程检验单应包括下列内容： 进厂编号、厂牌、车型、各总称型号、号码、检验项目、检验结果记录、检验结论、处理意见、主修人及检验员签章及日期等 (3) 检验单中字迹应清晰，项目齐全、完整，填写真实、正确。检验项目、名词术语和计量单位应符合国家及行业有关标准及相关车辆修理技术文件的有关规定	查阅、核对	单据中各项有一处不符合要求，则计一项次不合格
A1.3	汽车大修竣工检验单	(1) 汽车大修竣工检验单中应包括下列内容： 进厂编号、托修单位、承修单位、牌照号、厂牌、车型、底盘号、发动机型号及号码、车辆装备状况、车辆改装改造状况、汽车修竣后技术状况、检验记录、检验结论、检验员签章及日期等 (2) 检验单中字迹应清晰，项目齐全、完整，填写真实、正确，检验项目、要求、方法、名词术语和计算单位应符合国家、行业有关标准及相关车辆修理技术文件的有关规定	查阅、核对	单据中各项有一处不符合要求，则计一项次不合格
A1.4	汽车大修合格证	(1) 汽车大修合格证应包括下列内容： 进厂编号、牌照号、厂牌、车型、底盘号、发动机型号及号码、维修合同号、出厂日期、总检验员签章及日期、承修单位质量检验部门盖章、走合期规定、保证期规定 (2) 合同中字迹应清晰，项目齐全、完整，填写真实、正确，合同中名词术语应符合国家及行业有关标准中的规定	查阅	单据中各项有一处不符合要求，则计一项次不合格

(1) 汽车整车大修进厂检验单：指大修汽车进厂时，由汽车维修检验技术人员对送修车技术状况和装备齐全状况进行技术鉴定的记录。表 8-11 所示为某地汽车维修行业管理规定使用的汽车整车大修进厂检验单。

(2) 汽车整车大修工艺过程检验单：指汽车在大修过程中，由汽车维修检验技术人员对总成和零部件按其修理工艺过程中工艺顺序所进行技术鉴定的记录。如表 8-23 所示为某地汽车维修行业管理规定使用的汽车整车大修工艺过程检验单。

(3) 汽车大修竣工检验单：指汽车大修竣工后，由汽车维修检验技术人员对汽车的技术状况进行技术鉴定的记录。某地汽车维修行业管理规定的汽车大修竣工检验单如表 8-23 所示，前已作过介绍。

(4) 汽车大修合格证：指承修单位对大修竣工，经过技术鉴定并符合相应标准后的汽车所开具的质量凭证。全国将统一合格证的式样。汽车大修合格证由省级道路运输管理机构统一印制和编号，县级以上道路运输管理机构按照规定发放和管理。禁止任何单位和个人伪造、倒卖、转借汽车大修合格证。汽车维修竣工质量检验合格的，由质量检验人员签发汽车大修合格证；未签发汽车大修合格证的汽车不得交付使用。

表 8-23　汽车大修工艺过程检验单

进厂编号		厂牌车型		牌照号码	
发动机号码		车辆号码		施工日期	
底盘部分	主要零部件检修情况		装配检验(测)记录		
转向系	转向机 转向轴 转向垂臂 横、直拉杆 转向节		原件修复或更换： 主要零件状况： 各部配合间隙：		
传动系	离合器 变速器(分动器) 方向传动装置 主传动器、差速器		原件修复或更换： 主要零件状况： 踏板自由行程： 齿轮啮合印痕： 齿轮啮合间隙：		
制动系	制动鼓 制动蹄 盘式制动		原件修复或更换： 主要零件状况：		
行驶系	车架 悬挂 减振器 前、后桥 轮毂 轮胎		原件修复或更换： 主要零件状况：		
备注：					

过程检验签字：　　　　　　　　　　　　年　　月　　日

2) 汽车整车大修竣工质量

汽车整车大修竣工质量是汽车整修竣工后恢复其完好状况和寿命的程度。汽车整车大修竣工质量评定包括一般技术要求、主要性能要求、发动机运转状况、传动系工作状况。汽车整车大修竣工质量评定办法见表 8-24。

表 8-24　汽车整车大修竣工质量评定办法

序号	评定项目	评定技术要求	检查方法与手段	评定方法	备注
B1.1	一般技术要求				
B1.1.1	驾驶室总成客车车厢	形状正确、曲面圆顺、转角处无折皱；蒙皮平整，无松弛、机械损伤及突出物等	检视	其中有 3 处以上缺陷为不合格	
B1.1.2	涂漆质量				
B1.1.2.1△	喷(烤)漆				
a.	漆外观	喷(烤)漆颜色应协调均匀、光亮，且客车漆膜光泽度不低于 90%、货车驾驶室漆膜光泽度不低于 85%，漆层无裂纹、剥落、起泡、流痕、皱纹等缺陷	用漆膜光泽测量仪按 GB 1743 测量及检视	光泽度不符合要求或存在 3 处以上缺陷者为不合格	
b.	漆硬度	漆表面硬度应符合 JB/Z 111 的规定	按 JB/Z 111 规定检验	不符合规定为不合格	
B1.1.2.2	刷漆	刷漆部位不应有明显的流痕和刷纹；不刷漆部分不应有漆痕	检视	有 3 处以上缺陷为不合格	
B1.1.3	保险杠、翼子板	保险杠、翼子板安装应端正、牢固，不应有歪斜，应左右对称，离地高度差应不大于 10 mm	检视，用钢板直尺(或钢卷尺)测量	不符合要求为不合格	
B1.1.4△	驾驶室、货厢、客车厢	驾驶室及客车厢左右对称离地高度差应不大于 10 mm，货厢不大于 20 mm；货厢边板、铰链应铰接牢固、启闭灵活；边板关闭后，缝隙不应超过 5 mm	检视，用钢板直尺(或钢卷尺)测量	不符合要求为不合格	
B1.1.5	总成、零部件及附件装备				
a.	总成、零部件	各总成及零部件应完好有效，安装应符合原厂规定	检视	不符合要求为不合格	
b.	附件装备	各项附件装备应齐全、完好、有效	检视	有 1 项以上缺陷为不合格	
B1.1.6	座椅	座椅形状、尺寸、座位间距及调节装置应符合原设计或有关技术文件规定	检视	有 3 项以上缺陷为不合格	
B1.1.7	门窗及玻璃				
a.	门窗	门窗应启闭灵活、闭合严密、关闭后锁止可靠、缝隙均匀不松旷	检视	不符合要求为不合格	
b.	玻璃	门窗玻璃应采用安全玻璃；前挡风玻璃应采用夹层玻璃或部分区域钢化玻璃。其性能应符合国家及行业标准的有关规定	检视	不符合要求为不合格	

续表一

序号	评定项目	评定技术要求	检查方法与手段	评定方法	备注
B1.1.8	离合器、制动踏板、驻车制动拉杆				
a.	踏板自由行程	踏板自由行程应符合原厂规定	用直尺测量	不符合规定为不合格	
b.	制动器	采用液压制动的车辆，制动踏板在规定压力下保持 1 min，踏板不应有向下移动现象	用压力表、计时器和制动踏板力计检验	不符合要求为不合格	
c.	驻车制动拉杆	驻车制动拉杆有效行程应符合原厂规定	检视	不符合规定为不合格	
B1.1.9	轮胎				
a.	胎压	轮胎气压应符合原厂规定	用轮胎气压表测量	不符合规定为不合格	
b.	轮胎规格型号及花纹	(1) 轿车轮胎胎冠上的花纹深度不得小于 1.6 mm，其他车辆不得小于 3.2 mm (2) 轮胎胎面不得暴露出轮胎帘布层 (3) 轮胎和胎壁上不得有长度超过 1.5 mm、深度足以暴露出轮胎帘布层的破裂或割伤 (4) 同轴上装用的轮胎型号和花纹应相同 (5) 汽车转向轮不得装用翻新胎	用轮胎花纹深度尺测量及检视	不符合要求为不合格	
B1.1.10	车轮				
a.	车轮圆跳动量	轿车不大于 5 mm，其他车辆不大于 8 mm	用直角尺或钢直尺测量	不符合要求为不合格	
b.	车轮动不平衡量	动平衡量应符合有关规定	用车轮动平衡仪测量	不符合规定为不合格	
B1.1.11	转向机构	转向机构各连接部位不应有松旷现象，且锁止可靠	检视	不符合要求为不合格	
B1.1.12	电气设备和仪表				
a.	照明及信号	照明及各种信号装置应齐全、有效，符合 GB 4785 中的有关规定	检视	不符合规定为不合格	
b.	仪表	各种仪表应装备齐全、完好、有效	检视	不符合要求为不合格	
c.	导线	各种线路布置应合理，接头牢固，导线包扎固定可靠，不应有裸露、破损老化现象，线束通过孔洞时应有防护套且距排气管距离应不小于 300 mm	检视	有两处以上缺陷为不合格	
d.	漏电	各部导线及电器元件不得有漏电现象	检视	不符合要求为不合格	
B1.1.13	整备质量	汽车整备质量及各轴负荷分配不得大于原设计的 3%	用汽车平衡或轮轴质量仪测量	超过 3%为不合格	
B1.1.14	润滑				
a.	装置(油嘴)	各部油嘴应安装正确、齐全、有效	检视	有 2 处缺陷为不合格	
b.	油(脂)规格及添加量	润滑油(脂)规格质量及添加量应符合原车规定	检视	不符合规定为不合格	

续表二

序号	评定项目	评定技术要求	检查方法与手段	评定方法	备注
B1.1.15	轴距	汽车左右轴距差应符合 GB 3798 或原设计的有关规定	检视	不符合要求为不合格	
B1.1.16	紧固件				
a.	关键紧固件	扭紧力矩应符合原车规定，锁止可靠	检视	不符合规定为不合格	
b.	一般紧固件	应牢固可靠，不得有松动、脱落、缺损现象	检视	有 3 处以上缺陷为不合格	
B1.1.17	铆接及焊接				
a.	铆接件	铆接件的结合面应贴紧，铆钉应充满钉孔不松动，不得用螺栓代替，钉头不应有裂纹、歪斜、残缺现象	检视	有 3 处以上缺陷为不合格	
b.	焊缝	焊缝应平整、光滑，不应有夹渣、裂纹等焊接缺陷	检视	有 3 处以上缺陷为不合格	
B1.2	主要性能要求				
B1.2.1	动力性				B1.2.1.1、B1.2.1.2 只测其一即可
B1.2.1.1	底盘输出功率	汽车底盘输出功率应符合有关规定要求	用底盘测功机测量	不符合规定为不合格	
B1.2.1.2	加速时间				采用 a、b 之一即可
a.	台试	汽车的加速时间应符合台试的有关规定	用底盘测功机测量	不符合要求为不合格	
b.	路试	国产汽车的加速时间应符合 GB 3798 中的有关规定，进口汽车的加速时间应符合原设计的要求	按 GB/T 12543 的规定测量	大于规定加速时间为不合格	
B1.2.2	经济性				
a.	台试	汽车等速百公里油耗应符合有关规定	用底盘测功机、油耗计等仪器测量	不符合规定为不合格	
b.	路试	国产汽车油耗应符合 GB 3798 中的有关规定，进口汽车油耗应不高于原车的规定	按 GB/T 12545 的规定测量	不符合规定为不合格	
B1.2.3	滑行性能				B1.2.3.1、B1.1.3.2 测量其一即可
B1.2.3.1	滑行距离				采用 a、b 之一即可
a.	台试	汽车在台架上的滑行距离应符合有关规定	用底盘测功机测量	不符合规定为不合格	

续表三

序号	评定项目	评定技术要求	检查方法与手段	评定方法	备注
b.	路试	汽车空载以初速度 30 km/h 空挡滑行应满足下列要求(双轴驱动车辆，取 *f* 为 0.8；单轴驱动车辆，取 *f* 为 1)： 空载质量/t　汽车整备质量滑行距离/m ≤4　≥160*f* ＞4～5　≥180*f* ＞5～8　≥220*f* ＞8～11　≥250*f* ＞11　≥270*f*	用五轮仪按 GB/T 12536 中的规定测量	不符合要求为不合格	
B1.2.3.2	滑行阻力	汽车的滑行阻力应不超过汽车整备质量的 1.5%	在干燥、平坦的沥青或混凝土路面上用拉力计测量滑行阻力，用汽车衡或轮轴质量仪测量汽车	不符合要求为不合格	
B1.2.4	转向操纵性				
B1.2.4.1	侧滑量	转向轮侧滑量不得超过 4 m/km	用侧滑试验台测量	不符合要求为不合格	
B1.2.4.2	前轮定位	汽车车轮前束、主销内倾、主销后倾、车轮外倾应符合原设计规定	用前束尺和前轮定位仪等测量	不符合规定为不合格	
B1.2.4.3	转弯直径	汽车最小转弯直径应符合原设计要求	按 GB/T 12540 中的有关规定	不符合规定为不合格	
B1.2.4.4	转向盘转动性能	转向轮最大转角应符合原设计要求，转向盘自由转动量应符合 GB 3798 中 1.8 条的规定，且应转动灵活、操纵轻便、无阻滞现象	用转向盘转动测量仪测量及检视	不符合要求为不合格	
B1.2.4.5	转向盘操纵力	转向盘操纵力应符合 GB 7258 中 3.6 条的规定	用转向盘转动测量仪按 GB 7258 中 3.6 条的规定测量	不符合规定为不合格	
B1.2.5*	制动性能				
B1.2.5.1*	汽车行车制动性能				采用 a、b 之一即可
a.	路试	(1) 汽车制动距离应符合 GB 7258 中 4.13 条的有关规定 (2) 汽车制动减速度应符合 GB 7258 中 4.14 条的有关规定	用五轮仪、减速度仪、计时器、风速仪、钢卷尺等按 GB/T 12676 规定测量	不符合规定为不合格	取其一即可
b.	台试	汽车行车制动器制动力应符合 GB 7258 中 4.15 条的有关规定	用滚筒反力式汽车制动检验台和轮轴质量仪测量	不符合规定为不合格	

续表四

序号	评定项目	评定技术要求	检查方法与手段	评定方法	备注
B1.2.5.2*	汽车驻车制动性能				采用 a、b 之一即可
a.	路试	汽车空载在 20%坡道上使用驻车制动，应能保持 5 min 不溜滑	按 JB 4020 规定测量	不符合要求为不合格	
b.	台试	汽车驻车制动力总和应不低于汽车整备质量的 20%	用汽车衡或轮轴质量仪和滚筒反力式汽车制动力检验台测量	不符合要求为不合格	
B1.2.6	前照灯				
B1.2.6.1	发光强度	汽车前照灯光发光强度应符合 GB 7258 中 5.4.11 条的规定	用汽车前照灯检验仪测量	不符合规定为不合格	
B1.2.6.2	光轴位置	汽车前照光轴中心位置应符合 GB 7258 中 5.3 条的规定	用汽车前照灯检验仪测量	不符合规定为不合格	
B1.2.7	车速表				
B1.2.7.1	车速表波动	汽车稳定运行时车速表指针不得有明显的上下摆动	检视	不符合要求为不合格	
B1.2.7.2*	车速表指示误差	车速表指示误差应符合 GB 7258 中 1.10 条的规定	用车速表检验台测量	不符合规定为不合格	
B1.2.8	排放、噪声				
B1.2.8.1*	汽油车怠速污染物排放	汽车怠速污染物排放应符合 GB 1476 中 1.5 的有关规定	用废气分析仪按 GB/T 3845 中的有关规定测量	不符合规定为不合格	
B1.2.8.2*	柴油车尾气排放	柴油车自由加速烟度排放应符合 GB 1476 中 1.6 的有关规定	用烟度计按 GB/T 3846 测定	不符合规定为不合格	
B1.2.8.3	噪声				
a.	车内噪声	汽车车内噪声应符合 GB 1495 的有关规定	用声级计按 GB 1496 中的有关规定测量	不符合规定为不合格	
b.	车外噪声	汽车车外噪声应符合 GB 1495 的有关规定	用声级计按 GB 1496 中的有关规定测量	不符合要求为不合格	
c.*	喇叭声级	汽车喇叭声级应不高于 105 dB	用声级计按 GB 1496 中的有关规定测量	不符合要求为不合格	
B1.2.9△	密封性				
B1.2.9.1△	防雨密封性	客车防雨密封性限值应符合 GB 12481 中的规定；货车的门窗及防雨密封设施应齐全、完好、有效，不得有漏水现象	按 GB/T 12480 中的规定测量及检视	不符合要求为不合格	
B1.2.9.2△	防尘密封性	客车防尘密封性限值应符合 GB 12479 中的规定；货车防尘密封装置应完好、有效，不得有明显进尘现象	按 GB/T 12478 中的规定测量及检视	不符合要求为不合格	
B1.3	发动机运转		检视		

续表五

序号	评定项目	评定技术要求	检查方法与手段	评定方法	备注
B1.3.1*	启动性能	发动机启动顺利，无异响		3次以上启动不成功或有异响为不合格	
B1.3.2*	发动机怠速运转	在正常工作温度下，发动机怠速运转应稳定，其转速应符合原设计规定，转速波动不大于 50 r/min	用转速表发动机综合测试仪检查	不符合要求为不合格	
B1.3.3*	发动机运转性能	发动机在各种转速下运转应平稳，改变转速时过渡圆滑；突然加速或减速时不得有突爆声；在正常工况下不得过热，无异响	检视	不符合要求为不合格	
B1.3.4*	机油压力	发动机机油压力应符合原厂规定	检视	不符合规定为不合格	
B1.4	传动机构工作状况				
B1.4.1	离合器	离合器应接合平稳、分离彻底、操作轻便、工作可靠、无异响	检视	不符合要求为不合格	
B1.4.2	变速器	变速器换挡轻便、准确可靠，无异响，正常工况下不得过热	点温计、检视	不符合要求为不合格	
B1.4.3	传动轴及中间轴承	传动轴及中间轴承工作正常，无松旷、异响，中间轴承不得过热	点温计、检视	不符合要求为不合格	
B1.4.4	差速器、减速器	差速器、减速器应工作正常、无异响，正常工况下不得过热	点温计、检视	有2处缺陷为不合格	

注：(1) *为关键项。

(2) △对于轿车为关键项，对于货车为一般项。

3) 汽车整车大修质量评定规则

汽车大修基本检验技术文件是参与评定的基本条件，缺一不可。汽车大修竣工质量评定是评定的基础项目，评定项目按其重要程度分为“关键项”和“一般项”。

综合项次合格率和项次合格率用下式计算：

$$\beta_0 = \sum_{i=1}^{3} k_i \beta_i$$

$$\beta_i = \frac{n_i}{m_i} \times 100\%$$

式中：β_0——综合项次合格率；

β_i——项次合格率；

m_i——检查合格的项次数之和；

m_i——检查的项次数之和；

i——角标，取 1、2、3，分别表示汽车大修基本检验技术文件，即“三单一证”，修竣车及关键项；

k_i——修正系数，分别取 0.2、0.6、0.2。

汽车整车大修质量的评定采用综合项次合格率来衡量，分为优等、一等、合格、不合格四级。具体要求见表 8-25。

表 8-25　汽车整车大修质量评定分级

等　级	要　求	
	关键项次合格率	综合项次合格率
优等	$\beta_3=100\%$	$\beta_0\geqslant95\%$
一等	$\beta_3=100\%$	$85\%\leqslant\beta_0<95\%$
合格	$\beta_3=100\%$	$70\%\leqslant\beta_0<85\%$
不合格	$\beta_3=100\%$	$\beta_0<70\%$

8.4.2　质量保证期制度

汽车维修实行竣工出厂质量保证期制度。汽车维修质量保证期是从维修竣工出厂之日算起。质量保证期中行驶里程和日期指标，以先达到者为准。汽车维修企业应当公示承诺的汽车维修质量保证期，在承诺的质量保证期内，汽车因维修质量原因造成汽车无法正常使用的，汽车维修企业应当及时无偿返修。

1. 商用汽车维修的质量保证期

商用汽车整车维修或者总成维修质量保证期为汽车行驶 18 000 km 或 100 日；二级维护质量保证期为汽车行驶 5000 km 或者 30 日；一级维护、小修及零件维修质量保证期为汽车行驶 2000 km 或者 10 日。

2. 乘用汽车维修的质量保证期

乘用汽车整车维修或者总成维修质量保证期为汽车行驶 20 000 km 或者 120 日；二级维护质量保证期为汽车行驶 6000 km 或者 35 日；一级维护、小修及零件维修质量保证期为汽车行驶 2000 km 或者 10 日。

3. 其他汽车维修的质量保证期

其他汽车整车维修或者总成维修质量保证期为汽车行驶 6000 km 或者 60 日；维护、小修及零件维修质量保证期为汽车行驶 800 km 或者 7 日。

4. 摩托车维修的质量保证期

摩托车整车维修或者总成维修质量保证期为摩托车行驶 8000 km 或者 90 日；维护、小修及零件维修质量保证期为摩托车行驶 1000 km 或者 10 日。

8.4.3　质量投诉处理规定

对维修质量投诉，在质量保证期内，承修方在 3 日内不能或者无法提供非维修原因而造成汽车无法使用的相关证据的，承修方负责无偿返修；对没有和托修方签订书面合同以及无法提供真实的维修记录的，由汽车维修企业承担全部责任；在质量保证期外，双方可按照相关证据，进行积极协商解决。

对汽车维修质量的责任认定需要进行技术分析和鉴定的，可通过道路运输管理机构组织专家组，或者委托具有法定检测资格的检测机构作出技术分析和鉴定。鉴定费用由责任方承担。

汽车维修质量纠纷双方当事人均有保护当事车辆原始状态的义务，必要时可拆检车辆有关部位，但当事双方应同时在场，一致证实拆检情况。如承修方拒绝派人拆检，托修方可向当地道路运输管理机构提出拆检申请。道路运输管理机构接到拆检申请后，应及时组织拆检，并记录有关情况。

8.4.4 ISO 9000 与 GB/T 10300《质量管理和质量保证标准的选择和使用指南》简介

质量保证起源于美国。在 20 世纪 50 年代末，美国国防部为了约束军火承包商的质量控制，制定了军用质量保证规范 MIL-Q9858-59(后修改为 MIL-9858A-63)的《质量大纲要求》，要求军火承包商能够据此文件建立一套标准体系，为军方提供质量保证。1968 年，北大西洋公约组织 NATO 也对其承包商的质量控制提出了要求，并制定了质量保证系列标准。于是质量保证的概念逐渐由军品扩展到民品，并得到了越来越广泛的应用。到 20 世纪 70 年代这种趋势便成为一种潮流，各工业发达国家都纷纷制定本国的质量保证标准。其中，一类是在质量形成过程中的通用系列标准(一般性规定)，另一类是需方针对供方的要求，是用于不同质量阶段和不同质量等级的多级质量保证系列标准。由于当时各国各自的立场和用途不同，故所制定的质量保证标准差异较大。

随着生产发展和技术进步，产品种类日益复杂，对产品质量要求也日益提高。为此联合国在《关税及贸易总协定》的标准守则中规定，为消除各国之间的技术壁垒，在国际贸易中必须采用国际标准。因为只有产品质量的国际化，才可能实现质量管理和产品标准的国际化，才可能促进正常的国际贸易。为此，不仅应该具有统一的技术要求、技术规格，而且要求具有统一的技术规范和技术标准。这就必须要求生产该产品的企业在质量管理方面(如管理人员的技术和能力)也具有统一的技术标准。于是，国际标准化组织(ISO)为了协调和解决各国之间在质量保证标准方面的矛盾，开展了国际质量体系的标准化工作，并于 1979 年 9 月批准组建质量保证技术委员会(ISO/TC 176)，专门研究国际质量保证体系中的标准化，负责在各国国家标准的基础上制定相应的质量体系国际标准等。质量保证技术委员会 ISO/TC 176 成立于 1980 年，1987 年改名为质量管理和质量保证技术委员会。由于 ISO 9000 系列国际标准能为供需双方提供质量评价的通用标准，因此各国都相继宣布采用这套国际标准。1987 年 3 月，我国也决定等效采用国际标准 ISO 9000 来制定相应的国家标准，并于 1988 年 12 月 10 日正式发布了国家标准 GB/T 10300.1～10300.5《质量管理和质量保证》，其中：

(1) 等效采用 ISO 9000 的 GB/T 10300.1《质量管理和质量保证标准的选择和使用指南》说明了企业质量管理的目的和基本术语。即由质量控制来保证产品的质量，以满足用户规定的要求或潜在需要；由企业内部的质量保证，使企业领导相信本企业能保证达到和维持预定的产品质量要求；由企业外部的质量保证，能使需方相信本企业所提供的产品能达到预定的质量要求(必要时可将这种能力要求订入合同中)。

(2) 等效采用 ISO 9001～9003 的 GB/T10300.2～10300.4 三个系列标准，明确了三种质量保证模式，即：

① 等效采用 ISO 9001 的 GB/T 10300.2《质量体系、开发设计、生产、安装和服务的质量保证模式》，叙述了供方在开发设计、生产、安装和服务各阶段应保证符合规定的要求。

② 等效采用 ISO 9002 的 GB/T 10300.3《质量体系、生产和安装的质量保证模式》，叙述了供方在生产和安装阶段应保证符合规定的要求。

③ 等效采用 ISO 9003 的 GB/T 10300.4《质量体系、最终检验和试验的质量保证模式》，叙述了供方保证最终检验和试验阶段应符合规定的要求。

(3) 等效采用 ISO 9004 的 GB/T 10300.5《质量管理和质量体系要素指南》，提出了质量管理体系的基本要素。即要求各企业能根据市场情况、产品类型、生产特点、用户需要等具体情况，选择相应的质量要素和采用这些要素的程度。此标准适用于产品(过程)的生产企业(开发设计和生产安装)，其他单位可参照使用。

尽管汽车维修企业不同于产品制造企业，但质量保证的概念对于汽车维修企业而言也具有十分重要的意义。因为汽车维修企业也面临着用户，也同样有质量保证问题。在汽车维修企业中建立质量保证体系，实施质量保证，是推行汽车维修企业全面质量管理的最重要工作，也是保证汽车维修企业全面质量管理取得长期稳定效果，巩固和扩大企业管理成果的关键。

复习思考题

1. 汽车维护和汽车修理有何区别？
2. 汽车一级维护、二级维护的作业内容和工艺流程是怎样的？
3. 汽车二级维护检测项目有哪些？二级维护检测、诊断的要求有哪些？
4. 汽车二级维护竣工检验中采用人工检查的主要内容有哪些？
5. 汽车二级维护竣工检验对发动机和底盘有哪些要求？
6. 为什么对在用车辆要采用 I/M 制度？
7. 为什么要贯彻“定期检测、强制维护、视情修理”的原则？
8. 为什么汽车二级维护中会有附加作业项目？
9. 简述汽车大修(就车修理法、总成互换修理法)的工艺过程。
10. 汽车修理工艺过程主要包括哪些内容？
11. 零件修理的方法有哪些？
12. 简述汽车大修竣工检验的主要内容。
13. 为什么汽车维修有国家、行业和地方标准，还要有企业标准？
14. 如何计算汽车维修在厂(场)车日和维修质量保证期内的返修率？
15. 何谓“三单一证”？在汽车维修过程中有何作用？
16. 简述我国汽车修理技术标准的构成。
17. 为什么汽车维修企业要推行 ISO 9001 认证？

第 9 章　汽车维修设备的管理

知识目标：

(1) 掌握汽车维修常用设备类型以及设备的配置、使用维护的注意事项和设备的更新与报废等汽车维修企业设备管理的内容。

(2) 了解汽车维修设备使用维护和日常管理的方法。

9.1　汽车维修设备管理概述

9.1.1　汽车维修设备管理的概念

汽车维修设备是指在汽车维修生产过程中所需要的机械及仪器等，这些机械及仪器可供长期使用而非在生产中一次性消耗掉，并在使用中基本保持原有的实物形态。配备一定品种和数量的维修设备、工具和检测仪器是维修企业开业的先决条件，对这些维修设备、工具和检测仪器的科学使用、维护、修理又是维修企业开展正常经营活动的必要保证。汽车维修设备是汽车维修生产中必不可少的物质基础。

汽车维修设备管理是以汽车维修企业生产经营目标为依据，通过一系列的技术、经济和组织措施，对设备的设计、制造、购置、安装、使用、维护、修理、改造、更新直至报废的全过程进行的管理。它包括设备的物质运动和价值运动两个方面。

汽车维修设备管理是一项系统工程，它包括以下三层含义：

(1) 汽车维修设备管理是对设备从选型、采购计划开始直至设备报废为止的全过程管理。设备管理的全过程涉及选型、采购、安装、使用等许多部门和单位，所以客观上，设备全过程管理是社会管理。从企业内部来讲，设备全过程管理包括设备选型购置、安装调试、合理使用、维护修理，应为全员参加管理。

(2) 汽车维修设备管理应从技术、经济、组织三方面着手进行综合管理。除对设备的物质运动形态(即从设备采购安装直至更新报废)进行管理外，还要对设备的价值运动形态(即设备的最初投资、维修费用支出、折旧更新改造资金筹措等)进行管理。另外，还必须建立管理机构，健全组织工作的保证体系，推行目标管理。

(3) 汽车维修设备全过程的后勤保障工作。设备制造单位要保证用户使用设备的寿命周期最长，费用达到最经济。要向用户提供适当的技术文件和充足的维修备件，开展设备使用及维修人员的技术培训等。设备使用单位的后勤保障工作包括技术资料的收集和管理，设备备件的供应和管理，设备管理人员、设备操作人员和设备维修人员的培训等。

9.1.2　汽车维修设备管理的作用和目的

汽车维修设备管理在汽车维修生产中具有以下几方面的作用：

(1) 充分利用维修机具、专用工具、检测仪器，提高维修质量和生产效率，从而获得最大经济效益。

(2) 随时保证设备处于良好技术状况，以维持维修生产的正常进行。

(3) 不断改善设备技术状况和提高设备的技术性能，为优质、低耗、安全运行创造条件，以促进汽车维修技术的不断发展，并提高汽车维修企业的经济效益。

汽车维修设备管理的目的是，以最小的花费取得最佳投资效果。为此，必须采取一系列措施，使汽车维修设备经常处于良好技术状况，充分发挥其效能，以保证汽车维修质量和设备的安全运行，促使汽车维修企业生产持续健康发展，为提高企业经济效益和社会效益服务。

从经济角度来说，设备、工具和仪器属于维修企业的固定资产，也应该有专门的机构或人员来管理，在购置投资、支出维修费用、提取折旧费等方面保证资金支持和费用控制。从技术角度来说，设备、工具和仪器的使用说明书，维修技术资料，维修配件也需要专人收集和管理，对使用人员需要专门的培训和指导，当遇到无法自行解决的技术问题时，也需要与制造厂家沟通协调，以获得技术支持。

9.1.3 汽车维修设备管理的内容

加强汽车维修设备管理，对保证汽车维修企业生产的正常进行，促进维修技术进步，提高经济效益具有重要意义。汽车维修设备管理工作主要有以下内容：

(1) 建立汽车维修设备管理机构，配备专职、兼职设备管理人员，加强操作工人技术培训，提高操作人员技术素质，保证合理使用设备，精心维护设备，发挥设备在汽车维修生产中的作用。

(2) 根据汽车维修设备的性能及维修工艺要求，正确、合理地使用设备，禁止违章操作和超负荷使用，防止非正常磨损，杜绝设备事故发生，保持设备良好技术状况和应有的精度，充分发挥设备的作用。

(3) 认真贯彻执行汽车维修设备维护修理制度，制定设备维修计划，并认真组织实施，减少维修停机时间，以便及时恢复设备的良好技术状况和效能。

(4) 做好汽车维修设备的日常维护工作，使设备处于良好润滑状态，减少磨损，延长设备使用寿命。

(5) 做好汽车维修设备的日常管理工作，包括设备的调入、调出登记，建档、立账，维修保管，报废及事故处理，保证设备完好，不断提高设备的利用率。

(6) 做好汽车维修设备的改造更新工作，以便适应新型车辆的维修工作，但必须考虑该设备技术上的先进性与经济上的合理性，做到全面考虑，权衡利弊，以提高设备改造更新的经济效益。

(7) 做好引进汽车维修设备、检测设备工作。引进国外先进设备是促进技术进步的重要手段，但事前必须做好一系列的行业调查与分析研究工作，以保证引进的设备能发挥其应有的效能。

9.1.4 汽车维修设备管理机构与人员配备

汽车维修设备管理机构的设置应根据企业的规模、经营方式和维修设备拥有量以及设备复杂程度来设置，一般应遵循以下原则。

1．统一领导，分级管理

根据维修企业的规模和生产要求，设备管理机构可建立以厂长(总工程师)为首的统一的设备管理指挥系统，并在厂长的统一领导下实行分组管理，各级管理组织在规定的职责范围内管好、用好汽车维修设备。这样，一方面可以充分调动各级设备管理人员和职工的积极性，另一方面也使企业最高领导人摆脱了许多日常事务工作。

2．分工与协作统一

设备管理机构的设置既要有合理分工，又要注意协作与配合。根据设备的分布，对各级设备管理部门之间、部门内部都要进行合理分工，划清职责范围，并在分工的基础上加强合作，相互配合，以达到管好、用好、维修好设备的目的。

3．职、责、权、利的统一

汽车维修设备管理机构设置方案确定后，在安排机构人员时，要坚持以能授职，尽量做到能力与职务的统一，既要防止不称职，又要做到人尽其才、人尽其用。注意责和权要适应，管理人员除了有职、有责、有权之外，还应享有相应的利益，做到职、责、权、利的统一。

根据汽车维修企业的规模和设备拥有量，一类维修企业应设设备管理科，二类维修企业应设专职的设备管理员进行汽车维修设备管理。

9.1.5 汽车维修设备管理制度

汽车维修设备管理制度是汽车维修企业为了保证汽车维修设备正常安全运行，保持其技术状况完好并不断提高企业装备技术力量而编制的一些规章制度。企业设备管理制度应根据国家法律、法规的要求，以及行业主管部门的具体规定，并结合本企业的特点编制。设备管理制度一般包括以下内容。

1．总则

明确制定汽车维修设备管理制度的指导思想和管理范围。

2．管理机构与人员职责

根据企业的维修生产规模和设备拥有量，建立健全的汽车维修设备管理机构，配备专职、兼职管理人员，明确管理权限和职责范围。

3．设备购置与安装调试

汽车维修企业应根据汽车维修生产工艺的要求选购设备，制定购置设备审批程序，编制设备购置计划，对选购设备进行技术经济论证，并按有关规定上报审批，制定设备安装、调试、验收的有关规定。

4．设备档案的建立与管理

汽车维修企业应建立健全设备档案，并对档案管理进行规定。档案应包括设备购置合同(副本)、设备购置技术经济分析评价书、自制专用设备任务书和鉴定书、检验合格证、设备装箱单及开箱检验记录(包括随机备件、附件、工具等)、设备使用说明书、设备易损件图纸、设备安装调试记录和验收移交书、设备登记卡片、设备运行维修记录、设备事故报告、设备定期维护和检修记录、设备大修竣工记录、设备封存记录、设备报废记录等。

5．设备的使用与维护

根据设备特性和结构特点，对设备的使用作出有关规定，包括建立健全的设备操作、使用、维护规程和岗位责任制，并对操作人员需遵守的规程作出明确规定。

6．设备的检修

根据设备运行情况制定检修计划，对执行检修技术标准、检修时间和质量保证作出明确规定。

7．设备改造更新与报废

对设备改造更新提出具体要求，包括对设备的技术经济论证及设备更新后的处理；提出设备报废的条件及要求。

8．教育与培训

明确职工技术培训的职能部门，提出对设备操作人员技术培训和设备管理人员培养的具体要求。

9．奖励与惩罚

提出开展设备管理评优活动的要求，制定对设备管理工作做出显著成绩人员的奖励规定及对违反设备管理制度人员的处理规定。

10．附则

明确制度的解释权和发布实行日期。

9.2　汽车维修设备简介

9.2.1　汽车维修设备分类

汽车维修设备、工具、仪器设备的分类主要依据设备的结构、性能和工艺特征。按照适用性，汽车维修设备可分为通用型和专用型。通用型维修设备适用于多种品牌和型号的汽车，专用型维修设备仅适用于单一品牌或型号的汽车。按照用途，汽车维修设备可分为汽车清洗设备，汽车举升移动设备，汽车拆装设备，汽车整形设备，汽车喷烤漆设备，各类检测仪器，辅助设备，各类维修工具、量具等。

9.2.2　汽车维修设备的规格与型号

汽车维修设备大部分属非标准设备，目前还没有统一的型号编制标准，但通用机床设备型号已标准化(JB1838—85)。

1．汽车维修专用设备型号的表示方法

汽车维修专用设备，主要是针对各种车型维修生产的需要而设计的非标准设备，其型号排列顺序及符号代表的意义如下：

型号：A　B　C

式中：A——生产厂代号或设备名称代号(汉语拼音字母大写)；

B——主参数(阿拉伯数字)；

C——设计顺序。

例如：用厂名确定型号的 ZD—701C 型中大牌电子监控汽车喷漆烤漆房；用设备名称确定型号的 JY8 型连杆衬套绞压机。

2．通用机床型号的表示方法

通用机床型号的表示方法已标准化，其型号的排列顺序及符号所代表的意义如下：

型号：A　B　C　D　E　F　G　H

式中：A——分类代号(阿拉伯数字)；

B——类代号(汉语拼音字母大写)；

C——通用特性及结构特性代号(汉语拼音字母大写)；

D——组、系代号(阿拉伯数字)；

E——主要参数或设计顺序号(阿拉伯数字)；

F——第二主要参数(阿拉伯数字)；

G——重大改进顺序号(汉语拼音字母大写)；

H——同型号机床的变形代号(阿拉伯数字)。

机床的分类代号分别用机床类别名称的汉语拼音的第一个字母表示，机床类别分为车床、钻床、镗床、磨床、齿轮加工机床、螺纹加工机床、铣床、刨床、拉床、电加工机床、切断机床和其他机床 12 大类(见表 9-1)。如车床用 C 表示，钻床用 Z 表示，镗床用 T 表示，磨床用 M 表示。

表 9-1　机床的类别及分类代号

类别	车床	钻床	镗床	磨床			齿轮加工机床	螺纹加工机床	铣床	刨床	拉床	电加工机床	切断机床	其他机床
代号	C	Z	T	M	2M	3M	Y	S	X	B	L	D	G	Q
读音	车	钻	镗	磨	二磨	三磨	牙	丝	铣	刨	拉	电	割	其

通用特性代号表示机床除有普通型外，若还有下列某种特性时，则在类别代号之后加通用特性代号予以区分，例如设备的精度、自动化程度等。表 9-2 列出了机床的通用特性及代号。

表 9-2　机床通用特性代号

通用特性	高精度	精密	自动	半自动	数字程序控制	仿形	自动换刀	轻型	万能	简式
代号	G	M	Z	B	K	F	H	Q	W	J
读音	高	密	自	半	控	仿	换	轻	万	简

一般在一个型号中只表示最主要的一个通用特性，如属于普通型者，通用特性则不予表示。

9.2.3　汽车维修通用设备

汽车维修通用设备，主要有适用于行业的金属切削机床、锻压设备、空气压缩机、起重设备等。

按照国家标准《汽车维修开业条件》要求，汽车维修企业应配备的通用设备有钻床、空气压缩机、电气焊设备、普通车床、砂轮机等。二类维修企业根据生产规模，必备的设备有钻床和镗床，可配备的设备有：Z4012 型、最大钻孔直径为 12 mm 的台式钻床；最大回转直径为 400 mm、型号为 C6140 的卧式车床或最大回转直径为 360 mm、型号为 C6136 的卧式车床；最大砂轮直径为 200 mm、型号为 M3220 的台式砂轮机；固定式镗缸机 T7220A 等。

9.2.4　汽车维修专用设备

1. 汽车清洗设备

汽车清洗设备可分为车身外部清洗设备、内饰清洗设备、零件清洗设备。

(1) 车身外部清洗设备：主要用于车体和底盘的外部清洗。按照工作方式不同，车身外部清洗设备可分为高压水喷射清洗设备和滚筒式刷洗设备。高压水喷射清洗设备是利用高压水来冲击去除附着在车身和底盘上的尘土、污垢。滚筒式刷洗设备一般由滚刷、电机驱动装置、门架、控制系统组成，其最大特点是自动化程度高、清洗效率高。如全自动洗车机适用于轿车和客车的外部清洗。由于近年来水资源的紧张，无水洗车技术的推广已呈取代之势。

(2) 内饰清洗设备：主要有吸尘器、蒸汽清洗机等。吸尘器和家用吸尘器相似，利用真空原理将车内部的尘土、碎小的杂物甚至积水吸走，以达到车内清洁的目的。

(3) 零件清洗设备：多为湿洗设备，主要用清洗剂对零件表面进行喷洗，以达到清除油污的目的。目前，汽车零件湿洗已实现机械化和自动化。按清洗室的结构，汽车零件清洗设备可分为通过式汽车零件清洗设备和封闭式汽车零件清洗设备。通过式汽车零件清洗设备主要用于维修量较大的一类维修企业。二类维修企业一般使用封闭式汽车零件清洗设备，如 HZQ-1200M 型自动零件清洗机。该机采用圆形密封式清洗室，直径为 1.2 m，零件在清洗室内旋转，喷嘴由各方面向零件喷射清洗剂，达到了清除油污和脏物的目的。清洗剂也可自动加温，升温后清洗效果更好。

2. 汽车举升设备

汽车举升设备主要用于汽车维修生产中将整车或总成举起或位移。常见的举升设备有汽车举升机、发动机小吊车、变速器拆装小车、液压高位输送器、发动机翻转架、移动式液压千斤顶等。

举升机的作用是将车辆举起，以便检修、拆装底盘上或发动机下部的零部件。在维修生产中应用最为广泛。举升机按类别可分为单柱举升机、双柱举升机、无底梁双柱举升机、四柱双柱举升机、剪式举升机等，其中双柱举升机、无底梁双柱举升机、四柱双柱举升机在汽车维修企业中应用最广泛，无底梁双柱举升机使用最方便。举升机按驱动方式分为机械丝杠驱动式举升机和液压驱动式举升机。

发动机小吊车一般为液压式，可以很方便地使发动机总成从车上吊起，并可移动，从而减少维修工人的劳动强度，更安全，更方便。常见的发动机小吊车最大起吊力为 2t，起吊力可在 0.5～2 t 之间调节。

3. 汽车检测仪器

汽车检测仪器主要用于汽车维修前的故障诊断、维修过程中的零部件检测、维修竣工后的性能试验和车辆技术状况的检测。随着汽车检测技术的发展，目前检测仪器的种类也越来越多，但总体上分为以下几类，即发动机检测仪、电控系统故障诊断仪、底盘诊断仪器、零部件检测仪器、各种通用量具等。

发动机检测仪器主要用于发动机性能的检测和故障诊断，有综合性能检测仪和单项检测仪两种。综合性能检测仪可以检测发动机的点火系统、起动系统、充电系统、发动机转速、功率、配气相位、供油提前角、单缸动力性能等，主要用于轿车发动机的综合诊断。发动机单项检测仪有检测气缸活塞密封性的气缸漏气量检测仪、检测气缸压力的气缸压力表、检测发动机尾气排放的尾气分析仪、检测喷射系统油压的油压测试仪、检测发动机涡轮增压压力的增压检测仪等。

随着汽车技术的迅速发展，电控系统越来越广泛。如发动机电喷系统、无分电器点火系统、自动变速器控制系统、无线变速器控制系统、AM 制动系统、安全气囊控制系统等诸多系统都离不开电子控制单元。电控系统故障诊断仪大多都是专用型的，适用于特定的品牌和车型，它可以对汽车的各电控系统的控制单元之间进行数据通讯，完成查询、控制单元版本号、故障码查询、元件诊断、基本设定、数据块读取、自适应等一系列查询。

底盘诊断仪器是用于检测汽车底盘性能和技术状况的仪器，其主要有四轮定位仪、侧滑试验台、制动试验台、前照灯光检测仪、车轮动平衡仪、自动变速器检测试验台等。其中四轮定位仪、车轮动平衡仪应用最广泛。

4. 汽车拆装整形设备及汽车喷烤漆设备

汽车拆装整形设备主要用于汽车维修生产作业中对总成和零部件的拆装。其主要设备有电动、气动扳手、轮胎螺母拆装机、骑马螺栓螺母拆装机、液压机、半轴套管拉压器、齿轮轴承拉器、专用零件拆装工具等。汽车拆装整形设备用于车辆变形部位的修复，主要设备有车身矫正机、车身修复机等。汽车喷烤漆设备主要有无尘干磨机、喷枪、红外线烤灯、汽车喷烤漆房等。

5. 辅助设备

辅助设备在汽车维修生产中起必要的辅助性作用。辅助设备按用途可分为加油设备、充电设备和充气设备、可对车辆润滑部位加油、蓄电池补充电力、汽车轮胎补充气体以及对汽车空调制冷剂进行回收和充注等工作。

汽车加油设备按加注油料种类可分为汽、柴油加油泵，润滑油脂加注器和润滑油加注器；按动力方式可分为手动、电动和气动。

汽车充电设备主要用于汽车蓄电池充电。汽车充电设备根据用途和完成充电时间又可分为普通充电器、快速充电器和多用充电器。普通充电器主要适用于蓄电池的常规充电，最大电流在 15 A 左右。可控硅充电器适用于各类蓄电池的快速充电和常规充电，最大电流在 100 A 左右。

汽车充气设备主要用于汽车轮胎的定压充气，包括空气压缩机和轮胎气压检测设备。

6. 维修工具和量具

维修工具分为专用型和通用型两类。通用型维修工具主要有各种扳手、套头、螺丝刀、卡钳、扭力扳手等；专用型维修工具适用于某一种或某几种特定的车型，其种类繁多。汽车维修用的各种量具主要有游标卡尺、千分尺、深度尺、塞规等。

7. 零件加工设备

在汽车维修过程中，对零件进行加工，是恢复零部件技术状况的一种方法。目前加工设备的种类比较多，通用加工设备已成为国家的定型产品，如车床、刨床、磨床等。专用加工设备大部分是非标准产品，只有少部分是国家定型产品。根据对零件加工部位的不同，零件加工设备又可分为缸体加工设备，曲轴、连杆及轴承加工设备，配气机构加工设备，制动系统加工设备，镗鼓机，光盘机。

常用的缸体加工设备有镗缸机、磨缸机。由于缸套磨损后形状和尺寸发生了变化，故需要进行整修，通常需要镗缸、磨缸。镗缸、磨缸设备有移动式和固定式两种。如 T8014A 型移动式镗缸机适合于野外流动作业，TM8013 型移动式镗磨两用机既能镗缸，又能磨缸。固定式的镗缸机有 T7220A 型精镗床；磨缸机有 3MJ9814A 型气缸研磨机等。目前新推出的有 GLS-Ⅰ型发动机缸孔激光加工系统、GLS-Ⅳ型缸套激光加工系统等。

曲轴、连杆及轴承加工设备有曲轴磨床、曲轴修磨机、镗瓦机等。常用的有 MQ8260A 型曲轴磨床、3M927 型曲轴修磨机、T8115 型缸体轴瓦磨床、LW-100 型气缸体拉瓦机等。目前新推出的有 GLS-Ⅱ型曲轴激光加工系统及 GLS-Ⅲ型多功能激光加工系统。

配气机构加工设备主要对配气机构中的气门、气门座、气门挺杆进行加工，使其达到技术标准。常用的设备有 3M9390 型磨气门机、3M946 型气门修磨机、T8570 型气门座镗床、DM-5 型电动气门研磨器和气门挺杆球面磨床等。

制动系统加工设备是对动鼓和制动蹄进行加工的设备。汽车制动系统修理是汽车维修作业经常性工作之一。汽车在运行中经常使用制动器，使得制动鼓和制动蹄发生磨损，为保证行车安全，必须对制动鼓和制动蹄进行加工(更换)，使其达到技术标准。常用设备有 T8358 型立式镗制动鼓机、T8450 型制动蹄片镗削机、3M9602 制动片修磨机；另外，还有制动碟、制动鼓、离合器压片修磨机等。

9.3　汽车维修设备及工具的配置

维修设备、工具、仪器的配置是指维修企业根据自身规模和国家规定的汽车维修企业开业条件中的规定配备有关设备、工具和仪器。设备配置是建立维修企业时的一项重要工作，它直接影响汽车维修质量、维修作业效率和维修企业的经济效益。

设备、工具、仪器的配置应当遵循的基本原则是：符合有关法规、生产上领先、技术上领先、经济上合理。一般情况下，这四个原则是基本统一的，但由于企业的规模、使用条件、主修车型、工艺布局等因素，也会出现一些矛盾。如有的设备技术上虽然先进但不太适应本企业的主修车型，若采用则经济上不合理。

配置维修设备时应注意以下几点：

(1) 应符合国家规定的汽车维修业开业条件中规定的有关设备、工具、仪器的配置要求。在设备条件一条中，国家明确规定：企业配备设备型号、规格和数量应与其生产纲领、生产工艺相适应。一类汽车维修企业的开业条件应符合 GB/T 16739.1—1997；二类汽车维修企业的开业条件应符合 GB/T 16739.2—1997；三类汽车维修企业的开业条件应符合 GB/T 16739.3—1997。

(2) 根据主要维修车型的技术特点和技术发展趋势，合理选配维修设备、工具和检测仪器。这是为保证在技术上、质量上满足维修要求，并具备一定的超前性。对于品牌汽车维修企业，也应遵守品牌厂家的有关要求或技术规定。

(3) 设备的生产效率。设备的生产效率是指单位时间内完成的维修汽车作业量或与工作速度有关的技术参数。选购设备时，根据生产流程和作业量，尽量选购工艺流程自动化程度高、工作速度快、效率高的维修设备。应结合维修车间的维修能力规划和平面布局，做好购置计划。就目前情况来看，一般小轿车维修企业每个工位的日修车作业能力为 3～5 台次，工位数与维修人员比例大约为 1∶1.5，配备举升机的工位数不应少于全部工位数的 75%，而且制定设备购置计划时应该有一定的前瞻性。

(4) 设备的可靠性与耐用性。设备的可靠性是指在规定的时间内，在正常使用条件下，无故障地发挥其效能。设备的耐用性是指设备的使用寿命，这是选购设备的一个重要因素。

(5) 设备的安全性。汽车维修设备的安全性是指在使用过程中对操作人员、维修车辆以及设备本身的安全保证程度。汽车维修设备在生产使用过程中由于技术、经济、质量、环境等原因，有可能会存在一些不安全因素，因此，选购设备时应考虑是否配置自动控制安全保护装置(如自动断电、自动停车、自动锁止机构、自动报警等)，以提高设备预防事故的能力。

(6) 设备的配套性。汽车维修设备的配套性是指设备本身之间相互配套的水平或密切程度。在选购汽车设备时，应根据车型特点、维修工艺要求，使有关设备在技术性能、维修能力方面相互协调，以达到每台维修设备的能力都能充分发挥。

(7) 设备的维修性。设备的维修性是指设备维护和保养的难易程度。主要应考虑汽车维修设备的结构先进简单、装配合理、能迅速拆卸、易于检查，还应考虑设备供应方所能持续提供的有关资料、技术支持和维修备件，有较强的服务能力等。

(8) 设备的经济性。在选购维修设备时，除了考虑设备初期投资费用大小，还要考虑设备投资回报期限和投入后的维修费用。选购设备之前要进行经济评价，要对几种设备在经济上比较优劣。在进行设备购置时所选择的供应商、生产厂不应过多，否则将来售后服务不方便，应选择那些实力强、信誉好、售后服务好的供应商、生产厂。

9.4 汽车维修设备的合理使用与维护

9.4.1 汽车维修设备的合理使用

合理使用汽车维修设备是保持设备处于正常运行状态、保证汽车维修质量和生产效率、降低维修成本的重要一环，是汽车维修设备管理的基础工作。

合理使用汽车维修设备应具备以下条件：

(1) 合理配备维修设备。企业应根据生产规模、工艺流程和作业方法，配备专用和通用汽车维修设备及检测仪器，以适应汽车维修生产的需要。

(2) 合理配备操作人员。随着现代汽车工业的发展，高性能、自动化、电子化的新型汽车不断出现，汽车维修设备也朝着精密化、自动化、电子化方向发展，因此使用者只有掌握相应的科学技术知识和生产技术水平，才能充分发挥设备的性能，使设备经常处于最佳的工作状态。对于高、精、尖的设备，只有配备专业技术人员，才能尽量避免因操作设备的错误而造成的损失。

(3) 操作人员要进行岗前培训。新工人在独立使用汽车维修设备之前，必须经过专业培训，掌握设备的构造和操作要领，使其具备“三好”(管好、用好、维护好)、“四会”(会使用、会维护、会检查、会排除故障)的基本功，方可独立使用汽车维修设备。

(4) 良好的工作环境和工作条件。良好的工作环境是保证汽车维修设备正常运行、延长使用寿命、保证安全生产的重要条件。应根据汽车维修设备的不同要求，将汽车维修设备安装在适宜的工作环境中。一般来说，安装汽车维修设备的厂房应清洁、宽敞、明亮。根据不同设备的具体要求，应配备必要的防尘、防潮、防腐、保温、通风等装置。精密的检测设备仪器应设立单独的工作室，其室内的温度、湿度、防尘、防震等工作条件应符合设备使用说明书的规定。

(5) 必要的宣传教育活动。汽车维修企业的领导和设备管理部门应积极组织职工开展正确使用和爱护汽车维修设备的教育活动，使设备操作人员养成维护设备的良好习惯。教育职工要像战士爱护武器一样爱护设备，使设备经常处于良好的技术状况。

(6) 制定设备管理规章制度。为了保证汽车维修设备的合理使用，汽车维修企业必须根据汽车维修的特点，建立一套科学的管理制度，岗位责任制就是管理制度的一种。

汽车维修设备使用的岗位责任制是本着设备谁使用、谁管理、谁负责的原则，明确规定了保管的责任。它是加强设备使用、保管的好办法。岗位责任制，一般采用定人定机管理，其目的是把设备的使用、维护和保管的各项规定落实到人，要求每一个操作人员固定一台或多台汽车维修设备，同时根据具体情况制定相应的定人定机保管办法。公用设备应指定专人负责保管。实行定人定机的好处是：把设备的使用、保管责任落实到操作者本人，使设备使用、保管工作建立在群众管理的基础上。

① 交接班制。在两班制操作设备的情况下，必须在交接班时，办理交接班手续，作好设备使用记录，以便相互检查，明确责任。

交接人员应将汽车维修设备使用情况，特别是隐患和设备故障排除经过及现状，详细告诉接班人员，并在交接班记录本上作好详细记载。

车间主管设备的主任、厂设备管理部门的管理人员应定期检查设备交接制度的执行情况。

② 安全生产制。汽车维修设备的安全操作是严格执行各种设备操作维护规程的结果。设备的操作维护规程，有技术方面的，也有安全方面的，所以又可分为技术操作规程和安全操作规程两种。一般情况下，二者合并为一种操作规程，统称为技术安全操作规程。各种汽车维修设备技术安全操作规程应由厂设备管理部门编制，车间负责贯彻执行。

9.4.2　汽车维修设备的维护

汽车维修设备在长期使用过程中避免不了产生摩擦和磨损，设备的维护可使设备经常保持在正常状态下运转，可以减少设备的摩擦和磨损，延长使用寿命。

汽车设备的维护，一般采用三级维护制，即日常维护、一级维护、二级维护。维护周期一般根据设备的分类和利用率而定。一般一级维护 3 个月进行一次，二级维护 12 个月进行一次。实践证明，凡严格执行三级维护制度的维修企业，设备完好率都很高。

汽车维修设备的维护作业内容如下。

1. 日常维护

日常维护的内容为：每日由设备操作人员进行，要求设备操作者班前对设备进行检查、润滑，班中严格按作业规程使用设备，下班前 15 分钟对设备进行认真清扫擦拭，做到清洁、整齐、无油污、无灰尘、无杂物，并将运行情况记录在交接班记录本上。日常维护是维护作业的基础，要求做到经常化、制度化。

2. 一级维护

一级维护的内容为：以设备操作使用人员为主，设备维修工指导，按维修计划对汽车维修设备进行局部或重要部位的拆卸和检查，彻底清洗设备外表面和内部，以调整、紧固为主，并做好维护记录。

3. 二级维护

二级维护的内容为：以设备维修工为主，设备操作使用人员参加，对汽车维修设备进行部分解体检查和修理，更换或修复磨损件，清洗、换油、检修电器控制部分，使设备局部恢复精度，以满足汽车维修工艺要求。二级维护后要做好维护记录。

要做好对设备的合理使用与维护，管理上应注意以下几方面内容：

(1) 合理配备操作人员。随着现代汽车制造技术和汽车维修技术手段的不断发展，汽车维修设备、工具、仪器自动化、电子化、精密化程度越来越高，这就要求设备使用者应具备丰富的理论知识和专业技术水平，因此必须配备与设备相适应的操作人员，才能充分发挥设备的性能，使设备经常处于最佳技术状态。对于那些精密贵重设备、工具或检测仪器应配备具有丰富专业知识和技能的专业技术人员或高级技师，以避免因使用不当或误操作而造成重大损失。

(2) 操作人员应进行岗前培训。新加入的维修人员在独立使用维修设备前，必须经过专业培训，熟练掌握设备的构造、原理和操作要领，并具备“四会”(会使用、会维护、会检查、会排除故障)，才可以独立使用汽车维修设备。对维修人员还应经常进行素质教育，以使所有人员能够爱护设备，养成自觉维护设备的良好习惯。

(3) 为汽车维修设备创造良好的工作环境和条件。为保证汽车维修设备的正常可靠运行、延长使用寿命、保证安全生产，汽车维修设备应有一个适宜的工作环境。一般来讲，安装汽车维修设备的厂房应整洁、宽敞、明亮，并且还应根据设备的具体要求，配备必要的防尘、防潮、防腐、恒温、通风设施。对于比较精密的检测仪器还应设立单独的工作间，室内的温度、湿度、防尘、防震、通风、亮度应满足设备使用说明书中的有关规定。

(4) 建立健全的维修设备使用、维护的规章制度。为保证汽车维修设备的合理使用，汽车维修企业应根据汽车维修设备的构成特点，建立一套科学、严密的管理制度，如岗位责任制。

9.5　汽车维修设备的更新与报废

设备在使用过程中总是会有磨损的，设备的磨损形式分为有形磨损和无形磨损两种。有磨损就需要有补偿，磨损的形式不同，补偿的形式也不同，补偿分为局部补偿和整体补偿。设备有形磨损的局部补偿是设备的维护和修理，设备无形磨损的局部补偿是设备改造和技术升级。有形磨损和无形磨损的完全补偿是设备的更新。

有两方面的原因使得汽车维修企业必须要对设备进行更新或升级。一是汽车维修设备随着服役时间的延长、磨损的发生，使用性能不断下降，虽经修理，但仍满足不了维修工艺的要求；另外，随着汽车制造业的不断发展，高性能、高度电子集成化的新车型不断出现，原有的维修设备虽然没有发生太多的磨损，但已不能满足维修技术的需要。

9.5.1　汽车维修设备更新与报废应坚持的原则

汽车设备凡有下列情况之一者，均可更新或报废：

(1) 经过大修已不能满足维修生产工艺要求的汽车维修设备。

(2) 技术性能落后，经济效益很差，已无修复价值的汽车维修设备。

(3) 耗能多或污染环境，威胁人身安全与健康，进行技术改造升级又不经济的汽车维修设备。

(4) 因灾害或意外事故，设备受到严重损坏，已无法修复的汽车维修设备。

9.5.2　汽车维修设备最佳更新期的确定

汽车维修设备更新应选择最佳时期进行，即确定设备最佳更新期。设备最佳更新期涉及到设备寿命的概念。设备寿命一般分为物质寿命、技术寿命和经济寿命。物质寿命是指设备从投入使用到报废为止所经历的时间；经济寿命是指设备从投入使用到因使用不经济而提前更新所经历的时间。确定设备的最佳更新期主要依据设备的经济寿命，即设备使用后期，设备老化程度与使用费的增加来决定设备更新。

确定设备经济寿命即最佳更新期的方法比较多，一般采用低劣化数值法。

假定汽车维修设备经过使用之后残值为 L，用 K_0 代表设备的原始值，T 代表已使用年数，则每年的设备费用为 K_0/T。随着设备使用年数的增加，平均设备费用不断减少。设备使用时间越长，它的有形磨损和无形磨损越加剧，维修费、燃料动力费越增加，这就叫设备的低劣化。

一般可用低劣化数值法计算汽车维修设备的经济寿命，其计算公式如下：

$$T=\left[\frac{2(K_0-P)}{\lambda}\right]^{1/2}$$

式中：T——汽车维修设备的经济寿命；

K_0——汽车维修设备的原始值；

P——汽车维修设备的净值；

λ——年低劣化增长值。

9.5.3 汽车维修设备的报废

汽车维修设备的报废有两种情况：一是在正常使用中受到磨损，年久而丧失使用价值；二是自然和意外事故造成无法修复的毁损。维修企业对汽车维修设备的报废，要严格掌握，谨慎处理。因技术进步或维修车型的改变，有些维修设备在本企业被淘汰不用了，但在其他维修企业尚可使用，就不应报废，而应折价转让。

汽车维修设备有下列情况之一者，才予以报废：

(1) 已超过使用年限，其主要结构和主要部件磨损严重，已无法修复的老旧汽车维修设备。

(2) 因灾害和意外事故造成设备受到严重损坏，已无法使用、修复和改造的汽车维修设备。

(3) 严重污染环境，已超过法定标准而又无法改造治理的汽车维修设备。

(4) 自制的非标准汽车维修设备，经维修生产验证和技术鉴定，确认已不能使用，也无法修复、改装和调出的汽车维修设备。

(5) 型号过于老旧，性能达不到最低使用要求，又失去修理与改造价值的汽车维修设备。

汽车维修设备报废，须经设备管理部门检定，主管领导签字，上级主管部门批准。待批准报废已停止使用的设备，不允许在未批准之前拆卸零部件，以保持设备的完整。

复习思考题

1. 汽车维修设备管理的含意是什么？
2. 汽车维修设备管理的作用和目的是什么？
3. 汽车维修设备管理工作的主要内容是什么？
4. 汽车维修设备管理机构的设置应遵循哪些原则？
5. 设备管理制度的内容主要有哪些？
6. 汽车维修设备是如何进行分类的？
7. 汽车维修设备、工具、仪器的配置应当遵循哪些基本原则？
8. 合理使用汽车维修设备应具备哪些条件？
9. 汽车维修设备的维护作业有哪些内容？
10. 设备更新与报废的原则是什么？

第 10 章　汽车配件的管理

知识目标：

(1) 了解汽车配件进货的意义和原则。

(2) 熟悉汽车配件的检验方法。

(3) 掌握汽车配件进货量的确定方法。

(4) 掌握汽车配件的常用验收方法。

(5) 熟悉汽车配件的一般编码规律及查号方法。

(6) 熟悉配件仓储管理的主要内容及方法。

汽车配件的管理是为汽车使用与维修服务的。汽车配件品种复杂，数量繁多。作为产品从出厂到使用，中间要经过许多环节，如采购进货、仓储及销售中的日常维护等。其中每一个环节都必须按照管理要求和技术规范去做，否则会造成配件损失，积压浪费，影响汽车的运行和寿命，甚至造成事故。

现代汽车营销很多都采用 3S 或 4S 模式，其中之一就是配件供应。汽车配件管理对于维修企业和汽配销售企业，都非常重要。

汽车配件管理主要包括进货管理、仓储管理及销售管理。

10.1　汽车配件的进货管理

10.1.1　汽车配件进货的意义和原则

1. 进货业务的意义

进货，也称购进，进货业务是汽车配件流通过程中的第一道环节。进货业务进行得好坏，会直接影响企业的整个经营活动和各项经济指标的完成。

进货是企业经营活动的关键环节，因为：

(1) 只有质优价廉、适销对路的汽车配件源源不断地进入经销企业，才有可能提高企业为用户服务的质量，满足消费者的需要。

(2) 做好进货是搞好销售的前提和保证；只有进得好，才能销得快，才有可能提高企业的经济效益。

(3) 只有把汽车配件购进组织好，把适销配件购进到经营企业，才能促使生产企业发展生产。

由此可见，汽车配件进货是直接关系到生产企业能否发展、消费者需求能否得到满足、企业经营状况能否改善的关键问题。

2. 进货管理和汽车配件进货的原则

1) 进货管理原则

进货管理原则包括勤进快销原则、以销定进原则、以进促销原则和储存保销原则。

(1) 勤进快销原则。勤进快销是加速资金周转、避免商品积压、提高经济效益的重要条件。勤进快销，就是采购次数要适当多一些，批量要少一些，进货间隔期要适当缩短。要在采购适销对路的前提下，选择能使采购费用、保管费用最省的采购批量和采购时间，以降低成本、降低商品价格，使顾客能买到物美价廉的商品。勤进快销还要随时掌握市场行情，密切注意销售动向，勤进、少进、进全、进对，以勤进促快销，以快销促勤进，不断适应消费需要，调整更新商品结构，力求加速商品周转。在销售上，供应要及时，方式要多样，方法要灵活，服务要周到，坚持薄利多销。

(2) 以销定进原则。以销定进原则，是按照销售状况决定进货。通常，计算订货量主要有以下参数：

① 日平均销售量(DMS)＝昨日的DMS×0.9＋当日销售量×0.1。

② 建议订货量＝日平均销售量×(距下次订货量天数＋下次交货天数＋厂商交货前置期＋商品安全天数＋内部交货天数)－已订货未交量－库存量。

③ 最小安全库存量＝陈列量＋日平均销售量×商品运送天数。

订货量是一个动态的数据，根据销售状态的变化(季节性变化、促销活动变化、供货厂商生产状况变化、客观环境变化)，决定订货量的多少，才能使汽车配件适销对路，供应及时，库存合理。

(3) 以进促销原则。以进促销原则是与以销定进相联系的，单纯的以销定进，进总是处于被动局面。因此，扩大进货来源，积极组织适销汽车配件，能主动地促进企业扩大销售，通过少量进货试销，刺激消费，促进销售。

(4) 储存保销原则。销售企业要保持一定的合理库存，以保证汽车配件流通连续不断。

2) 具体进货方法

搞好采购，要从实际出发，并灵活掌握。

(1) 掌握不同种类汽车配件的供求规律。对于供求平衡，货源正常的汽车配件，适销什么，就购进什么，快销则勤进，多销就多进；对于货源时断时续，供不应求的汽车配件，根据市场需要开辟进货来源，随时了解供货情况，随供随进；对于扩大推销而销量却不大的汽车配件，应当少进多销，在保持品种齐全和必备库存的前提下，随进随销。

(2) 掌握汽车配件销售的季节性特点。

(3) 掌握汽车配件的供应地点。当地进货，要少进勤进；外地进货，适当多进，适当储备。

(4) 掌握汽车配件的市场寿命周期。新汽车配件要通过试销打开销路，进货从少到多。

3) 汽车配件进货原则

进货的原则除了要求购进的商品适销对路外，就是要保质、保量。生产企业实行质量三包——包修、包退、包换；经营企业要设专职检验部门或人员，负责购进商品的检验工作，把住商品质量关。除此之外，进货还应遵循以下原则：

(1) 积极合理地组织货源，保证汽车配件适合用户的需要，坚持数量、质量、规格、型号、价格全面考虑的进货原则。

(2) 购进汽车配件必须贯彻按质论价的政策，优质优价，不抬价、不压价，合理确定商品的采购价格；坚持按需进货、以销定进；坚持“钱出去、货进来，钱货两清”的原则。

(3) 购进的汽车配件必须加强质量的监督和检查，防止假冒伪劣汽车配件进入企业，流入市场。在配件收购工作中，不能只重视数量而忽视质量，只强调工厂“三包”而忽视对产品质量的检查，对不符合质量标准的配件应拒绝购进。

(4) 购进的汽车配件必须有产品合格证及商标，实行生产认证制的产品，购进时必须附有生产许可证、产品技术标准和使用说明。

(5) 购进的汽车配件必须有完整的内、外包装，外包装必须有厂名、厂址、产品名称、规格型号、数量、出厂日期等标志。

(6) 要求供货单位按合同规定按时发货，以防应季不到或过季到货，造成汽车配件缺货或积压。

4) 汽车配件进货注意事项

进货时，进货员不仅要熟知所经营商品的标准名称、规格、型号、性能、商标、包装等知识，还要懂得商品的结构、使用原理、安装部位、使用寿命及通用互换性等知识，以便使进货准确无误。进货员不仅需要精通进货业务的各个环节，而且还要知道商品在进、销、存、运输、检验、入库保管等各业务环节的过程以及相互间的关系。

要进行市场调查和分类整理有关资料。进货员正确的预见性来源于对市场的调查和预测。调查的内容主要包括本地区的车型、车数，道路情况，各种车辆零部件的消耗情况，主要用户进货渠道和对配件的需求情况，竞争对手的进货及销售情况；另外，还要十分了解配件生产厂家的产品质量、价格和促销策略等。要定期对上述资料进行分类、整理，为正确进行市场预测、科学进货提供依据。

要对市场进行正确的预测。汽车及配件市场的发展受国民经济诸多因素的影响，如工农业生产发展速度、交通运输、固定资产投资规模、基本建设投资规模等，随宏观经济发展形势的波动而波动。这个季度是畅销的商品，到下个季度可能就变成滞销商品了。但是，除了偶然因素外，这种变化一般是有规律可循的，是可以预测的。这就要求进货人员根据收集来的各种信息和资料及市场调查得到的材料进行分析研究，按照科学的方法预测出一定时期内当地汽车配件市场的形势，从而提高进货的准确性，减少盲目性。

要编好进货计划。进货人员要根据自己掌握的资料，编好进货计划，包括年度、季度或月进货计划，以及补充进货计划和临时要货计划等。在编制进货计划时，要注意考虑如下因素：对本地区汽车配件市场形势的预测结果；本单位销售计划；库存和在途运输的商品，以及已签订过合同的货源情况；用户购买意向；本地区、本企业上年同期的销售业绩。进货计划中，配件类别必须细划，要有详细的品种。进货数量和进货时间要均衡，使配件供应既及时，又不积压或中断，合理地运用资金。

此外，全国汽车配件生产企业多、产品品种繁杂，假冒伪劣产品防不胜防。要选择好自己进货计划中所需要的产品，就必须依靠自己的择优能力进货，对进货厂家的产品质量和标识要十分了解，要选择名牌、优质、价宜的产品。

10.1.2　汽车配件进货渠道

汽车配件的采购原则是择优采购。因为配件生产厂家的规模、设备、技术水平不同，所以质量差异很大。一些紧缺配件和销售数量大的配件，又常有假冒伪劣产品混在其中；加之不法厂商往往以“回扣”来贿赂采购人员，以达到其销售劣质产品的目的，因此，配件采购工作十分重要。

配件采购一般有以下几种途径：一是从国资配件公司订货；二是直接从生产厂订货；三是从各汽车制造厂所设的维修站点订货；四是零星采购。此外还有从二手或多次转手的配件经销商处采购订货的。一般前两种订货途径比较可靠，其他应当慎重。零星采购只适用于少量和临时急需的配件。国外进口汽车配件的采购订货，还要注意防止走私品和水货。

10.1.3　汽车配件的订购

1．进口汽车配件的订购

近些年来，由于我国经济的快速发展，进口汽车的数量大增，进口汽车维修配件的订购、供应品种、交货期、质量价格等方面的操作有独特的特点。为使广大进口汽车配件经营企业及用户正确订购和使用进口汽车配件作为一个汽车配件进货人员，首先必须了解进口汽车配件的订购和验收中应注意的问题。

(1) 必须认真掌握进口汽车各类不同车型的技术情况。国外汽车多是按系列化生产的，每个系列有多种车型，每种车型又有它特定的底盘号和发动机号。每个车型系列都有固定的发动机型号，而且大部分车型(尤其是轻型车及轿车)为适应世界各地的地理、气候条件以及顾客的需要，对散热系统、变速器及制动方式等采取不同的装置，这些装置形式一般在汽车进口成交合约的附件——技术说明书中有详细记载。技术说明书很重要，因此编制需要量计划或办理进口业务，都必须提供这些车辆的详实技术情况，只有掌握了这些基本技术情况，才能做到按需进口，适销对路，货尽其用，防止损失和浪费。

(2) 建立进口车辆的技术档案，以掌握车型动态。由于我国进口汽车的厂牌车型繁多，其中有的虽为同一车型，但生产年份不同，很多部件设计已经变更，新老车型，不能互换，故必须分厂、分车型、分年份将各自的技术情况以档案形式分别记载。其主要内容是：具体的车型和该车型的底盘号、发动机号。它们代表着该车型的具体生产年月，因此极为重要。在向国外订购时，要确认和认真填写下列诸要素：发动机型号应包括气缸数、缸径、活塞排量、最大功率、最大转矩；电系应包括电压、发电机千瓦数或安培数，电动机千瓦数；离合器应包括摩擦式或液力传动式；变速器应包括型号、排挡数、每挡速比或齿数比，机械操纵式或自动式，变速杆位置在转向柱上或在底板上；制动方式应包括真空加力液压式，空气加力液压式或空气制动式，手制动器位置在变速器后或在后轮；转向机应包括左边或右边驾驶，以及机械式或液压助力式；前轴应包括独立悬挂式、工字梁式或前驱动式；后轴包括单级减速式、二级减速后加力式等等。有了这样的车辆变型技术档案，才能使我们掌握第一手资料，对编制进口配件计划提供可靠的依据。如有一字之差，就会面目全非，积压浪费将难以避免。

(3) 要正确使用原厂配件编号。有了各种车型的技术档案，只是给编制进口配件计划提供了依据，在正式订购单上，还应认真填写原厂的正确零件编号，这些编号来自原零件目录，每个零件编号代表着进货人员所需要的零件。按照车辆技术档案记载的情况，在有关车型的零件目录中都可查到相应的零件编号。原厂零件编号比零件名称更为重要，稍有疏忽写错了零件编号，将导致订货错误。若货到后才发现不是所需要的零件，则很难索赔。所以在编制进口汽车配件需要量的计划前：一是要查明进口车型的准确型号、发动机型号、出厂年份，有的还要查明底盘号；二是要掌握零件标准名称和原厂零件编号，并且要认真核对，确信无误后，方可填到订购单上。

2. 国际上汽车零部件的类型

国际上汽车零部件分为以下三种类型：

1) 汽车厂组装用配套件(OEM parts)

汽车厂组装用配套件是按汽车厂提供的生产图样生产，成品由各专业厂每天按时送汽车厂供组装汽车用的配件。在日本，OEM 件一般占专业厂总产量的 60%左右。

2) 纯正件(Genuine parts)

纯正件这是由汽车厂提供给用户维修车辆用的配件，但不一定是汽车厂自行生产的。纯正件质量可靠，但价格较高。在日本，用于日本汽车维修的纯正件数量约占专业厂产量的 25%，而供国外汽车维修的纯正件数量约占产量的 15%。纯正件均放入汽车厂的仓库，而汽车厂通过经营纯正件的商社进行销售。

3) 专厂件(Replacement)

专厂件也称转厂件，是由各专业零部件生产厂生产的备件(替换零件)，用各专业厂自己的包装箱包装，不经过汽车厂的渠道，而是由其特定的贸易商社进行销售。

10.1.4　汽车配件的验收

1. 汽车配件的检验方法

汽车配件的检验方法如下：

1) 目测法

一般的汽车配件销售企业没有完备的检测手段，但根据经验用目测法可识别配件的优劣。

(1) 看质量。产品表面质量是评定产品优劣的第一印象。质量低劣的产品，其表面质量往往是差的。用目测法主要是看商品后道工艺的表面处理。所谓表面处理，即电镀工艺、油漆工艺、高频热处理、包装工艺等。一些受地方保护主义保护的小工厂和手工作坊，制造假冒伪劣产品较多，而它们都有一个共同特点，就是“打一枪换一个地方”的短期行为，很少在产品的后道工艺上投入技术、资金。因为表面处理涉及很多现代科学技术，国际上和国内的名牌大厂在利用先进工艺上投入资金数量很大，特别对后道工艺更为重视，投入资金比重较大。一般的项目资金少则几百万元，多则上千万元。那些小厂、小作坊是不会有这样的远见，也没有这样的资金支付能力的。

(2) 看表面包装和表面商标。汽车零配件是互换性很强、精度很高的产品，为了能较长时间存放，不变质、不锈蚀，需在产品出厂前用低度酸性油脂涂抹。正规的生产厂家，对包装纸盒的要求十分严格，要求其无酸性物质，不产生化学反应。有的采用硬型透明塑料抽真空包装。考究的包装能提高产品的附加值和身价。箱、盒大都采用防伪标记，常用的有镭射、条码、暗印等，在采购配件商品时，这些很重要。进货人员要认真查看其商标、厂名、厂址、等级和防伪标记是否真实。因为对有短期行为的仿冒制假者来说，防伪标志的制作也不是一件容易的事，需要一笔不小的支出。另外，在商标制作上，正规的厂商在零配件表面有硬印和化学印记，注明零件编号，型号、出厂日期一般采用自动打印，字母排列整齐、字迹清楚，小厂、小作坊一般是做不到的。

(3) 查看文件资料。首先要查看汽车配件的产品说明书，产品说明书是生产厂进一步向用户宣传产品、为用户做某些提示、帮助用户正确使用产品的资料。通过产品说明书可增强用户对产品的信任感。一般来讲，每个配件都应配一份产品说明书(有的厂家配用户须知)。但也有些厂家，几个配件配一份产品说明书。如果交易量相当大，还必须查询技术鉴定资料。进口配件还要查看海关进口报关资料。国家规定，进口商品应具有中文说明，一些假冒进口配件一般没有中文说明，且包装上的外文，有的文法不通，甚至写错单词，一看便能分辨真伪。

(4) 看规格型号是否与订货要求相符。大多数汽车配件都有规定的型号和技术参数。凡主机厂的配套产品，为了满足主机厂的设计要求，零部件为适用不同机型(如基本型及变型产品)多进行改进，既保留了基本车型的优点，又适应不同车辆的动力性和经济性。因此在订购配件时，一定要熟悉整车与配件的型号，根据车辆的具体型号准确地订购配件。

2) 用简单技术手段鉴别汽车配件

(1) 经验法。经验法包括以下内容：

① 看表面硬度是否达标。各配合件表面硬度都有规定的要求，在征得厂家同意后，可用钢锯条的断茬去试划，划时打滑无划痕的，说明硬度高；划后稍有浅痕的，说明硬度较高；划后有明显痕迹的，说明硬度低(注意试划时不要损伤工作面)。

② 看结合部位是否平整。零部件在搬运、存放过程中，由于振动、磕碰，常会在结合部位产生毛刺压痕、破损等，影响零件使用，选购和检验时要特别注意。

③ 看几何尺寸有无变形。有些零件因制造运输、存放不当，易产生变形。检查时，可将轴类零件沿玻璃板滚动一圈看零件与玻璃板贴合处有无漏光来判断是否变形；选购离合器从动盘钢片或摩擦片时，可将钢片、摩擦片举在眼前，观察其是否翘曲；在选购油封时，带骨架的油封端面应呈正圆形，能与平板玻璃贴合无翘曲。无骨架油封外缘应端正，用手握使其变形，松手后应能恢复原状。在选购各类衬垫时，也应注意检查其几何尺寸及形状。

④ 看总成部件有无缺件。正规的总成部件只有齐全完好，才能保证顺利装配和正常运行。一些总成件上的个别小零件若后装，将使总成部件无法工作，甚至报废。

⑤ 看转动部件是否灵活。当检验机油泵等转动部件总成时，用手转动泵轴，应感到灵活无卡滞：当检验滚动轴承时，一手支撑轴承内环，另一手打转外环，外环应能快速自如转动，然后逐渐停转。若转动部件转动不灵，则说明内部锈蚀或产生变形。

⑥ 看装配记号是否清晰。为保证配合件的装配关系符合技术要求，在一些零件(如正时齿轮)表面刻有装配记号。无记号或记号模糊无法辨认，将给装配带来很大困难，甚至装错。

⑦ 看胶接零件有无松动。由两个或两个以上零件组合成的配件，零件之间是通过压装、

胶接或焊接的，它们之间不允许有松动现象。如油泵柱塞与调节阀是通过压装组合的；离合器从动摩擦片与钢片是铆接或胶接的；纸质滤清器滤芯骨架与滤纸是胶接而成的；电器设备的接头是焊接而成的。检验时，若发现胶接松动，应予以调换。

⑧ 看配合表面有无磨损。若配合零件表面有磨损痕迹或涂漆配件拨开表面油漆后发现旧漆，则多为废旧件翻新。当表面磨损、烧蚀、橡胶零件材料变质时，在目测看不清的情况下，可借助放大镜观察。

(2) 敲击法。当判定车上的部分壳体及盘形零件是否有不明显的裂纹、用铆钉连接的零件有无松动、轴承合金与钢片的结合情况时，可用小锤轻轻敲击并听其响声。如果发出的金属声音清脆，则说明零件的状况良好；如果发出的声音沙哑，则可以判定零件有裂纹、松动或结合不良。

浸油锤击是一种探测零件隐蔽裂纹最简便的方法。检查时，先将零件浸入煤油或柴油中片刻，取出后将表面擦干，撒上一层白粉(滑石粉或石灰)；然后用小锤轻轻敲击零件的非工作面，如果零件有裂纹，则通过振动会使浸入裂纹的油漆溅出，裂纹处的白粉呈现黄色浅迹，便可看出裂纹所在。

(3) 比较法。用标准零件与被检零件作比较，从对比中鉴别被检零件的技术状况。

3) 进口汽车配件的鉴别

进口汽车配件可从多方面进行鉴别，主要从外部包装、内在质量、产品价格和进货渠道来鉴别。

(1) 根据包装进行识别，是检验进口配件真伪的重要程序。纯正件及国外专业配套厂配件的包装制作精美，色彩、花纹、样式都有一定的规则，一般是很难仿制的。仿制的包装制作比较粗糙，较容易辨别。但有些仿制者依靠现代先进的印刷技术，将零件包装制作得很逼真，如不仔细辨认，也很难区别。进口汽车配件一般都有外包装和内包装。外包装有包装箱、包装盒；内包装一般是带标识的包装纸和塑料袋或纸袋。纯正进口配件外包装箱(盒)上都贴有厂家统一、印刷清晰、纸质优良，并印有 GENUINE PARTS(纯正部品)的标记，且标有零件编号、名称、数量及生产厂和国家。而仿制的标签印刷不精细，色彩不是轻就是重，很难与纯正件包装一致，使用电脑打印的零件编号及生产厂商标记的色彩非轻即重，仔细辨认，就能区分真伪。从包装箱(盒)来看，进口的包装箱(盒)质地紧挺、图案清晰，包装盒上一般都印有生产厂和纯正部品标记。如小松公司在整个包装盒上印有小松(KOMATSU)和纯正部品(GENUINE PARTS)；三菱公司在整个包装盒上印有(MITSUBISHI)和纯正部品(GENUINE PARTS)。而仿制的包装虽然也印上这些标识，但色彩不正，图案不清晰。有的国外公司为防止伪造，在其包装标签上设有防伪标记，可在鉴别时加以注意。内包装一般多为包装纸、纸袋或塑料袋，包装上印有纯正部品和公司标记。包装纸的花纹、色彩和图案，仿制品很难与其相同。

鉴别进口配件包装时还应注意，工程机械及汽车制造厂都有自己的专业配套厂零部件供应商。在进口厂家配件时，包装盒上既有整机厂的标记，也有配套厂的标记。

(2) 从产品质量辨别汽车配件，是识别纯正件真伪的最关键的环节。受利益驱动，有经销商将进口的纯正零件组装成整机后，再用纯正部品的包装装上非纯正件向市场销售。故必须对产品的内在质量进行检验，才能确认进口配件的真伪。对产品质量的鉴别主要进行以下观察、检查和试验：

① 从外观上进行检查。看其产品外表的加工是否精细，颜色是否正常。如果有纯正件的样品，可进行对照检查，一般仿制品表面都比较粗糙，产品颜色也不正。

② 检查产品上的标识。纯正进口零件上都打印有品牌标记、零件编号和特定代码等。有些产品上还铭刻有制造厂及生产国。如日本三菱柴油发动机的活塞，在其顶部刻有零件编号、分组号标记 A、B、C 和 UP↑方向标记；活塞裙部内侧铸有机型和三菱标识，并有配套厂的 IZUMI 标识，铸字清楚，容易辨认。仿制品不是漏铸就是字迹模糊不清，很难达到正品的效果。

③ 通过专用工具测量产品的尺寸，看其是否符合要求。有些厂商还专门为客户提供了测量工具以防假冒。

④ 对产品进行性能试验。有些零件从外观检测还无法辨别其真伪，需用专用仪器进行检测。如喷油器、柱塞要上试验台进行性能试验，检测其喷油压力、喷油量、喷油角度等。

⑤ 对产品进行理化性能试验。这种情况一般是在对产品内在质量产生怀疑或使用中出现问题时，为向厂家寻求索赔时才使用的方法。

(3) 从产品价格上进行辨别，同样的配件，纯正件、专厂件、国产件和仿制品的差别很大。纯正件的价格最高，专厂件次之，国产件、仿制品价格最低。一般纯正件的价格可超出仿制品的一两倍，有的甚至还多；国外专业配套厂件比整机厂纯正件略低。定期批量进口的配件执行外商谈判的协议价，平时零星采购的配件则执行外商每年的统一目录价。

有时外商还有定期处理配件的优惠价。这些配件的报价(日元或美元)是按照当时的进口汇率计算的，再加上关税、运输费等，然后将其换算成配件单价，这是行业人士共知的常规价。价格低于常规价的配件，即可判断为非纯正件或专厂件。需要注意的是，进口环节中减税和中间经销商加价也会使价格偏离常规价。

(4) 根据进货渠道进行分析。目前进货渠道较多，一般包括两个方面：一是直接从国外进口；二是从经销商那里购买。直接从国外整机厂和零部件配套厂进口的配件，质量都有保障。如果是从经销商那里购买或从港澳转口进来的配件，就要根据上述方法加以鉴别。此外，所有直接从国外进口的机械配件，均有订购合同、提单、运单、装箱单及发票。如果从进口公司采购配件，可让其出示上述手续，否则，可判断为非进口正品。

(5) 我国主要汽车配件验收和保管技术要求见表 10-1 (供参考)。

表 10-1　我国主要汽车配件验收和保管技术要求

汽车配件名称	验收技术要求	保管技术要求
气缸体	(1) 气缸体主要加工面的表面粗糙度应符合图纸规定 (2) 各加工面应光洁，无凹陷、黑斑、划痕等 (3) 不允许有裂纹、针孔、冷隔、浇不足、粘砂、缩松、疏松、砂孔、夹杂物等铸造缺陷 (4) 各部不应有破损、碰伤及锈蚀现象；不加工的外表面应涂有防锈漆	(1) 气缸体应放置在垫高 300 mm 的垫木上；注意保持缸体位置的水平，并保持垫木下通风 (2) 在搬运中不得用铁棍或钢丝绳穿入缸孔内吊运，注意保护加工面，不准撞击和翻滚

续表一

汽车配件名称	验收技术要求	保管技术要求
气缸盖	(1) 缸盖各部不允许有裂纹、冷隔、浇不足、粘砂、疏松、砂孔、夹杂物等铸造缺陷。燃烧室表面、气门座锥面、火花塞及电热塞孔、螺纹孔、密封面及气缸孔附近的范围内不允许有任何铸造缺陷。内腔表面、进排气通道及不加工表面不允许有残渣、型砂、铁丝、碎屑、毛刺、结瘤等异物异形 (2) 全部螺纹及油孔不准有毛刺孔眼及碰痕等缺陷 (3) 气缸盖的加工平面应光洁，不得有凹坑、斑痕、划痕等，不加工表面应涂有保护漆层	(1) 气缸盖应保持清洁；加工面涂油脂防锈；结合平面应以蜡纸贴封，再用防水纸或塑料薄膜封裹。 (2) 气缸盖应装箱，保护加工面不受操作；垛码时，垛底应垫高 300 mm 左右，以利通风 (3) 不得抛掷、撞击和翻滚，防止损坏和变形
活塞	(1) 验收时注意生产厂的分组标志，一般在靠近销孔处涂以各种漆色以区别不同的分组尺寸(每组相差 0.0025 mm) (2) 活塞的表面应光洁，不允许有裂纹和残余的飞边，销孔表面和销圈槽部位不许有任何砂眼。所有加工面不许有裂纹和毛刺。液锻活塞表面不允许有裂纹、折叠、毛刺、夹杂物等缺陷。各种活塞不允许有凹陷、破缺和锈迹 (3) 活塞上应标明制造厂名、分组尺寸代号及修理尺寸，分组活塞应附有检验合格证	铝活塞受潮后易产生灰白色铝氧化物，因此不准与盐碱类物资储存在一起。活塞应以中性防锈油脂或蜡封涂盖，并用蜡纸包裹；成组活塞应装在同一盒内，中间隔以瓦楞纸，以防撞击
气缸套	(1) 缸套表面应经氮化处理，湿式缸套外表面水套部位应镀铬，缸套内表面允许有因石墨脱落而形成的针孔 (2) 活塞销孔以上的活塞环行程范围内，支撑肩上、下端面和封水圈部位不允许有孔眼、夹渣和疏松等缺陷	(1) 气缸套应以中性防锈油脂或蜡进行密封，用蜡纸贴裹后装于纸盒内保管；外包装上应有规格标志，不同规格的缸套应分别存放 (2) 搬运中不得摔掷、碰撞挤压，以防变形、损坏
活塞环	(1) 铸铁活塞环表面不允许有裂纹、疏松孔眼及飞边、毛刺等缺陷。钢制活塞环表面不许有划痕。镀铬环表面不许有铬层龟裂起皮、脱落等疵病 (2) 第一道环应镀铬，其他环应镀锡、磷化或其他表面处理；锥形环应有安装方向标志 (3) 活塞环应涂油后包装，包装盒上应标明制造厂名、型号及零件编号、尺寸代号及留修口量、数量、包装日期及油封有效期。镀铬环的外包装应标明“镀铬环”字样 (4) 验明出厂检验合格证	(1) 活塞环要用中性矿物油密封，对入库的活塞环应注意检查油封层是否有效，如失效应重新密封 (2) 活塞环如果生锈，应使用竹片或硬木片沾少许汽油将锈迹刮去，擦净后再涂以中性矿物油。每组环应用蜡纸或塑料薄膜封裹 (3) 活塞环应成组存放，不得裸放，原包装上的标注规格和型号注意保留；各种型号、规格的活塞环应分开存放，以免混乱 (4) 搬运时不得摔掷和挤压，注意应轻拿轻放

续表二

汽车配件名称	验收技术要求	保管技术要求
活塞销	(1) 注意活塞销外径的分组标记，发料时注意相同标记颜色的销和活塞成组配对，不可乱发乱装 (2) 在抛光面上不得有划痕、黑点、碰痕、蚀痕、麻点等缺陷；销的各部均不得有裂缝、氧化皮等异常 (3) 活塞销两端不准有尖角，内孔表面应光滑，无锈迹、杂物等存在 (4) 每批活塞销入库后要抽样检查，抽样数不大于2%，抽验时如有一件不符合标准，应加倍抽验，如仍有一件产品不合格，则全部不予验收，并及时向来货单位交涉退货	(1) 活塞销应涂防锈油或蜡封，然后再用蜡纸封裹 (2) 成组存放于盒内，不同型号、规格的活塞销应分别堆放，并在储存盒上作出明显标志，以免混淆 (3) 零件应存入通风、干燥的库房，保管正常，在出厂一年内不应发生锈蚀 (4) 搬运时不得抛掷、碰撞
连杆	(1) 连杆的全部表面不得有叠缝、裂痕、毛刺、分层、夹杂、氧化皮、腐蚀等缺陷，并应验查出厂检验合格证 (2) 不许有因坏料未充满锻膜而产生的缺陷，不准焊补修整	(1) 连杆应以油脂封裹防锈 (2) 连杆盖与连杆应成对存放，搬运时不得抛掷、撞击，注意保护加工面不受损伤
连杆轴承	(1) 轴承合金层表面应光洁，不准有外来夹杂物、孔眼、气泡和发黑现象。合金层与钢壳结合牢靠，不得有脱壳现象。用金属棒敲击瓦背，声音应清脆无哑 (2) 轴承内圆表面应光滑平整，不许有裂纹、划痕、碰伤及压伤；轴承各部不得有变形现象；每片轴承均应有尺寸记号的标注 (3) 非工作表面镀层均匀，不得有镀瘤、划伤、起皮、锈蚀等	(1) 轴承应以蜡封防锈，并用蜡纸包裹，成组存放于盒中 (2) 不同规格的轴承应分别存放，避免混乱，包装盒上应标明厂牌、规格
曲轴	(1) 锻造曲轴的非加工部位应清洁，无氧化皮、叠缝、分层及裂纹等；允许用凿子或锉刀消除表面缺陷，但剔修浓度不得超过 1 mm (2) 曲轴的加工表面应光洁，不得有碰痕、凹陷、毛刺、黑点、发裂；曲轴的非工作面上允许有个别不大的凹陷、刻痕及黑点 (3) 球铁曲轴不允许有缩孔、疏松、气孔、裂纹、夹渣以及其他影响强度和性能的缺陷；工作表面应光洁；非工作表面允许有个别不影响结构强度的凹陷、刻痕等 (4) 应附有出厂检验合格证，曲轴上应标明制造厂名、机型等	(1) 注意防潮、防锈。曲轴的非加工表面涂以软干油，加工面涂工业凡士林防锈。如有锈蚀，可用竹片或硬木片沾少许汽油将锈迹刮除，并涂上工业用凡士林 (2) 各道轴颈的光洁面应着重保护，可用蜡纸或塑料薄膜缠裹以防碰伤、划痕 (3) 储存中应使曲轴保持水平或垂直状态，不得受压。平放时，使用两个木托支承两头轴颈，另加两个支承点，支在各距两端为 1/4 全轴长的主轴颈处为宜，可使曲轴久放而不变形；曲轴垂直存放时应垂直悬挂，重力全部由端部凸缘承受；直放可节约库房面积 (4) 曲轴发运时应装箱，搬运中不得碰撞、翻滚，注意保护各道主轴颈

续表三

汽车配件名称	验收技术要求	保管技术要求
凸轮轴	(1) 各磨光表面应光洁，不得有波纹、碰伤、凹陷、毛刺、黑皮、纹痕或裂纹。非工作面上允许修整表面缺陷 (2) 非加工面上不应有氧化皮、折痕、疤痕、夹层和裂纹等缺陷 (3) 应验明出厂合格证	(1) 应涂满防锈油脂，各部位以蜡纸或塑料薄膜缠裹；单根盒装存放 (2) 搬运时不准碰撞、受压
气门	(1) 精加工的杆部圆柱面、端面和头部锥面上不得有碰伤、麻点、锈迹。非加工表面应无氧化皮、凹坑、疤痕、毛刺、裂纹、锈蚀等缺陷 (2) 气门杆部和头部应垂直，杆部应挺直，不得变曲	气门应用油脂涂封或蜡封防锈，用蜡纸或塑膜包裹后装入盒内
进排气歧管总成	(1) 外表不应有裂纹、气孔、缩孔、疏松、渣眼、浇不足、破缺、飞翅、冷隔、外来夹杂物及其他铸造缺陷 (2) 加工表面应光洁平整，铸件内部的毛刺、型砂、铁屑等均应清理干净 (3) 各螺纹及其周围不得有孔眼、毛刺及碰痕	(1) 进排气管壁薄、质脆，搬运时尤需注意轻拿轻放，不得摔跌、碰撞和挤压 (2) 每个孔眼要用纸团封堵以防杂物进入；加工表面应涂中性矿物油防锈
喷油泵	(1) 各零部件均不应有裂纹、碰痕、多针眼、疏松、缩松及锈蚀等缺陷；精加工零件应光洁，不得有纹裂、烧黑、锈斑、凹陷、划痕、毛刺、锋边等；金属镀层应光亮，无起皮、剥落等疵病 (2) 拉动调节齿杆时，应灵活无阻，移至刻度终了，应能到位 (3) 总成各处均不得有漏油现象；所有进、出油口都应装上保护盖、塞件等；总成内外各部均不得有污物、碎屑 (4) 喷油泵总成应附有合格证，加有铅封，标明型号及制造厂名称 (5) 冬季验收时应将原包装先移至库内，存放 24 h 后再开箱。注意验收环境应干燥、无尘，并在验收台上铺垫软纸；夏季验收时，不能用手接触精加工部件，防止汗水浸蚀零件	(1) 绝对禁止将喷油泵和化学物品、飞扬性物资同存一库 (2) 喷油泵总成应用蜡纸或薄膜裹封、装盒，存放于封闭式材料架上，架中应放入硅胶吸湿 (3) 喷油泵总成存放处应距取暖设备 1 m 以外，以防因温度剧变而造成损坏 (4) 喷油泵总成部如防锈油脂干涸失效或被杂物污染时，应以过滤的轻紫油清洗、晾干，再薄涂中性工业用凡士林防锈；保养中不得用手触摸精加工部位 (5) 各封闭用堵盖应保持齐备完好，如遗失或无效，应及时补换 (6) 搬运时禁止抛掷、碰撞
水箱	(1) 不允许有压伤、碰伤、裂纹、凹陷及锈蚀等缺陷 (2) 各部焊接应牢固、可靠、整齐、美观 (3) 水管、散热片的外表面应光洁、平直，不得有凹陷	水箱宜用原包装重叠堆码放置，箱中应衬垫防潮纸；水箱各孔眼应以木塞等封堵，各突出部件应包扎保护；搬运时严禁抛掷、翻滚和撞击

续表四

汽车配件名称	验收技术要求	保管技术要求
发电机调节器	(1) 外壳平整光滑，不准有漆皮脱落、裂纹、碰伤、凹瘪等异常 (2) 各接线柱及螺钉安装牢固，摇动时不应有脱落零件的撞击声 (3) 必要时打开调节器盖检查，只能在干燥温暖的环境内进行；尽量不用手直接触摸白金触点或扳动零件；如有灰尘，应以细软干布拭去	(1) 按原包装存入料架 (2) 库房内保持干燥、通风、防潮，温度最好保持在 5～35℃间，相对湿度不大于 75%，如相对湿度过高，应通风降潮或放入干燥剂，以防线圈受潮霉变 (3) 搬运时严禁抛掷、碰撞
起动机	外表应无裂缝、变形、损伤、受潮、霉变、锈蚀；齿轮表面应光洁，无裂纹、锐边、毛刺和锈蚀；弹簧有足够的弹性；起动开头良好、电刷与换向器接触旋转时不应跳动	起动机不能受潮，应存放在干燥通风的库房，环境适宜温度为 5～35℃，相对湿度不大于 75%；搬运时严禁摔掷、碰撞
分电器	(1) 分电器壳体不得有裂损、疏松、气孔、夹渣等缺陷 (2) 分电器盖表面应光亮，不许有裂纹、孔眼、剥落、起泡和破缺；固定卡子弹性良好，能卡夹牢固 (3) 真空提前点火装置有良好的气密性，尼龙部件不应发黄、龟裂、发脆 (4) 分电器盖中央插座铜触头及炭棒完好无损，不得脱落，应有弹性，白金及分火头应完好；触头不得有凹陷、突起、黑斑、锈迹等缺陷，触头接触应良好，开闭动作灵活；电器轴应光亮，无斑纹、碰痕、锈斑等 (5) 各部位不得有锈蚀及水浸的痕迹；各种标志如型号、旋转方向、制造厂名称等清晰；应验明出厂检验合格证	(1) 分电器总成应以塑料袋套封，装入盒内，存放于架子上，外露的轴端及轴应涂抹工业凡士林防锈 (2) 注意防潮和防止粉尘侵入；真空提前点火装置的孔眼应用油纸封堵 (3) 搬运时不得碰撞、挤压，尤其注意保持分电器盖及真空提前点火装置
离合器片总成	(1) 钢片与蕊毂连接的铁铆钉及钢片和摩擦片连接的铝铆钉都不得松动、裂损 (2) 铝铆钉头应低于摩擦片表面 1 mm 以上 (3) 摩擦片表面平整，不得有翘曲、变形和裂纹等缺陷	离合器片总成应装在干燥的木箱或硬纸箱中存放，注意外露金属板的锈蚀，必要时应作好养护
变速器总成	(1) 变速器壳及盖各部不得有裂纹、夹渣、气孔等缺陷 (2) 螺孔及其附近不许焊补；各轴承孔、变速叉轴孔加工平面应光滑，无毛刺、裂纹；变速器壳前后端面、上下接合面和盖底平面应平整 (3) 非加工面应涂防锈漆，内表面应涂耐油漆 (4) 各齿轮及轴的表面应光洁，不得有裂纹、锐边、毛刺，工作表面不允许有锈蚀、凹坑、碰伤和划痕。螺纹部分无碰痕、缺牙等缺陷	轴的花键部分、轴颈可用瓦楞纸或塑料布缠裹保护。上架存放搬运时不得摔掷、撞击。如为变速器零件，则应着重保护齿轮、轴及轴承等精加工件不受损伤和锈蚀；如有锈蚀可用铜线刷蘸上汽油，除去锈迹，并进行蜡封

续表五

汽车配件名称	验收技术要求	保管技术要求
主减速器圆锥主、被动齿轮	(1) 验收时注意圆锥主、被动齿轮零件号相符、配对，并有出厂检验合格证。使用时必须成对更换，不准单只领发 (2) 齿轮表面应光洁，不允许有裂纹、锋边、毛刺，工作表面不允许有锈蚀、黑皮、凹坑和伤痕 (3) 螺纹部分应无碰痕、缺牙和局部缺损等疵病；花键部分应完好	(1) 齿轮可用蜡封或油封防锈，外面用蜡纸或塑料薄膜包裹，如发现锈蚀可用铜丝刷蘸汽油刷除锈迹，擦净、吹干，再用蜡或软干油密封防锈；搬运时不得抛掷、碰撞，注意保持齿面 (2) 主、被动齿轮应成对存放
轮毂	(1) 轮毂上不允许有影响质量和使用性能的裂纹、夹渣、气孔等缺陷 (2) 允许用焊补及其他方法对铸件的轻微缺陷如孔眼、疏松、裂纹等作工艺上的合理修补，但不得降低机械性能和使用要求 (3) 螺孔及其附近不允许焊补 (4) 与轮胎钢圈、半轴凸缘的结合面、轴承座孔端面及与制动鼓结合的凸缘表面等均应光洁，不准有锈迹、凹陷、瘤疤、裂纹、缺损等疵病 (5) 螺纹应光顺，不得有碰痕、缺牙、乱扣、锈蚀 (6) 轮毂非配合内表面应涂耐油油漆，非配合外表面应涂防锈漆，防止锈蚀	(1) 轮毂配合表面应涂软干油防锈，运输时可用麻布缠裹、保护其不受损伤 (2) 搬运时不得抛掷、碰撞
液压制动泵总成	(1) 制动泵总成内不允许有杂物存在，各部保证密封 (2) 储油室内表面应彻底清除积砂，不允许有裂纹、缩孔、砂眼及非金属夹杂物 (3) 螺纹不得有缺牙、乱扣、裂纹等缺陷存在 (4) 缸体不加工表面应涂有油漆防锈 (5) 用手推动活塞往复运动，油缸内无卡滞	(1) 总泵应以油脂封涂加工面防锈，并用蜡纸封裹 (2) 各孔眼要用油纸封堵；搬运时严禁抛掷、撞击
气制动阀总成	气制动阀各部不允许有裂纹、疏松、气孔、密集针眼、夹渣等缺陷；摇臂、气阀、管接头等均应完好无损；用手扳动摇臂应有足够的弹力	各个管接头螺孔均用油纸封堵，以保护丝扣和防潮、防尘；制动灯开关、管接头等突出部位要用塑料布包扎保护；搬运时应轻拿轻放，严禁抛掷和撞击
空气压缩机	(1) 各部应无裂纹、疏松、缩孔、砂眼、气孔、外来夹杂物等缺陷 (2) 皮带轮应完好，轮槽光滑，转动均匀而不摇晃 (3) 整个外表应涂喷银粉漆防锈 (4) 用手转动皮带轮，察听进出气阀是否正常工作，各部不准漏气	(1) 空气压缩机的曲轴箱应注入适量的中性矿物油防锈；长期储存时，应定期转动皮带轮 10 余转，使各部均能得到润滑(每 3 个月 1 次) (2) 各孔眼均用油纸封堵，以防止灰尘和潮气等侵入

续表六

汽车配件名称	验收技术要求	保管技术要求
制动软管	软管外表应光滑，不得有龟裂、发粘、发脆、起层、划伤、发霉等缺陷；应附有出厂检验合格证；金属接头安装要牢固，螺纹应光洁，无毛刺、乱丝扣等缺陷	应置于阴凉干燥处存放，不得与酸碱或油类合放一处；可上架存放，但不能受压
转向器总成	转向器不应漏油；转向器壳应无裂纹、疏松、密集针孔、缩松、夹渣等缺陷；转向柱臂表面应无凹瘪、裂纹	应加入少量中性矿物油防锈，外部应以蜡纸或塑料薄膜包扎，各孔眼应用木塞封堵，搬运时不得碰撞
转向直拉杆臂及转向节臂	(1) 螺纹不允许有缺牙、乱扣现象，螺纹端部的轻微伤痕不得多于 2 牙，且不影响螺母正常旋入 (2) 各部表面应无裂纹、锋边、毛刺，球头、细齿内花键及其他加工面应光洁，热处理硬度符合要求，锻造面应无折叠、发裂、浮动氧化皮等缺陷 (3) 每件产品须经制造厂检验，并附有证明质量合格的文件 (4) 检查圆锥孔的锥度：用涂色的锥度塞规与圆锥孔相研合，轻轻转动塞规约 180°，取出并观察锥面的着色情况，如着色面积大于总配合面积的 75%，则视为合格 (5) 应对进货抽样检验，抽验数不大于 2%，但不少于 5 件；如抽验一批中有一件不符合标准规定，可加倍抽验，如仍有一件产品不合格，则全部产品不予验收	(1) 包装时应将外表封满或用防锈油脂涂满，再用油纸包裹，上架封存 (2) 产品应存放于通风和干燥的地点，在正常保管条件下，出厂一年内不应发生锈蚀 (3) 搬运时不得抛掷、碰撞，以免损伤
油封	(1) 牛皮制品各部色泽应均匀一致，质地应既坚韧而又富有弹性，纹理细密，开头周整，不得有花斑、水痕、霉迹、油点、裂纹、划伤、破皮、虫蚀等缺陷 (2) 橡胶制品外表应光滑，富有弹性，质地细腻结实，不得有龟裂、发粘、发脆、麻点、气孔、起层、变形、飞边、流痕、发霉、划伤等缺陷；铁骨架应有适度的弹性，与胶层结合牢固紧密，密封弹簧应完好 (3) 工业毛毡制成品，毛毡应质白、密实，抗张力强，无划伤、挫伤、起层、水痕、霉斑、油点、虫蛀等现象；铁骨架应光洁，无变形、凹陷、裂纹、缺损、划伤、卷边、锈蚀等缺陷；防锈保护层应完好	(1) 各种油封应置于阴凉干燥处存放，5 个或 10 个一组，用蜡纸或塑料薄膜裹封，成卷入架保管 (2) 周围环境不得过湿过干(相对湿度在 70%～80%间)，不得与酸碱类及吸湿性物质同放在一处 (3) 牛皮、毛毡制品可放樟脑以防虫蛀；橡胶制品应避免日光直射

续表七

汽车配件名称	验收技术要求	保管技术要求
汽车仪表	(1) 仪表外壳应无裂纹、凹瘪、碰伤、锈蚀、霉斑、水痕等；表盘应洁净，无脱漆、发黄、麻点以及其他影响读数的缺陷 (2) 表针应平直，反应灵敏，无卡死现象 (3) 各接线柱及接头应完好无锈；漆饰均匀、美观、光洁 (4) 各仪表配套使用的传感器均不得有裂纹、凹瘪、穿孔、锈蚀，内装的液、气不应外泄	(1) 各种仪表和传感器应用塑料袋套封装盒入架存放，接头和接线柱镀层表面应涂中性工业凡士林防锈，仪表和传感器应距取暖设备 1 m 以上，仪表应避免日光直射 (2) 搬运时应小心轻放，不得抛掷、撞击和强烈震动
火花塞	(1) 火花塞绝缘体上不准有开裂和釉裂；金属零件不允许有毛刺、裂损、伤痕、螺纹缺牙、锈蚀；应进行发黑处理 (2) 火花塞的密封性应良好，壳体与瓷绝缘体的压合、中心电极与绝缘体的胶合、侧电极的焊接均应牢固可靠	火花塞金属零件上涂中性工业凡士林防锈；火花塞应用蜡纸包裹，装盒上架存放
汽车灯具	(1) 各种灯具的油漆涂层外观应光洁平整，光色均匀，无气泡、流痕、擦伤等缺陷 (2) 各种灯具有电镀及化学覆盖层应均匀、光滑，色泽光润，不允许有斑点、针孔、起泡、擦伤和剥落等缺陷 (3) 反射镜内表面的真空镀铝层应光洁明亮，不允许有影响光学性能的擦伤、斑点、流痕及镀层发花等缺陷 (4) 配光镜应清洁透明，无明显影响光学性能的缺陷，不允许有任何碎、裂和缺损等缺陷 (5) 密封性好，能防尘、防锈、防水、防震 (6) 有一定的机械强度，焊接和铆接良好，无焊穿、无松动，连接可靠，零件互换性好 (7) 绝缘和电接触性能良好	(1) 各种灯具都应匣装，并存放在干燥通风的库房内 (2) 搬运时要轻拿轻放，避免撞击，不受挤压 (3) 堆垛不宜过高，防止倒塌

总之，在鉴别汽车配件时，方法是多种多样的，不要使用单一的方法，应根据不同的配件种类采取不同的鉴别方法，并综合运用，定能识别配件的真伪。

配件的验收是一项技术专业性要求较高的工作。这一工作直接影响到经营单位对收购配件的质量验收，是改善经营管理、提高服务质量、维护产品信誉的行之有效的重要措施之一。它有利于开拓市场，减少浪费，改善库存配件结构和加强销售服务。

2．汽车配件的接收

汽车配件进货人员在确定了进货渠道及货源，并签订了进货合同书之后，在约定的时间、地点对配件的名称、规格、型号、数量、质量等进行检验无误后，方可接收。

1) 对配件品种的检验

应按合同规定的要求，对配件的名称、规格、型号等认真查验。如果发现产品品种不符合合同规定的要求，应一方面妥善保管，另一方面在规定的时间内向供方提出异议。

2) 对配件数量的检验

对照进货发票，先点收大件，再检查包装及其标识是否与发票相符。一般整箱配件，先点件数，后抽查细数；零星散装汽车配件点细数；贵重配件逐一点数；对原包装汽车配件有异议的，应开箱开包点验细数。接收方应注意查验配件的分批交货数量和商品的总货量。无论是自提还是供方送货，均应在交货时当面清点。供方代办托运的，应按托运单上所列数量清点。

3) 对配件质量的检验

采用国家规定的质量标准的，按国家规定的质量标准验收；采用双方协商标准的，按照封存的样品或按样品详细记录下来的标准验收。接收方对配件质量提出异议的，应在规定的期限内提出，否则视为验收无误。当双方在检验或试验中对质量发生争议时，应按照《中华人民共和国标准化管理条例》规定，由标准化部门的质量监督检验机构执行仲裁检验。

在数量庞大、品种规格极其繁杂的汽车配件生产、销售中，发现不合格品、数量短少或污残损坏等，是难以避免的现象。如果在提货时发现上述问题，应立刻联系解决。

10.1.5 汽车配件进货方式及进货量的确定

1. 进货方式

汽车配件销售企业在组织进货时，要根据企业的类型、各类汽车配件的进货渠道以及汽车配件的不同特点，合理安排组织进货。一般有以下四种类型：

1) 集中进货

集中进货指由企业设置专门机构或专门采购人员统一进货，然后分配给各销售部(组、分公司)销售。集中进货可以避免人力、物力的分散，还可加大进货量，受到供货方重视，并可根据批量差价，降低进货价格，也可节省其他进货费用。

2) 分散进货

分散进货指由企业内部的配件销售部(组、分公司)自设进货人员，在核定的资金范围内自行采购。

3) 集中进货与分散进货相结合

集中进货与分散进货相结合是指一般的外埠采购及其他非固定进货关系的一次性采购，办法是由各销售部(组、分公司)提出采购计划，由业务部门汇总审核后集中采购。

4) 联购合销

联购合销指由几个配件零售企业联合派出人员，统一向生产企业或批发企业进货，然后由这些零售企业分销。此类型多适合小型零售企业之间或中型零售企业代小型零售企业联合组织进货。这样能够相互协作、节省人力、凑零为整拆整分销，并有利于组织运输、降低进货费用。

上述几种进货方式各有所长，企业应根据实际情况扬长避短，选择适合自己的进货方式。

2．进货量的确定

控制进货量是汽车配件销售企业确定每次进货多大数量为最佳进货量的业务活动，在进货时不能单考虑节约哪一项费用，必须综合分析，以销定进。进货量的控制方法有定性分析法和定量分析法两种，而定量分析法又分经济批量法和费用平衡法。

1) 定性分析法

用定性分析法确定进货量包括以下内容：

(1) 摸清市场情况，找出销售规律，确定进货重点。不少汽车配件的需求量是按一定的规律变化的，须在市场调查的基础上，分析实际销售数量和有关因素的影响，从而找出销售规律，以便确定进货重点。其方法是：将历年的月销售量抽样绘制成销售曲线图，如图 10-1 所示，从曲线图中分析出配件销售的五种现象，即平稳性、趋向性、周期性、季节性和随机性，据以制定相应的进货对策，以期达到准确和及时的估算与预测，防止脱销和超储。例如：对于销售上升的配件，应保证常年销售不断货；对于具有平稳性、周期性、季节性的配件，应根据实际情况，做出进货计划，并注意迎“季”进货，季末销完；对于受随机因素影响的配件，则采取按用户预约登记、及时组织进货的方法。

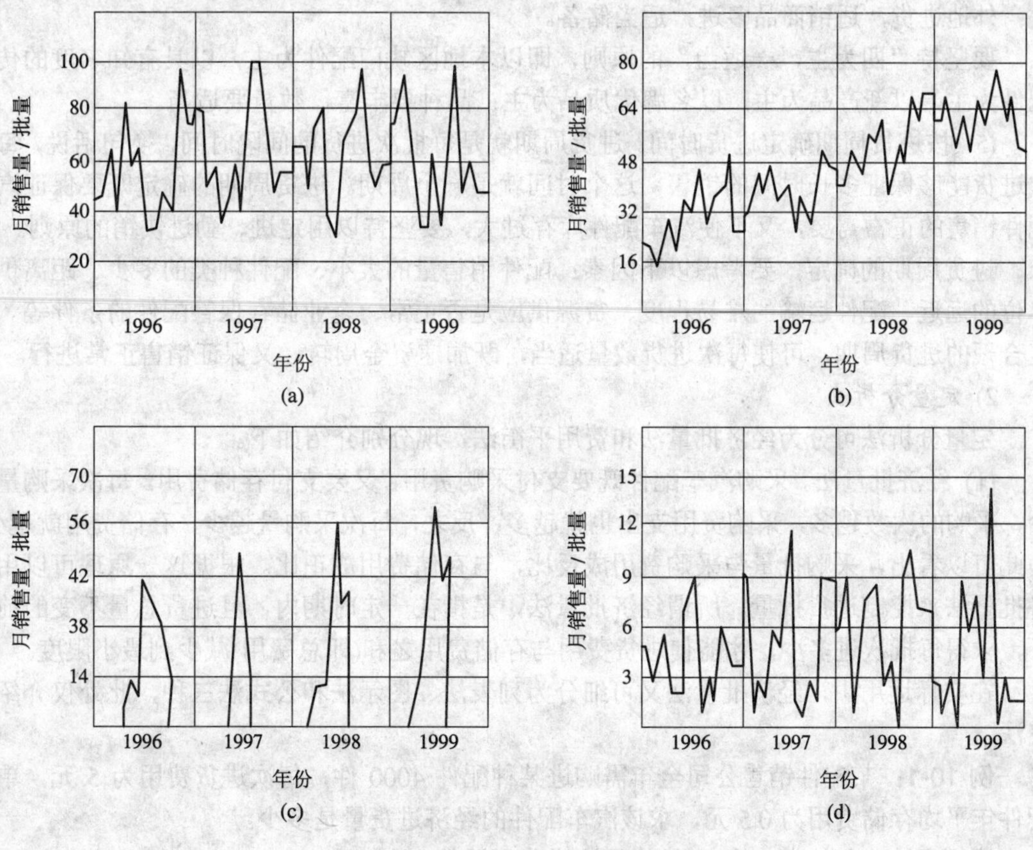

图 10-1　历年月销售量抽样曲线图

(a) 点火线圈月销售量；(b) BJ212 气缸套的月销售量；

(c) 汽车风扇的月销售量；(d) 驾驶室的月销售量

(2) 遵循供求规律，合理确定进货数量。对供求平衡、货源正常的配件，应采取勤进快销、多销多进、少销少进的方法，保持正常周转库存。具体计算方法是：根据前期的销售实际，预测下期销售数，加上一定的周转库存，再减去本期末库存预测数，算出每一个品种的下期进货数。

对于供大于求、销售量又不大的配件，要少进，采取随进随用、随销随进的办法。

对于暂时货源不足、供不应求的紧俏配件，要开辟新的货源渠道，挖掘货源潜力，适当多进，多进多销。

对于大宗配件，则应采取分批进货的办法，使进货与销售相适应。

对于高档配件，要根据当地销售情况，少量购进，随进随销，随销随进。

对于销售面窄、销售量少的配件，可以多进样品，加强宣传促销，严格控制进货量。

(3) 按照配件的产销特点，确定进货数量。对于常年生产、季节销售的配件，应掌握销售季节，季前多进，季中少进，季末补进；对于季节生产、常年销售的配件，应掌握生产季节，按照企业常年销售情况，进全进足，并注意在销售过程中随时补进；对于新产品和新经营的配件，应根据市场需要少进试销，宣传促销，以销促进，力求打开销路；对于将要淘汰的车型配件，应少量多样，随用随进。

(4) 按照供货单位的远近，确定进货数量。当地进货，可以分批次进货，每次少进、勤进；外地进货，适销商品多进，适当储备。

要坚持“四为主，一适当”的原则，即以本地区缺门配件为主，以具有知名度的传统配件为主，以新产品为主，以名牌优质品为主；品种要丰富，数量要适当。

(5) 按进货周期确定进货时间。进货周期就是每批次进货的间隔时间，换句话说，每批次进货能够保证多长时间的销售，这个时间就是一个周期。进货周期的确定既要保证汽车配件销售的正常需要，又不使汽车配件库存过大，要坚持以用定进、勤进快销的原则。

进货周期的确定，要考虑以下因素：配件销售量的大小、配件种类的多少、距离供货单位的远近、配件运输的难易程度、货源供应是否正常、企业储存保管配件的条件等。确定合理的进货周期，可使每次进货数量适当，既加速资金周转，又保证销售正常进行。

2) 定量分析法

定量分析法可分为经济批量法和费用平衡法，现分别介绍如下。

(1) 经济批量法。采购汽车配件既要支付采购费用，又要支付存储费用。每次采购量越少，采购的次数越多，采购费用支出也就越多；反之，每次采购量越少，存储费用就越少。由此可以看出，采购批量与采购费用成反比，与存储费用成正比。根据这一原理可以用经济批量法来控制进货批量。所谓经济批量法，是指在一定时期内，且进货总量不变的前提下，求得每批次进多少，才能使进货费用与存储费用之和(即总费用)减少到最小限度。

在实际运用中，经济批量法又可细分为列表法、图示法和公式法三种，此处仅介绍列表法。

例 10-1：某配件销售公司全年需购进某种配件 4000 件，每次进货费用为 5 元，单位配件年平均存储费用为 0.5 元，求该汽车配件的经济进货量是多少。

用列表法进行计算，表 10-2 为经济进货量计算表。

表 10-2　经济进货量计算表

年进货次数	每次进货数量/件	平均库存数量/件	进货费用/元	存储费用/元	年总费用/元
(1)	(2)	(3)＝(2)÷2	(4)＝(1)×5	(5)＝(3)×0.5	(6)＝(4)＋(5)
1	4000	2000	5	1000	1005
2	2000	1000	10	500	510
4	1000	500	20	250	270
5	800	400	25	200	225
8	500	250	40	125	165
10	400	200	50	100	150
16	250	125	80	62.5	142.5
20	200	100	100	50	150
25	160	80	125	40	165
40	100	50	200	25	225

由表 10-2 可以看出，在所列 10 种进货批量中，以全年进货 16 次(批)，每次进货 250 件，全年的总费用(142.5 元)最低，即等分为 16 批购进，则全年需要的该种配件费用较低。

从表 10-2 中的数据还可以清楚地看到，当存储费用下降时(因平均库存数量下降而引起)，进货费用上升(因进货次数增多而引起)。只有当进货费用与存储费用趋于平衡时，才会使总费用降到较低的程度。如果以上两项费用完全相同时，总费用水平可降到最低水平。

(2) 费用平衡法。费用平衡法是以进货费用为依据，将存储费用累积和进货费用比较，当存储费用累积接近但不大于进货费用时，便可确定其经济进货量。

存储费用＝销售量×单价×存储费用率×(周期－1)

例 10-2：某一品种配件预计第一到第五周期的销售量各为 50、60、70、80、70，单价为 12 元，进货费用为 65 元，每周期的存储费用率为 2.5%，求经济进货量。

第一周期：销售量为 50，存储费用为 0，存储费用累积为 0。

第二周期：销售量为 60，存储费用＝60×12 元×2.5%×1＝18 元，存储费用累积为 18 元＋0＝18 元。

第三周期：销售量为 70，存储费用＝70×12 元×2.5%×2＝42 元，存储费用累积为 18 元＋42 元＝60 元。

第四周期：销售量为 80，存储费用＝80×12 元×2.5%×3＝72 元，存储费用累积为 60 元＋72 元＝132 元。

第五周期：销售量为 70，存储费用＝70×12 元×2.5%×4＝84 元，存储费用累积为 132 元＋84 元＝216 元。

由此可见，第三周期存储费用累积 60 元，最接近并小于进货费用 65 元，所以，可将第一到第三周期销售量之和(50＋60＋70)作为一次进货批量，那么，本期的经济进货量就是 180。

10.1.6　汽车配件的编码

为了使汽车零部件能适应计算机管理，以便于筹措汽车零部件和提高采购时的准确性，世界上不少汽车制造厂家都对所生产的汽车零部件实行代码分类，即每一个零件都用一不定期数量的数码和字母表示，但不同的制造厂家表示的方法都不同，不能相互通用。

1．丰田汽车的零件代码

丰田汽车零件编码由 10 位数字组成，中间用“-”隔开，部分零件用 12 位数字组成，如下所示：

00000-00000-00

1　　2　　3

第一部分 5 位数字表示零件的基本编号，也叫品名编号；第二部分 5 位数字表示设计编号和变更编号；第三部分 2 位数字表示零件的颜色及其他特殊部分，仅在部分零件上使用。

第一部分的前两位数字一般表示汽车零件的一个总成，例如，用 45 表示转向部分等。第三位和第四位数字表示总成件中某一个组件的位置，如用 10 表示转向部分的方向盘组件。第五位数字表示细分零件，如用 1 表示方向盘。

第二部分的前两位数字表示发动机类型，如用 71 表示 1Y 发动机，72 表示 2Y 发动机，54 表示 2L 发动机等。第三位和第四位数字表示设计编号，以区别同类车型中的标准型或豪华型及新车或旧式车等。第五位数字为设计序号。

第三部分的两位数字在有颜色等特殊情况下才使用，多用在外观装饰件。

2．广州本田零部件号码的组成(含标准零部件的编码)

1) 一般零部件

其代码组成为：

7　8　5　1　0 — S　V　4 — 9　8　1　Z　A

①　②　③　④　⑤　⑥　⑦　⑧　⑨　⑩　⑪　⑫　⑬

(1) ①②为功能号，表示该零部件功能的号码。

(2) ③④⑤为构成号，根据各个零部件名称的不同，由构成号来进行具体区分。

(3) ①②③④⑤为主号码，主号码是用来说明零部件名称的。例如：1 3 0 1 1 为活塞环；1 8 3 1 0 为喇叭；3 3 1 0 0 为前大灯。

(4) ⑥⑦⑧为机种号码，用以区别机型的号码。其中⑥所表示的内容见表 10-3。

表 10-3　机种号码⑥表示的内容

代　码	含　义
G，J，K，M	摩托车
S，P	汽车
V，Y	农用机械
Z	发电机、发动机
空白	船外用发动机

(5) ⑨⑩⑪为种类号码，在主号码①②③④⑤与机种号码⑥⑦⑧完全相同的情况下，为了区别该零部件的不同种类，而使用的号码。比如同一零部件的生产厂家不同，零部件的式样变更等情况出现时，采用⑨⑩⑪来进行区分。

(6) ⑫⑬为颜色编号，通常由两位英文字母来表示，在①②③④⑤⑥⑦⑧⑨⑩⑪完全相同的情况下，完全相同的零部件，因是内饰件或外饰件，零部件的颜色不同，为了区分颜色而使用的一种辅助记号。

2) 螺栓、螺母以及其他标准零部件

其号码组成为：

①②③④⑤—⑥⑦⑧—⑨⑩⑪⑫⑬

(1) ①②③④⑤为主号码。

(2) ⑥⑦⑧⑨⑩为尺寸。

(3) ⑪⑫为 JIS 规格。

(4) ⑬为表面处理。

3．一汽大众-捷达轿车配件编码

在德国大众管理体系中，备件通过阿拉伯数字和英语 26 个字母的组合，使之成为一套简明、完整、精确、科学的备件号系统，每一个备件只对应一个号码，每组数字、每个字母都表示这个件的某种性质，人们只要找出这个号码，就可以从几万或几十万库存品种中找出所需的备件来。一汽大众-捷达轿车配件编码如下：

(L)	XXX	X	XX	XXX	XX	XXX
①	②	③	④	⑤	⑥	⑦

(1) ①为国产备件标记“L”：当在目录中的备件号前有“L”标记时，表示它是国产件，另外，在备件号下有一“LOG”标记，也表示它是国产件。对这些备件，在订货时，应在该位置上写“L”。

(2) ②车型号。

(3) ③主组号，分 1～9 十个组。

(4) ④子组号，各主组有不同的子组。

(5) ⑤零件号。

(6) ⑥更改标记。

(7) ⑦颜色代码。不同的代码代表不同的颜色。

以上 7 个部分在订购备件时必须书写完整。

随着一汽大众产品的不断更新，车辆的某些备件号可能也会发生更改，但只要按照其中的备件号订货，一汽大众就能通过计算机系统准确地提供更改后的最新备件。

4．备件号的查找

汽车配件编码(备件号)的查询必须有原厂授权的配件查询资料(光盘、书册或胶片)才能进行配件的查询。备件号的查找不能只通过几次培训、几道练习就能掌握，需要今后不断的努力和追求，在工作中学习，在工作中探索，在工作中熟练。下面所给的参数及步骤只是其中的一个例子，仅供参考。

1) 备件号的有关参数的确认

(1) 车型、款式、规格。

(2) 明确的备件名称。

(3) 底盘号。

(4) 发动机型号、输出功率、发动机字母标记。

(5) 发动机、变速箱规格。

(6) 制造厂家代码及生产日期。

(7) 选装件(如中央门锁)、内部装备材料及基本色调(如座椅)。

(8) 车体外部颜色。

2) 查找备件号的步骤

(1) 须知的最基本参数。

(2) 确定零件所在的大类。

(3) 确定零件所在的小类。

(4) 确定显示备件的图号。

(5) 根据备件名称找到插图，确认备件号，或根据车型、款式、备注说明，确认备件号。

(6) 根据车辆参数确定备件号并记录下来。

3) 车辆标牌、发动机、底盘号等的位置(以一汽大众生产的捷达轿车为例)

(1) 车辆标牌：位于发动机机舱右围板处或储气室右侧。

(2) 发动机号：位于缸体和缸盖结合处的缸体前端。此外，齿型皮带罩上有一条型码不干胶标签，其上标出了发动机号码。

(3) 车辆识别号(底盘号)：标在发动机机舱前端围板处，通过排水槽盖上的小窗口即可看到底盘号。

(4) 整车数据不干胶标签：贴在行李舱后围板左侧，其上有生产管理号、车辆识别号、车型代号、车型说明、发动机和变速箱代码、油漆号/内饰代码、选装件号等数据。

10.2　汽车配件的仓储管理

10.2.1　汽车配件仓储管理的作用和任务

1．仓储管理的作用

仓储管理是汽车配件销售企业管理的重要组成部分，是为汽车配件销售服务的物资基地。其主要作用如下。

(1) 仓储管理是保证汽车配件使用价值的重要手段。汽车配件销售企业的仓库是服务于用户的，是为本企业创造经济效益的物资基地。仓储管理的好坏，是汽车配件能否保持使用价值的关键之一。如果严格地按照规定加强对配件的科学管理，就能保持其原有的使用价值，否则，就会造成配件的锈蚀、霉变或残损，使其部分、甚至是全部失去使用价值。所以加强仓储科学管理，提高保管质量，是保证所存储的汽车配件价值的重要手段。

(2) 仓储管理是汽车配件销售企业为用户服务的一个重要内容。用户需要各种类型的汽车配件，汽车配件销售企业在为用户服务的过程中，要做大量的工作，最后一道工序就是通过仓储保管员，将用户所需要的配件发给用户，满足用户的需求，以实现销售企业服务交通运输、服务用户的宗旨。

2．仓储管理的任务

仓储管理的基本任务，就是搞好汽车配件的进库、保管和出库工作。在具体工作中，要求做到保质、保量、及时、低耗、安全地完成仓储保管工作的各项任务，并节省保管费用。

1) 保质

保质就是要保持库存配件的原有使用价值。为此，必须加强仓储科学管理，在配件入库和出库的过程中，要严格把关，凡是质量或其包装不合乎规定的，一律不准入库和出库；对库存配件，要进行定期或不定期检查或抽查，凡是需要进行保养的配件，一定要及时进行保养，以保证库存配件质量随时都处于良好状态。

2) 保量

保量指仓储保管按照科学的储存原则，实现最大的库存量。在汽车配件保管活动中，变动的因素较多(比如配件的型号、规格、品种繁多，批次不同，数量不一，长短不齐，包装有好有坏，进出频繁且不均衡，性能不同的配件保管要求不一致等)，要按不同的方法分类存放；同时，既要保证便于进出库，又要保证储量，这就要求仓储保管员进行科学、合理的规划，充分利用有限的空间，提高仓容利用率。

3) 及时

及时就是配件在入库和出库的各个环节中，在保证工作质量的前提下，都要体现一个“快”字。在入库验收过程中，要加快接货、验收、入库速度；在保管保养过程中，要安排好便于配件进出库的场地和空间，规划好货位和垛型，为快进、快出提供便利条件；在配件出库过程中，组织足够的备货力量，安排好转运装卸设备，为出库创造有利条件。对一切繁琐的、可要可不要的手续，要尽量简化，要千方百计压缩配件和单据在库停留时间，加快资金周转，提高经济效益。

4) 低耗

低耗指配件在库保管期间的损耗降到最低限度。配件在入库前，由于制造商或运输、中转单位的原因，可能会发生损耗或短缺，因此应严格进行入库验收把关，剔除残次品，发现短缺数量，并做好验收记录，明确损耗或短少责任，以便为降低保管期间的配件损耗、短缺创造条件。配件入库后，要采取有效措施，如装卸搬运作业时，要防止野蛮装卸，爱护包装，包装损坏了要尽量维修或者更换；正确堆码苫垫，合理选择垛型及堆码高度，防止压力不均倒垛或挤压坏产品及包装；对上架配件，要正确选择货架及货位。

5) 费用省

费用省指节省配件的进库费、保管费、出库费等成本。为达此目的，必须充分发挥人的智慧和作用，加强仓库科学管理，挖掘现有仓库和设备的能力，提高劳动生产率，把仓库的一切费用成本降到最低水平。

6) 保安全

保安全指做好防火灾、防盗窃、防破坏、防工伤事故、防自然灾害、防霉变残损等工作，以确保配件、设备和人身安全。

10.2.2 配件管理

配件入库后，要根据各类配件的性能、包装情况，分别加以妥善保管，做好防锈、防尘、防潮、防腐、防水、防变质、防漏电、防盗等工作。

为了充分发挥库房、保管员和设备的潜力，达到储存多、进出快、保管好、费用省的要求，应将进库储存保管的配件统一按部、系、品种或按车型系列的部、系、品种实行条理化和ABC法相结合的办法进行管理。

1. 配件管理分类统一

1) 按部、系、品种系列分库

按部、系、品种系列分库就是所有配件不分车型，一律按部、系、品种顺序，分系集中存放。例如，储存发动机系配件的库叫做发动机库，储存通用工具和通用电器的库叫做通用库。凡是品名相同的配件，不管是什么车型，都放在一个库内。这种管理方式的优点是仓容利用率高，而且比较美观，便于根据仓库的结构适当安排储存品种；缺点是顾客提货不太方便，特别是零星用户提少量几件货，也要跑几个库，再就是保管员在收、发货时，容易发生差错。

2) 按车型系列分库

按车型系列分库就是按所属的不同车型分库存放配件。例如，东风、解放、桑塔纳等车型的配件，分别设东风牌汽车配件库、解放牌汽车配件库、桑塔纳汽车配件库等。这种管理方式的优点是顾客提货比较方便，又可以减少保管员收、发货的差错；缺点是仓容利用率较差，对保管员的业务技术水平也要求较高。

3) 按单位分库

在一个库区内同时储存属两个单位或两个以上单位的配件时，也可以按单位设专库储存，但是不论是按部、系、品种系列还是按车型系列，如果是按单位设专库储存，还是两个以上单位(含两个单位)混合储存，都要为单位建卡和立账，要与这些存货单位的分类建账结合起来，实行对口管理，这样便于工作联系和清仓盘点，也有利于提高工作效率。

不论是按部、系、品种系列，还是按车型系列或者是按单位分库储存，凡是大件重件(含驾驶室、车身、发动机、前后桥、大梁等)都要统一集中储存，以便充分发挥仓库各种专用设备，特别是机械吊装设备的作用。这样，不仅可以提高仓容利用率，而且还可以减轻装卸搬运工人的劳动，提高劳动效率。

以上几种配件存储分类统一的管理办法，采取哪一种办法为好，要根据各个单位保管员的专业知识水平、仓库设备、库存配件流量等具体情况，适当选择。但是，不管选择哪一种管理办法，当仓库储存的物资和保管员的配备一经确定，就要相对稳定。一般不宜随意变更，以便仓库根据储存物资的性能、特点，配备必要的专用设备(含专用货架、格架、开箱工具、吊装设备等)，以适应仓库生产作业的需要。保管员可以在长期的实践中，不断提高专业技术知识和工作能力，向专业化、知识化方向发展。

同时，不管采用哪种方式管理，在建卡立账时，都要和业务部门的商品账结合，实行对口管理，以便核对、盘点和相互间沟通，提高工作效率。

2. 特殊汽车配件的存放

1) 不能接触油品的汽车配件的存放

轮胎、水管接头、齿形带等橡胶制品，不可接触柴油、凡士林、燃油系统/润滑系统用油，尤其不可接触汽油，若常与这些油类接触，就会使上述橡胶配件质地膨胀，很快老化，加速损坏、报废。

干式纸质空气滤清器滤芯也不能接触到油，否则灰尘、砂土粘附在上面，会将滤芯糊住，从而增大气缸进气阻力，使气缸充气不足，影响发动机功率的发挥。

发电机、电动机的炭刷和转子若接触了凡士林、燃油系统/润滑系统用油，会造成电路断路，使之工作不正常，甚至致使汽车不能起动。风扇传动带、发电机传动带若沾上油，就会引起打滑，影响冷却和发电。干式离合器的各个摩擦片应该保持清洁干燥，若沾上油就会打滑。同样，制动器的制动蹄片若沾上油，则会影响制动效果。散热器沾上燃油系统/润滑系统用油、凡士林后，尘砂粘附其上，不易脱落，会影响散热效果。

2) 爆振传感器的存放

爆振传感器受到重击或从高处跌落会损坏，为防止取放时失手跌落而损坏，这类配件不应放在货架或货柜的上层，而应放在底层，且应分格存放，每格一个，下面还应铺上海绵等软物。

3) 减振器的存放

减振器在车上是承受垂直载荷的，若长时间水平旋转，会使减振器失效。因此，在存放减振器时，要将其竖直放置。水平放置的减振器，在装上汽车之前，要在垂直方向上进行手动抽吸。

10.2.3 ABC 分析法

ABC 分析法也称重点管理法。目前，世界上经济发达的国家在经济活动中已经普遍采用这种管理方法。在实行上述按部、系、品种或按车型系列的条理化管理的同时，也应采用 ABC 分析法进行管理。

ABC 分析法是经济活动中应用的一种基本方法，是改善企业经营管理的一项基础工作，是企业进行经营决策的必要依据。它是一种从错综复杂、名目繁多的事物中找出主要矛盾，抓住重点，兼顾一般的管理方法。ABC 分析法又称重点管理法或分类管理法，广泛应用于商品的销售、采购、储备、库存控制等各个环节，目的在于提高资金利用率和经济效益。

1. ABC 分析法在汽车配件仓储管理中的实际应用

汽车配件经营的品种繁多，如何做到库存商品既能及时保证销售的不间断，又尽可能少占用资金而保持适当的库存量，这就需要对仓库所储存的汽车配件，以品种及占用资金的大小进行排队，可分为 A、B、C 三类。A 类配件品种少，占用资金大；B 类配件品种比 A 类多，但占用资金比 A 类少；C 类配件品种多，但资金占用少，如图 10-2 所示。从图 10-2 中可以看出，A 类配件品种只占总品种 10%左右，资金却占总资金 70%左右；B 类配件品种占 20%左右，其所占用资金也为 20%左右；C 类配件品种占 70%左右，其所占用资金只占 10%左右。从其重要程度看，A 类最重要，B 类次之，C 类再次之。根据以上情况，对各类配件采取不同的管理方法。

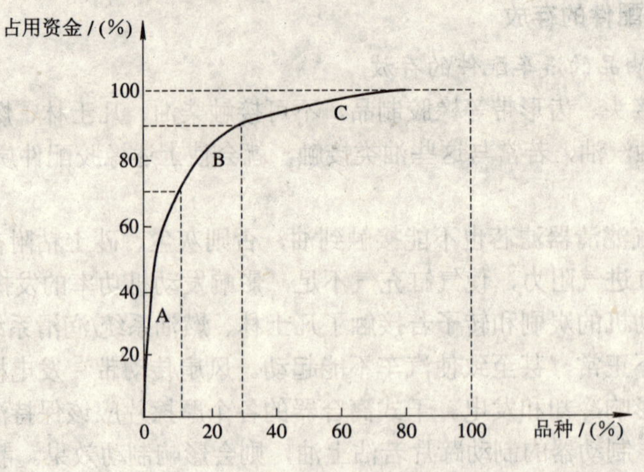

图 10-2　ABC 分析图

1) A 类配件

A 类配件一般是常用易损易耗配件，其维修用量大、换件频率高、库存周转快、用户广泛、购买力稳定，是经营的重点品种。对 A 类配件，一定要有较固定的进货渠道，订货批量较大、库存比例较高，在任何情况下，都不能断档脱销。决策者必须随时掌握其进、销、存的比例变化，使其占有优先地位。A 类配件的主要品种一般是活塞环、曲轴、气缸体、水箱、活塞、万向节、气缸垫、后刹车片、钢圈、后半轴、转向节等几十个品种。在仓储管理上，对 A 类配件应采取重点措施，进行重点管理，选择最优进货批量，尽量缩短进货间隔时间，做到快进快出，加速周转。要随时登记库存变化，按品种控制进货数量和库存数量，在保证销售的前提下，将库存储备压缩到最低水平。

2) B 类配件

对 B 类配件只进行一般管理，管理措施主要是做到进销平衡，避免积压。

3) C 类配件

对于 C 类配件，由于品种繁多，资金占用又小，若订货次数过于频繁，不仅工作量大，经济效果也不好，一般可根据经营条件，规定该类配件的最大及最小储备量。当储备量降到最小时，一次订货达到最大量，以后订货也照此办理，不必重新计算，这样有利于集中力量抓 A、B 两类配件的管理工作。

2. A、B、C 的分类

可按如下步骤对 A、B、C 进行分类：

(1) 计算每种配件在一定时期内(例如 1 年内)所花费的资金总额，其计算方法是以配件单价乘以需求量，列出品种和资金一览表。

(2) 根据一览表，把每一配件品种资金数按大小顺序排列，计算出各品种占总金额的百分比。

(3) 根据配件品种数和资金额占全部品种数和总金额的百分比，将配件分成 A、B、C 三类。例如，某配件公司每年销售汽车配件 3421 个品种，年销售总额 8390 万元。通过计算每一种配件资金数及各品种占总金额的百分比，将占销售总额 70%～75%的配件品种划分为 A 类，再将占销售总额 15%～20%的配件品种划分为 B 类，其余为 C 类，见表 10-4。

表 10-4　汽车配件 A、B、C 分类

分类 (按单一品种销售金额)	品种数	占全部品种的 比率/(%)	销售额累计/万元	占销售总额的 比率/(%)
A (5 万元以上)	328	9	6300	75
B (1 万元以上)	672	20	1420	17
C (其余)	2421	71	670	8
累计	3421	100	8390	100

表 10-4 所列的 3421 种配件中，单一品种销售金额 5 万元以上的有 328 种，其销售额累计占销售总额的 75%，占全部品种的 9%，这 328 种配件划为 A 类；销售金额 1 万元以上、5 万元以下的共 672 种，其销售额累计占销售总额的 17%，占全部品种数的 20%，这 672 种配件划为 B 类；其余 2421 种配件，其销售额累计仅占销售总额的 8%，而品种数却占总数的 71%，这 2421 种配件划为 C 类。

对全部配件进行 A、B、C 分类是一项比较繁琐的工作。当前许多汽车配件销售企业实行了计算机管理，先将该企业经营的全部配件的品种、品名和其 1 年的销售额录入计算机数据库里，然后由计算机汇总销售总额及各品种全年销售额，再计算每个品种年销售额占年销售总额的比率，由大到小排序，从而分析出 A、B、C 三类品种。若销售部门用计算机进行开票，整个部门的所有汽车配件品种每月每日销售额都已存入计算机，这样用计算机进行 A、B、C 分类就更为快速和准确，而且既可以让计算机对全年的销售情况做 A、B、C 分类，又可对半年或近几个月的销售情况做 A、B、C 分类。计算机只需几分钟即可完成 A、B、C 分类。最后由打印机输出 A、B、C 分类清单，效益较人工计算提高了几百倍，既节省人力，又提高了信息反馈速度。

3. ABC 分析法在仓储管理中的作用

ABC 分析法在配件仓储的管理科学性、计划性、经济效益等方面已显示出了强大优势，已被许多企业采用。其主要有以下作用：

(1) 可使配件库存管理有条理、储备有重点、供应有主次、订货易选择、核算有基础。统计并做好分析，可为配件核算和计划编制工作奠定基础。

(2) 可以对配件合理分类，较准确地确定订货批量和储备周期；能克服不分主、次储备的问题，使储备从定性分析上升为定量分析，做到配件储备定额合理先进。

(3) 以资金大小依次分类，可以使管理人员自觉形成对资金管理的重视，并且懂得管好 A 类配件；能取得用好资金的主动权，可以改变管理人员“只管供、不管用、只管物、不管资金”的片面做法，提高配件仓库的微观经济效益。

(4) 对于占用资金不多的 C 类配件，可采用规定该类配件的最大及最小储备量的方法来保证供应，既节省了大量的时间和保管费用，又避免了人力、财力、物力的浪费，能更好地集中精力抓主要矛盾，管好 A 类及 B 类配件。

(5) 能有效地帮助仓储管理人员逐步摸索和分析配件进销及库存的数据和规律性，有助于避免配件库存积压，进行合理储备；有助于加速资金周转，便于仓库核算及企业经济效益的提高。

(6) ABC 分析法不仅使配件分类清楚，而且使合同管理更为严格，因为配件若不到货就能及时反映出供需矛盾，所以能增强执行合同的严肃性。

(7) 有助于企业进行库存结构分析。汽车配件销售企业的库存结构，就是指适销对路的配件在整个库存中所占的比重。适销配件占的比重大，则库存结构好；适销配件所占的比重小，则库存结构差。库存结构是汽车配件销售企业的一项重要业务指标。它直接标志着企业商品资金占用的合理与否，反映出企业经营管理的好坏，经济效益的高低。企业应该经常对其库存结构进行分析，不断通过扩大销售和调整进货等手段，调整库存结构，保持库存结构的最佳状态。

10.2.4 配件的出库

配件出库时，要按以下要求进行。

1. 凭单发货

仓库保管员要凭业务部门的供应单据发货，但当单据内容有误、填写不合规定、手续不完备时，保管员可以拒绝发货。

2. 先进先出

保管员一定要坚持“先进先出、出陈储新”的原则，以免造成配件积压时间过长而变质报废。因为汽车更新换代很快，配件制造工艺也在不断地更新，如果积压时间过长，很可能因淘汰老、旧产品而报废。

现在配件出库多为计算机局域网管理，但也要执行以上的要求。

10.2.5 汽车配件保本期管理法在仓储管理中的应用

经营汽车配件的资金约有 70%以上被库存商品资金所占用，推行保本期是把物流管理引入时间效益观念，使经营工作由事后分析转向事前预测，有利于增强商品进、销、存的预见性，使商品资金加速周转，提高经济效益。它是在汽车配件销售量、成本、利润分析的基础上，结合经营上的特点，进行利润、费用、储存时间的分析，从经营商品盈亏角度，对商品的保本储存期限进行预测，对商品进、销、存全过程进行系统的综合管理。

1. 保本期和保本量的计算方法

1) 保本期的计算方法

保本期是指汽车配件从购进到实现销售不至于发生亏损的最长储存期限。在保本期截止之日销售出去的没有利润，但能保本；超过保本期销售就要发生亏损。保本期计算公式如下：

$$保本期天数=\frac{(1+加成率)\times(1-管理费用率-利前税率)-1}{日息率}$$

商品保本期在业务经营中起到“标尺”和“界限”的作用，增强了“时间就是效益”

的观念，进、销、存不忘保本期，树立全面为销售服务的思想。

在测算中，管理费用率和利前税率可用上年度实际数，日息率用当年的，加成率是预测的。

2) 保本量的计算方法

保本量是控制进货或库存的最高数量。其计算公式如下：

$$保本量=\frac{预测期销售数量}{预测期天数}\times 保本期天数$$

一般保本量每年测算 1 次，将测出的数字记在主要车型经营品种动态分析台账上，作为衡量进货量和库存时的一把尺子。

2. 保本期的操作步骤

保本期的操作步骤如下：

(1) 收到汽车配件发票和记收单据后，由物价员测定该汽车配件的加成率，用保本量公式算出保本期天数。合同员在入库单上填上保本期界限日。

(2) 汽车配件放进仓库后，保管员在填制商品保管卡片时，同时注明保本期界限日。当出现超保本期商品时，在保管卡片上印上显著标志，以示警告。

(3) 营业员收到汽车配件入库单后，要按照单上的保本期界限日记在营业账或商品账上，当出现超保本期商品时，应当随时反馈。月超保本期反馈表如表 10-5 所示。

表 10-5　月超保本期反馈表

车型：

汽车配件编号	品名	单位	产地	单价/元	超保本期数量	金额

(4) 若前批汽车配件尚未销完，一般不应当再进货。当前批汽车配件剩余数量较少时，可以同后一批一卡保管，但是要先进先出。若前批汽车配件剩余数量较多时要分卡保管，对新进的商品执行新的保本期界限日。

(5) 业务部门和经理收到反馈单后，要立即组织有关人员认真分析造成超保本期的原因，制定措施，堵塞漏洞，抓紧处理，把问题消灭在萌芽状态。

3. 汽车配件保本期管理法的作用

汽车配件保本期管理法的作用如下：

(1) 利用汽车配件保本期管理法，可及时调整结构，加速商品资金流转。

(2) 应用汽车配件保本期管理法可以发动全体员工参与经营管理。商品进来后，各环节按保本期界限日进行监督。保管员若发现超保本期商品，应提出警告；营业员若发现超保本期商品，应给予反馈。问题提出来后，领导就必须研究解决，加强各个环节员工的责任感。

(3) 应用汽车配件保本期管理法，可增强员工的时间价值观念，进、销、存都要考虑到保本期，以减少费用，提高经济效益。

10.3 汽车配件的销售管理

汽车配件销售企业要将销售业务看做是最重要的业务环节，企业的一切活动都应围绕着销售进行。在汽车配件市场竞争日趋激烈的情况下，销售业务开展得如何，对企业的生存和发展起着举足轻重的作用。这里仅简单介绍汽车配件销售的特征及配件消耗的规律。

10.3.1 汽车配件销售的特征

汽车配件销售与一般商品相比较，有以下特征：

(1) 较强的专业技术性。现代汽车是融合了多种高新技术的集合体，其每一个零部件都具有严格的型号、规格、工况标准。要在不同型号汽车的成千上万个零件品种中为顾客精确、快速地查找出所需的配件，就必须有高度专业化的人员，并由计算机管理系统作为保障。从业人员既要掌握商品营销知识，又要掌握汽车配件专业知识、汽车材料知识、机械识图知识，学会识别各种汽车配件的车型、规格、性能、用途以及配件的商品检验知识。

(2) 经营品种多样化。一辆汽车在整个运行周期中，约有3000种零部件存在损坏和更换的可能，所以经营某一个车型的零配件就要涉及许多品种规格的配件。即使同一品种规格的配件，国内也有许多厂在生产、质量、价格上差别很大，甚至还存在假冒伪劣产品，要为用户推荐货真价实的配件，也不是一件很容易的事。

(3) 经营必须有相当数量的库存支持。由于汽车配件经营品种多样化以及汽车故障发生的随机性，故经营者要将大部分资金用于库存储备和商品在途资金储备。

(4) 经营必须有服务相配套。汽车是许多高新技术和常规技术的载体，经营必须有服务相配套，特别是技术服务至关重要。相对于一般生活用品而言，卖配件更重要的是搞服务、卖知识。

(5) 配件销售的季节性。一年四季——春、夏、秋、冬是不以人们意志为转移的自然规律，它给汽车配件销售市场带来了不同季节的需求。在春雨绵绵的季节里，为适应车辆在雨季行驶，需要车上的雨布、各种挡风玻璃、车窗升降器、雨刮器、刮水片、挡泥板、驾驶室等部件特别多。在热浪滚滚的夏季和早秋季节，因为气温高，发动机机件磨损大，对火花塞、白金(断电触点)、气缸垫、进排气门、风扇带及冷却系部件等需求特别多。在寒风凛冽的冬季，气温低，发动机难起动，需要蓄电池、预热塞、起动机齿轮、飞轮齿圈、防冻液、百叶窗、各种密封件等配件就增多。由此可见，自然规律给汽车配件市场带来了非常明显的季节需求趋势。调查资料显示，这种趋势所带来的销售额，约占总销售额的30%～40%。

(6) 汽车配件销售的地域性。我国国土辽阔，有山地、高原、平原、乡村、城镇，并且不少地区海拔高度悬殊。这种地理环境，也给汽配销售市场带来了地域性的不同需求。在城镇，特别是大、中城市，因人口稠密、物资较多、运输繁忙，汽车起动和停车次数较频繁，机件磨损较大，其所需起动、离合、制动、电器设备等部件的数量就较多，如一般省会城市，其公共汽车公司、运输公司的车辆，所需离合器摩擦片、离合器分离杠杆、前后制动片、起动机齿轮、飞轮齿圈等部件一般占上述各系品种总销售额的 40%～50%。在山地高原，因山路多、弯道急、坡度大、颠簸频繁，汽车钢板弹簧易断、易失去弹性，减振器部件也易坏，变速部件、传动部件易损耗，故需要更换总成件也较多。由此可见，地理环境给汽车配件销售市场带来了非常明显的影响。

10.3.2　汽车配件消耗的规律性

1．汽车配件消耗的规律性

汽车配件的磨损是有一定规律的，车辆按照行驶里程的大小，有大修、中修、小修的规定，各种类型的修理又有调换若干种配件的规定。例如，汽车在正常使用寿命期，零配件的损坏是随机的、偶发性的，如果其设计和制造质量较好，则损坏率一般很低。又如，活塞一般是在发动机大修时才需更换，如某车型的新发动机平均大修里程是 240 000 km，那么有一半左右的发动机在这个里程之前，需要搪缸换活塞；但也有少数的发动机因质量不好，不足 100 000 km 就需要大修、更换活塞。随着行驶里程的增加，活塞的需要量就增大。经大修后的发动机，其大修间隔里程便大大缩短，维修配件需要量就增加。一些大用户，如矿山、油田、专业运输公司，机关事业单位及建筑施工单位等，它们的在用车辆都有一定的配件消耗量。掌握车辆配件消耗的规律性，可根据市场需求，采取促销措施。

但是这种需求不是一成不变的。尤其近年来许多单位和部门的车辆，实行了承包经营和管理，打破了原来采购配件的规律，要根据实际发展情况，摸索新的规律性。

2．近年来维修配件消耗规律发生的变化

近年来维修配件消耗规律发生了如下变化：

(1) 小总成换件增加。维修中经常更换的小总成有分电器、空气压缩机、发电机、起动机、水泵、汽油泵、制动蹄片、离合器摩擦片等。遇有小总成故障，用户大多要求先更换新总成，旧件换下维修后作备件用。相应的这些小总成的零配件消耗急剧减少。

(2) 组合件、成套件的大量使用。如活塞环、活塞销、活塞连杆，精加工成各级修理尺寸，不用刮、搪、拉，装上就用的曲轴轴瓦等，越来越受到用户和修理工的青睐，相应的这类单件或未精加工的品种遭受冷遇。

(3) 车辆保养中必需更换一些密封件。如离合器、制动总泵和制动分泵皮碗、皮圈、油封及气缸垫、油底壳等密封垫片，集中包装制成的各种修理包，尤其受到修理技术人员的欢迎。

(4) 小规格容器包装的润滑油(脂)、特种液，因其具有携带加注方便、较少废弃的优点，尤其适合单台车辆使用。随着个人用车的增加，其销量逐渐增加。

以上四个方面的产品即使价格高一点，用户也愿意购买。

发生以上变化的原因有两个。首先是人们时间观念的更新，在激烈的市场竞争中，时间就是效益、时间就是金钱的观念在人们思想深处牢牢扎根。为了争取时间，用户要求尽量缩短在修车日，以最大限度地提高在用车辆的利用率。维修厂家为了满足用户要求，也想方设法筹措以上配件。二是随着汽车工业和零部件制造业的发展，以及现代汽车对维修质量的高标准要求，要求维修配件具有配合精密高、使用维修方便、搭配合理、可靠性高等特点。在国产新型汽车和进口汽车的配件供应上，这些特点体现得最为明显。

如何采取积极措施、合理调整库存结构，以适应这一变化的市场需求，这是维修配件销售部门应当研究解决的主要问题。

3. 适应汽车配件消耗规律变化的措施

一些大的、经营汽车配件历史较久的销售部门的仓库，一方面积压着规格品种齐全的各类小总成的零配件，另一方面又在组织小总成进货以满足市场需求，这无疑是一种很大的浪费，要解决以上弊端，可采取以下措施：

(1) 细心观察、认真研究汽车维修配件消耗规律的变化，及时组织适销对路的品种供应市场，不再大批组织滞销品种的进货，防止产生新的积压。

(2) 尽量利用库存的零散件，装配制成质量合格的小总成供应市场。

(3) 委托工厂将单件加工组合成配套件，或尺寸精确的装配件供应市场。

(4) 将零散密封件分门别类制成修理包供应市场，如总泵、分泵修理包和发动机修理包等。

(5) 按车辆规格的容器封装车辆保养所必需更换的润滑油(脂)、特种液供应市场。

以上办法不用花费太多的人力、财力就可以做到，遇有少量缺件的，可以商请工厂小批量供应，这样可以使部分积压配件由滞销转为畅销，以减少企业损失。同时采取以上措施，对老、旧车辆的配件销售更为有利，目前全国尚有数以百万计的老、旧车辆，每年要消耗价值数千万元的配件，这些车辆的淘汰为期不会太远。抓紧进行这一变“废”为“宝”的工作，对于加速资金周转、改善库存结构、节约社会财富，均是十分有益的。

10.4 汽车配件管理的新趋势

随着网络技术的飞速发展及广泛应用，目前，网络化经营在汽车配件行业中逐渐兴起。另外，配件经营也在朝特许连锁经营的方向发展。

10.4.1 汽车配件网络化经营

1. 汽车配件网络化经营的概念

所谓汽车配件网络化经营，是指经销商通过网站建设，顾客只需通过互联网络，就可以完成配件采购活动的一种经营手段。顾客坐在家中的电脑前进入经销店的网站，就可以完成所有想做的事，观看该店全貌、下载所需车款配件的图片、了解价格、下订单等。然后，就可以安坐在家或在自己的维修店里收到由销售员送货上门的汽车配件。

2. 汽车配件网络化经营的优点

汽车配件进行网上交易以下优点：

(1) 节约时间。这是显而易见的。

(2) 减少成本。网上交易还减少了许多开支，其中包括员工、管理、市场等方面的花费，而节省下的费用又可在汽车配件售价上使顾客受益。

网上购买汽车配件不管对于顾客、经销商，还是对于汽车配件生产企业来说，都是一件好事。首先，对于汽车配件生产企业来说，互联网可以更方便地收集顾客购买汽车配件过程中所提的各种问题，并及时将这些信息反馈给汽车配件生产企业。生产企业可以据此分析出顾客的购买意愿，从而尽早生产出符合市场需求的汽车配件。这样既节约了时间和费用，又抢得了市场先机。其次，利用互联网的信息和便捷服务，生产企业可以及时得知配件销售商的库存情况和销售情况，从而调整自己的生产和汽车配件调配计划。汽车配件销售商通过网络化经营，减少了库存，加快了资金流通，获得了较满意的收益。对用户来说，他们可以通过互联网，像“点菜单”似的随意选取自己所需要的汽车配件。

市场信息对于汽车配件生产企业和销售商来说至关重要，而通过互联网即可轻松获得。互联网汽车配件销售商可以给生产企业提供顾客实时实地的信息。这种需求意愿的信息可以帮助生产企业降低汽车配件销售费用，而这种费用通常将占到汽车配件最终销售价格的15%左右。如果算上促销费用，则这种费用所占比例就更高了。事实上，互联网还可起到一定的广告促销作用。

以前，销售商所经销的汽车配件中总有一部分畅销，而另一部分滞销。滞销部分占用资金所引起的费用就要分摊到卖出去的汽车配件上。通过互联网，生产企业和销售商都可以及时避免生产和销售市场销售不好的汽车配件。有了互联网的便捷服务，不仅节约了时间和费用，更重要的是，互联网还可引起一种观念的变革，使汽车配件生产企业、销售商和顾客贴得更近。

3．我国汽车配件网络化经营的发展

这种通过互联网和电子商务实现网上经营，对我国的汽车配件销售业，具有非常重要的借鉴意义。从目前我国的汽车配件销售状况来看，整个汽配流通领域的网络建设还很不健全，还处在一种内部局域网的状况。这种网络的设置大都是为了企业内部的协调和日常管理，而非电子商务。

我国开展网上配件销售的前景，也可以从国外汽车配件网上销售的发展中得到启迪。在国外的汽车配件销售中，有了互联网，对如何才能做到“零公里”销售和为顾客提供最满意的服务的问题，可大大缓解。现在，全世界尤其是欧美发达国家通过互联网来购买汽车配件的人正在快速增加。

我国的汽车配件网络化经营和电子商务，已经开始呈现发展的趋势。目前国内的许多大中型汽车修理企业建立电脑管理系统，实现了内部联网。这种网络覆盖了整个维修业务，即从业务接待到派工领料，再到检验结算。电脑化的实时控制使经营者可随时了解到厂内的实时状态，从而可以进行监控，并且大大提高每位员工的工作效率，更重要的是可取代手工做账和对账，加强配件管理。

与此同时，眼下一些经营规模较大、业绩较好的汽车配件经销商也引入了电脑化管理。由于汽车配件产品种类繁多，因此对使用此类管理软件的人员要求较高，必须经过一段时期的培训才能上岗。此类汽车配件经营管理网络涵盖了汽车配件经营的全流程，即从产品入库、确定零售和批发价格以及按车型、编号等方式分类管理，最后到出货、结算乃至做账、销账。连锁经营搞得比较好的经销商已把这种网络管理扩大到了它的整个分销点，形成了一定规模的网内网。许多汽车配件经销商都从网络管理中获得了较好的收益。其最显著的特点就体现在商品的调拨上，通过网络管理，可达到事半功倍的效果。

此外，近几年汽车配件流通体制逐渐被打破，各地汽车配件市场蓬勃发展，不断成熟壮大。一些有远见、有见地的经营者已感觉到了网络时代的临近，纷纷建立和启动市场网络。像长春汽车配件城、北京西郊汽车配件城、上海汽车配件城等市场都把网络化建设和虚拟市场作为发展重点。但就现实来看，这种网络还是相当稚嫩的，当然更无法实现网上交易和服务。

4．汽车配件配送系统和网络化经营的构建

众所周知，如今在网上实现成功交易的有形产品有图书、音像制品、成衣等，而汽车配件作为一种有一定科技含量、某些产品还有国家强制性标准的工业产品，要实现网上交易，较之其他工业产品，更有其优势，销售者和购买者只要在互联网上发布和输入汽车配件的有关信息，例如车型、车款、配件名称、零件编号、生产地、价格、数量等，即可实现网上销售或购买。要真正实现电子商务概念的网上销售，除了解决买卖双方的“诚信”等问题外，还必须建立一整套完整、高效的物流配送系统。以前说起限制电子商务发展的因素，不外乎支付手段、安全认证等方面，真正做起来，才会发现汽车配件物流配送系统是最难、最花力气、最花钱的一块。许多汽车配件电子商务企业试图寻找现有的实体网络，比如邮政、快递甚至送报公司作为配送系统。但是，一个适合于电子商务的汽车配件配送系统应该是什么样的，什么条件的实体网络能使改造成为电子商务的汽车配件配送系统成本最低？在商场购买大件商品，商场可以为顾客送货，连锁超市、连锁专卖店也有自己的配送系统。但商场送货都是一次性服务，客户也不是固定的，说到底只是个服务概念，不是网络概念。同一客户再次需要商场的送货服务时，对商场而言，这又是一个新客户。连锁店的配送网络只连接起不同的店铺，真正到客户家里或汽车维修厂的“最后一公里”还是个空白。被人看好的邮政、速递、送报公司，能将触角伸到老百姓家里，可是每天基本上只送一次，而且不太可能递送体积和重量较大的汽车配件。所以，如果汽车配件配送系统不能真正建立，实现配件网上经营就无法实现。因为，一方面入网的修理厂家希望通过互联网找到价格合适的汽配产品，以实现零库存的最佳状态，但被选择的汽车配件产品如果不能及时送达目的地，那么网上交易实质上就无法实现；另一方面，当那些零部件制造企业发现通过提高劳动生产率不再容易时，就会想到通过互联网的集约化配送来降低其流通成本，也就希望有这样一套完整的物流配送体系。同时，目前汽车配件流通领域内供大于求的状况，在短期内还根本无法改变，许多配件经销商存在着不同程度的货物积压，因此很需要通过网上完成过剩产品的交易，但这一目标的实现必须有高效的物流配送系统作保证，否则网上交易也就名存实亡。

应该看到，单凭各企业自己去建立这样一套配送系统是绝对划不来的，所以可以预见随着汽车配件流通领域网络化进程的加快，必将带动这项服务领域的发展。如何利用现有实体网络或自己建立配件配送系统，将是我国汽车配件流通领域要解决的关键。

假如在拥有这样的物流配送系统的前提下，要实现汽配流通领域的网络建设，必须做到以下两点：

(1) 汽车配件市场的网络建设必须坚持“小市场、大流通”的方针。比如在汽车配件城内建成完整的导购系统，客户入城后便能通过触摸式电脑对城内商家布局、产品价格和分类有详细的了解，使购物做到有的放矢，得心应手。不仅如此，汽车配件城还必须把各自城内的信息通过专业汽车配件互联网站发送出去，与全国其他汽车配件市场实现信息共享，以扩大各自城内商户的交易面。

(2) 汽车配件经销商的网络经营。各地的汽车配件经销商在完善各自的内部网络管理、调配的基础上，通过专业汽车配件网站及时提供产品价格目录和品牌目录，以供广大用户(主要是修理厂和大用户)进行选择、定购，最终实现网上交易。现阶段，在配送服务还不完善的状况下，最可行的就是把一些比较特殊的产品和一些发达地区可能已经淘汰的过剩产品通过专业网络实现按需交易。

5．我国汽车配件网络化经营发展的必由之路和改革之路

我国汽车配件网络销售的发展应该适合我国的国情，走有我国特色的互联网经营之路。诚然，美国的网络经营取得了很大的成功，但我们不能忽略这辉煌的背后，是美国雄厚的社会基础和物质基础。早在 100 多年前，美国就已经建立起来了完善的公路、铁路、邮政、速递相结合的配送体系；当今社会的美国人已经习惯了“无货币交易”。可以这么说，互联网经济今天在美国的发展，应该是一个很自然的结果，是有美国 200 多年自由市场经济发展作为基础的必然产物。就像一个孩子从一开始是用手爬，然后学会走路，过一段时间自然就学会跑了。而作为发展中的中国，仅仅是支付和配送这两方面的问题就已经形成了致命的“瓶颈”。

如何结合我国的国情和互联网发展的特点，踏踏实实地去做一些实事，是当今汽车配件网络经营发展的当务之急。我国的汽车配件电子商务和网络化经营必须走企业联合之路，网站与实体企业结合，实现机构调整以及行政、采购、配送、财务、市场信息、网络经营部门的改造，只有这样，才会是实实在在的互联网经营。目前，汽车配件的网络化经营还有比较长的一段路要跋涉，但是，传统企业一定要顺应互联网时代作出选择，网络化经营必然是汽车配件营销的必由之路和改革之路。

10.4.2　汽车配件特许连锁经营

特许连锁经营(Franchise)，又称加盟连锁，是一种较直营连锁更具活力、较自由连锁更具约束力的经营模式，被誉为第三次商业零售革命和 21 世纪的主导商业模式。国际特许经营协会(NFA)将特许经营定义为：特许经营是双方一种持续的合作关系，特许总部提供一种经许可的商业经营特权，并在组织、培训、商业计划和管理、分销上提供支持，以从加盟者处获得报酬。发展特许连锁经营，是流通领域营销体制改革的一项重要措施，它对于推动现代化的生产、引导消费、降低生产成本和经营成本、提高流通组织化程度、建立有序竞争的流通秩序均具有重要的作用。

1．汽车配件特许连锁经营的优点

汽车配件特许连锁经营有以下优点：

(1) 连锁网络规模化。在全球采购、模块供应已成为趋势且国内原有的市场格局逐渐被打破的形势下，经营规模化可以直接带来产品价格、质量和行销的长期优势。

首先，特许连锁网络将连锁店分散的、较小的区域市场有机结合起来，形成了一个巨大而稳定的汽车配件消费市场。这一市场的需求通过连锁店、分销中心逐级汇总至总部，构成了巨大、稳定的采购额，从而以小规模经营者所不可能具备的强大实力获得采购价格优势，这种优势进一步被传递给特许连锁经营的销售网络。

其次，汽车配件由于其内在的高技术含量，往往需要专业化的技术人才和先进的仪器设备才能保障质量检验的顺利进行。小规模的汽车配件经营企业资金有限，缺乏人才和设备的资源保障，无法进行专业化的质量检验。这种质量需求与资源局限的矛盾只能通过特许连锁经营模式的规模经营和资源合理配置来实现。

最后，规模化的连锁网络能将各连锁店的有限资金集合起来，形成巨大的行销投资。这种投资规模可以使连锁网络总部集中专业的市场策划人员负责行销策划工作，并通过多种促销活动和激励机制提高加盟者的积极性、竞争力及经营利润，从而提高加盟者对该连锁网络的信任感、依赖性和忠诚度。

(2) 管理体系共享化。特许连锁对营销信息系统的管理绝非是独立经营企业所使用的一般意义上的库存管理，它覆盖了采购、运输、仓储、销售、配送、核算等各个环节，利用电脑信息系统和网络技术充分调动总部、分销中心、连锁店库存和仓储流动资金的大范围操控的物流体系。特许连锁经营借助于成熟的计算机网络管理系统将配送中心、分销中心、市场与营销、连锁店、汽车配件售后及养护中心等整个营销系统科学地组织协调起来，通过体系内部的信息沟通实现信息的迅速传递及反馈，以获取大量详实的数据信息作为分析决策的依据，从而更有利于管理层做出最有效的解决方案。例如，借助于共享化的管理信息体系，连锁店可合理制定销售计划、压缩库存、降低营业成本、合理调动运输配送，且针对自身用户市场安排库存和商品在途资金的储备。这样，特许经营企业就可以依据及时、准确的共享信息，在确保连锁店经营品种齐全、库存丰富、配送及时的前提下，有效减少资金占用，加快资金周转，保证产品质量和价格优势，这一优势在汽车配件经营行业十分重要。

(3) 无形资产有形化。特许连锁经营的核心是知识产权，其本质特征是知识产权的转让及运作。汽车配件特许连锁经营的知识产权主要包括企业文化、品牌、商标、商号、产品、服务、专有技术、加盟店运作管理体系等，汽车配件特许连锁经营就是利用其知识产权与他人的资本相结合来扩大经营规模的一种商业发展模式。从市场发展的角度来看企业经营，其可分为产品运作阶段、市场运作阶段和资本运作阶段，资本运作的最高阶段就是品牌运作阶段。一方面，随着公众品牌意识的提高，特许经营促进了汽车配件经营企业利用无形资产实现技术和品牌的扩张及经营模式的克隆，进而实现资本的集中和增值。另一方面，企业的品牌需要有丰富的文化内涵及现代化、科学化、规模化的运作系统，才能在最大范围内整合社会的生产资源、资金资源、信息资源、客户资源和人力资源，实现特许连锁经营网络的迅速成长与扩张。汽车配件特许连锁经营就是充分利用品牌优势，不断塑造名牌形象，形成以品牌为核心的无形资产，再通过品牌、商誉、经营管理技术等无形资产的逐步增值，使无形资产在社会中取得量化的价值，实现无形资产的有形化。

(4) 消费需求个性化。随着汽车配件市场的日益成熟和消费水平的逐步提高，消费者开始追求汽车配件产品的个性化。汽车配件经营也相应地从简单满足客户所需的最基本配件转向满足客户对汽车配件的个性化需求。这种需求的日益多样化和个性化对汽车配件的类别、品种、规格和等级的丰富程度提出了更高的要求，从而决定了汽车配件经营部门必须有品种丰富、数量可观的库存做支持。但汽车配件的价格决非一般生活用品可比，它所需要的资金及技术、个性化服务等对小规模的汽车配件经营商家来说是无法满足的。目前，国内汽车配件经营行业中绝大多数汽车配件经营部门仍属小规模经营，其经营手段落后，品种单一，资金短缺，重销售轻服务，因而很难满足消费者多样化、个性化的全方位需求。但是特许连锁经营则可以以其资源的规模化、管理的现代化和集约化、服务的多元化和专业化等优势，处理好大众化消费和个性化消费的关系，推进汽车配件经营业务的细分化，从而满足客户市场个性化和多样化需求。

(5) 专业服务标准化。随着市场竞争的不断升级和客户对售后服务要求的不断提高，良好的售后服务就成为了汽车配件经营在激烈竞争的市场环境中保持不败的关键之一。目前，我国汽车配件行业的售后服务并不尽如人意，各商家没有统一的服务标准，而且服务的地域性较强，总体服务水平偏低，这些弊端已经在一定程度上制约了汽车配件经营业的发展。采用特许连锁经营模式的汽车配件部门应更加重视售后服务的培训与管理，并将其作为企业发展的战略任务，以其专业化的服务培训和完善的管理网络，传播汽车配件连锁企业的经营管理理念，规范连锁经营网络的服务标准，形成面向市场的标准化服务形象。这种独有的售后服务管理体系，能够真正把客户当作一种战略资源进行管理，以科学的组织形式、专业的售后技术和统一的服务形象为客户提供标准化和专业化的优质服务。

2．特许连锁经营在我国的发展趋势

目前，我国汽车售后服务主要还是以 4S 店、汽车配件城、路边店为主，这三种模式各有明显缺陷。4S 店受限于车型单一，因此价格较高；汽车配件城则因为进货渠道分散，并无规模采购优势，二则因为网点集中，缺乏就近修车的优势；而路边店，最大的问题是能否让人放心。

汽车配件特许连锁经营服务，在汽车发达国家一直占据主导地位。在美国，NAPA 是一个家喻户晓的品牌，NAPA 是“全国汽车配件联盟”的缩写，已经有 80 多年的历史。美国人形象地将 NAPA 比喻为“麦当劳”和“沃尔玛”，“麦当劳”是说 NAPA 实行的是标准化的流程，并提供标准划一的服务，“沃尔玛”则指 NAPA 提供的服务和配件种类齐全、价格合理。从某种意义上说，美国发展成为当今世界第一汽车大国，除了通用、福特和克莱斯勒三大公司在汽车制造方面的巨大贡献外，汽车连锁业的龙头老大 NAPA 也功不可没。

目前，NAPA 在我国成立了蓝霸(NAPA 中国)汽车连锁超市公司。但是几年前，NAPA 在进入我国的路上遭遇到诸多的困难，首先是人们的认识问题。例如，当时 NAPA 相关方面到国家工商部门申请注册，结果工商部门的人士却反问，为什么要这么来做汽车售后服务，可见当时人们对连锁配件服务并不是很了解和接受的。其次，NAPA 当时进入我国，强调所进的配件必须 100%来自 NAPA 的全球采购体系，而当时我国汽车零部件关税是很高的，这就直接使 NAPA 价格合理的这一特点难以得到发挥。还有，因为 NAPA 的采购和服务是全球联网的，但由于当时我国的计算机人才缺乏，汽车专业人士也不够多，NAPA 在我国招聘人才方面也遭遇到困难。

目前我国很多方面的情况发生了巨大的变化：我国汽车市场已经和美国市场非常接近；零部件关税降到了 10%；计算机已经成为人们的日常工具；汽车专业人士随着汽车业的发展供应相对充足；汽车物流业发展很快。另外，随着我国汽车制造技术的发展，达到良好质量和较高标准的零部件越来越多，而 NAPA 的采购体系也将把那些能够保证质量的品牌零部件纳入其中。

以往，业内专家认为汽车售后市场发展特许连锁经营模式，都会强调各方面的条件还不成熟，但随着汽车物流、全球采购、市场保有量等方面的因素改变，发展汽车售后市场特许连锁经营已经具备了相当的基础。

我国管理部门也看到了特许连锁经营的诸多优势，在商务部出台的《汽车贸易政策》就明确指出："国家鼓励汽车配件流通采取特许连锁经营的方式向规模化、品牌化、网络化发展"。2006 年汽车服务贸易领域将完全放开，像 NAPA 等跨国连锁公司也看到了无论从政策、市场条件以及市场本身的需要上，向我国引入汽车售后服务特许连锁经营模式已时机成熟。目前，日本的熙品连锁集团、黄帽子汽车用品服务公司，意大利科基，德国百斯巴特等都在加紧布局汽车售后连锁网络。

从国际连锁业的发展来看，当直营连锁店发展到一定规模，形成自身的品牌及成形的管理软件后，一般都转向以特许连锁经营为主来拓展市场空间，而国内连锁企业多以直营连锁起步，直营连锁的实践为国内汽车配件经营行业引入特许连锁经营模式提供了宝贵的经验。另一方面，国内亟需拓展的第三产业为发展特许连锁经营开辟了市场，经济改革和流通体制改革所造就的多种经济成分和多种经营方式为企业采用这种新的分销和服务方式提供了可能。最后，特许连锁经营模式内在的经营管理所直接产生的竞争优势又恰恰与汽车配件行业的发展特点相吻合，特别是其管理现代化、资源规模化、资本集约化、品牌统一化和人员专业化所产生的优势集中地满足了汽车配件市场的需求，保证了汽车配件行业健康、快速的发展。因此，汽车配件特许连锁经营是提高企业与社会经济效益的客观需要，是汽车配件营销现代化的要求，必将成为国内汽车配件业最具增长潜力的连锁经营模式。

复习思考题

1. 进货管理有哪些基本原则？配件采购的渠道有哪些？
2. 汽车配件有哪些基本检验方法？
3. 汽车配件进货量的确定有哪些基本方法？
4. 查找汽车配件编码的基本步骤有哪些(举例说明)？
5. 简述 A、B、C 类配件的管理方法。
6. 简述汽车配件网络化经营及特许连锁经营的概念。

第 11 章　汽车的保修索赔服务工作

知识目标：

(1) 熟悉保修索赔期和保修索赔范围。

(2) 了解保修索赔工作机构的组成和工作职责。

(3) 掌握保修索赔工作流程；了解售前索赔和配件索赔。

(4) 了解索赔旧件的管理。

(5) 理解质量情况反馈的规定。

汽车产品的质量在设计、生产和检验中有严格的控制标准。但是由于无法预计的原因，产品质量缺陷是不可避免的，因此汽车制造厂为汽车产品(包括整车和配件)提供了有条件的保修索赔。做好保修索赔工作，就可以避免因质量缺陷而给客户带来的不便。同时，出色的保修索赔工作也是树立品牌形象，为营销和售后服务赢得市场的重要手段。

汽车 4S 店、3S 店或汽车特约维修站等汽车维修企业，是汽车制造厂面向客户的窗口，客户的保修索赔工作由这些汽车服务企业来完成。汽车制造厂为各汽车 4S 店提供了便捷的保修索赔工作环境，汽车 4S 店等也应该严格按照汽车制造厂的保修索赔政策为每一位客户做好保修索赔服务。

11.1　保修索赔期和保修索赔范围

各汽车制造厂保修索赔的具体规定尽管有些不同，但原则上区别不大。整车、配件的保修索赔期和保修索赔范围一般包括下述内容。

11.1.1　保修索赔期及保修索赔的前提条件

1．保修索赔期

1) 整车保修索赔期

整车保修索赔期为从车辆开具购车发票之日起的 24 个月内，或车辆行驶累计里程为 40 000 km 内，两条件以先达到的为准。超出以上两范围之一，该车就超出保修索赔期。

整车保修索赔期内，特殊零部件依照特殊零部件保修索赔期的规定执行。

特殊零部件保修索赔期的规定见表 11-1。

表 11-1　特殊零部件保修索赔期的规定

特殊零部件名称	保修索赔期
控制臂球头销	12 个月或者 40 000 km
前减振器、后减振器	12 个月或者 40 000 km
等速万向节	12 个月或者 40 000 km
喇叭	12 个月或者 40 000 km
蓄电池	12 个月或者 40 000 km
氧传感器	12 个月或者 40 000 km
防尘套(横拉杆、万向节)	12 个月或者 40 000 km
各类轴承	12 个月或者 40 000 km
橡胶件	12 个月或者 40 000 km
喷油器	12 个月或者 40 000 km
三元催化转化器	12 个月或者 40 000 km

2) 配件保修索赔期

在整车保修索赔期内由汽车 4S 店免费更换安装的配件，其保修索赔期为整车保修索赔期的剩余部分，即随整车保修索赔期的结束而结束。

由客户付费并由汽车 4S 店更换和安装的配件，从车辆修竣客户验收合格日或公里数算起，其保修索赔期为 12 个月或 40 000 km(两条件以先达到的为准)。在此期间，因为保修而免费更换的同一配件的保修索赔期为其付费配件保修索赔期的剩余部分，即随付费配件保修索赔期的结束而结束。

2．保修索赔的前提条件

保修索赔的前提条件如下：

(1) 必须是在规定的保修索赔期内。

(2) 客户必须遵守《保修保养手册》的规定，正确驾驶、保养、存放车辆。

(3) 所有保修服务工作必须由汽车制造厂设在各地的汽车 4S 店实施。

(4) 必须是由汽车 4S 店售出并安装或原车装在车辆上的配件，方可申请保修。

11.1.2　保修索赔范围

保修索赔范围包括以下几点：

(1) 在保修索赔期内，车辆正常使用情况下整车或配件发生质量故障和修复故障所花费的材料费、工时费属于保修索赔范围。

(2) 在保修索赔期内，车辆因发生故障而无法行驶，需要汽车 4S 店外出抢修，汽车 4S 店在抢修中的交通、住宿等费用属于保修索赔范围。

(3) 汽车制造厂为每一辆车提供两次在汽车 4S 店进行免费保养，两次免费保养的费用属于保修索赔范围。其中免费保养项目包括 2000 km 免费保养项目和 6000 km 免费保养项目。

① 2000 km 免费保养项目：

- 更换机油及机油滤清器。
- 检查传动皮带。
- 检查空调暖风系统软管和接头。
- 检查冷却液。
- 检查冷却系软管及卡箍。
- 检查通风软管和接头。
- 清洗空气滤清器滤芯。
- 检查油箱盖、油管、软管和接头。
- 检查制动液和软管。
- 检查、调整驻车制动器。
- 检查轮胎和充气压力。
- 检查灯、喇叭、刮水器和洗涤器。

② 6000 km 免费保养项目：

- 更换机油及机油滤清器。
- 检查冷却液。
- 检查冷却系软管及卡箍。
- 检查通风软管和接头。
- 清洗空气滤清器滤芯。
- 检查油箱盖、油管、软管和接头。
- 检查排气管和安装支座。
- 检查变速器、差速器油。
- 检查制动液和软管，必要时添加制动液。
- 检查、调整驻车制动器。
- 检查、调整前后悬架。
- 检查、调整底盘和车身的螺栓与螺母。
- 检查动力转向液，必要时添加动力转向液。
- 检查轮胎和充气压力。
- 检查灯、喇叭、刮水器和洗涤器。
- 检查空调暖风系统软管和接头。
- 检查空调滤清器。

11.1.3 不属于保修索赔的范围

不属于保修索赔范围的有：

(1) 在汽车制造厂特许经销商处购买的每一辆汽车都随车配有一本保修保养手册，该保修保养手册须盖有售出该车的特许经销商的印章，以及购车客户签名后方可生效。不具有该保修保养手册、保修保养手册上印章不全或发现擅自涂改保修保养手册情况的，汽车 4S

店有权拒绝客户的保修索赔申请。

(2) 车辆正常例行保养和车辆正常使用中的损耗件不属于保修索赔范围，如：

① 润滑油、机油和各类滤清器；

② 火花塞；

③ 刹车片、离合器片；

④ 清洁剂和上光剂等；

⑤ 灯泡；

⑥ 轮胎；

⑦ 雨刮片。

(3) 因不正常保养而造成的车辆故障不属于保修索赔范围。汽车制造厂的每一位客户应该根据《保修保养手册》上规定的保养规范，按时到汽车4S店对车辆进行保养。若车辆因为缺少保养或未按规定的保养项目进行保养而造成的车辆故障(如未按规定更换变速器油而造成变速器故障)，不属于保修索赔范围，汽车4S店有权拒绝客户的索赔申请，同时，汽车4S店有义务在为客户每次做完保养后记录下保养情况(记录在客户的《保修保养手册》规定位置且盖章)，并提醒客户下次保养的时间和内容。

(4) 车辆不是在汽车制造厂授权服务站维修或者车辆安装了未经汽车制造厂售后服务部门许可的配件不属于保修索赔范围。

(5) 客户私自拆卸更换里程表或更改里程表读数的车辆(不包括汽车4S店对车辆故障诊断维修的正常操作)不属于保修索赔范围。

(6) 因为环境、自然灾害、意外事件而造成的车辆故障不属于保修索赔范围(如酸雨、树汁、沥青、地震、冰雹、水灾、火灾、车祸等)。

(7) 因为客户使用不当、滥用车辆(如用作赛车)或未经汽车制造厂售后服务部门许可改装车辆而引起的车辆故障不属于保修索赔范围。

(8) 间接损失不属于保修索赔范围。因车辆故障而引起的经济、时间损失(如租赁其他车辆或在外过夜等)不属于保修索赔范围。

(9) 因汽车4S店操作不当而造成的损坏不属于保修索赔范围。同时，汽车4S店应当承担责任并进行修复。

(10) 在保修索赔期内，因客户车辆出现故障后未经汽车制造厂(或汽车4S店)同意继续使用而造成进一步损坏，汽车制造厂只对原有故障损失(须证实属产品质量问题)负责，其余损失责任由客户承担。

(11) 车辆发生严重事故时，客户应保护现场，并应保管好损坏的零件，但不能自行拆卸故障车。经汽车制造厂和有关方面(如保险公司等)鉴定事故原因后，如属产品质量问题，汽车制造厂将按规定支付全部保修及车辆拖运费用。如未保护现场或因丢失损坏的零件而无法判明事故原因的，汽车制造厂不承担保修索赔费用。

11.1.4　其他保修索赔事宜

1. 库存待售成品车辆的保修

由汽车制造厂派出的技术服务代表定期(至少每3个月1次)对中转库和代理商(经销商)

展场的车辆进行检查，各地汽车 4S 店配合。对车辆因放置时间较长而出现的油漆变(褪)色、锈蚀、车厢底板翘曲变形等外观缺陷，由汽车制造厂索赔管理部批准后可以保修。保修工作由汽车制造厂设在各地的汽车 4S 店完成。

2．保修索赔期满后出现的问题

对于过了保修索赔期的车辆，原则上不予保修索赔。如确属耐用件存在质量问题，则由汽车制造厂技术服务代表和汽车 4S 店共同对故障原因进行鉴定，在征求汽车制造厂索赔管理部同意后可以按保修处理。因保养、使用不当而造成的损坏或是易损件的损失，不能保修。

3．更换仪表

因仪表有质量问题而更换仪表总成的，汽车 4S 店应在客户《保修保养手册》上注明旧仪表上的里程数及更换的日期。

4．故障原因和责任难以判断的问题

对于故障原因和责任难以判断的情况，如客户确实按《使用说明书》规定使用和保养车辆且能出示有关证据(如保养记录，询问驾驶员对车辆性能、使用的熟悉程度)，须报汽车制造厂索赔管理部同意后方可保修。

11.2　保修索赔工作机构

11.2.1　保修索赔工作机构的组成

保修索赔工作机构由汽车制造厂索赔管理部和汽车 4S 店索赔员组成。

1．汽车制造厂索赔管理部

汽车制造厂索赔管理部隶属于汽车制造厂的售后服务机构。售后服务机构负责售后业务，其主要部门有售后服务部、配件供应部和索赔管理部。售后服务部主要负责售后服务设备、培训、技术支持、资料手册编辑、汽车 4S 店服务工作的协调监督等业务；配件供应部主要负责配件筹集、定单处理、库存管理、配件运送协调、配件价格体系制定、汽车 4S 店配件工作协调及监督等业务；索赔管理部主要负责整车、配件保修索赔期内的保修索赔以及再索赔工作，主要有索赔工时、故障代码的制定和校核、索赔单据的审核和结算、产品质量信息的收集与反馈、再索赔结算及协调等业务。

汽车制造厂在全国选建符合 4S 标准(集整车销售、汽车维修、配件供应、信息反馈为一体)的汽车 4S 店。汽车制造厂为汽车 4S 店提供全面的技术支持，如信息系统的建设和运费的补偿。同时，汽车制造厂建立培训中心，为汽车 4S 店进行技术、管理培训，并成立 CALL CENTRE(应答中心)，及时提供信息咨询和意见反馈。

2．汽车 4S 店索赔员

1) 对索赔员的具体要求

每个汽车 4S 店必须配备一名专职索赔员。专职索赔员的主要工作是保修索赔、免费保养和质量信息反馈。根据索赔的工作性质，对专职索赔员提出了以下具体要求：

(1) 具有高中或相当于高中以上的文化程度。

(2) 具有丰富的现场维修经验，有对汽车故障进行检查和判断的能力。

(3) 有较强的语言表达能力，善于沟通。

(4) 为人正直，工作仔细认真。

(5) 具有计算机基本应用能力。

(6) 通过汽车制造厂的专职索赔员培训，考核合格并授予上岗证书。

2) 索赔员的工作职责

每一位专职索赔员都是汽车制造厂保修索赔工作的代表，其工作职责如下：

(1) 充分理解保修索赔政策，熟悉汽车制造厂保修索赔工作的业务知识。

(2) 对待用户要热情礼貌、不卑不亢，认真听取用户对汽车的质量报怨，实事求是地做好每一辆提出索赔申请故障车的政策审核和质量鉴定工作。

(3) 严格按照保修索赔政策为客户办理索赔申请。

(4) 准确、及时地填报汽车制造厂规定的各类索赔表单和质量情况报告，完整地保管和运送索赔旧件。

(5) 积极向客户宣传和解释保修索赔政策。

(6) 积极协助客户做好每一次免费保养和例行保养。

(7) 在客户的《保修保养手册》上记录好每一次保修和保养的情况。

(8) 严格、细致地做好售前检查。

(9) 及时、准确地向汽车制造厂索赔管理部提交质量信息报告。重大质量问题及时填写《重大故障报告单》，传真至汽车制造厂索赔管理部。

11.2.2 各机构的工作职责

1．汽车制造厂的工作职责

(1) 建立汽车4S店，对汽车4S店的人员进行培训，帮助汽车4S店提高技术水平和管理水平。

(2) 向各区域派出汽车制造厂的技术服务代表，检查各汽车4S店保修索赔的执行情况，评估各汽车4S店索赔员的业务能力。

(3) 遇到疑难问题，汽车制造厂将通过函电指导或派代表及技术人员现场提供技术支持。

(4) 汽车4S店在保修索赔服务中如被发现有欺骗行为(如伪造索赔单等)，汽车制造厂将拒付索赔费，并视情节轻重给予罚款处理，直至取消其索赔资格。如造成了严重的社会影响，则将追究其法律责任。

2．汽车4S店的工作职责

(1) 汽车4S店是被授权对汽车产品进行保修索赔服务的企业。汽车4S店有责任向所有符合保修索赔条件的客户提供满意的保修索赔服务，不得以任何形式与理由拒绝客户提出的正当、合理的保修索赔要求。

(2) 汽车4S店必须按汽车制造厂的规定配置相关的硬件(专用质量鉴定设备、索赔申请提交设备、专职人员、专用仓库等)和软件(电脑管理软件、专业培训、专业鉴定技术等)。

(3) 贯彻汽车制造厂保修索赔政策，实事求是地为客户提供保修索赔服务，既不可推脱责任，也不可为客户提交虚假的索赔申请。

(4) 汽车 4S 店在保修索赔工作中，有效地调整和维修是首选的措施，当调整和维修无法达到应有的技术要求时，可以更换必要的零件或总成。

(5) 汽车 4S 店有责任配合汽车制造厂处理好客户的质量投诉，汽车 4S 店作为汽车制造厂的代表之一，不可推卸客户对质量投诉的责任。

(6) 为了提高产品质量，汽车 4S 店应按规定向汽车制造厂索赔管理部提供有效的质量情况反馈。

(7) 妥善保管在索赔服务中更换的零配件，严格执行汽车制造厂的索赔旧件管理制度。

3. 汽车经销商的工作职责

(1) 执行汽车制造厂的新车交付验收标准，出现疑问，及时向汽车制造厂反映。

(2) 执行汽车制造厂新车仓库管理制度，按规定做好新车保养。

(3) 及时向汽车制造厂技术服务代表或汽车制造厂索赔管理部反馈车辆库存中的质量信息，避免因延误处理而产生不应有的质量损失。

(4) 如果因车辆移动而造成的事故或者因保管不善而造成零部件丢失或损坏，经销商应负责将车辆恢复到符合技术标准的状态，不得向客户出售不合要求的车辆。

(5) 及时向汽车制造厂反映客户的意见或要求，协助汽车制造厂处理市场反馈的产品质量信息。

(6) 帮助汽车制造厂建立与客户的联络渠道，共同提高对客户的服务能力和水平。

11.3 保修索赔的工作流程

11.3.1 工作流程图及具体的工作流程

1. 工作流程图

汽车 4S 店的保修索赔工作流程如图 11-1 所示。

2. 具体的工作流程

具体的工作流程如下：

(1) 客户至汽车 4S 店报修。

(2) 业务员根据客户报修情况、车辆状况及车辆维护记录，预审客户的报修内容是否符合保修索赔条件(特别要检查里程表的工作状态)，如不符合，请客户自行付费修理。

(3) 把初步符合保修索赔条件的车辆送至保修工位，索赔员协同维修技师确认故障点及引起故障的原因，并制定相应的维修方案和审核是否符合保修索赔条件。如不符合保修索赔条件，则通知业务员，请客户自行付费修理。

(4) 索赔员在确认客户车辆符合保修索赔条件后，根据情况登记车辆的相关数据，为客户分类提交索赔申请。特殊索赔须事先得到汽车制造厂索赔管理部审批通过，然后及时给予客户车辆保修索赔。

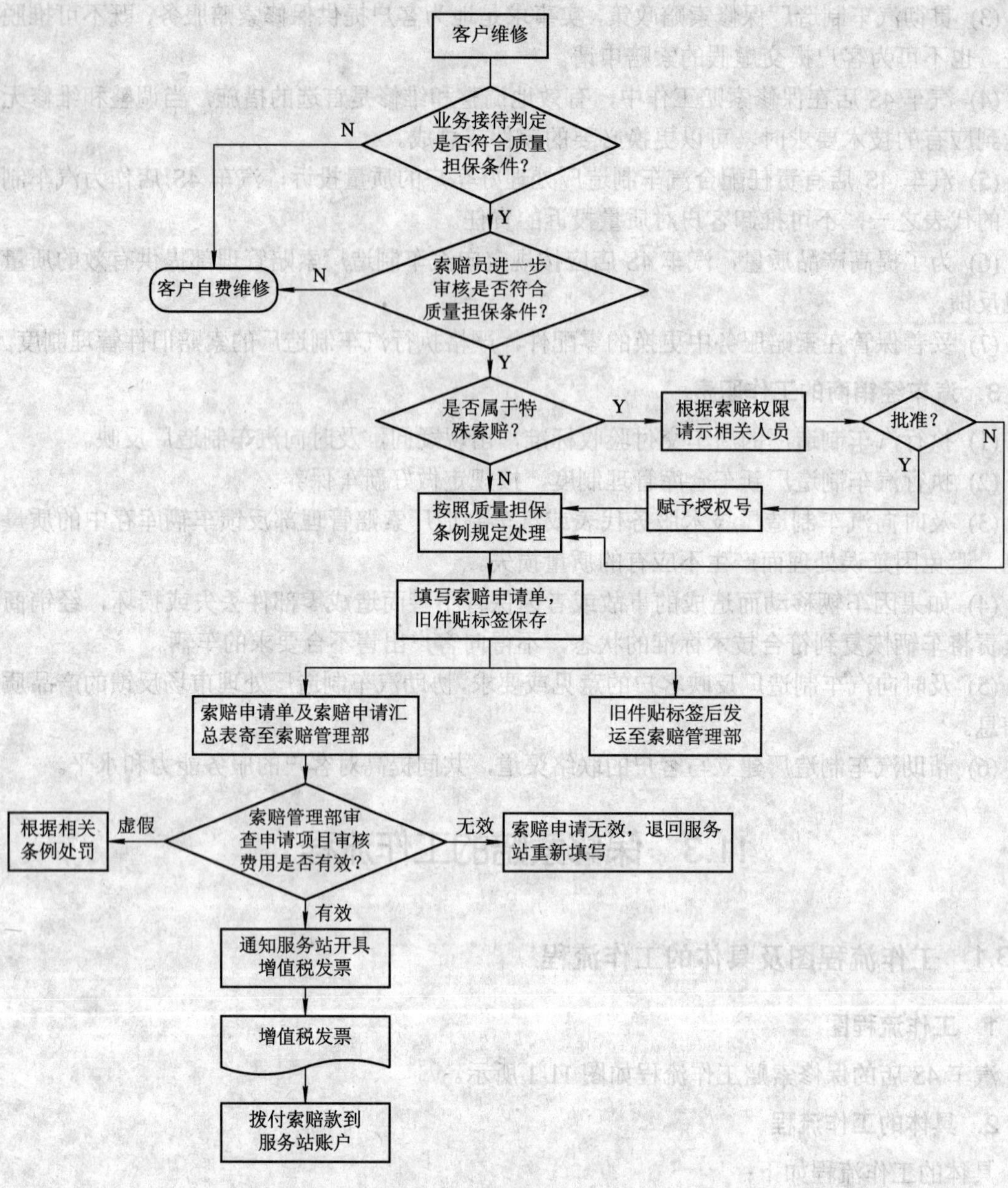

图 11-1　保修索赔工作流程

(5) 保修结束后，在索赔旧件上挂上“索赔旧件悬挂标签”，送入索赔旧件仓库统一保管。

(6) 索赔员每天要统计当天的索赔申请，填写“索赔申请表”。

(7) 每月一次在规定时间内向汽车制造厂索赔管理部提交“索赔申请表”。

(8) 索赔员每月一次按规定时间、规定包装将索赔件(见索赔件处理规定)由第三方物流负责运回汽车制造厂索赔管理部。

(9) 经汽车制造厂索赔管理部初步审核，不符合条件的索赔申请将予以返回，索赔员根据返回原因立即修改，下次提交索赔申请时一起提交，以待再次审核。

(10) 汽车制造厂索赔管理部对符合条件的索赔申请审核完成后，将索赔申请结算单返给各汽车 4S 店，汽车 4S 店根据结算单金额向汽车制造厂索赔管理部结算。

11.3.2　售前索赔及配件索赔

1. 售前索赔

通过汽车制造厂检验的车辆，还要经过第三方物流、特许经销商、最终客户的各道接车检查，这之间可能会检查出一些厂方检验遗漏的质量问题，这些质量缺陷的保修属于售前索赔。为了规范新车交接各方检验的程序，分清新车受损的责任方，一般有以下规定：

(1) 物流商承接新车时，必须认真做好新车交接检验程序，特别注意油漆、玻璃、外装饰件、内饰、轮胎及其外装饰、随车附件、工具资料等。如发现问题，应及时请汽车制造厂销售公司解决。检验合格经双方签字确认后，物流商将负责运输全程新车的完好，运输途中造成的一切损失将由物流商承担。

(2) 经销商承接新车时，必须认真做好新车交接检验程序，特别注意油漆、玻璃、外装饰件、内饰、轮胎及其外装饰、随车附件、工具资料等，检验合格后经双方签字确认。

(3) 检验中，若发现新车存在制造质量问题的，应记录在新车交接单上，经双方签字确认。其中发生的维修费用，由经销商提交售前索赔申请，经汽车制造厂索赔管理部审定后予以结算。

(4) 检验中，若发现新车存在非制造质量问题的，例如人为损坏、碰撞、异物污染、酸碱浸蚀、附件遗失等，如属物流商责任，由经销商负责修复，维修费用由物流商当场支付，维修费用按索赔标准结算。交接双方如存在分歧，则由当地区域销售经理和区域服务经理现场核定。如区域销售经理和区域服务经理无法及时到达现场，则可先在新车交接单上记录下问题(必要时拍摄照片)，并经双方签字确认，事后由经销商提交给索赔管理部审定。

(5) 检验中，若发现新车存有不明原因问题的，应在新车交接单上记录下问题(必要时拍摄照片)，并经双方签字确认，事后由经销商提交给索赔管理部审定。

2. 配件索赔

客户自行付费且在服务站更换的零部件或总成，在保修索赔范围内出现质量故障，这类索赔情况属于配件索赔。提出配件索赔，必须在索赔申请表后附带购件发票的复印件。换件修复后，还需要在更换配件的付费发票备注栏内如实写明当时车辆已经行驶的公里数。

11.4　索赔旧件的管理

1. 索赔旧件处理规定

索赔旧件处理规定如下：

(1) 被更换下来的索赔旧件的所有权归汽车制造厂所有，各汽车 4S 店必须在规定时间内按指定的方式将其运回汽车制造厂索赔管理部。

(2) 更换下来的索赔旧件应挂上“索赔旧件悬挂标签”，保证粘贴牢固并按规定填写好该标签，零件故障处需要详细填写，相关故障代码和故障数据也须填写完整。索赔旧件悬挂标签由汽车制造厂索赔管理部统一印制，汽车 4S 店可以向索赔管理部申领。

(3) 故障件的缺陷、破损部位一定要用红色或黑色不易脱落的颜料或记号笔作出明显标记。

(4) 应尽可能保持索赔旧件拆卸下来后的原始故障状态，一些规定不可分解的零件不可擅自分解，否则将视作该零件的故障为拆卸不当所致，不予索赔。

(5) 旧机油、变速箱油、刹车油、转向机用油、润滑油脂、冷却液等不便运输的索赔旧件无特殊要求不必运回，按当地有关部门规定自行处理(应注意环保)。

(6) 在规定时间内将索赔旧件运回。回运前索赔员需要填写“索赔件回运清单”，注明各索赔旧件的装箱编号。索赔旧件必须统一装箱，箱子外部按规定贴上“索赔旧件回运装箱单”并把箱子封装牢固。

(7) 汽车制造厂索赔管理部对运回的索赔旧件进行检验后，对存在问题的索赔申请将返回或取消。

(8) 被取消索赔申请的旧件，各汽车 4S 店有权索回，但须承担相应的运输费用。

2. 索赔旧件悬挂标签的填写与悬挂要求

索赔旧件悬挂标签的填写与悬挂要求如下：

(1) 应在悬挂标签上如实填写所有内容，保证字迹清晰和不易褪色。

(2) 如果遇到特殊索赔，则在悬挂标签备注栏内填写授权号。

(3) 所有标签应该由索赔员填写并加盖专用章。

(4) 保证一物一签，物和签要对应。

(5) 悬挂标签一定要固定牢固。如果无法悬挂的，则用透明胶布将标签牢固粘贴在索赔件上，同时保证标签正面朝外。

3. 索赔件的清洁和装运要求

索赔件的清洁和装运要求如下：

(1) 发动机、变速器、转向机、制动液罐等内部的油液全部放干净，外表保持清洁。

(2) 更换下来的索赔旧件必须统一装箱，即相同索赔件集中装在同一包装箱内，并且在每个包装箱外牢固贴上该箱索赔件的“赔旧件回运装箱单”，注明装箱号与索赔件的零件号、零件名称和零件数量，在规定时间内由物流公司返运到汽车制造厂索赔管理部。

(3) 各个装箱清单上的索赔件种类和数量之和必须与“索赔件回运清单”上汇总的完全一致。

(4) “索赔件回运清单”一式三联，经物流公司承运人签收后，第一联由汽车 4S 店保存，第二联由物流公司保存，第三联由物流公司承运人交索赔管理部。

11.5　质量情况反馈的规定

汽车 4S 店直接面对客户，最了解客户的需求，掌握着第一手的客户信息、汽车质量信息以及客户对汽车制造厂质量、服务评价的信息，所以汽车 4S 店反馈的信息是汽车制造厂提高产品质量、调整服务政策的重要依据。

每一个汽车 4S 店都应该组织一个质量检查小组，由经理带领，会同索赔员、服务顾问、备件管理人员、车间主任和技术骨干，对进入汽车 4S 店维修的所有车辆的质量信息进行汇总研究、技术分析、排除故障试验，并向汽车制造厂索赔管理部定期作出反馈。汽车制造厂售后服务部应为提高汽车产品的质量和各汽车 4S 店的维修水平定期发布技术通讯和召开质量、技术研讨会。同时，汽车制造厂索赔管理部应把质量情况反馈工作作为对汽车 4S 店年终考核的一项标准，并对此项工作做得出色的站点予以嘉奖。

为了让各汽车 4S 店的质量研究工作统一、有序地进行，各汽车 4S 店应做好以下工作：

(1) 重大故障报告。各汽车 4S 店在日常工作中如遇到重大的车辆故障，必须及时、准确、详尽地填写“重大故障报告单”，并立即传真至汽车制造厂索赔管理部，以便汽车制造厂各部门能及时作出反映。重大故障包括影响车辆正常行驶的故障(如动力系统、转向系统、制动系统的故障)，影响乘客安全的故障(如主、被动安全系统故障，轮胎问题，车门锁止等故障)，影响环保的故障(如排放超标、油液污染等)。

(2) 常见故障报告和常见故障避除意见。各汽车 4S 店应坚持在每月底对当月进厂维护的所有车辆产生的各种故障进行汇总，统计出发生频率最高的十项故障点或故障零件，并对其故障原因进行分析，提出相应的故障避除意见。各站点需在每月初向汽车制造厂索赔管理部提交上月的常见故障报告和常见故障避除意见。

(3) 客户质量抱怨反馈表。各汽车 4S 店应在客户进站维修、电话跟踪等与客户交流的过程中，积极听取客户对汽车制造厂的意见，并作相应记录。意见包括某处使用不便、某处结构不合理、某零件使用寿命过短、可以添加某些配备、某处不够美观等。各站点须以季度为周期，在每季度末提交客户情况反馈表。

复习思考题

1. 汽车维修企业为什么要做好保修索赔工作？
2. 保修索赔有何前提条件？
3. 遇到故障原因和责任难以判断的问题时，如何处理？
4. 汽车 4S 店索赔员的工作职责有哪些？
5. 保修索赔的具体工作流程是怎样的？
6. 什么是售前索赔？有何规定？什么是配件索赔？
7. 索赔旧件处理有何规定？
8. 质量情况反馈有哪些内容？

第 12 章　汽车维修收入与维修合同

知识目标：

(1) 掌握汽车维修企业营业收入的内容与计算方法。

(2) 熟悉汽车维修收入的折扣与折让方法。

(3) 掌握汽车维修合同的内容及正确试用方法。

汽车维修收入是汽车维修企业现金流入的主要来源，也是衡量一个维修企业经营好坏的重要标志。汽车维修时，维修企业必须要和车主签订维修合同。维修合同是维护车主利益的有效保障，也是维修企业管理的重要内容。弄清汽车维修企业营业收入的来龙去脉，掌握汽车维修合同的正确管理，对管理人员尤为重要。

12.1 汽车维修收入

营业收入是指企业在经营活动中因销售产品与商品、提供服务(维修车辆)及让渡资产使用权而获得的资金流入，习惯上称为收入。

12.1.1 汽车维修企业营业收入的内容

汽车维修企业的营业收入是指企业在生产经营中通过销售汽车零配件、提供汽车维修劳务等所取得的收入。汽车维修企业的营业收入一般分为汽车维修收入(即主营业务收入)和其他业务收入(即副营业务收入)。

1. 汽车维修收入(主营业务收入)

汽车维修企业的汽车维修收入是指企业提供汽车维修劳务等所取得的营业收入。它可以根据规定的工时定额、材料消耗总额和其他收入计算确定。即汽车维修收入由汽车维修工时费收入、维修材料费收入和其他收入三个部分组成。

2. 其他业务收入(副营业务收入)

汽车维修企业的其他业务收入是指各类主营业务以外的不独立核算的副营业务所取得的收入。例如，从事汽车配件零售与批发的收入等副营业务活动所取得的营业收入为其他业务收入。

12.1.2 汽车维修收入的计算

前面已介绍过，汽车维修收入一般由汽车维修工时费收入、维修材料费收入和其他收入三部分组成。按此构成对其计算方法的表述如下。

1．维修工时费的计算

维修工时费是工时单价与维修项目的定额工时两个参数之乘积。工时单价与维修项目的定额工时由各地汽车维修行业管理部门及物价部门联合颁布的《汽车维修工时定额》、《汽车维修收费标准》确定，允许企业向下浮动。对于尚未明确规定的，可参照有关规定按实际情况确定，也可由汽车维修企业与客户协商确定。

工时单价的制定方法是对汽车维修涉及的各工种的工时成本分别进行统计和计算后得出的。其具体方法是按各工种计算工时的平均比例，采用加权平均的计算方法算出汽车维修的平均成本，再根据平均工时成本确定出合适的工时单价。不同等级的维修企业，其工时单价不同，如一类维修企业的工时单价高于二类维修企业的工时单价。

汽车维修工时定额是在一定生产条件下进行维修作业所消耗的劳动时间标准，它是汽车维修业进行维修收费核算的重要依据，也是企业职工进行收入分配的主要因素，同时还是管理部门考核企业经营水平的重要标志。

汽车维修工时定额包括很多方面，如汽车大修工时定额、汽车总成大修工时定额、汽车维护工时定额、汽车小修工时定额等。每种定额都是由交通主管部门根据本区域行业的发展情况和企业的生产特点、生产技术条件、生产类别的不同来制定的。

工时定额的制定方法一般有经验估计(估工)法、统计分析法、技术测定法、类推比较法、典型定额法和幅度控制法等。

(1) 汽车大修工时定额是指对一部汽车完成大修作业所需要的工时限额。汽车大修工时定额应分别按车辆类别、车辆型号，并参考车辆厂牌而制定。汽车大修作业范围包括发动机总成、变速器总成、前桥总成、后桥总成、车架总成、车身总成的拆卸、解体、清洗、检验、修复、换件、装配、调试和验收等全部工作过程。

(2) 汽车总成大修工时定额是指对汽车某一总成完成大修作业所需要的工时限额。汽车总成大修工时定额应分别按车辆类别、车辆型号，并参考车辆厂牌而制定。汽车总成大修分为发动机总成、变速器总成、前桥总成、后桥总成、车架总成和车身总成等大修。

(3) 汽车维护工时定额是指对一部汽车完成维护作业所需要的工时限额。汽车维护工时定额按维护等级的不同(如一级维护、二级维护等)而不同，并应分别按车辆类别、车辆型号，并参考车辆厂牌而制定。

(4) 汽车小修工时定额是指对汽车进行每项小修作业所需要的工时限额。汽车小修工时定额应分别按车辆类别、车辆型号，并参考车辆厂牌，对每项具体作业分别制定。小修是指用更换或修理个别零件的方法，保证或恢复汽车工作能力而进行的运行性修理。其工时计算特点是单项性，可直接在工时定额标准表内查阅到。

另外，在进厂检测诊断中发生的汽车不解体的单项性能检测项目，可以附加计算工时。

2．维修材料费的计算

维修材料费用是指维修过程中合理消耗的材料费用。计费标准应按照交通主管部门和物价管理部门的规定进行。

汽车维修材料费包括外购配件费、自制配件费、修旧零件费和辅助材料费等。

(1) 外购配件费：按实际购进和不合税价计算。

(2) 自制配件费：按实际制造成本价计算。

(3) 修旧零件费：指经修复后符合质量标准的基础件、总成件和零部件(不含旧车修理加工的零部件)费用。修旧零件费一般按不超过现行市场价的50%计算。

(4) 辅助材料费：指在汽车维修过程中被共同消耗的一些其他材料费用或者难以在各维修作业之间划分的材料费用。计算时一般是按照材料消耗定额进行计算，也可按照维修作业时的工时定额乘以每定额小时辅助材料费用来确定。

各工种在维修作业时领用的低值易耗品、通用紧固件和工具等应包含在维修工时内，不另收费，比如砂布、锯条、钻头、开口销、通用螺钉、螺母、电工胶布等。

3. 其他费用的计算

其他费用包括厂外加工费和材料管理费等。

(1) 厂外加工费：指汽车维修企业因进行厂外加工而向客户收取的费用。在汽车维修过程中，受汽车维修企业的设备、技术等条件所限，有一些作业项目需要到厂外进行加工，从而发生了厂外加工费(不含税)，此项费用由企业事先垫付，然后向客户收取，允许加收4%的管理费。计算时应注意，凡是包含托修方报修的维修类别范围之内的厂外加工项目，应按照相应的标准定额工时计算收取厂外加工费的，不应再按厂外加工费进行重复收费。

(2) 材料管理费：由材料的采购、装卸、运输、保管、损耗等费用组成。其收入计算标准一般按一定的管理费率进行计算，具体标准在各地交通主管部门、物价管理部门都有明确规定。如果在制定工时单价时，未考虑收取管理费的因素，则还应按规定收取用工管理费用。

12.1.3 汽车维修收入的折扣与折让

汽车维修企业在生产经营活动中经常发生维修折扣与折让。按照企业财务通则和会计准则规定，应该冲减当期的汽车维修收入。

汽车维修收入折扣是指企业为了鼓励客户及时付款所规定的信用期限和一定的折扣率。只要客户能在规定的期限内支付款项，客户就可享受一定的现金折扣。其折扣额的多少取决于信用期限和折扣率。

汽车维修收入折让是指在汽车维修过程中，由于质量等问题，客户要求对汽车配件的价格或汽车维修工时费给予一定的折让。其折让额的多少视具体情况与托修方协商确定，以双方均能接受为原则。

汽车维修收入的折扣与折让的核算通常采用两种方法。一种是总额法，即汽车维修收入按照全额反映，实际发生的现金折扣单独反映，汽车维修的全额收入减去现金折扣之后得到汽车维修净收入；另一种是净额法，即汽车维修收入直接按照净收入进行反映，不单独核算现金折扣，汽车维修收入扣除折扣再进行收入核算。

12.2 汽车维修合同

12.2.1 汽车维修合同简介

1. 汽车维修合同的概念

汽车维修合同是在承、托修双方当事人之间设定、变更、终止民事法律关系的一种契约。它是为了使汽车维修企业的汽车维修活动达到按规定标准和约定条件维修汽车的目的，而由维修企业和客户协商签订的相互制约的法律性协定。

2. 汽车维修合同的特征

汽车维修合同是一种法律文书，其目的在于明确承、托修双方设定、变更、终止权利义务的一种法律关系。通过合同条款来确定当事人之间的权利义务，而所发生的法律后果，是当事人所要求的。同时，签订汽车维修合同是承、托修双方意思表示一致的法律行为。“意思表示一致”是合同成立的条件，若意思表示不一致，则合同不成立。在合同关系中，承、托修双方当事人的地位是独立的、平等的、有偿的、互利的。

3. 汽车维修合同的作用

汽车维修合同有以下作用：

(1) 维护汽车维修市场秩序。合同明确了承、托修双方的权利义务，可以保障当事人的权益。因为依法订立的合同受法律保护，使当事人的维修活动行为纳入法制轨道，使合法的维修活动受到法律保护，并防止或制裁了不法维修活动，从而维护了维修市场的正常秩序。

(2) 促进汽车维修企业向专业化、联合化方向发展。实行合同制，使各部门、各环节、各单位通过合同明确相互的权利义务和责任，便于相互监督、相互协作，从而有利于企业发挥各自的优势，实行专业化，促进横向经济联合。

(3) 有利于汽车维修企业改进经营管理。实行合同制，企业要按照合同要求来组织生产经营活动，企业的生产经营状况与合同的订立和履行情况紧密联系在一起。企业只有改进经营管理，努力提高维修质量，才能保证履行合同。只有这样，企业才能建立信誉，占领市场，获得更好的经济效益。

4. 汽车维修合同的主要内容

按照交通部和国家工商行政管理局发布的《汽车维修合同实施细则》的规范，汽车维修合同主要内容包括承、托修双方名称，签订日期及地点，合同编号，送修车辆的车种车型、牌照号，送修日期、地点、方式，交车日期、地点、方式，维修类别及项目，预计维修费用，托修方所提供材料的规格，质量保证期，验收标准和方式，结算方式及期限，违约责任和金额，解决合同纠纷的方式，双方商定的其他条款。

12.2.2 汽车维修合同的使用

1. 汽车维修合同的签订

1) 合同签订的原则

汽车维修合同必须按照平等互利、协商一致、等价有偿的原则依法签订，承、托修双方签章后生效。

2) 合同签订的范围

凡办理以下维修业务的单位，承、托修双方必须签订维修合同。

(1) 全车大修。

(2) 汽车总成大修。

(3) 汽车二级维护。

(4) 维修预算费用在 1 万元以上的汽车维修作业。

3) 合同签订的形式

汽车维修合同的签订形式分两种。第一种是长期合同，即最长在 1 年之内使用的合同；第二种是即时合同，即一次使用的合同。承、托修双方根据需要也可签订单车或成批车辆的维修合同，也可签订一定期限的包修合同。如果是代签合同，则必须要有委托单位证明，根据授权范围，以委托单位的名义签订，对委托单位直接产生权利和义务。

2. 汽车维修合同的履行

汽车维修合同的履行是指承、托修双方按照合同的规定内容全面完成各自承担的义务，实现合同规定的权利。

维修合同的履行是双方的法律行为，但是若双方当事人中有一方没有履行自己的义务在前，则另一方有权拒绝履行其义务。维修合同签订后，承、托修双方应严格按合同履行各自的义务。

1) 托修方的义务

托修方的义务主要有：

(1) 按合同规定的时间送修车辆和接收竣工车辆。

(2) 提供送修车辆的有关情况(包括送修车辆基础技术资料、技术档案等)。

(3) 如果提供原材料，则必须是质量合格的原材料。

(4) 按合同规定的方式和期限交纳维修费用。

2) 承修方的义务

承修方的义务主要有：

(1) 按合同规定的时间交付修竣车辆。

(2) 按照有关汽车修理技术标准(条件)修理车辆，保证维修质量，向托修方提供竣工出厂合格证，在保证期内应尽保修义务。

(3) 建立承修车辆的维修技术档案，并向托修方提供维修车辆的有关资料及使用的注意事项。

(4) 按规定收取维修费用，并向托修方提供票据及维修工时、材料明细表。

3. 汽车维修合同的变更和解除

1) 汽车维修合同的变更和解除的含义

变更是指合同在未履行或未完全履行之前，由双方当事人依照法律规定的条件和程序，对原合同条款进行修改或补充。

解除是指合同在没有履行或没有完全履行之前，照法律规定的条件和程序，解除合同确定的权利义务关系的法律效力。

2) 汽车维修合同的变更与解除的条件

双方商定变更、解除维修合同的条件如下：

(1) 必须双方当事人协商同意。

(2) 必须不因此损害国家或集体利益，或影响国家指令性计划的执行。

单方商定变更、解除维修合同的条件如下：

(1) 发生不可抗力。

(2) 企业关闭、停业、转产、破产。

(3) 对方严重违约。

除双方商定和单方商定变更、解除合同的法定条件之外，任何一方不得擅自变更或解除合同。发生承办人或法定代表人的变动、当事人一方发生合并或分立、违约方已承担违约责任情况，均不得变更或解除维修合同。

3) 变更、解除维修合同的程序及法律后果

汽车维修合同签订后，当当事人一方要求变更或解除合同时，应及时以书面形式通知对方，提出变更或解除合同的建议，并取得对方的答复，同时协商签订变更或解除合同的协议。例如：承修方在维修过程中发现其他故障需增加维修项目及延长维修期限，应征得托修方同意后达成协议方可承修。

因一方未按程序变更或解除合同，使另一方遭受损失的，除一方可以免除责任外，责任方应负责赔偿。

4. 汽车维修合同的担保

汽车维修合同的担保是合同双方当事人为保证合同切实履行，经协商一致采取的具有法律效力的保证措施。其担保的目的在于保障当事人在未受损失之前即可保障其权利的实现。

汽车维修合同一般采取的是定金担保形式。它是一方当事人在合同未履行前，先行支付给对方一定数额的货币，这种形式是在没有第三方参加的情况下，由合同双方当事人采取的保证合同履行的措施。定金是合同成立的证明。托修方预付定金违约后，无权要求返还定金；接受定金的承修方违约应加倍返还定金。定金的制裁作用可以补偿因不履行合同而造成的损失，促使双方认真履行合同。

汽车维修合同的担保也可以另立担保书作为维修合同的附本。其内容包括抵押担保、名义担保和留置担保等。

不履行或不完全履行合同义务的结果是承担违约责任。承、托修双方中任一方不履行或不完全履行义务时就发生了违约责任问题，对违约责任处理的方式一般为支付违约金和赔偿金两种。

12.2.3　汽车维修合同的管理

1. 汽车维修合同的规范

汽车维修合同是规范市场经营行为，保护承、托修双方合法权益的法律措施，是道路运政管理部门处理汽车维修质量和价格纠纷的依据。为了规范汽车维修合同的管理和使用，国家工商行政管理局和交通部联合发布了专门通知，在全国范围内统一了汽车维修合同示范文本(GF-92-0384)，明确该文本由省工商行政管理部门监制，省交通厅(局)统一印制发放、管理，汽车维修企业和经营业户必须使用。汽车维修合同示范文本如下：

GF-92-0384

汽车维修合同

托修方______________________　签订时间__________　合同编号__________

承修方______________________　签订地点______________________

一、车辆型号：

车种		牌照号		发动机	型号	
车型		底盘号			编号	

二、车辆交接期限(事宜)：

送修				接车			
日期		方式		日期		方式	
地点				地点			

三、维修类别及项目：

预计维修费总金额(大写)____________________(其中工时费　　　　)

四、材料提供方式______________

五、质量保证期

维修车辆自出厂之日起，在正常使用情况下，_____天或行驶______km以内出现维修质量问题由承修方负责。

六、验收标准及方式____________________

七、结算方式及期限

现金______转账______银行汇款______期限______

八、违约责任及金额____________________

九、如需提供担保，另立合同担保书，作为本合同附本

十、解决合同纠纷的方式；经济合同仲裁__________法院起诉__________

十一、双方商定的其他条款________________________________

托修方单位名称(章):	承修方单位名称(章):
单位地址:	单位地址:
法人代表:	法人代表:
代表人:	代表人:
电话:　　　　电挂:	电话:　　　　电挂:
开户银行:　　账号:	开户银行:　　账号:
邮政编码:	邮政编码:

说明:

1. 承、托修双方签订书面合同的范围：汽车大修、主要总成大修、二级维护及维修费用在 1000 元以上的维修项目。

2. 本合同正本一式二份，经承、托修双方签章生效。

3. 本合同维修费是概算费用。结算时凭维修工时费、材料明细表，按实际发生金额计算。

4. 承修方在维修过程中，发现其他故障需增加维修项目及延长维修期限时，承修方应及时以书面形式(包括文书、电报)通知托修方，托修方必须在接到通知后书面答复，否则视为同意。

5. 承、托修双方签订本合同时，应以《汽车维修合同实施细则》的规定为依据。

注：本合同一式____份，承、托修双方各一份，维修主管部门____份。

监制　　　　印制

汽车维修合同应按规范填写。根据《道路运政管理规范》的规定应按以下要求填写汽车维修合同：

(1) “托修方”栏：填写送修车辆单位(个人)的全称。

(2) “签订时间”栏：填写托修方与承修方签订汽车维修合同的具体时间(年、月、日)。

(3) “合同编号”栏：由省级道路运政管理机构和地级道路运政管理机构核定，前两位数为地域代号，后六位数为自然序号。

(4) “承修方”栏：填写汽车维修企业的全称和企业类别。

(5) “签订地点”栏：填写承、托修双方实际签订合同文本的地点。

(6) “车种”栏：按货车(重、中、轻)、客车(大、中、轻、微)填写。

(7) “车型”栏：填写车辆型号，如“广本飞度”、“桑塔纳 3000”等。

(8) “牌照号”栏：按交警部门发放的车辆牌照填写。

(9) “底盘号”栏：按生产厂家编号填写。

(10) “发动机型号、编号”栏：按汽、柴油及生产厂家编号填写。

(11) “送修日期、方式、地点”栏：填写送修车辆的时间、车辆独立行驶或拖拉进厂及托修车辆的交接地。

(12) “接车日期、方式、地点”栏：填写承接维修车辆的时间、车辆独立行驶或拖拉进厂及托修车辆的交接地。

(13) “维修类别及项目”栏：填写托修方报修项目及附加修理项目。

(14) “预计维修费总金额”栏：填写承修方初步估算的维修费(包括工时费、材料及材料附加费等)总金额。

(15) “工时费”栏：填写工时单价。

(16) “材料提供方式”栏：按“托修方自带配件”或“承修方提供配件”等填写。

(17) “质量保证期”栏：用汉字填写质量保证的天数和行驶里程数。

(18) “验收标准及方式”栏：填写所采用的标准编号及双方认同的内容、项目和使用设备等。

(19) “结算方式及期限”栏：在双方认同的项后打勾。

(20) “违约责任及金额”栏：填写双方认同的各自责任和应承担的金额数。

(21) “解决合同纠纷的方式”栏：在双方认同的项后打勾。

(22) “双方商定的其他条款”栏：填写双方未尽事宜。

(23) “托修方单位名称(章)”栏：盖单位的印章，没有印章的填写单位全称或个人姓名及身份证号。

(24) “单位地址”栏：填写单位或个人所在地的详细地址。

(25) “法人代表”栏：填写承修方或托修方法人代表的姓名。

(26) “代表人”栏：填写承修方或托修方法人代表指定的代表人姓名。

(27) “承修方单位名称(章)”栏：盖承修方单位的印章。

2. 汽车维修合同的鉴证、纠纷的调解及仲裁

1) 汽车维修合同的鉴证

鉴证是汽车维修合同管理的一项主要内容。通过鉴证，可以证明维修合同的真实性，使合同的内容和形式都符合法律要求；可以增强合同的严肃性，有利于承、托修双方当事人认真履行，便于合同管理机关监督检查。

汽车维修合同的鉴证实行自愿原则。在承、托修双方当事人请求鉴证的情况下，约定鉴证的合同只有经过鉴证程序，合同才能成立。

经审查符合鉴证要求的合同，国家工商行政管理机关予以鉴证，鉴证应制作维修合同鉴证书。

2) 汽车维修合同纠纷的调解

汽车维修合同发生纠纷，承、托修双方当事人应及时协商解决。协商不成，可向当地交通运政部门申请调解。由主诉方填写申请表，交通运政部门通过调查取证，作出调解意见书，并监督双方当事人执行。当事人一方或双方对调解不服的，可向国家工商行政管理部门及国家规定的仲裁委员会申请调解或仲裁，也可直接向人民法院起诉。纠纷费用原则上由责任方承担，应根据承、托修双方责任的大小分别承担。

3) 汽车维修合同的仲裁

当合同纠纷调解失败后，当事人可采用仲裁方式解决纠纷。双方当事人应当自愿达成仲裁协议。仲裁协议包括合同订立的条款和以其他书面方式在纠纷发生前或者纠纷发生后达到的请求。没有书面仲裁协议，一方申请，仲裁委员会不予受理。如果达成仲裁协议后，一方向人民法院提出起诉，则人民法院不予受理，但仲裁协议无效的除外。

仲裁委员会应当由当事人协议选定。仲裁委员会应根据事实，符合法律规定，公平、合理地解决纠纷。

仲裁不实行级别和地域管辖。仲裁依法独立进行，不受行政机关、社会团体和个人的干涉。

仲裁实行一裁终局的制度。裁决作出后，当事人就同一纠纷再申请仲裁或向人民法院起诉的，仲裁委员会或者人民法院不予受理。裁决被人民法院依法裁定撤销或者不予执行的，当事人就该纠纷可以根据双方重新达成的仲裁协议申请仲裁，也可以向人民法院起诉。

当事人对仲裁协议的效力有异议的，可以请求仲裁委员会作出决定或者请求人民法院作出裁定。一方请求仲裁委员会作出决定，另一方请求人民法院作出裁定的，由人民法院裁定。

仲裁委员会对维修问题认为需要鉴定的，可以交由当事人约定的鉴定部门鉴定，也可以由仲裁庭指定的鉴定部门鉴定。

经仲裁委员会或人民法院仲裁，仲裁委员会或人民法院应向双方当事人下达裁决书。

经裁决当事人申请撤销裁决的，应当自收到裁决书之日起 6 个月内提出。人民法院应当在受理撤销裁决申请之日起 2 个月内作出撤销裁决或者驳回申请的裁决。

当事人应当履行裁决，一方当事人不履行的，另一方当事人可以依照民事诉讼法的有关规定向人民法院申请执行。受申请的人民法院应当强制执行。

仲裁费原则上由败诉方承担，但在实践中可考虑各种因素由当事人分摊仲裁费。

复习思考题

1. 汽车维修企业营业收入包括哪些内容？
2. 汽车维修收入如何进行计算？
3. 汽车维修收入的折扣与折让如何进行核算？
4. 汽车维修合同有什么作用？
5. 汽车维修合同如何履行？

参 考 文 献

[1] 高延龄. 汽车运用工程. 北京：人民交通出版社，1999.
[2] 黄俊平. 汽车性能与使用. 北京：机械工业出版社，2004.
[3] 刘锐. 汽车使用与技术管理. 北京：人民交通出版社，1998.
[4] 北京中车行高新技术有限公司. 常见汽车识别代号(VIN). 北京：机械工业出版社，2003.
[5] 周燕，罗小青. 汽车美容与汽车装潢. 北京：机械工业出版社，2005.
[6] 赵英勋，刘明. 汽车检测与诊断技术. 北京：机械工业出版社，2003.
[7] 鲍贤俊. 汽车维修业务管理. 北京：人民交通出版社，2005.
[8] 沈树盛，安国庆. 汽车维修企业管理. 北京：人民交通出版社，2004.
[9] 胡建军. 汽车维修企业创新管理. 北京：机械工业出版社，2002.
[10] 贾逵钧，莫远. 如何做好汽车维修业务接待. 北京：机械工业出版社，2005.
[11] 边伟. 汽车及配件营销. 北京：机械工业出版社，2005.
[12] 杨建良. 汽车维修企业管理. 北京：人民交通出版社，2005.
[13] 宓亚光. 汽车配件经营与管理. 北京：机械工业出版社，2005.
[14] 朱杰. 汽车服务企业管理. 北京：电子工业出版社，2005.
[15] 孙凤英. 汽车性能与使用技术. 北京：机械工业出版社，2002.
[16] 朗全栋，董元虎. 汽车运行材料. 北京：人民交通出版社，2002.
[17] 李保良，任跃宇，张殿国. 汽车维修企业管理人员培训教材. 北京：人民交通出版社，2004.
[18] 浙江省交通厅道路运输管理局. 汽车维修企业管理. 北京：人民交通出版社，2002.
[19] 邹小明. 汽车使用与技术管理专门化. 北京：人民交通出版社，2003.
[20] 庄继德. 汽车轮胎学. 北京：北京理工大学出版社，1995.
[21] 张铁，刁立福，刘波. 现代汽车与机械工程运行材料实用技术. 北京：机械工业出版社，2005.

Multisim电子电路仿真教程(高职)	22.00
电工基础(中职)(薛鉴章)	18.00
电工基础(高职)(郭宗智)	19.00
电子技能实训及制作(中职)(徐伟刚)	15.00
电工技能训练(中职)(林家祥)	24.00
电工技能实训基础(高职)(张仁醒)	14.00
电子测量技术(秦云)	30.00
电子测量技术(李希文)	28.00
电子测量仪器(高职)(吴生有)	14.00
模式识别原理与应用(李弼程)	25.00
信号与系统(第三版)(陈生潭)	44.00
信号与系统实验(MATLAB)(党宏社)	14.00
信号与系统分析(和卫星)	33.00
数字信号处理实验(MATLAB版)	26.00
DSP原理与应用实验(姜阳)	18.00
电气工程导论(贾文超)	18.00
电力系统的MATLAB/SIMULINK仿真及应用	29.00
传感器应用技术(高职)(王煜东)	27.00
传感器原理及应用(郭爱芳)	24.00
测试技术与传感器(罗志增)	19.00
传感器与信号调理技术(李希文)	29.00
传感器技术(杨帆)	27.00
传感器及实用检测技术(高职)(程军)	23.00
电子系统集成设计导论(李玉山)	33.00
现代能源与发电技术(邢运民)	28.00
神经网络(含光盘)(侯媛彬)	26.00
电磁场与电磁波(曹祥玉)	22.00
电磁波——传输·辐射·传播 (王一平)	26.00
电磁兼容原理与技术(何宏)	22.00
微波与卫星通信(李白萍)	15.00
微波技术及应用(张瑜)	20.00
嵌入式实时操作系统μC/OS-Ⅱ教程(吴永忠)	28.00
音响技术(高职)(梁长垠)	25.00
现代音响与调音技术 (第二版) (王兴亮)	21.00

~~~~~~~通信理论与技术类~~~~~~~

专用集成电路设计基础教程(来新泉)	20.00
现代编码技术(曾凡鑫)	29.00
信息论、编码与密码学(田丽华)	36.00
信息论与编码(邓家先)	18.00
密码学基础(范九伦)	16.00
通信原理(高职)(丁龙刚)	14.00
通信原理(黄葆华)	25.00
通信电路(第二版)(沈伟慈)	21.00
通信系统原理教程(王兴亮)	31.00
通信系统与测量(梁俊)	34.00
扩频通信技术及应用(韦惠民)	26.00
通信线路工程(高职)	30.00
通信工程制图与概预算(高职)(杨光)	23.00
程控数字交换技术(刘振霞)	24.00
光纤通信技术与设备(高职)(杜庆波)	23.00
光纤通信技术(高职)(田国栋)	21.00
现代通信网概论(高职)(强世锦)	23.00
电信网络分析与设计(阳莉)	17.00

~~~~~仪器仪表及自动化类~~~~~

现代测控技术 (吕辉)	20.00
现代测试技术(何广军)	22.00
光学设计(刘钧)	22.00
工程光学(韩军)	36.00
测试技术基础 (李孟源)	15.00
测试系统技术(郭军)	14.00
电气控制技术(史军刚)	18.00
可编程序控制器应用技术(张发玉)	22.00
图像检测与处理技术(于殿泓)	18.00
自动检测技术(何金田)	26.00
自动显示技术与仪表(何金田)	26.00
电气控制基础与可编程控制器应用教程	24.00
DSP 在现代测控技术中的应用(陈晓龙)	28.00
智能仪器工程设计(尚振东)	25.00
面向对象的测控系统软件设计(孟建军)	33.00
计量技术基础(李孟源)	14.00

~~~~~~自动控制、机械类~~~~~~

自动控制理论(吴晓燕)	34.00
自动控制原理(李素玲)	30.00
自动控制原理(第二版)(薛安克)	24.00
自动控制原理及其应用(高职)(温希东)	15.00
控制工程基础(王建平)	23.00

现代控制理论基础(舒欣梅)	14.00
过程控制系统及工程(杨为民)	25.00
控制系统仿真(党宏社)	21.00
模糊控制技术(席爱民)	24.00
工程电动力学(修订版)(王一平)(研究生)	32.00
工程力学(张光伟)	21.00
工程力学(皮智谋)(高职)	12.00
理论力学(张功学)	26.00
材料力学(张功学)	27.00
材料成型工艺基础(刘建华)	25.00
工程材料及应用(汪传生)	31.00
工程材料与应用(戈晓岚)	19.00
工程实践训练(周桂莲)	16.00
工程实践训练基础(周桂莲)	18.00
工程制图(含习题集)(高职)(白福民)	33.00
工程制图(含习题集)(周明贵)	36.00
工程图学简明教程(含习题集)(尉朝闻)	28.00
现代设计方法(李思益)	21.00
液压与气压传动(刘军营)	34.00
先进制造技术(高职)(孙燕华)	16.00
机械原理多媒体教学系统(资料)(书配盘)	120.00
机械工程科技英语(程安宁)	15.00
机械设计基础(郑甲红)	27.00
机械设计基础(岳大鑫)	33.00
机械设计(王宁侠)	36.00
机械设计基础(张京辉)(高职)	24.00
机械基础(安美玲)(高职)	20.00
机械 CAD/CAM(葛友华)	20.00
机械 CAD/CAM(欧长劲)	21.00
机械 CAD/CAM 上机指导及练习教程(欧)	20.00
画法几何与机械制图(叶琳)	35.00
《画法几何与机械制图》习题集(邱龙辉)	22.00
机械制图(含习题集)(高职)(孙建东)	29.00
机械设备制造技术(高职)(柳青松)	33.00
机械制造基础(高职)(郑广花)	21.00
数控加工与编程(第二版)(高职)(詹华西)	23.00
数控加工工艺学(任同)	29.00
数控加工工艺(高职)(赵长旭)	24.00
数控加工工艺课程设计指导书(赵长旭)	12.00
数控加工编程与操作(高职)(刘虹)	15.00
数控机床与编程(高职)(饶军)	24.00
数控机床电气控制(高职)(姚勇刚)	21.00
数控应用专业英语(高职)(黄海)	17.00
机床电器与 PLC(高职)(李伟)	14.00
电机及拖动基础(高职)(孟宪芳)	17.00
电机与电气控制(高职)(冉文)	23.00
电机原理与维修(高职)(解建军)	20.00
供配电技术(高职)(杨洋)	25.00
金属切削与机床(高职)(聂建武)	22.00
模具制造技术(高职)(刘航)	24.00
模具设计(高职)(曾霞文)	18.00
冷冲压模具设计(高职)(刘庚武)	21.00
塑料成型模具设计(高职)(单小根)	37.00
液压传动技术(高职)(简引霞)	23.00
发动机构造与维修(高职)(王正键)	29.00
机动车辆保险与理赔实务(高职)	23.00
汽车典型电控系统结构与维修(李美娟)	31.00
汽车机械基础(高职)(娄万军)	29.00
汽车底盘结构与维修(高职)(张红伟)	28.00
汽车车身电气设备系统及附属电气设备(高职)	23.00
汽车单片机与车载网络技术(于万海)	20.00
汽车故障诊断技术(高职)(王秀贞)	19.00
汽车营销技术(高职)(孙华宪)	15.00
汽车使用性能与检测技术(高职)(郭彬)	22.00
汽车电工电子技术(高职)(黄建华)	22.00
汽车电气设备与维修(高职)(李春明)	25.00
汽车使用与技术管理(高职)(边伟)	25.00
汽车空调(高职)(李祥峰)	16.00
汽车概论(高职)(邓书涛)	20.00
现代汽车典型电控系统结构原理与故障诊断	25.00

欢迎来函索取本社书目和教材介绍！ 通信地址：西安市太白南路 2 号 西安电子科技大学出版社发行部
邮政编码：710071 邮购业务电话：(029)88201467 传真电话：(029)88213675。